西南财经大学校级精品课程
西南财经大学校级精品教材建设

数据科学与大数据管理丛书

Python Data Analysis

Python 数据分析

主编　　王俊
副主编　郑海超 肖辉 蒋太翔 李庆

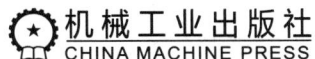

机械工业出版社
CHINA MACHINE PRESS

本书系统介绍了使用 Python 进行数据分析需要掌握的各项知识，涵盖了 Python 基础知识、网络爬虫、正则表达式、BeautifulSoup 和 JSON、词语切分、自然语言处理、使用 NumPy 进行科学计算、使用 Pandas 处理数据、数据可视化、MySQL、机器学习、朴素贝叶斯模型、支持向量机、随机森林、深度学习以及量化投资。本书通过结合数据分析技术的理论知识与 Python 的实战应用，帮助读者更好地运用 Python 解决数据分析中的实际问题。

本书适合作为高等院校研究生、本科生的数据分析课程教材，也适合作为金融行业人员的参考学习资料。

图书在版编目（CIP）数据

Python 数据分析 / 王俊主编 . -- 北京：机械工业出版社，2024.12. -- （数据科学与大数据管理丛书）. ISBN 978-7-111-77067-1

Ⅰ. TP312.8

中国国家版本馆 CIP 数据核字第 2024GF6874 号

机械工业出版社（北京市百万庄大街 22 号　邮政编码 100037）
策划编辑：张有利　　　　　　　　　责任编辑：张有利
责任校对：李　霞　李可意　景　飞　责任印制：单爱军
保定市中画美凯印刷有限公司印刷
2025 年 1 月第 1 版第 1 次印刷
185mm×260mm・20.25 印张・452 千字
标准书号：ISBN 978-7-111-77067-1
定价：59.00 元

电话服务　　　　　　　　网络服务
客服电话：010-88361066　　机　工　官　网：www.cmpbook.com
　　　　　010-88379833　　机　工　官　博：weibo.com/cmp1952
　　　　　010-68326294　　金　书　网：www.golden-book.com
封底无防伪标均为盗版　机工教育服务网：www.cmpedu.com

前言

大语言模型（例如 ChatGPT）减轻了传统数据分析中特征工程的工作量，能够自动学习语义特征与潜在表征。基于大语言模型的 API，可以快速构建低代码的数据分析应用。在大语言模型时代，人们有两个疑问：①传统的数据分析基础是否仍然有价值？②如何协同使用大语言模型和传统的数据分析模型？

在大语言模型兴起的时代，传统的数据分析方法仍然具有重要的价值。首先，相比于大语言模型的"黑箱"，许多传统模型如线性回归、决策树等具有较高的可解释性，更容易被人理解，这在一些对可解释性有较高需求的应用中十分重要。其次，相比大语言模型，一些传统模型（例如支持向量机、随机森林）已经经受长时间的检验与实践，预测表现更加可靠，这对要求稳定性较高的系统更为适用。

因此，在大语言模型时代，传统数据分析方法依然发挥着很大作用，并且与新技术的结合将产生更强大的效果，这需要我们在具体问题中寻求两者的最佳衔接与协同。本书不仅讲解数据分析的基本技术，而且补充了利用大语言模型做数据分析的案例。

学习本书，读者将会有以下收获。

- **提升数据分析与建模能力。**

本书涵盖了 Python 基础知识、网络爬虫、正则表达式、BeautifulSoup 和 JSON、词语切分、自然语言处理、使用 NumPy 进行科学计算、使用 Pandas 处理数据、数据可视化、MySQL、机器学习、朴素贝叶斯模型、支持向量机、随机森林、深度学习以及量化投资。

- **丰富金融学、经济学、管理学知识。**

本书知识点围绕财经领域的数据分析案例展开，比如，股票市场、量化交易、风险投资、智慧城市建设、股吧评论情感分析等。此外，我们在扩展阅读环节介绍了更多财经领域的数据分析实践案例。

- **熟悉基于大语言模型的数据分析与建模方法。**

授人以鱼不如授人以渔，目前以 ChatGPT 为代表的大语言模型已经成为我们学习的帮手。本书中的扩展阅读选择了使用大语言模型进行数据分析的案例，引导大家学习使用大语言模型以提升学习数据分析的效率，构建无代码或低代码的数据分析应用。

我们鼓励读者保持好奇心，勇于尝试，不断学习。关于数据分析的新技术和新方法层出不穷，持续的学习和实践将是读者成功的关键。

本书由西南财经大学王俊教授担任主编；西南财经大学郑海超教授、肖辉教授、蒋太翔教授、李庆教授担任副主编。

本书在编写过程中得到了机械工业出版社的大力支持，在此向为本书付出辛勤劳动的机械工业出版社的相关老师表示感谢。由于作者水平有限，疏漏之处在所难免，敬请广大读者批评指正。

编　者

2024 年 9 月

前言

第1章 数据分析导论 / 1

1.1 面向财经领域的数据分析 / 1

1.2 数据分析工作流程与案例赏析 / 2

  1.2.1 数据分析的工作流程 / 2

  1.2.2 数据分析的案例赏析 / 3

1.3 扩展阅读 / 6

  1.3.1 大数据驱动的决策范式转变 / 6

  1.3.2 使用大语言模型做数据分析 / 6

第2章 Python 基础知识 / 8

2.1 数据类型 / 8

  2.1.1 数值 / 9

  2.1.2 字符串 / 10

  2.1.3 列表 / 13

  2.1.4 元组 / 15

  2.1.5 集合 / 16

  2.1.6 字典 / 16

2.2 运算法则 / 18

  2.2.1 算术运算 / 18

  2.2.2 逻辑运算 / 19

  2.2.3 比较运算 / 19

2.3 条件语句 / 19

2.4 循环语句 / 20

  2.4.1 while 循环 / 20

  2.4.2 for 循环 / 21

2.5 终止语句 / 22

2.6 函数构造和参数 / 22

  2.6.1 自定义函数 / 22

  2.6.2 自定义函数的参数 / 23

  2.6.3 局部和全局变量 / 25

  2.6.4 Lambda 函数 / 25

2.7 扩展阅读 / 25

  2.7.1 应用 ChatGLM 开发聊天机器人 / 25

  2.7.2 使用 ChatGPT 辅助学习 Python / 27

第3章 网络爬虫 / 29

3.1 网络爬虫概述 / 29

3.2 网页结构 / 31

  3.2.1 服务器与本地交换机制 / 31

  3.2.2 HTML / 31

3.3 获取网页内容 / 34

  3.3.1 通过 Requests 发送请求 / 34

  3.3.2 在 URL 中传递参数 / 35

  3.3.3 添加 Headers / 36

3.4 利用爬虫获取股吧评论数据 / 36
3.5 扩展阅读 / 39
　3.5.1 常见的反爬机制与解决方案 / 39
　3.5.2 使用 ChatGPT 辅助开发网络爬虫 / 40

第 4 章　正则表达式 / 42

4.1 初识正则表达式 / 42
　4.1.1 什么是正则表达式 / 42
　4.1.2 构建简单的正则表达式 / 43
4.2 正则表达式进阶 / 44
4.3 使用正则表达式解析 HTML 网页 / 48
4.4 扩展阅读 / 49

第 5 章　BeautifulSoup 和 JSON / 51

5.1 BeautifulSoup 基本语法 / 51
　5.1.1 创建 BeautifulSoup 对象 / 52
　5.1.2 提取标签信息 / 53
5.2 使用 BeautifulSoup 解析 HTML 网页 / 54
5.3 JSON / 56
　5.3.1 JSON 的特点 / 56
　5.3.2 JSON 的结构 / 56
　5.3.3 JSON 序列化与反序列化 / 57
　5.3.4 解析在线 API 返回的 JSON 数据 / 58
5.4 扩展阅读 / 58

第 6 章　词语切分 / 60

6.1 分词简介 / 60
　6.1.1 最大匹配法分词 / 61
　6.1.2 基于统计的分词 / 62
6.2 Jieba 分词 / 64
　6.2.1 Jieba 分词简介 / 64
　6.2.2 使用 Jieba 分词 / 66
6.3 读取文件并切词 / 69
6.4 下载网页数据并切词 / 71
6.5 扩展阅读 / 73
　6.5.1 Jieba 分词算法细节 / 73
　6.5.2 使用大语言模型切词 / 73

第 7 章　自然语言处理简介 / 75

7.1 TF-IDF / 75
　7.1.1 TF-IDF 原理 / 76
　7.1.2 TF-IDF 案例 / 77
7.2 词袋法 / 78
7.3 情感分析 / 79
　7.3.1 定义函数创建词袋 / 81
　7.3.2 使用 Python 实现词袋法 / 82
7.4 扩展阅读 / 83
　7.4.1 词嵌入 / 83
　7.4.2 使用 ChatGPT 做文本分析 / 83

第 8 章　使用 NumPy 进行科学计算 / 85

8.1 创建数组 / 85
　8.1.1 安装 NumPy / 85
　8.1.2 列表和数组 / 86
　8.1.3 创建并探索 NumPy 数组 / 87
　8.1.4 创建特殊 NumPy 数组 / 89
　8.1.5 导入并查看 titanic 数据集 / 91
8.2 数组切片 / 93
　8.2.1 索引和切片 / 93
　8.2.2 数组切片和列表切片 / 94
　8.2.3 数组拼接 / 95
8.3 数组计算 / 96
　8.3.1 广播 / 97
　8.3.2 数组的绝对值与均值 / 97

8.3.3 点积 / 97

8.4 词语相似度计算 / 99

8.5 手写数字案例 / 101

 8.5.1 初步探索数据集 / 102

 8.5.2 数据标准化 / 102

 8.5.3 图像翻转 / 103

8.6 金融案例分析 / 104

 8.6.1 读取文件 / 104

 8.6.2 计算成交量加权平均价格 / 105

 8.6.3 计算最大值和最小值 / 105

 8.6.4 计算极差 / 106

 8.6.5 计算中位数 / 106

 8.6.6 计算方差 / 106

8.7 扩展阅读 / 107

第 9 章 使用 Pandas 处理数据 / 109

9.1 序列和数据框 / 109

 9.1.1 创建序列 / 109

 9.1.2 创建数据框 / 111

 9.1.3 使用 Pandas 读取和存储数据 / 112

9.2 用 Pandas 处理数据 / 114

 9.2.1 关于 INVEST 部门的投资任务 / 114

 9.2.2 查看数据 / 115

 9.2.3 数据切片 / 116

 9.2.4 数据类型转换 / 118

 9.2.5 数据的增删改 / 120

9.3 用 Pandas 处理文本数据 / 123

 9.3.1 在序列中处理文本数据 / 123

 9.3.2 进一步清洗文本数据 / 131

 9.3.3 更新评论日期 / 132

9.4 光线传媒股价数据分析 / 134

9.5 扩展阅读 / 137

 9.5.1 混频数据 / 137

 9.5.2 ChatGPT 视角下的 Pandas / 139

第 10 章 数据可视化 / 141

10.1 数据可视化的基本步骤 / 141

10.2 Matplotlib 可视化 / 142

10.3 Pandas 可视化 / 145

 10.3.1 参数列表 / 145

 10.3.2 绘图 / 146

10.4 使用数据可视化探索人们的生活规律 / 153

10.5 股票价格的数据可视化 / 155

10.6 扩展阅读 / 157

 10.6.1 科研工作中常用的数据可视化工具 / 157

 10.6.2 使用生成模型辅助数据可视化 / 160

 10.6.3 ChatGPT 视角下的 Matplotlib / 162

第 11 章 认识 MySQL / 163

11.1 数据库基础 / 163

 11.1.1 表 / 164

 11.1.2 列 / 164

 11.1.3 数据类型 / 164

 11.1.4 行 / 164

 11.1.5 主键 / 165

 11.1.6 SQL / 165

 11.1.7 什么是 MySQL / 165

 11.1.8 MySQL 的优势 / 165

11.2 数据库基本操作 / 166

 11.2.1 检索数据：SELECT 语句 / 166

 11.2.2 过滤数据 / 167

 11.2.3 插入数据 / 168

11.2.4 更新数据 / 168
11.2.5 删除数据 / 169
11.3 利用 MySQL 存取 csv 文件 / 169
11.4 使用 Python 和 MySQL 存取数据 / 173
11.5 扩展阅读 / 175
　11.5.1 什么是云数据库 / 175
　11.5.2 ChatGPT 视角下的 MySQL / 176

第 12 章　机器学习介绍 / 178

12.1 机器学习概述 / 178
　12.1.1 语音助手例子 / 178
　12.1.2 什么是机器学习 / 179
　12.1.3 机器学习的分类 / 180
　12.1.4 深入理解机器学习 / 183
12.2 模型评估与选择 / 184
　12.2.1 模型选择的目的 / 184
　12.2.2 评估指标 / 184
　12.2.3 模型评估与选择的方法 / 188
　12.2.4 最终模型 / 189
12.3 梯度下降 / 190
　12.3.1 一维梯度下降 / 190
　12.3.2 学习率 / 192
　12.3.3 多维梯度下降 / 193
　12.3.4 随机梯度下降 / 194
　12.3.5 小批量梯度下降 / 194
12.4 建立并训练一个模型 / 194
　12.4.1 研发投入与创新绩效的关系 / 194
　12.4.2 使用批量梯度下降求解 / 197
　12.4.3 使用随机梯度下降求解 / 199
　12.4.4 模型评估 / 200
12.5 扩展阅读 / 200

第 13 章　朴素贝叶斯模型的应用 / 202

13.1 朴素贝叶斯模型 / 202
　13.1.1 贝叶斯公式 / 202
　13.1.2 全概率和贝叶斯定理 / 204
　13.1.3 模型介绍 / 204
13.2 结合 Pandas 和 Jieba 做训练数据准备 / 207
　13.2.1 下载数据 / 207
　13.2.2 将函数应用到序列中 / 208
13.3 使用朴素贝叶斯做情感分析 / 208
　13.3.1 文本的词袋表示 / 209
　13.3.2 使用多项式朴素贝叶斯模型做文本分类 / 210
　13.3.3 使用 Pipeline 对象组合机器学习模型的各个步骤 / 212
　13.3.4 应用交叉验证法评估并选择模型 / 212
　13.3.5 保存并下载模型以进行预测 / 215
13.4 扩展阅读 / 216

第 14 章　支持向量机的应用 / 217

14.1 SVM 原理简介 / 217
　14.1.1 SVM 支持向量 / 217
　14.1.2 对偶问题 / 219
　14.1.3 松弛变量 / 221
　14.1.4 非线性 SVM 分类任务（核函数）/ 224
　14.1.5 支持向量回归任务 / 225
　14.1.6 SVM 算法小结 / 227
14.2 支持向量机的 Python 代码实现 / 228
　14.2.1 SVM 的 Python 实现基本步骤 / 228

14.2.2 Scikit-Learn 支持向量机算法库小结 / 229
14.2.3 SVM 算法库其他调参要点 / 231
14.3 基于 SVM 的个人信贷违约预测 / 231
  14.3.1 数据预览及预处理 / 232
  14.3.2 特征工程 / 235
  14.3.3 模型建立与参数调整 / 239
14.4 使用基于合页损失函数的 SVM 进行情感分类 / 239
  14.4.1 合页损失函数基本概念介绍 / 240
  14.4.2 导入数据 / 242
  14.4.3 使用合页损失函数 / 243
  14.4.4 使用测试数据做预测 / 243
14.5 扩展阅读 / 243

第 15 章 随机森林的应用 / 245

15.1 决策树与随机森林 / 245
  15.1.1 决策树 / 245
  15.1.2 随机森林 / 249
15.2 情感指标的获取与生成 / 250
  15.2.1 获取每日情感分数 / 251
  15.2.2 获取每日股评数量及意见分歧指数 / 251
  15.2.3 填充缺失值 / 252
  15.2.4 生成累积滞后分数 / 252
15.3 数据拼接 / 255
  15.3.1 百度指数 / 255
  15.3.2 获取股票市场数据 / 256
  15.3.3 合并数据集 / 257
15.4 用随机森林做金融市场价格波动预测 / 258
  15.4.1 数据准备 / 258
  15.4.2 可视化混淆矩阵 / 258
  15.4.3 训练决策树模型 / 259
  15.4.4 训练随机森林模型 / 259
  15.4.5 对比不同训练集的模型度量指标 AUC / 260
15.5 基于量化投资的模型评估指标 / 264
15.6 信用评分 / 266
  15.6.1 背景 / 266
  15.6.2 目标 / 266
  15.6.3 数据准备 / 266
  15.6.4 训练决策树模型 / 269
  15.6.5 训练随机森林模型 / 269
15.7 拓展阅读 / 270
  15.7.1 机器学习模型的公平性 / 270
  15.7.2 ChatGPT 视角下的随机森林 / 271

第 16 章 深度学习 / 272

16.1 感知器与神经网络 / 272
  16.1.1 感知器 / 272
  16.1.2 神经网络 / 273
  16.1.3 BP 神经网络 / 274
16.2 深度学习中的基本模型 / 276
  16.2.1 卷积神经网络 / 277
  16.2.2 循环神经网络 / 281
  16.2.3 长短期记忆神经网络 / 282
16.3 深度学习的发展方向 / 283
16.4 扩展阅读 / 283
  16.4.1 人机融合预测系统 / 283
  16.4.2 ChatGPT 视角下的深度学习 / 284

第 17 章 量化投资 / 286

17.1 量化投资概述 / 286

17.1.1　什么是量化投资以及量化策略开发流程 / 286
17.1.2　量化投资必备的基础金融理论 / 287

17.2　股息率选股策略 / 289
17.2.1　"一鸟在手胜过双鸟在林" / 289
17.2.2　股息率策略研究与实践 / 289
17.2.3　获取月度交易日 / 290
17.2.4　获取股息率 / 293
17.2.5　筛选前30%的股票作为组合 / 296
17.2.6　绩效可视化 / 298

17.3　PEG策略 / 300
17.3.1　PEG策略实现 / 301
17.3.2　策略可视化 / 302

17.4　股息率策略的回测平台代码实践 / 303

17.5　扩展阅读A / 304
17.5.1　回测环境 / 304
17.5.2　编译运行 / 304
17.5.3　策略回测 / 307
17.5.4　模拟交易 / 308
17.5.5　数据 / 308
17.5.6　运行频率 / 309
17.5.7　运行时间 / 309
17.5.8　佣金与印花税 / 309
17.5.9　滑点 / 309
17.5.10　拆分、合并与分红 / 309

17.6　扩展阅读B / 311

参考文献 / 313

CHAPTER 1

第 1 章

数据分析导论

本章介绍数据分析的概念与工作流程,并通过经典的数据分析案例,体现数据分析的价值。同时,在扩展阅读部分介绍基于大数据驱动的决策范式转变,以及使用生成模型做数据分析的基础原理。本章主要内容如下:

- 数据分析在财经领域的价值
- 数据分析工作流程
- 数据分析案例赏析
- 大数据驱动的决策范式转变
- 使用大语言模型做数据分析

1.1 面向财经领域的数据分析

随着互联网的高速发展,大数据时代已经到来,麦肯锡全球研究所给出的大数据的定义是:一种规模大到在获取、存储、管理、分析方面大大超出了传统数据库软件工具能力范围的数据集合,具有海量的数据规模、快速的数据流转、多样的数据类型和低价值密度四大特征。大数据无处不在,应用于各个行业,包括金融、汽车、餐饮、电信、能源、体育和娱乐等社会各行各业都已经见到融入大数据的印迹。

大数据是信息技术发展的必然产物。在"人机物"三元融合的大背景下,以"万物均需互联、一切皆可编程"为目标,数字化、网络化和智能化呈融合发展新态势。信息化新阶段开启的另一个重要表征是信息技术开始从助力社会经济发展的辅助工具向引领社会经济发展的核心引擎转变,进而催生一种新的经济范式——"数字经济"。经过几十年积累和储备,数据资源大规模聚集,奠定了数字经济发展的坚实基础。在新一轮科技革命和产业变革浪潮下,我国政府高度重视数字经济发展。数字经济是指以使用数字化的知识和信息作为关键生产要素、以现代信息网络作为重要载体、以信息通信技术的有效使用作为效率提升和经济结构优化的重要推动力的一系列经济活动。十九届四中全会首次将数据与劳动力、技术、资本等一起作为生产要素。数据交易和获取数据是数字经济时代的重要环节,要充分挖掘数据这一要素的价值,数据分析成为重要的工作。

数据分析是建立在数学计算以及计算机基础上,对目标数据进行清洗、探索、建模,识别数据中存在的规律。数据分析结果不仅可以为企业单位或者个人进行决策提供数据支持,也可以用于公共医疗卫生领域。例如,谷歌推出的流感趋势工具,该工具利用搜索数据实时预测流感暴发。通过分析与流感症状和治疗方法相关的搜索查询,该工具能够预测传统健康监测系统预测不到的流感暴发(Ginsberg et al., 2009)。

本书聚焦金融领域的数据分析任务,在介绍数据分析工具的基础上,紧密结合金融场景,书中有大量金融数据分析案例,针对性强,更加顺应如今学科交叉的趋势,为"新金融"领域的读者提供更高效的学习途径。

金融业是一个持续发展的行业,金融业正在使用数据分析,以最大程度地减少管理各种金融活动所耗费的精力和时间。大数据的出现为金融大数据分析提供了进步发展的动力,使得金融领域可以利用数据分析和机器学习原理的力量。金融领域的典型数据如表 1-1 所示。

表 1-1 金融领域的典型数据

领域	结构化数据	非结构化数据	数据时效
量化交易	股票市场交易数据	社交网站上的发文、各大论坛的帖子、财经新闻、央视新闻音频数据	日度、季度
企业风险预警	工商注册信息、经营情况、财务报表数据	行政处罚、诉讼、舆情、公告、研报	季度、年度

金融领域的数据分析正在发展为一个多学科领域,为金融行业带来了新的机遇。量化交易是金融数据分析的一个重要分支,量化交易是指以先进的数学模型替代人为的主观判断,利用计算机技术从庞大的历史数据中海选能带来超额收益的多种"大概率"事件以制定策略,极大地减少投资者情绪波动的影响,避免在市场极度狂热或悲观的情况下做出非理性的投资决策。除了在量化交易领域应用数据分析,企业风险预警也可以使用数据分析。

1.2 数据分析工作流程与案例赏析

1.2.1 数据分析的工作流程

1. 提出问题

任何时候,包括在人工智能时代,提出问题更加重要,特别在评估所研究问题的重要性和创新度时。例如,如何有效地评估中国 GDP 增长量?

数据分析工作不是一个单向的流程，而是一个有回路的过程，例如：在结果分析与应用环节，可以获取各个利益相关者的反馈，从而修正、改进模型，或者提出新的数据分析问题。此外，在数据探索性阶段，也可能发现有趣的问题和假说，从而修正原有的研究问题。

2. 收集数据

根据提出的问题，通过多种方式获取数据，例如：编程抓取数据、购买第三方数据服务商的数据、使用国家统计局数据库等。为了评估 GDP 增长量，李克强在 2007 年任职辽宁省委书记时，喜欢通过用电量、铁路货运量和银行贷款发放量三个指标分析当时的辽宁省经济状况。英国《经济学人》杂志在 2010 年推出用于评估中国 GDP 增长量的指标，即"克强指数"(Li Keqiang Index)，该指数是三种经济指标"工业用电量新增""铁路货运量新增""银行中长期贷款新增"的结合。

3. 数据预处理

对收集到的数据进行预处理，包括数据清洗（如处理缺失值、重复项、异常值）、新变量的计算（也称为特征工程）、数据合并、数据标准化等。

数据收集和预处理环节可能会占用大量的时间，因此要重视数据资产的价值。此外，构建并开源独特的数据集也会受到业界认可。例如，Fei-Fei Li（李飞飞）使用亚马逊的 Mechanical Turk 众包平台协助构建的 ImageNet 数据集，极大地推动了计算机视觉研究的进展。

4. 建模分析

数据分析人员应做探索性分析，即使用汇总统计信息、数据可视化工具和相关性分析数据的初步规律；然后选择合适的模型做预测或者进行假设检验。预测类型的建模强调模型的预测能力，而计量经济模型强调模型的因果关系解释（Shmueli and Koppius, 2011）。数据分析人员不仅应注重理论价值（例如假设检验显著性），而且要评估模型的实际影响（例如模型的预测能力），同时要评估模型的稳健性、外推能力和参数敏感性。

5. 结果报告与应用

报告数据分析结果，模型部署与应用。这个环节需要注意使用合适的可视化工具来讲述数据分析故事。

为了更好地理解数据分析的步骤，读者可以在金融或管理学高水平期刊上阅读一篇使用实证分析或者机器学习模型的论文，结合本小节内容，学习论文中的数据分析步骤。

1.2.2 数据分析的案例赏析

在掌握数据分析工作流程的基础上，我们自主搭建了数据分析的应用系统，聚焦证券市场量化交易、企业风险智能识别与预警系统，以下是两个系统的介绍，读者可以通过链接访问相关网站。

1. 量化交易：Stock++ 证券市场风险量化分析系统

Stock++ 证券市场风险量化分析系统由本书作者以及研究团队成员构建研发，是以最新科研成果为基础的证券市场投资顾问智能化分析平台（见图 1-1、图 1-2）。Stock++ 证券市场风险量化分析系统构建了基于大数据和人工智能的公司价值分析机制、证券市场智能预测和金融文本价值大数据挖掘的"三位一体"平台，汇集海量、多源金融数据，深度聚焦证券市场领域的风险识别、风险预警、风险管理体系等热点问题，充分运用知识图谱、大数据挖掘算法和深度学习等方法，将金融学理论与人工智能算法有机结合，探索上市公司之间的动量溢出效应。

图 1-1　Stock++ 首页

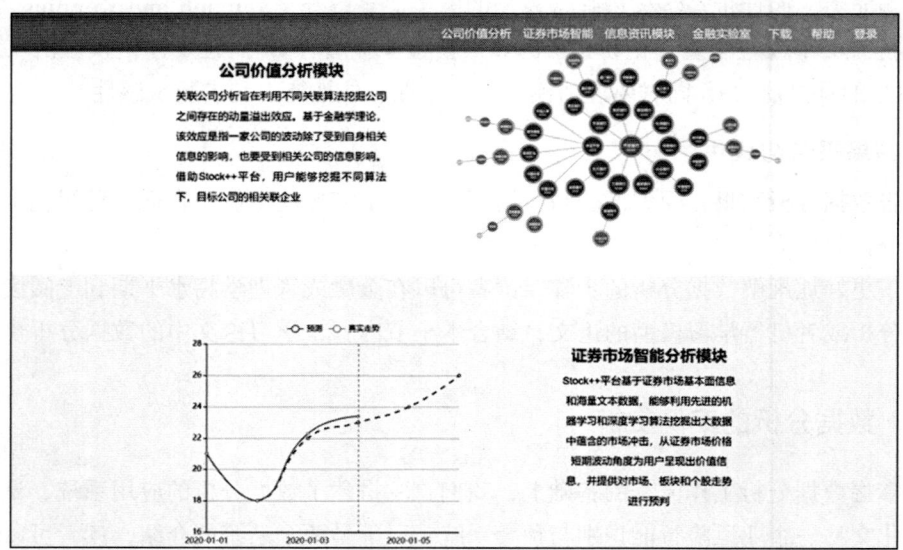

图 1-2　Stock++ 的部分功能

该系统将先进的大数据、人工智能技术集合于一身，为用户提供精准可靠的投资辅助，与其他同类型的系统相比，该系统的技术优势在于：①从上市公司的新闻共同曝光度、行业归属、同涨同跌等属性中提取相关关系，并基于图神经网络构建上市公司的关联关系网络，揭示上市公司之间的隐含关联性；②利用先进的自然语言处理技术，从新闻文本、公司公告、财务报表等非结构化数据中提取证券市场的影响因子，探究在非结构化数据的外因冲击下，证券市场价格变动的深层次原因；③特别地，该系统数据库具有覆盖范围广、覆盖时间长、数据类型多样化的特点。迄今为止，该系统数据库已经涵盖了2005—2020年，中国沪深市场的4 181只股票，包含全部上市公司的历史行情数据、分钟级高频数据、上市公司公告数据，以及新闻文本数据。

读者可使用游客登录的方式探索 Stock++ 的更多功能，网址为 http://ficstock.swufe.edu.cn/sub-vue/home。

2. 企业风险智能识别与预警系统

企业风险智能识别与预警系统通过智能爬虫技术，获取海量的企业工商注册、运营、财务、舆情新闻等数据，利用先进的自然语言处理技术与深度学习模型，构建基于大数据视角的企业风险智能预警与防控平台，致力于生成和量化非结构化数据指标、挖掘企业之间的关联关系，在此基础上解析企业风险传播路径，挖掘关键企业风险节点，有效捕捉企业风险，为政府监管、融资机构自律、企业自治提供企业风险分析决策支撑，实现具有落地应用能力的产学研成果（见图1-3）。

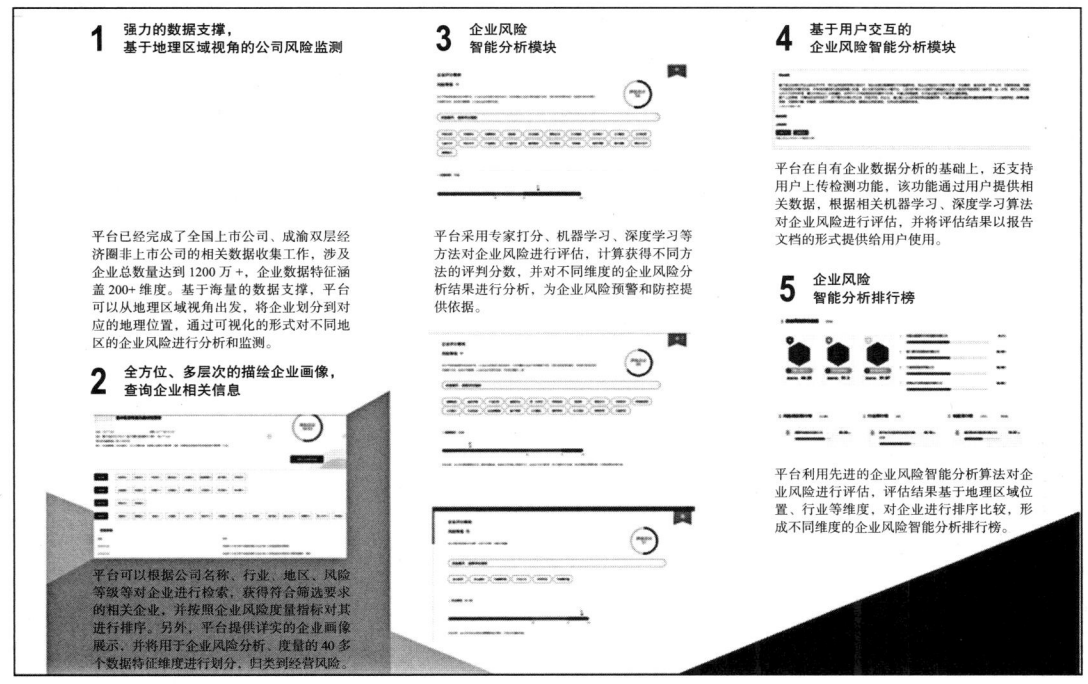

图1-3　企业风险智能识别与预警系统功能介绍

读者可使用游客登录的方式探索企业风险智能识别与预警系统的更多功能，网址为http://list.intelligentstock.cn/#/login?redirect=%2Fmap。

1.3 扩展阅读

1.3.1 大数据驱动的决策范式转变

互联网和物联网产生了大量的数据，这给传统的决策范式带来变革。在大数据时代，决策范式在信息情景、决策流程、决策主体、理念假设四个方面都发生了转变（陈国青等，2020）。

从信息情景看，决策建模所使用的信息逐渐丰富，不同领域的信息相互融合，提升了模型的准确程度（陈国青等，2020）。不同来源的数据可以互补，例如，论坛数据和搜索数据各有其独特性，能够结合起来预测汽车产品销量或者股市的波动（Geva et al., 2017）。

传统的决策流程一般是线性分阶段展开的，例如西蒙提出的"情报收集"→"设计备选方案"→"选择方案"流程（Simon, 1960）。在大数据支撑下，决策的调整频次会更高。一个原因是模型的预测能力在提升，精确预测的结果会作为其他部分或决策环节的输入，从而提升整个决策系统。这个类似大脑的皮质的反馈回路，在皮质的深层学习的模型类型更加多样，而且预测性能在提升，其对世界的感知和反馈速度进一步增强。因此，大数据驱动的决策流程更加高效（霍金斯，2022）。

从决策主体看，在大数据和人工智能时代，机器模型或者机器人在决策中的影响和主导作用在进一步提升（陈国青等，2020）。因此，关于人机交互、机器行为的设计变得更加重要（Rahwan et al., 2019），我们不仅要应用机器模型挖掘数据的价值来辅助决策，同样要关注机器对社会带来的不良影响。当机器协同工作时，我们需要考虑机器价值与人类价值相符，提升人机协同的绩效（Yuan et al., 2022）。机器通过与人的互动，可以学习社会规范和人类的偏好，这样不仅能向人类学习新的概念和信息，而且能够让人类乐于与其合作提供新的数据用于训练模型（Krishna et al., 2022）。

从理念假设方面看，大数据能够进一步放宽建模的假设（陈国青等，2020）。西蒙提出人的决策是有限理性的，而且行为经济学研究也一再验证人的判断存在偏差和噪声，大数据能够帮助决策者在更细的粒度上分析用户的行为，优化营销、库存管理、产品开发方面的决策。

1.3.2 使用大语言模型做数据分析

大语言模型的典型代表是 OpenAI 公司的 ChatGPT，这是一种基于语言模型的对话生成模型。你可以将其看作一个可以自动生成内容的聊天机器人，能够对用户提出的问题进行回答，进行自然的对话交互。这种生成对话内容的过程，可以比喻成词语接龙，也就是 ChatGPT 根据你的输入，来预测下一个字符的输出。这本质上是自然语言处理（natural language processing，NLP）中语言模型（language model）的应用。语言模型是一种可以预测文本序列中下一个词的概率分布的模型。要想更深入理解 ChatGPT 这类大语言模型（large language model，LLM），我们可以学习深度学习、语言模型、注意力机制、Transformer、GPT 相关内容。

GPT 模型是一个大家族，从 GPT 开始，改进到目前 OpenAI 公司最新的模型 GPT-4，为了方便表示，本书将 GPT-3.5 以后的大语言模型都称为 ChatGPT，因为这样的一类语言模型都具有对话（chat）的高水平表现了。我国的大语言模型也在不断改进，比较典型的有清华大学唐杰团队开发的 ChatGLM（智谱清言，https://chatglm.cn/）。后续，我们也使用"大语言模型"或者"LLM"来指代以 ChatGPT 为代表的对话生成模型。

LLM 的工作原理可以这么理解：

- 输入处理：LLM 接受用户输入的文本，并将其转化为模型可以理解的数字表示。
- 上下文理解：LLM 使用已经学习到的模型参数和上下文信息来理解输入的文本。
- 预测并生成输出文本：LLM 根据上下文信息和已经学习到的知识，预测输出的文本。LLM 将预测的输出信息转换为自然语言文本，并将其呈现给用户。

值得注意的是，本书中所有的 AI 生成模型结果，仅作为扩展阅读供读者参考，以学习如何使用 GPT 做数据分析。对于 GPT 的输出内容，我们要仔细辨别评估，因为 LLM 会出现胡言乱语（幻觉）。

除了直接使用 ChatGPT 交互学习，更常见的做法是使用大语言模型的 API 构建数据分析应用。例如，利用 OpenAI 的 API，我们能够快速构建具有创新和创造价值能力的功能，这在以前是成本高昂、高度技术化或根本不可能的。这一般需要设计提示语（prompt）让语言模型产生你期望的输出，这方面的技巧我们可以在课程"ChatGPT Prompt Engineering for Developers"中学习[⊖]。

⊖ https://www.deeplearning.ai/short-courses/chatgpt-prompt-engineering-for-developers/.

CHAPTER 2

第 2 章

Python 基础知识

人们在解决问题时，一般需要两类知识，一类是关于事实的知识框架（数据结构），另一类是解决问题的工作流程（算法）。Python 基础知识像一套知识框架，有助于我们丰富自身的知识结构。虽然大语言模型可以生成代码[ ]，但是具备 Python 基础知识可以让我们更全面地应用这些能力，从而更好地理解、修改和应用生成的代码。Python 作为一种解释型的高级程序设计语言，具有简单易学、代码简洁、功能强大等优点。在开启数据分析大门时，我们将快速了解 Python 的基本数据类型、相关方法、循环语句等知识，为学习后面的内容奠定基础。本章主要内容如下：

- Python 的基本数据类型
- 三种运算法则
- if 条件语句
- for、while 循环语句
- break、continue 终止语句
- 函数构造和参数

2.1 数据类型

在介绍数据类型之前，我们鼓励通过安装 Anaconda 完成 Python 解释器的安装，Anaconda 不仅包括 Python，而且包括更多的数据科学方面的包，例如 Pandas、Matplotlib、BeautifulSoup 等。

Python 中有六种标准数据类型：数值（number）、字符串（string）、列表（list）、元组

[ ] 更多细节请参考链接：https://arxiv.org/abs/2307.07924。

（tuple）、集合（set）、字典（dictionary）。不同的数据类型适用于不同的应用场景。按照是否可变分为可变数据类型和不可变数据类型，如图2-1所示。可变数据类型意味着可以对其修改，而不会创建新的对象。对不可变数据类型的操作会创建新的对象，而原始对象保持不变。

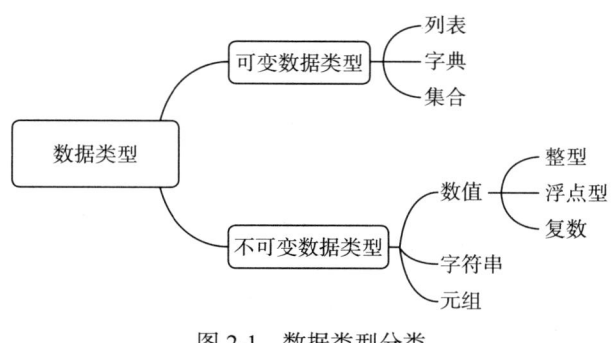

图 2-1　数据类型分类

2.1.1　数值

数值型数据分为整型（int）、浮点型（float）和复数（complex），其中复数在金融场景的使用较少。不同的金融场景使用的数值型数据也会不同，例如，在表示工资、股票价格、利率等数据时采用浮点型数据，在表示股吧数据的评论量、股票日交易量等数据时通常采用整型。

整型也被称为整数，是正整数或负整数，没有小数点。整数运算的结果依然是整数。

```
a = 1
b = 3
c = a + b
type(c)    # 输出c的类型，c是int数据
```

浮点型由整数部分和小数部分组成，浮点型不精确存储；如果用于运算的两个数有一个是浮点数，那么运算结果是浮点数。

```
b = 3.2
c = a + b
type(c)    # 输出c的数据类型，c是float数据
```

复数是由实部和虚部组成的，在Python中可以用a+bj或者complex(a,b)表示，其中a和b为浮点数。

```
x = 1 + 2j
print("实部：",x.real,"\t虚部：",x.imag)    # 输出实部和虚部
```

数值型数据之间可以进行类型转化。但是，在转换过程中可能会涉及精度丢失的问题（例如，浮点数转化成整数会丢失小数点后面的精度），因此我们需要根据具体的情况进行数据转换。

2.1.2　字符串

1. 字符串的创建

字符串类型是编程中表示文本的数据类型。在金融领域，常常遇到文本数据（如股吧评论、财经新闻等），这样的数据就是用字符串表示的。创建字符串可以使用单引号、双引号、三单引号和三双引号，其中三引号可以多行定义字符串，使用三引号还可以实现多行注释的功能。不论使用哪种引号进行字符串创建，引号需要成对地出现，不能使用双引号开始用单引号结尾；如果文本中出现了双引号，那么在创建字符串时需要与文本内部的双引号进行区分。

```
s1 = 'We all know that 'A' and 'B' are two capital letters.'    # 出错
s1 = "We all know that 'A' and 'B' are two capital letters."    # 正确
```

字符串还可以用来表示网页的网址、数据存储的路径等。但是在用字符串表示路径时，常常出现转义字符（如："\t"等），导致显示出来的结果与我们希望得到的结果有所不同。

```
path="c:\to\hello world.py"
print(path)  # 输出：c:    o\hello world.py
```

因此，我们常常在字符串前面加上"r"，表示"r"内部的字符串默认不转义，或者采用将"\"写成"\\"的方法。

```
path = r"c:\to\hello world.py"
path = "c:\\to\\hello world.py"
```

我们在字符串前加上 f 可以灵活地在字符串中嵌入变量和表达式的值，称为 f-string，这方便我们构造特定的字符串。例如，应用大语言模型分析文本时，通常需要构建提示语，下面的例子展示了如何构造一个提示语，在提示语中通过 {} 和 f，将公司名称、新闻标题和新闻日期引入。

```
company_name = "ABC Corp"
news_title = "Merger Announcement"
news_date = "June 1, 2023"
prompt = f"Based on the recent news about {company_name}'s {news_title} on
    {news_date}, what do you anticipate will be the impact on the company's
    stock price and overall market sentiment? Share your analysis and
    insights."
```

2. 字符串相关操作以及方法

字符串常用的操作函数或方法如表 2-1 所示。

表 2-1　字符串常用的操作函数或方法

函数或方法	描述
str[start_index:end_index:step]	用于实现字符串的切片和索引
str.replace(old_str, new_str [, count])	字符串的替换
str.lower() & str.upper()	大小写转换

(续)

函数或方法	描述
str.count("char", start,end)	对字符串中某个词出现的次数进行统计
str.find(sub, start, end)	字符串的查找
str.split(sep=None, maxsplit=-1)	对字符串按照某种规则进行拆分
sep.join(iterable)	将一个可迭代对象连接成一个字符串

（1）字符串的索引和切片

字符串索引通过下标访问字符串相应位置（索引）的元素，如代码 str[index]。字符串切片，通过起始位置的下标以及步长（step）切取特定对象，str[start_index:end_index:step]，如果不写 step 参数，默认为 1，即获取 start_index: end_index 的每个字符（不包括 end_index 位置字符）。

```
comment = "继续加仓了，就当存银行定期吧[摊手][摊手][摊手]"
print(comment[3])        # 输出：继续加仓
print(comment[1:5:2])    # 输出：续仓
print(comment[0:4])      # 输出：继续加仓。
```

思考：切片的操作范围为什么是左闭右开的？

（2）字符串的替换

在 Python 中对字符串中的文本进行替换的语句如下：

```
str.replace(old_str, new_str [, count])
```

将字符串 str 中的字符 old_str 替换为新的 new_str 字符串，count 是可选参数，表示只有前面的 count 个出现被替换，默认情况下替换所有 old_str。

```
comment.replace("[摊手]","")      # 输出：'继续加仓了，就当存银行定期吧'
comment.replace("[摊手]","",2)    # 输出：'继续加仓了，就当存银行定期吧[摊手]'
```

（3）字符串的大小写转换

在处理英文评论时，会出现大小写的情况，为了得到更加精确的结果或减轻工作量，我们常常进行大小写转换。比如，在处理文本过程中常常涉及词频统计，但在 Python 中，相同的单词若大小写不同则会算成不同的单词，为了得到更加精确的统计，我们常常将文本中的单词统一转换为小写或大写。

str.lower()：用于将字符串中的所有大写字母转换为小写字母。

str.upper()：用于将字符串中的所有小写字母转换为大写字母。

```
article ="With the 2022 Winter Olympic Games in Beijing, the ruling
    Communist Party hopes to popularize winter sports as exercise and to
    make money. The Games will take place from February 4 to 20.Many people
    in Beijing enjoy the winter sport of ice skating. But winter sports are
    new to most Chinese people.Now, young Chinese are considering winter
    sports like hockey and skiing.The government and some companies have
    built new structures for winter sports in many places. Public schools
    are adding winter sports. And villages near mountains where skiing is
    possible are building hotels and services for visitors."
```

```
lower_article = article.lower()
```

（4）统计字符出现的次数

str.count("char", start,end) 用于统计字符串中某个字符出现的次数，默认情况下统计整个字符串中出现的相应字符。

- char——要统计的字符。
- start——索引字符串的起始位置，默认参数为 0。
- end——索引字符串的结束位置，默认参数为字符串长度。

下面的代码对原始的 article 和小写处理后的 article 做词频统计。

```
article.count("winter")           # 输出 6
lower_article.count("winter")     # 输出 7
```

（5）字符串的查找

str.find(sub, start, end) 用于在字符串中查找相应的子串 sub，并返回该子串的起始位置（即最小索引），如果未找到返回 −1。

- sub——要查找的子字符串。
- start——索引的起始位置，默认值为 0。
- end——索引的结束位置，默认值为字符串长度。

下面这个程序采用 find 函数查找出"摊手"这个词第一次出现的位置。

```
comment = "继续加仓了，就当存银行定期吧 [ 摊手 ][ 摊手 ][ 摊手 ] 继续加仓了，就当存银行定期吧 "
comment.find(" 摊手 ")     # 输出：15
```

（6）字符串的拆分

str.split(sep=None, maxsplit=-1) [n] 用于拆分字符串。通过指定分隔符 sep 对字符串进行分割，并返回分割后的字符串列表。

- sep——分隔符，默认为空格。
- maxsplit——最大分割参数，默认参数为 −1。
- [n]——返回列表中下标为 n 的元素。列表索引的用法。

```
comment.split("，")    # 这里使用的是中文逗号用于分割
```

输出：

```
[' 继续加仓了 ', ' 就当存银行定期吧 [ 摊手 ][ 摊手 ][ 摊手 ] 继续加仓了 ', ' 就当存银行定期吧 ']
```

（7）字符串的连接

sep.join(iterable)

该方法可以采用将一个可迭代对象，按照一定的规则（即按照 sep 的定义）合并成为一个字符串。

- sep——分隔符，可以为空。
- iterable——要连接的变量，可以是字符串、元组、字典、列表等。

```
comments = ["继续加仓了，就当存银行定期吧[摊手][摊手][摊手]继续加仓了，就当存银行定
            期吧", "这厮已经回到年初大盘两千五百点左右的价位了", "跌破8块可以抄底了跌破8块可
            以抄底了"]
"。".join(comments)
```

上述代码将三个句子用句号连接起来，输出字符串如下：

'继续加仓了，就当存银行定期吧[摊手][摊手][摊手]继续加仓了，就当存银行定期吧。这厮已经
回到年初大盘两千五百点左右的价位了。跌破8块可以抄底了跌破8块可以抄底了'

2.1.3 列表

"列表"是一种可变的数据类型，我们可以在列表中增加、删除、替换元素。列表没有长度限制，元素类型可以不同，使用非常灵活。列表用左中括号开始，右中括号结束，列表中的每个元素用逗号分开。

1. 列表的创建

列表的创建有两种方法，[ ] 和 list() 函数。

[ ]：将需要存储的元素以逗号分隔放在方括号内，如果没有值，就是空列表。

list() 函数：将其他可迭代对象（如字符串、元组或其他列表）转换为列表。

```
Lis = ["data","analysis","with","python"]
Lis = list("data analysis with python")
```

2. 列表的操作

列表的常用操作如表 2-2 所示。

表 2-2 列表的常用操作

	函数或方法	描述
索引和切片	lis[i] = x	将列表 lis 里的第 i 个数据替换为 x
	lis[i, j] = lit	将列表 lis 里第 i 个到第 j 个的数据替换为 lit
扩展	lis+=lit	将列表 lit 的元素添加到 lis 中，拼接列表
	lis*n	将 lis 的元素重复 n 次
	lis.extend(lit)	向列表 lis 中增加列表 lit 的元素
	lis.append(x)	在列表 lis 最后一个位置添加元素 x
	lis.insert(i, x)	在列表 lis 第 i 个位置添加元素 x
删除	lis.clear()	清空列表 lis 中的元素
	lis.pop(i)	删除并返回列表中下标为 i 的元素，默认为最后一个元素
	lis.remove(x)	删除列表中第一次出现的元素 x
排序	lis.sort()	对列表进行排序。默认 reverse = False，按顺序排序；当 reverse = True 时，则按照降序排序
计数	lis.count()	统计列表中元素出现的次数

（1）索引和切片

列表的索引，通过下标访问字符串相应位置的元素，如代码 lis[index]。列表的切片，通过起始位置的下标以及步长（step）切取特定对象，lis[start_index: end_index: step]。

```
lis = ["科大讯飞","中科曙光","光线传媒","新五丰"]
lis[1]       # 输出："中科曙光"
lis[1:3]     # 输出：["中科曙光","光线传媒"]
```

（2）扩展

列表的扩展有多种方法，如"+""extend()""append()"等。下面的代码将展示不同的扩展方法的作用和最终输出结果的形式。

采用"+"进行扩展，需要注意的是加号两边连接的必须为列表，不能为字符串或者数字，最后得到的是一个列表。

```
lis1 = ["a","b","c"]
lis2 = ["d","e","f"]
print(lis1+lis2)   # 输出：['a', 'b', 'c', 'd', 'e', 'f']
```

extend() 和 append() 虽然都可以起到扩展结果的作用，但是这两种函数的扩展原理对于可迭代对象（列表）有所不同。extend() 是将可迭代对象中的每一个元素纳入列表中。

```
lis1.extend(lis2)
lis1 # 输出：['a', 'b', 'c', 'd', 'e', 'f']
```

append() 是将整个可迭代对象作为一个元素直接加入列表。在使用时需要特别注意对这两种方法加以区别。

```
lis1 = ["a","b","c"]
lis2 = ["d","e","f"]
lis1.append(lis2)
lis1  # 输出：['a', 'b', 'c', ['d', 'e', 'f']]
```

上面的列表扩展方法只是单纯地把要添加的数据直接加到列表的后面，然而有时候我们需要在特定的位置添加元素，这个时候通常采用 .insert() 方法。下面这个程序是在 lis1 列表中的下标为 1 处添加元素"f"。

```
lis1 = ["a","b","c"]
lis1.insert(1,"f")
lis1 # 输出：['a', 'f', 'b', 'c']
```

（3）删除

我们可以通过 del 和 clear 方法实现列表的删除。其中 del 是删除指定元素，而 clear 是删除列表里面的所有元素。

```
letters = ["a","b","c"]
del letters[0]
print(letters)       # letters 变为["b","c"]
letters.clear()      # 使用 clear() 方法删除所有元素，结果 letters 变为空列表[]
```

（4）排序

对列表中的元素进行排序采用的是 .sort() 方法，这种方法不仅能够对数字元素进行排列，也可以对字符串进行排列，根据字符串从左到右的每一个字符对应的 ASCII 码大小进行排序。

```
lis1 = [12, 6, 4, 20, 17]
lis1.sort(reverse = False)    # reverse 默认值为 False，表示升序；为 True 则是降序
```

（5）计数

采用 count() 方法即可实现列表中元素的计数，用法与字符串的统计相同。

```
letters = ["a","c","d","a","c","d","a","f"]
letters.count("a")    # 输出：3
```

3. 列表的推导

列表推导是一种创建列表的简洁方式，它允许在单个语句中使用循环语句和条件语句来生成列表元素。通过列表推导，可以将一个复杂的循环结构压缩成一行代码。Python 的内部对列表推导式做了大量的优化，可以保证很快的运行速度，也是推荐使用的一种技术。下面这个程序采用列表推导式构建了一个从 0 ～ 10 的平方数的列表。

```
squares = [x**2 for x in range(1, 11)]
print(squares)    # 输出：[1, 4, 9, 16, 25, 36, 49, 64, 81, 100]
```

2.1.4 元组

"元组"是一个不可变的数据类型，且在创建元组时，用左括号开始，右括号结束。如果需要一个永远不会被改变的值的序列，可以考虑采用元组。同时，由于列表功能强大，会影响运行效率，因此可以采用元组对 Python 的一些代码块进行优化，让使用元组的代码比使用列表的代码运行得更快。

1. 创建元组

元组输入时采用圆括号 ()，而不是方括号 []。如果元组中只有一个元素，则必须在最后增加一个逗号，例如，x=(3,)。

2. 元组解包

一次性将元组赋值给多个变量，这个过程称为"元组的解包"。

```
# 财经数据元组示例
stock_data = ("AAPL", "2022-01-01", 150.25, 1000000)
symbol, date, price, volume = stock_data    # 元组解包
print(symbol, date, price, volume)    # 输出：AAPL 2022-01-01 150.25 1000000
```

在 Python 中，函数可以同时返回多个值，这些值被封装在一个元组中。使用元组解包，可以将返回的元组解包成多个变量，从而将每个返回值分配给对应的变量。

```
def get_stock_data():
    price = 150.25
    volume = 1000000
    return symbol, date, price, volume
stock_price, stock_volume = get_stock_data()[2:4]    # 调用函数并使用元组解包获取
    返回值
```

2.1.5 集合

Python 中的集合数据类型与数学中集合的概念一致，即具有无序性、确定性、互异性。集合中的元素是唯一的，不允许重复。这对于财经数据分析很有用，因为财经数据分析中常常需要处理大量的重复数据，例如去重股票代码、排除重复的交易记录等。

1. 集合的创建

我们可以使用花括号 {} 创建，或者使用 set() 函数创建集合：

```
fruits = {"apple", "banana", "orange"}
fruits = set(["apple", "banana", "orange"])
```

2. 集合运算

集合的常用运算如表 2-3 所示。

表 2-3　集合的常用运算

操作符	描述
S - T	返回集合 S 与集合 T 的差集
S & T	返回集合 S 与集合 T 的交集
S ^ T	返回集合 S 与集合 T 的对称差集（symmetric difference）：两个集合中除了共有的元素外的所有元素的集合
S | T	返回集合 S 与集合 T 的并集

下面的代码对股票代码进行了处理。

```
stock_set1={"002432","600036","600016","601318"}
stock_set2={"002432","600016","300261","601857"}
stock_set1 - stock_set2  # 输出：{'600036', '601318'}
stock_set1 ^ stock_set2  # 输出：{'300261', '600036', '601318', '601857'}
```

2.1.6 字典

Python 中的字典提供了一种灵活的访问和组织数据的方式。字典是一种可变的数据类型，是由很多值（item）组成的集合。字典的索引被称为"键"，键与键所关联的值称为"键值对"，字典的每个键（key）与值（value）用冒号隔开，每个键值对之间用逗号分割，整个字典包括在花括号 {} 内。字典的索引可以是不同的数据类型，不仅可以是整数，也可以是字符串。字典中的键（key）具有集合的性质，集合可以看成一种特殊的字典，集合中的每个元素相当于字典中的键。

1. 字典的基本操作

我们可以访问、修改字典里的值。

```
student_dic = {'Name': 'Rachel', 'Age': 19, 'Major': 'AI'}
student_dic["Name"]        # 访问学生的姓名，输出：'Rachel'
student_dic['Age'] = 20    # 修改学生的年龄
student_dic  # 输出：{'Name': 'Rachel', 'Age': 20, 'Major': 'AI'}
```

2. 字典的常用函数和方法

字典的常用函数和方法包括 keys、values 等，具体的内容如表 2-4 所示。

表 2-4　字典的常用函数和方法

函数和方法	描述
dic.keys()	返回字典 dic 中所有的键信息
dic.values()	返回字典 dic 中所有的值信息
dic.items()	返回字典 dic 中所有的键值对
dic.pop()	删除字典给定的键所对应的值，返回值为被删除的值。如果键不存在，则返回设置指定的默认值 default，若此时 default 没有指定，则触发 KeyError 异常
dic.clear()	删除字典 dic 中的所有键值对
del []	删除字典中某一个键值对
in	判断键是否在字典中，是则返回 True，否则返回 False

（1）返回字典中的键信息

采用 keys() 方法可以获取字典中所有键组成的列表。

```
dic = {"语文":90, "数学":95, "英语":92}
dic.keys()   # 输出: dict_keys(['语文', '数学', '英语'])
```

（2）返回字典中的值信息

采用 values() 方法可以获取字典中所有值信息组成的列表。

```
dic = {"语文":90, "数学":95, "英语":92}
dic.values()   # 输出: dict_values([90, 95, 92])
```

（3）返回字典中的键值对

通过 items() 可以获取字典中所有的键值对。

```
dic = {"语文":90, "数学":95, "英语":92}
dic.items() # 输出: dict_items([('语文', 90), ('数学', 95), ('英语', 92)])
```

（4）返回字典中键对应的值，同时删除键值对

通过 pop() 可以删除字典给定的值。

```
dic = {"语文":90, "数学":95, "英语":92}
dic.pop("语文") # 输出: 90
dic   # 输出: {'数学': 95, '英语': 92}
```

（5）删除字典中的所有键值对

采用 clear() 方法可以将字典里面的所有键值对清空。

```
dic = {"语文":90, "数学":95, "英语":92}
dic.clear()
dic   # 输出: {}
```

（6）删除字典中指定的键值对

上面讲了如何清空字典里面的键值对，然而很多时候我们只需要删除指定的键值对，这个时候可以采用 del 函数。

```
dic = {"语文":90, "数学":95, "英语":92}
del dic["语文"]
dic    # 输出: {'数学': 95, '英语': 92}
```

（7）判断键是否在字典中

输出为 True 代表键在字典中，输出为 False 代表键不在字典中。

```
"数学" in dic    # 输出: True
"语文" in dic    # 输出: False
```

3. get() 与 setdefault() 方法

这两种方法都是从字典中取出一个已有键的值，直接返回结果。不同之处在于，当取出字典中一个不存在的键的值时，get() 方法不会出现返回值，同时也不报错；setdefault() 会返回默认键的值，并且将新的键值对保存在字典中。下面两种方法都可以统计 message 中每个字母出现的次数。

```
message ="data analysis if fun"
count1 = {}
for char in message:
    count1.setdefault(char,0)
    count1[char] += 1
count2 = {}
for char in message:
    count2[char] = count2.get(char, 0)+1
```

2.2 运算法则

Python 支持多种运算，如算术运算、比较（关系）运算、赋值运算、逻辑运算等，每种运算都有相应的运算符以及运算法则。接下来，我们将重点介绍在数据分析中比较常见的三种运算：算术运算、逻辑运算、比较运算。

2.2.1 算术运算

在金融场景的数据分析中，我们时常需要对两个或多个数字进行加减乘除。例如，在处理股价每日的涨跌时，需要用明天的开盘价减去当天的开盘价。常见的算术运算符如表 2-5 所示。当有多个数值进行算术运算时，运算的优先级满足数学中的"先乘除后加减，从左到右依次计算"的法则，若需要改变优先级则可以通过添加括号 () 实现。

表 2-5 常见的算术运算符

运算符	描述	实例
+	两个数字相加（假设变量：a = 14，b = 30，下同）	a + b = 44
−	两个数字相减或得到一个数的相反数	a − b = -16
*	两个数相乘或返回一个重复若干次的字符串	a * b = 420
/	两数相除	b / a = 2.142857142857143

(续)

运算符	描述	实例
%	取模运算,两数相除取余数部分	b % a = 2
**	幂运算	2**4 = 16
//	两数相除取整数部分	b // a = 2

2.2.2 逻辑运算

逻辑运算常用在条件语句中,用于将两个或多个条件连接成更复杂的语句,逻辑运算得到的结果可以是布尔值(Bool),也可以是数值。值得注意的是,还可以对数值进行逻辑运算,如 1 and 2 返回 2。常见的逻辑运算符如表 2-6 所示。

表 2-6 常见的逻辑运算符

运算符	描述	实例
and	"与",x 条件与 y 条件均满足(假设变量:a = True,b = False,下同)	(a and b) 返回 False
or	"或",x 条件满足或 y 条件满足	(a or b) 返回 True
not	"非",x 条件的反面	not a 返回 False

2.2.3 比较运算

比较运算的对象通常是数值型数据,得到的结果为布尔值,即只有 True 或 False。以 a = 15,b = 30 为例,常见的比较运算符如表 2-7 所示。

表 2-7 常见的比较运算符

运算符	描述	实例
==	比较两个对象是否相等	(a == b) 返回 False
!=	比较两个对象是否不相等	(a != b) 返回 True
>, >=	大于,大于等于	(a >= b) 返回 False
<, <=	小于,小于等于	(a <= b) 返回 True

2.3 条件语句

if 语句是一种条件语句,用于根据条件的真假来执行不同的代码块。if 语句的代码结构如下:

```
if condition:
    # 执行条件为真时的代码块
```

条件表达式(condition)用来判断条件真假的部分。条件表达式可以是任何返回布尔值的表达式,例如比较运算符(如 ==、<、> 等)和逻辑运算符(如 and、or、not 等)。

if-else 语句允许在条件为真时执行一个代码块,而在条件为假时执行另一个代码块,代码结构如下:

```
if condition:
    # 执行条件为真时的代码块
else:
    # 执行条件为假时的代码块
```

if-elif-else 语句可以在多个条件之间进行选择，每个条件都会按顺序进行判断，一旦某个条件为真，则执行相应的代码块，并跳过后续条件的判断。代码结构如下：

```
if condition1:
    # 执行条件 1 为真时的代码块
elif condition2:
    # 执行条件 2 为真时的代码块
else:
    # 执行所有条件都为假时的代码块
```

下面的代码使用 if-elif-else 实现如下逻辑：如果一只股票的算术收益率大于 5%，想锁定短期利润，则卖出股票；如果下跌超过 5%，考虑逢低买入；否则，保持观望。

```
# 根据股票价格涨跌幅度进行决策
stock_price = 100        # 当前股票价格
previous_price = 90      # 前一个交易日的股票价格
# 计算涨跌幅度
change = (stock_price - previous_price) / previous_price
# 判断涨跌情况并做出决策
if change > 0.05:
    print("股票涨幅超过5%，建议卖出")
elif change < -0.05:
    print("股票跌幅超过5%，建议买入")
else:
    print("观望，暂不做出操作")
```

此时，计算出的算术收益率 change 为 0.111111111，超过 0.05，满足第一个 if 的条件，执行对应的代码，代码输出结果为：股票涨幅超过 5%，建议卖出。

2.4 循环语句

2.4.1 while 循环

Python 编程中 while 语句用于循环执行程序，即在某条件下，循环执行某段程序，以处理需要重复处理的相同任务。

其基本形式为：

while 判断条件：
      执行语句

其中，执行语句可以是单个语句或语句块。判断条件可以是任何表达式，对于任何非零或非空（NULL）的值均为 True。当判断条件为 False 时，循环结束。

下面这个代码是对 0 到 9 进行求和：

```
i = 0
result = 0
while i<10:
    result = i + result
    i+=1
result
```

while 循环是未知运行次数的，因而有可能一直运行。只要判断条件为真，它就会一直执行下去。这一点与 for 循环不一样，因为 for 循环是已知循环次数的。比如，如果不设置循环次数，就会一直输出 'Hello world!'，对于这种循环又叫"死循环"。如果要退出，需要在合适的时候使用 break。

```
k=10  # 循环次数
for i in range(1,k):
    print("Hello world!")
```

下面的代码能够开发一个聊天机器人，不过这个机器人很傻，每次只能输出" this is my response, hahaha"。本章后续内容，我们会尝试使用 ChatGLM 大语言模型构造一个聊天机器人。

```
while True:
    # Get user input
    user_input = input("User: ")
    # Check if user wants to exit
    if user_input.lower() == 'exit':
        print("Chatbot: Goodbye!")
        break
    print("this is my response, hahaha")
```

2.4.2 for 循环

Python 中的 for 循环可以按照从头到尾的顺序来"访问"列表中的所有元素，并且根据我们的需求对这些元素进行操作。使用 for 循环，逐个访问 <sequence> 中的元素，随后执行 <statements> 中的语句块。for 循环的基本语句是：

for <variable> in <sequence>:
<statements>

下面是一段关于 for 循环语句的简单示例代码：

```
# 使用 for 循环来遍历列表，统计字数大于 20 的评论个数
count = 0
comments = ["继续加仓了，就当存银行定期吧 [ 摊手 ][ 摊手 ][ 摊手 ] 继续加仓了，就当存银行定期吧 ", " 这厮已经回到年初大盘两千五百点左右的价位了 ", " 跌破 8 块可以抄底了跌破 8 块可以抄底了 "]
for c in comments:
    length = len(c)
    if length>20:
        count += 1
```

上面代码的输出结果为 2，即有两条评论的评论字数超过 20。

2.5 终止语句

如果要改变上述"默认循环执行",可以采用 break 语句或 continue 语句退出循环。
- break:立即退出循环,不再运行循环中余下的代码,也不管条件测试的结果如何。
- continue:跳过本次小循环中后面的剩余代码,仍然进入下一次迭代。

下面这段代码可以在列表 NumberList 中寻找第一个出现的偶数。

```
NumberList=[3,7,9,11,4,10]
count = 0
for i in NumberList:
    count += 1
    if i%2 != 0:
        continue
    else:
        print("第 {} 次找到了第一个偶数: {}".format(count,i))
        break
```

此时,列表中第一个出现的偶数为 4,寻找次数为 5,输出结果为:"第 5 次找到了第一个偶数:4"。

2.6 函数构造和参数

2.6.1 自定义函数

虽然 Python 的标准库中自带了很多"方法"和函数,例如 len() 函数,而且代码本身也具有可复制性,但是在具体的应用中现有的"方法"和函数有时并不能满足我们的需求,此时我们可以自己定义函数,在需要时调用函数即可,这样也会使代码简洁易读,方便使用。Python 自定义函数的形式和普通函数相似,函数的定义语法为:

$$\text{def function\_name(parameters):}$$
$$\text{function\_expression}$$
$$\text{return(result) \# 可选}$$

下面的代码定义了一个统计字数大于 20 的评论个数的函数 count_long_comments。

```
def count_long_comments(comments):
    count = sum([len(c)>20 for c in comments])
    return count
comments = ['继续加仓了,就当存银行定期吧 [ 摊手 ][ 摊手 ][ 摊手 ] 继续加仓了,就当存银行定期吧', '这厮已经回到年初大盘两千五百点左右的价位了', '跌破 8 块可以抄底了跌破 8 块可以抄底了', '医疗器械涨了这么多,上海电气是不是该启动了']
count_long_comments(comments = comments)
```

此处代码功能和前面 for 循环语句的简单示例代码功能一致,均为统计字数大于 20 的评论个数,因此输出结果与其一致,为 2。

2.6.2 自定义函数的参数

1. 必选参数与默认参数

我们在调用一个自定义函数时，必须给函数中的必选参数赋值，否则程序将会报错，并提醒用户"缺少一些必选的位置参数"。在 Python 中，可以在声明函数的时候，预先为参数设置一个默认值。当调用函数时，如果某个参数具有默认值，则可以不向这个函数传递参数，这时，函数将使用事先声明默认的参数。

下面的代码中，我们定义了一个名为 calculate_profit 的函数，该函数的目的是计算公司的净利润。它接受两个必选参数 revenue（营业收入）和 expenses（总支出），以及一个默认参数 tax_rate（税率，默认为 0.2）。

```
def calculate_profit(revenue, expenses, tax_rate=0.2):
    """
    计算公司的净利润。
    参数：
    revenue (float): 公司的营业收入。
    expenses (float): 公司的总支出。
    tax_rate (float, optional): 税率，默认为 0.2。
    返回：
    float: 公司的净利润。
    """
    taxable_income = revenue - expenses
    tax = taxable_income * tax_rate
    net_profit = taxable_income - tax
    return net_profit
# 使用必选参数和默认参数调用函数
revenue = 1000000
expenses = 600000
profit = calculate_profit(revenue, expenses)
print("公司的净利润为:", profit)
# 使用默认参数和自定义税率调用函数
tax_rate = 0.3
profit_with_custom_tax = calculate_profit(revenue, expenses, tax_rate)
print("使用自定义税率的净利润为:", profit_with_custom_tax)
```

代码首先通过营业收入和总支出相减得到利润，在通过与税率相乘得到税款，最后使用利润减去税款得到公司的净利润。代码输出结果是公司的净利润为 320000。

2. 可变参数

如果我们有很多的参数需要转入或者传入函数的参数量是不定的，可以使用可变参数。可变参数应该位于函数参数列表的最后，否则会吞噬掉这些参数。在可变参数之前都有 * 号修饰。下面我们定义了一个函数 calculate_total_sales，它接受可变数量的参数 *sales，这个参数表示多个商品的销售额。函数的目的是计算多个商品的总销售额。

```
def calculate_total_sales(*sales):
    total = sum(sales)
    return total
# 使用可变参数计算总销售额
sales1 = 5000
```

```
sales2 = 8000
sales3 = 6500
total_sales = calculate_total_sales(sales1, sales2, sales3)
print("多个商品的总销售额为:", total_sales)
```

上面代码的输出结果是"多个商品的总销售额为：19500。

3. 关键字参数

关键字参数既可以接受多个实际参数，又可以把多个实际参数指定给各自的实际参数名，而且这种参数会把带参数名的参数值组装到一个字典中，键就是具体的实际参数名，值就是传入的参数值。我们可以使用关键字参数传入任意个含参数名的参数，这些参数名在函数定义时不用指定，在函数内部，这些参数会被自动分装成字典类型，我们使用 ** 修饰关键词参数。

例如，某社交软件注册界面，昵称和性别为必填项，其他信息为选填项，我们并不知道用户会选填哪些信息，也不知道选填信息的数量，因此我们要把选填项设置为关键字参数，进而使用户会填的选填项为不定量的选填项，而且使用户选填的信息与选填项对应起来。

```
def register_user(nickname, gender, **kwargs):
    """
    参数：
    nickname (str): 用户昵称，必填项。
    gender (str): 用户性别，必填项。
    **kwargs: 不定量的选填项，为关键字参数。
    返回：
    None
    """
    print("用户信息:")
    print(f"昵称: {nickname}")
    print(f"性别: {gender}")
    if kwargs:
        print("其他选填信息:")
        for key, value in kwargs.items():
            print(f"{key}: {value}")
# 注册用户，包括必填项和选填项
register_user(nickname="Alice", gender="Female", age=25, city="New York")
print("------------------------")
register_user(nickname="Bob", gender="Male", occupation="Engineer")
```

上面代码的输出结果如下所示。

```
用户信息:
昵称: Alice
性别: Female
其他选填信息:
age: 25
city: New York
------------------------
用户信息:
昵称: Bob
性别: Male
其他选填信息:
occupation: Engineer
```

2.6.3 局部和全局变量

在自定义函数中我们可以定义一个局部变量 x，这个变量 x 只能在自定义函数中有效，在自定义函数之外，x 不能被使用。全局变量是在函数外部定义的变量，或在函数内部使用 global 关键字声明的变量。全局变量可以在函数内部被访问和修改，如果需要修改全局变量，需要使用 global 关键字声明，以明确指示使用全局变量而不是创建同名的局部变量。

```
stock_price = 100.50          # 全局变量，公司的股价
def update_stock_price(new_price):
    global stock_price        # 使用 global 关键字声明全局变量
    stock_price = new_price
def display_stock_price():
    print("公司的股价为:", stock_price)
# 调用函数并输出股价
display_stock_price()         # 初始股价
update_stock_price(105.20)    # 更新股价
display_stock_price()         # 更新后的股价
```

上面代码的输出结果如下所示。

```
公司的股价为: 100.5
公司的股价为: 105.2
```

2.6.4 Lambda 函数

Lambda 函数也叫匿名函数，它是一个没有具体名称的函数。一个 Lambda 函数可以使用任意多个参数，但是只能有一个表达式。我们定义了一个 Lambda 函数 calculate_price_change，它接受两个参数 old_price 和 new_price，并计算两者之间的差异百分比。

```
# Lambda 函数计算两个数的差异百分比
calculate_price_change = lambda old_price, new_price: ((new_price - old_price) / old_price) * 100
# 股票的前一天收盘价和今天收盘价
previous_price = 100.50
current_price = 105.20
# 使用 Lambda 函数计算价格变动百分比
price_change_percentage = calculate_price_change(previous_price, current_price)
# 输出价格变动百分比
print("价格变动百分比:", price_change_percentage)
```

上面代码的输出结果："价格变动百分比：4.676616915422889"

2.7 扩展阅读

2.7.1 应用 ChatGLM 开发聊天机器人

ChatGLM 是由清华大学唐杰教授和智谱 AI 共同开发的大语言模型（https://chatglm.cn/chat）。ChatGLM 还可以为开发者提供 API 接口，方便开发者开发各种聊天机器人和智

能客服系统。这里我们介绍如何使用 ChatGLM 开发一个聊天机器人。

首先安装 zhipuai，使用命令：pip install zhipuai。

要使用 ChatGLM 的 API，首先需要在智谱 AI 注册（https://open.bigmodel.cn/）。注册后，在开发工作台的账号管理中，查看 API keys，可以自己创建新的 API keys（见图 2-2）。每位新注册的用户会得到免费的 API 试用金额。

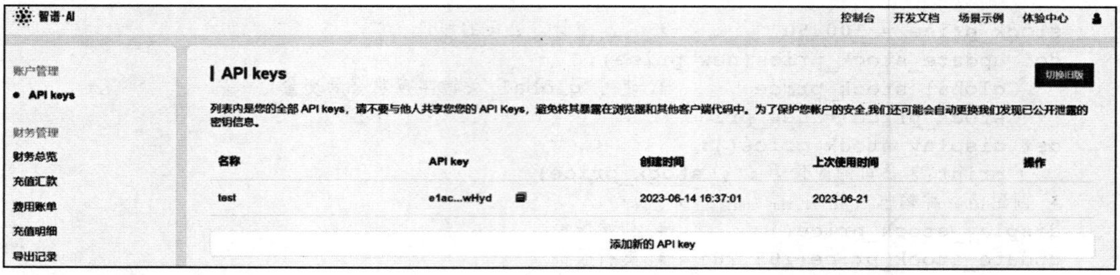

图 2-2　ChatGLM 的 API keys 相关界面

如果我们想更美观地在 Jupyter Notebook 中输出机器人反馈，这里先自定义一个函数：

```python
def output(gpt_output):
    lines = gpt_output.split("\\n")  # 根据换行符拆分字符串为多行
    for line in lines:
        print(line)
```

接着我们使用 chatglm_130b 模型，该模型的参数达到 1 000 亿个，相比 chatglm_6b 的推理能力更强。

```python
import zhipuai
zhipuai.api_key = token # you api key in zhipuai
# 请求模型
# Main chat loop
while True:
    # Get user input
    user_input = input("User: ")
    # Check if user wants to exit
    if user_input.lower() == 'exit':
        print("Chatbot: Goodbye!")
        break
    response = zhipuai.model_api.invoke(
        model="chatglm_130b",
        prompt=[{"role":"user", "content":user_input}]
    )
    # output ChatGLM's response
    s = response.get("data")["choices"][0]["content"]
    ouput(s)
```

接着我们询问这个聊天机器人：how to exit while True loop in Python? 下面的截图（见图 2-3）给出了 ChatGLM 的部分回复。正如上面的代码所示，要退出 while True，我们的聊天机器人程序已经给出了 exit 出口。

```
"You can use the `break` statement to exit a `while True` loop in Python. When you use `break`, the loop is
immediately exited and the next iteration of the loop is not executed.

Here's an example of how to use `break` in a `while True` loop:

```
while True:
    # Some code here
    if some_condition:
        # Exit the loop if the condition is met
        break
```

If the `some_condition` is met, the loop will exit using the `break` statement, and the next iteration of the
loop will not be executed.

You can also use the `continue` statement to skip an iteration of the loop. For example:

```
while True:
    # Some code here
    if some_condition:
        # Exit the loop if the condition is met
        break
    else:
        # Exit the loop if the condition is not met
        continue
```

图 2-3　ChatGLM 的部分回复

2.7.2　使用 ChatGPT 辅助学习 Python

我们首先让 ChatGPT 为我们介绍什么是 Python（见图 2-4）。

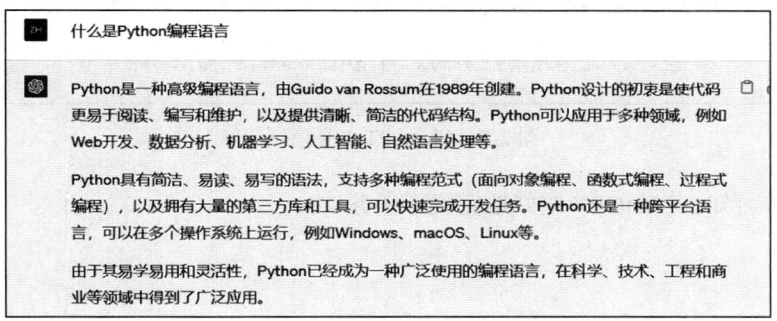

图 2-4　ChatGPT 介绍什么是 Python

接下来，我们让它利用 Python 写一段经典的代码（见图 2-5）。

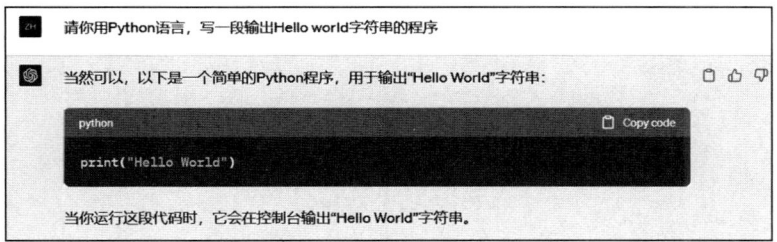

图 2-5　ChatGPT 的回答（一）
```

可以增加一些难度，让它循环输出（见图2-6）。

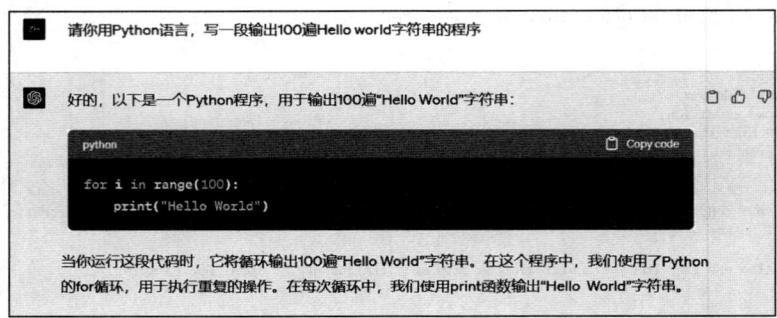

图2-6　ChatGPT的回答（二）

再增加一些难度，让它构造一个函数（见图2-7）。

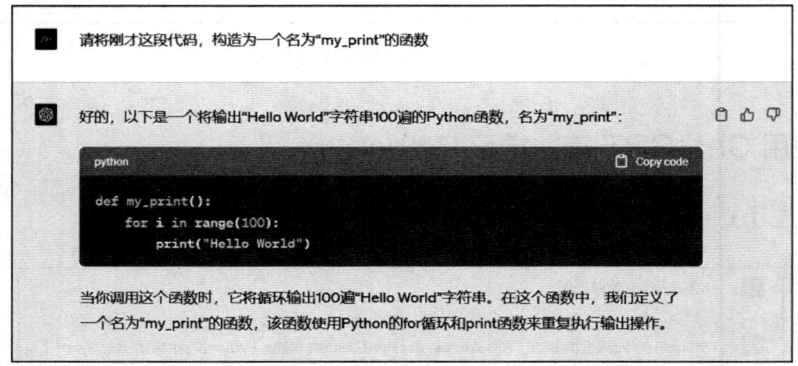

图2-7　ChatGPT的回答（三）

由图2-7可知，ChatGPT较好地完成了任务。

CHAPTER 3

第 3 章

网络爬虫

巧妇难为无米之炊，数据是我们获取信息的原料。如何获取数据呢？除了通过实验或调研获得第一手数据，研究人员可以从第三方服务商处购买数据，例如 CSMAR、Wind 数据库等。除了购买数据，研究人员还可以通过编写"网络爬虫"从网络上抓取数据。Python 中拥有与网络爬虫相关的库，如 Requests、BeautifulSoup 等，我们可以非常便捷地抓取网络数据，比如电影评论数据、房地产价格、股票评论等。本章介绍网络爬虫的基本概念，并使用 Requests 获取原始的网页数据，主要内容如下：

- 网络爬虫的概念及工作流程
- 网页结构
- 获取网页内容
- 常见的反爬机制与解决方案

3.1 网络爬虫概述

网络爬虫是根据一定的规则，自动地抓取网页信息的程序或者脚本，通常是利用 Python 与网站进行交互，并对网站返回的结果进行分析和处理的过程。网络爬虫可以帮助我们实时采集大量的财经数据，包括市场数据、公司财务数据、经济指标、新闻和媒体报道、股吧评论等，这些数据可以辅助公司监测财经新闻和舆情动态、识别风险信号、预测市场波动，并采取相应的风险管理措施。

这里我们举一个例子，说明采集网络新闻数据对于财经数据分析的价值。非结构化舆情文本数据（如宏观研报）可以反映投资者行为、情绪和预期，为汇率趋势预测提供数据基础（方思然等，2023）。比较专业的舆情信息称为专业舆情，使用来自财经分析师的研报度量，例如东方财富网的宏观研报板块。方思然等人通过 Python 语言，自动化测试库 Selenium 及爬虫框架 Scrapy，共爬取了 15 042 篇宏观研报的摘要。社会舆情数据来自 Wind 数据库，共收集了 1 945 篇新闻的标题。研究结果表明，舆情信息可以预测汇率趋势，新闻标题对汇率的预测效果最好，研报次之。这个案例不仅给我们展示了研究的不同数据来源，而且提供了一些数据抓取工具，例如自动化测试库 Selenium 及爬虫框架 Scrapy。

网络爬虫的应用领域有很多，如搜索引擎、数据采集、广告过滤、大数据分析等。网络爬虫通常可以分为通用网络爬虫、主题网络爬虫和增量网络爬虫，实际场景中使用的爬虫通常为几种爬虫的组合。

通用网络爬虫，又称全网爬虫，主要用于搜索引擎的网页数据采集，是指从根网站开始采集数据，逐渐扩展到整个互联网的网络爬虫。因为互联网网站众多、网页数量巨大，各个网站之间就像蜘蛛网，而爬虫就像在蜘蛛网上爬行的蜘蛛，这也是爬虫（spider）名字的由来。

主题网络爬虫，是指根据特定算法按照预先设定的主题抓取与主题相关页面的网络爬虫。与通用网络爬虫不同，它不是为了抓取整个互联网的网页，而是专门用于对某个主题的网页进行数据采集。主题爬虫在搜索过程中过滤了很多无关信息，使得爬虫系统更为高效。例如，我们可以根据股票代码或相关关键词，抓取与股票市场相关的新闻、论坛帖子、公司公告等网页。

增量网络爬虫，是指对目标网站进行增量式下载更新的网络爬虫。由于网页的更新并没有一定的规律，所以增量爬虫只能尽可能保证抓取的网页是最新的。目前通常的做法是对一个页面设置新鲜度指标，并设置合适的时间间隔使得网页整体的"新鲜度"最高。

网络爬虫的一般工作流程如下：
- 发起请求：向目标网站发送请求以获取网页内容。
- 获取响应：目标网站返回响应，包含网页内容和相关信息。
- 解析网页：对网页内容进行解析，提取所需数据（第 4 章、第 5 章）。
- 存储数据：对提取的数据进行处理和存储（第 11 章）。
- 跟踪链接：跟踪网页中的链接，递归地爬取其他相关页面或数据。
- 处理异常和错误：处理网络连接问题、页面不存在等异常情况。

可以根据需求，循环执行上述步骤，爬取更多页面或数据。需要注意的是，爬虫技术只能在法律允许的范围内使用。此外，应当设置适当的请求间隔和并发数量，避免对目标网站造成过大负荷。

在爬虫工作流程中，发起请求和获取响应是基本的步骤。服务器收到请求后，会根据请求的 URL 和其他相关信息，处理请求并返回相应的数据或资源。服务器根据请求的类型执行不同的操作，例如返回网页内容、提供文件下载、执行数据库查询等。其中，最常见的返回内容是网页内容，因此接下来我们来认识网页结构。

3.2 网页结构

3.2.1 服务器与本地交换机制

我们浏览网页时，在浏览器上点击的每一个页面，都是在向网站所在的服务器发送一个请求，称之为 request。当服务器收到请求后，会给用户传递一个回信，称之为 response。"发送请求，返回回信"这种方式就被称为 HTTP 协议（见图 3-1），它是构建在 TCP/IP 协议之上的，是客户端（浏览器）与服务器进行会话的一种方式。

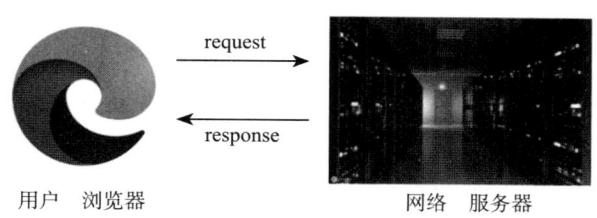

图 3-1　HTTP 协议

3.2.2 HTML

1. 什么是 HTML

HTML 是用来描述网页的一种语言。它不是一种编程语言，而是超文本标记语言。它包括一系列标签，通过这些标签可以将网络上的文档格式统一，使分散的因特网资源连接为一个逻辑整体。HTML 文本是由 HTML 命令组成的描述性文本，HTML 命令可以说明文字、图形、动画、声音、表格、链接等。

2. 如何查看网页的 HTML

在一个网页界面，单击鼠标右键，在弹出的菜单中选择"检查"，即可查看当前页面的 HTML，如图 3-2 所示；或者也以可通过按下"F12"键打开。

3. HTML 网页结构

一个完整的 HTML 网页结构由三大部分组成——声明、头部元素以及可见的页面内容。声明放在 HTML 文件的最前面，有助于浏览器中正确显示网页，通常采用 <!DOCTYPE html>。头部元素和可见的页面内容都位于 <html> 和 </html> 标签内。头部元素 <head> 包含了文档的元（meta）数据，如 <meta charset="utf-8"> 定义网页编码格式为 UTF-8；<title> 元素描述了文档的标题。可见的页面内容放在 <body> 里面。图 3-3 展示了 HTML 网页结构的布局。

4. HTML 标签

HTML 标签是由尖括号包围的关键词，比如 <html>。这些标签通常是成对出现的，

比如 <b> 和 </b>；标签对中的第一个标签是开始标签，第二个标签是结束标签；开始和结束标签也被称为开放标签和闭合标签。

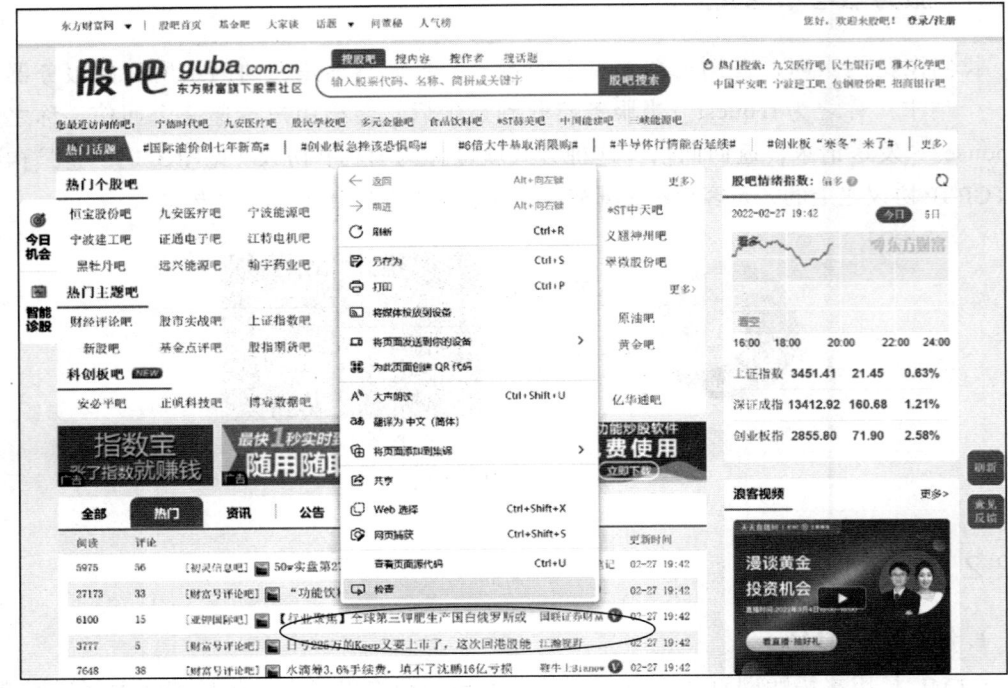

图 3-2　股吧网页

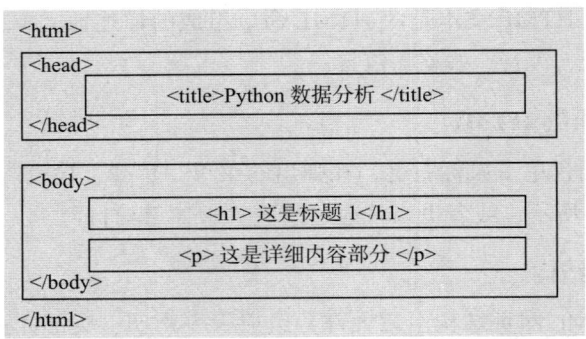

图 3-3　HTML 网页结构的布局

（1）<body> 标签

<body> 标签定义文档的主体，<body> 标签中包含文档的所有内容，如文本、超链接、图像、表格等。目前，所有浏览器都支持 <body> 标签。具体用法如下：

```
<body>
    文档内容…
</body>
```

（2）<title> 标签

<title> 标签可以定义文档的标题，用在 <head> 标签中，只定义网页的名字，不显示在网页中。浏览器会以特殊的方式来使用标题，并且通常把它放置在浏览器窗口的标题栏或状态栏上；同样，当把文档加入用户的链接列表、收藏夹或书签列表时，标题将成为该文档链接的默认名称。目前，所有浏览器都支持 <title> 标签。具体用法如下：

```
<head>
    <title>Python 数据分析 </title>
</head>
```

（3）<table> 标签

<table> 标签定义 HTML 表格，用在 <body> 标签中。简单的 HTML 表格由 <table> 标签以及一个或多个 <tr>、<th> 或 <td> 标签组成。<tr> 标签定义表格行，<th> 标签定义表头，<td> 标签定义表格单元。具体用法如下：

```
<table border="1">
    <tr>
        <th>Month</th>
        <th>Savings</th>
    </tr>
    <tr>
        <td>January</td>
        <td>$100</td>
    </tr>
</table>
```

生成的表格如图 3-4 所示。

Month	Savings
January	$100

图 3-4　生成的表格

（4）<a> 标签

<a> 标签定义超链接，最重要的属性是 href 属性，它指示链接的目标。所有浏览器都支持 <a> 标签。具体用法如下：

```
<a href= https://guba.eastmoney.com/>eastmoney</a>
```

（5）<img> 标签

<img> 标签向网页中嵌入一幅图像。<img> 标签并不会在网页中插入图像，而是从网页上链接图像。<img> 标签创建的是被引用图像的占位空间。它有两个必需的属性：src 属性和 alt 属性。src 属性规定显示图像的 url，alt 属性规定图像的替代文本。需要注意的是，image 文件的存储位置需要与 HTML 文档放在同一个根目录下。具体用法如下：

```
<img src="images/logo2.png" alt = "logo">
```

（6）综合应用

通过对上面几个标签的学习，我们可以自己创建一个简单的网页。首先，我们需要在桌面或者其他位置创建一个 .txt 文本文件；然后在文本文件中正确书写 HTML 语句；最后保存文本文件，并且将文本文件的后缀改为 .html。双击这个 .html 文件，将生成一个对应格式的网页。下面的代码是一个简单示例。

```html
<!DOCTYPE html>
<html>
<head>
    <meta charset="utf-8">
    <title>Python 数据分析 </title>
</head>
<body>
    <h1>Python 数据分析 </h1>
    <table border="1">
        <tr>
            <th> 日期 </th>
            <th> 编号 </th>
            <th> 价格 </th>
        </tr>
        <tr>
            <td>2022 年 3 月 9 日 </td>
            <td>002432</td>
            <td>50.20</td>
        </tr>
    </table>
    <a href = "https://guba.eastmoney.com/"> 点击此处进入 " 股吧 "</a>
    <br></br>
    <img src=" python_analysis.png " width="500" height="300" />
</body>
</html>
```

我们可以尝试自己设计个人简介网页，也可以使用大语言模型辅助我们生成 HTML 代码，例如我们可以给大语言模型这样的提示："请设计一个个人介绍网页，要介绍自己的姓名、单位、简介、照片、联系邮箱、联系电话、工作经历、学习经历、个人爱好。使用 HTML 超文本标记语言"。

3.3 获取网页内容

3.3.1 通过 Requests 发送请求

获取网页内容时常用 Requests 包。Requests 包是用 Python 语言基于 Urllib 编写的，采用的是 Apache License 2.0 开源协议的 HTTP 库，Requests 比 Urllib 更加方便，可以节约我们大量的工作时间。我们可以通过在 Jupyter Notebook 中运行以下命令快速安装 Requests 包：pip install requests。

采用 Requests 包获取网页时，首先需要找到目标网页的网址（URL）；然后，调用 Requests 包中的 get 方法向网页发送请求，获取内容。若访问成功，Response 返回的内容是 "<Response [200]>"。若要读取获取网页的具体内容，需要用 .text 进行访问。response.text 默认返回的是 unicode 格式，通常需要通过 "response.encoding = ' utf-8 '" 命令，转换为 utf-8 格式，否则就是乱码。若改变了编码，Requests 将在调用 r.text 时使用 r.encoding 的新值。下面的代码[㊀]是一个基础的 get 请求。

```
import requests
url = "http://guba.eastmoney.com/list,zssh000001.html"
response = requests.get(url)
print(response.text)
```

输出结果如图 3-5 所示。


```
Out[10]: '<!DOCTYPE html>\r\n<html>\r\n<head>\r\n    <meta http-equiv="X-UA-Compatible" content="IE=edge,chrome=1">\r\n    <meta name="renderer"
         content="webkit">\r\n    <meta charset="utf-8">\r\n\r\n    <title>上证指数股吧_上证指数分析讨论社区-东方财富网</title>\r\n    <meta nam
         e="keywords" content="上证指数股吧,吧名分析讨论">\r\n    <meta name="description" content="上证指数股吧，股民朋友可以在这里畅所欲言，分
         析讨论吧名的最新动态。东方财富股吧，专业的股票论坛社区。">\r\n            <meta name="mobile-agent" content="format=html5; url=//mguba.
         eastmoney.com/mguba/list/zssh000001">\r\n\r\n            <link rel="canonical" href="/list,zssh000001.html" />\r\n\r\n\r\n\r\n        <
         link rel="stylesheet" href="//gbfek.dfcfw.com/project/guba/old/list_c.css?r=236" />\r\n            <link rel="stylesheet" href="//gbfe
         k.dfcfw.com/deploy/guba_web/work/list.css?r=236" />\r\n\r\n    \r\n    <base target="_blank" />\r\n</head>\r\n<body class="hlbody">\r\n
         <style>\r\n    #topnav .guba_topic {\r\n        height: 38px;\r\n    }\r\n\r\n    #topnav .gubatopic {\r\n        top: 35px;\r\n
         left: -20px;\r\n    }\r\n\r\n        #topnav .gubatopic li {\r\n            background: #fff !important;\r\n            float: left;\r
         \n            line-height: 30px;\r\n        }\r\n</style>\r\n<div id="header">\r\n    <!-- 微信分享img -->\r\n    <img id="weixin-shar
         e" src="//cmsjs.eastmoney.com/common/weixin-share.png" style="position: absolute; width: 0; height: 0; left: -1000px;z-index: -1;">\r\n
         <div class="gbbody" id="headergbbody">\r\n        <ul id="topnav">\r\n            <li class="user_info dfcfw" tracker-eventcode="gb_xgb
         sy_ zdh_djdfcf">\r\n                <a href="//www.eastmoney.com/" target="_blank">东方财富网</a>\r\n                <em class="trg ico
         n_down_s"></em>\r\n                <ul class="slide_down dc_site">\r\n                    <li><a href="//zqhd.eastmoney.com/Html/aghd/p
         c/20170918/html/activity2.html">移动客户端</a></li>\r\n                    <li><a href="//fund.eastmoney.com">天天基金网</a></li>\r\n
         <li><a href="//zqhd.eastmoney.com/index.html?ad_id=web_kh_dcsy_jycdl_01_01_01_1">东方财富证券</a></li>\r\n                    <li><a hr
         ef="//www.eastmoneyfutures.com/kh/index.html">东方财富期货</a></li>\r\n                    <li><a href="https://choice.eastmoney.com">c
         hoice数据</a></li>\r\n                    <li><a href="/">股吧</a></li>\r\n                </ul>\r\n            </li> |\r\n
         <li tracker-eventcode="gb_xgbsy_zdh_djgbsy"><a href="/" target="_blank">股吧首页</a></li>\r\n            <li tracker-eventcode="gb_xgbs
```


图 3-5　get 请求的输出结果

3.3.2　在 URL 中传递参数

一个网页上包含了各种各样的数据。如果我们根据自己的需求，在网页上手动点击获得新页面，在获得的新 URL 中，我们会发现在新的 URL 上包含形如“key = value”的键值对，例如，http://httpbin.org/get?key=val。下面以 IMDB 为例，展示如何在 URL 中传递参数，最终发送的 URL：https://www.imdb.com/search/title/?title_type=feature&user_rating=9.5,10.0。

```
imdb_url = "https://www.imdb.com/search/title"
search = {"title_type":"feature",
    "user_rating":"9.5,10.0"}
r = requests.get(imdb_url,params=search)
r.encoding = r.apparent_encoding
r.text
```

除了通过 get 请求方法向服务器传参数，我们也可以使用 post 请求方法向服务器传参数。get 请求将请求参数包含在 URL 的查询字符串中，而 post 请求是将请求参数放在请求体中。通常，我们只需要简单地传递一个数据字典给 data 参数即可发送一些编码为表单形式的数据。你的数据字典在发出请求时会自动编码为表单形式[㊁]：

```
payload = {'key1': 'value1', 'key2': 'value2'}
r = requests.post("http://httpbin.org/post", data=payload)
print(r.text)
```

㊀ 如果读者无法打开相关网页，可以尝试使用手机热点。

㊁ 相关资料请点击 https://requests.readthedocs.io/projects/cn/zh_CN/latest/user/quickstart.html#id6 查询。

3.3.3 添加 Headers

如今，很多网页都设置了反爬机制，不能通过上面简单的 Requests 命令来获取内容。例如，采用这种方法获取豆瓣电影网页内容，会返回"<Response [418]>"访问失败结果。

```
douban_url = "https://movie.douban.com"
response = requests.get(douban_url)
response
```

因此，我们需要添加 Headers，伪装成浏览器。那么如何获取 Headers 呢？首先，需要按下"F12"键打开控制台，然后单击"网络"（Network），在"保留日志"前打钩，刷新一下网页（Ctrl+R），在请求头标头中找到 User-Agent，后面的内容即为 Headers 里面的参数，以豆瓣电影网页为例，进行操作后的效果如图 3-6 所示。

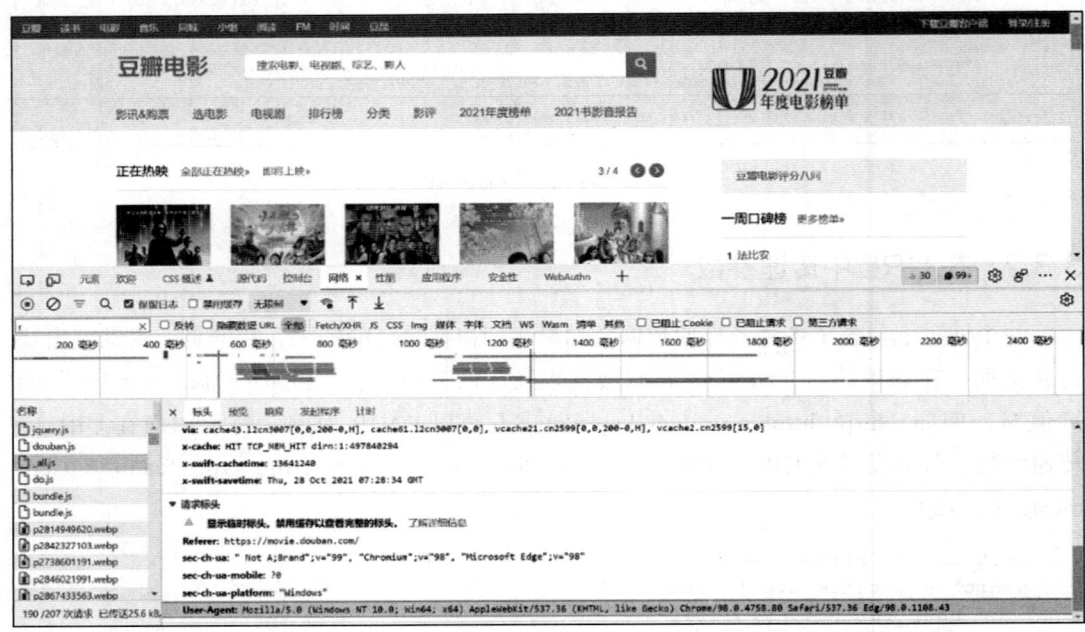

图 3-6 豆瓣电影网页

通过添加 Headers 就可以成功获取豆瓣上的内容。

```
douban_url = "https://movie.douban.com"
headers = {'User-Agent':'Mozilla/5.0 (Windows NT 10.0; Win64; x64)
    AppleWebKit/537.36 (KHTML, like Gecko) Chrome/114.0.0.0 Safari/537.36
    Edg/114.0.1823.58'}
response = requests.get(douban_url,headers=headers)
print(response.text)
```

3.4 利用爬虫获取股吧评论数据

在股票市场中，投资者的情绪往往会影响股价短期的波动。作为中国最大的股票论坛，东方财富股吧里的评论文本能够直接反映投资者对市场行情或对某只股票的即时情绪。通过网络爬虫的方法获取股吧论坛中某只股票的评论，对于后续的文本分析、量化交易有非常重要的意义。这里将以"宁德时代"这只股票为例，爬取前五页评论数据。

首先，导入相关的包库。部分包库，在后续章节中会展开分析，例如 BeautifulSoup、NumPy、Pandas。

```
import requests
import parsel
import time
from lxml import etree
import re
import pandas as pd
from bs4 import BeautifulSoup
import numpy as np
```

其次，定义一个 guba_comments 函数用于获取股吧中的评论数据，参数 max_page 表示获取的最大页数。该函数分为两大板块内容：爬取网页、生成文档。

爬取网页这一板块通过构造循环，获取前五页的内容，然后对文档进行解析。

```
''' 构造循环爬取网页 '''
for page in range(1,max_page+1):
    print('craling the page is {}'.format(page))
    url = 'https://guba.eastmoney.com/list,300750,f_{}.html'.format(page)
    response = requests.get(url,headers = headers)
    root = etree.HTML(response.text) # 解析文档
```

再次，在这一板块还需要对爬取下来的文档进行处理，采用 Xpath 方法获取文档中的"阅读量""评论量""评论""作者"以及"发布时间"信息。使用 XPath 可以从返回的 HTML 文档中提取特定的内容。XPath 是一种用于在 XML 和 HTML 文档中进行导航和定位的查询语言。在 Python 中，可以使用 Lxml 库来解析 HTML 并使用 XPath 进行提取。可以先安装 Lxml 库：pip install lxml。

在使用 XPath 的 xpath() 方法进行查询时，可以通过构造 XPath 表达式来指定要查询的内容。XPath 表达式可以包含不同的路径和选择规则，以定位和筛选要提取的目标元素。

```
readers = root.xpath("//div[contains(@class,'articleh normal_post')]//
    span[@class='l1 a1']//text()")
markers = root.xpath("//div[contains(@class,'articleh normal_post')]//
    span[@class='l2 a2']//text()")
title = root.xpath("//div[contains(@class,'articleh normal_post')]//span[@
    class='l3 a3']//a//@title")
author = root.xpath("//div[contains(@class,'articleh normal_post')]//span[@
    class='l4 a4']//a//text()")
puth_time = root.xpath("//div[contains(@class,'articleh normal_post')]//
    span[@class='l5 a5']//text()")
```

生成文档板块中，以往的经验表明，如果标"问董秘"，会导致生成标题个数和"作者"个数不相同而出现报错的情况。因此，在生成文档前，将标题为"董秘问"的信息删除。

```
for i in data_raw["title"]:
        if i == " 问董秘 ":
```

```python
            data_raw["title"][k] = np.nan
            data_raw["title"][k+1] = i + "  " + data_raw["title"][k+1]
        k += 1
data_raw.dropna(inplace=True)
data_raw.reset_index(drop=True, inplace=True)
```

上述操作的完整代码如下所示。

```python
def guba_comments(max_page):
    all_reards = []                # 爬取的阅读量存储在列表中
    all_markers = []               # 爬取的评论量存储在列表中
    all_title = []                 # 爬取的标题存储在列表中
    all_authors = []               # 爬取的作者存储在列表中
    all_time = []
    headers = {"User-Agent":
        "Mozilla/5.0 (Windows NT 10.0; Win64;x64) AppleWebKit/537.36
        (KHTML, like Gecko) Chrome/96.0.4664.110 Safari/537.36
        Edg/96.0.1054.62"}
    '''构造循环爬取网页'''
    print(" 开始爬虫 ")
    for page in range(1,max_page+1):
        print('craling the page is {}'.format(page))
        url = 'https://guba.eastmoney.com/list,300750,f_{}.html'.format(page)
        response = requests.get(url,headers = headers)
        root = etree.HTML(response.text) # 解析文档
        '''
        获取文本数据
        '''
        readers = root.xpath("//div[contains(@class,'articleh normal_
            post')]//span[@class='l1 a1']//text()")
        markers = root.xpath("//div[contains(@class,'articleh normal_
            post')]//span[@class='l2 a2']//text()")
        title = root.xpath("//div[contains(@class,'articleh normal_post')]//
            span[@class='l3 a3']//a//@title")
        author = root.xpath("//div[contains(@class,'articleh normal_
            post')]//span[@class='l4 a4']//a//text()")
        puth_time = root.xpath("//div[contains(@class,'articleh normal_
            post')]//span[@class='l5 a5']//text()")
        all_reards += readers
        all_markers += markers
        all_title += title
        all_authors += author
        all_time += puth_time
        time.sleep(2)
# 使爬取速度减慢，如果爬取数量较大时有必要设置；若数量较少则可以省略。
    print(" 爬虫结束 ")
    # 生成文档
    data_raw = pd.DataFrame()
    data_raw["title"] = all_title
    k = 0
    for i in data_raw["title"]:
        if i == " 问董秘 ":
            data_raw["title"][k] = np.nan
            data_raw["title"][k+1] = i + "  " + data_raw["title"][k+1]
        k += 1
    data_raw.dropna(inplace=True)
    data_raw.reset_index(drop=True, inplace=True)
```

```
    data_raw["read"] = all_reards
    data_raw["mark"] = all_markers
    data_raw["author"] = all_authors
    data_raw["puth_time"] = all_time
    data_raw.to_excel("data1.xlsx",index=False)
# 获取前五页的内容
    guba_comments(5)
```

最后获取的部分数据展示如图 3-7 所示。

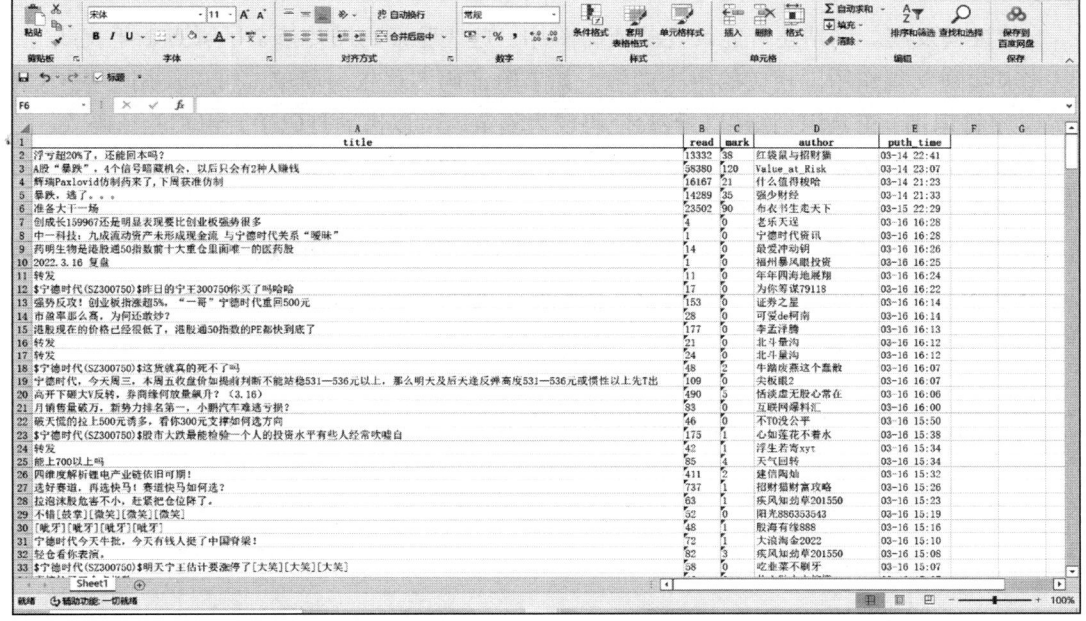

图 3-7　数据展示

需要注意的是，读者在运行整个程序的时候不能得到与上面图片相同的数据。这是因为，上述案例爬取的网页是实时更新的，因此内容也会有所不同。

3.5　扩展阅读

3.5.1　常见的反爬机制与解决方案

网络爬虫（又被称为网页蜘蛛、网络机器人）是一种按照一定规则，自动抓取互联网信息的程序或者脚本。人们可能会使用爬虫获取各行业的数据，新闻平台上的新闻、评论，社交媒体中的文章数据，等等。各网站的开发人员为了约束这种行为，会采取各种手段去防止爬虫。下面将罗列出常见的反爬机制以及解决方案。在此也提醒读者，使用爬虫应注意遵守相关的法律法规，以免引起纠纷。

Headers 检测。对用户携带的 Headers 进行检测，是最常见的反爬策略之一。Headers

是区分浏览器行为和机器行为中最简单的一种方法。Headers 里常见的字段有 User Agent、Cookie、Referer 等。相应的解决措施：通过审查元素或者开发者工具获取相应的 Headers，然后把相应的 Headers 传输给 Python 的 Requests，这样就能很好地绕过相关反爬机制。

IP 封禁。由于爬虫是通过程序来自动化爬取页面信息的，因此其单位时间的请求量较大，且相邻请求时间间隔较为固定，这时就基本可以判断此类行为系爬虫所为，此时网站方即可在服务器上对异常 IP 进行封锁。相应的解决措施：使用 IP 池变换不同的 IP 发起请求。

验证码反爬。网站还可能设置验证码图片，这些验证码图片掺杂了噪点、干扰线等，以此来起到反爬作用。相应的解决措施：如果验证码图片较为简单，可以使用一些 OCR（光学字符识别）工具识别结果。若验证码较为复杂，可以借助打码平台识别验证码。

JavaScript 渲染。JavaScript 渲染其实就是对 HTML 页面进行修改。比如有一些网页本身没有返回数据，数据是经过 JavaScript 动态加载之后添加到 HTML 中的，若直接使用爬虫获取数据，则是一堆人类无法识别的乱码。相应的解决措施：通过阅读网站 JavaScript 源码，找到关键的渲染代码，再使用 Python 实现，或者通过 Selenium 库直接模拟浏览器环境。

3.5.2 使用 ChatGPT 辅助开发网络爬虫

我们尝试让 ChatGPT 用 Python 写一个简单的网页爬虫（见图 3-8）。

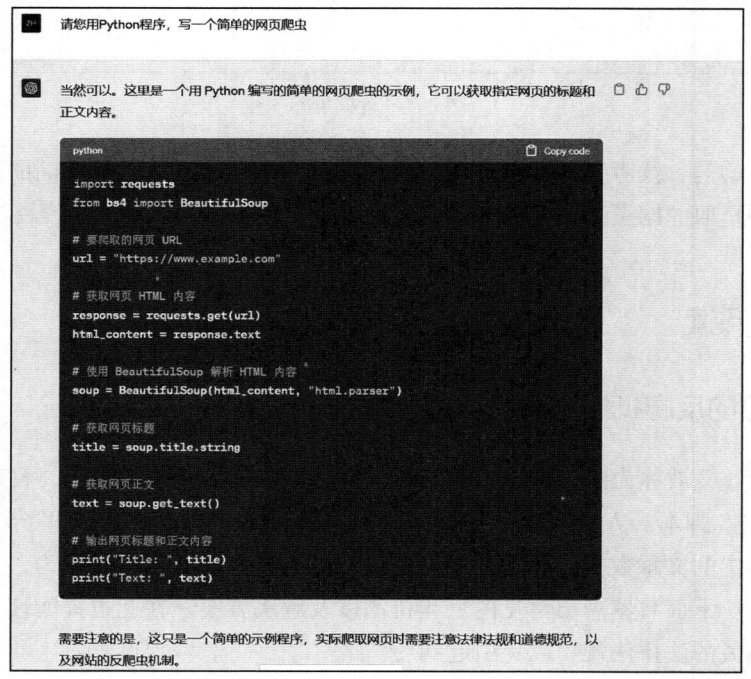

图 3-8　ChatGPT 编写的网页爬虫示例

由图 3-8 可知，ChatGPT 已经写出了一个爬虫的经典例子。值得注意的是，图 3-8 中的 URL 为虚构链接，并不能访问，但是基本框架是正确的。上述程序使用了 BeautifulSoup，我们将在第 5 章中学习。

我们尝试让 ChatGPT 使用 Lxml 分析如下网页：https://guba.eastmoney.com/news,300014,1323887506.html。我们能够得到如下代码。

```
import requests
from lxml import etree
# 发送请求获取网页内容
url = 'https://guba.eastmoney.com/news,300014,1323887506.html'
response = requests.get(url)
html = response.text
# 使用 lxml 解析网页内容
tree = etree.HTML(html)

# 使用 XPath 提取特定信息
title = tree.xpath('//div[@class="tit"]/h1/text()')[0]
content = tree.xpath('//div[@id="zw_content"]/text()')
content = ''.join(content).strip()
# 输出提取的信息
print('标题:', title)
print('内容:', content)
```

上述代码提取的 title 和 content 的 xpath 是不正确的，我们需要在浏览器中"检查"然后"复制 XPATH"，例如针对 title，我们得到：//*[@id="newscontent"]/div[2]/div[1] 这个节点，然后 /text() 获取该节点对应的文本。将上述代码的 title 和 content 进行修改，如下所示。

```
title = tree.xpath('//*[@id="newscontent"]/div[2]/div[1]/text()')
content = tree.xpath('//*[@id="newscontent"]/div[4]/div/div/p/text()')
```

[@id="newscontent"]/div[2]/div[1]/text() 的含义如下所示。

- //: 选择文档中匹配模式的节点，不考虑其位置。
- *: 匹配任意节点名称。
- [@id="newscontent"]: 选择具有属性 id 值为 "newscontent" 的节点。
- /: 选择当前节点的直接子节点。
- div[2]: 选择当前节点下的第二个 div 子节点。
- div[1]: 选择当前节点下的第一个 div 子节点。
- /text(): 选择当前节点的文本内容。

我们目前使用的 ChatGPT 并不具备自动访问网页、分析网页内容以及执行网络爬虫的功能。后续，我们可以尝试使用更多 ChatGPT 插件来实现使用 Lxml 库或其他 HTML 解析库来处理网页内容和执行 XPath 提取的功能。

CHAPTER 4

第 4 章

正则表达式

上一章中的 Xpath 函数，特别适用于在 XML 或 HTML 文档中定位和选择节点。如果要在更常见的文本中查找、匹配和提取字符串中符合特定模式的文本，我们可以使用正则表达式。正则表达式本质是一种特殊的文本模式，由一系列字符和元字符组成，用于描述和匹配文本中的模式，基于该模式可以灵活地查询和编辑文本。本章主要内容如下：

- 初识正则表达式
- 正则表达式进阶
- 使用正则表达式解析 HTML 网页
- 使用 ChatGPT 辅助编写正则表达式

4.1 初识正则表达式

4.1.1 什么是正则表达式

正则表达式能够从字符串中发现规律，找到规律，应用规律。比如，对于 2、4、6、8、10 这样的数字序列，如何计算第 6 个值，要先找该序列的规律，然后用 "2n" 这个表达式来描述其规律，进而得到第 6 个值为 12。正则表达式是一个特殊的字符序列，它能帮助我们方便地检查一个字符串是否与某种模式匹配，所以在文本处理中常常使用正则表达式提取信息。正则表达式是对字符串操作的一种逻辑公式，即用事先定义好的一些特定字符及其组合，组成一个"规则字符串"。这个"规则字符串"用来表达对字符串的一种过滤逻辑（可以用来做检索、截取或者替换操作）。

那么到底什么是用于表达规则和模式的字符串呢？我们使用中国的邮政编码来理解。下面是几个邮政编码，"成都温江区：611130；成都青羊区：610031；成都武侯区：

610041；北京朝阳区：100020"。

邮政编码规律如下：以非零数字开头，后面跟随 5 位数字，共计 6 位数字。如何表达上述规则呢？我们可以使用：[1-9]\d{5} 这个正则表达式的字符串来表述邮编的规则，细节如下：

- [1-9]：表示匹配一个非零数字。方括号 [] 表示字符集，其中的字符是可选的，此处表示数字范围为 1 到 9。
- \d：表示匹配任意数字字符，等价于 [0-9]。
- {5}：表示匹配前面的表达式恰好 5 次，即匹配 5 个数字字符。

请思考下面的问题：下面的文本记录了你的旅游花费，consumption = "hotel: $100, food: ￥500.50, tip:$10, food: ￥100.125"，请总结该字符串中金额的字符串模式。

4.1.2 构建简单的正则表达式

Python 中正则表达式可以直接使用字符串表述，例如上面的邮政编码规则，相关代码如下所示。

```
pattern = r'[1-9]\d{5}'
```

在正则表达式中，通常建议将正则表达式的模式字符串前面加上"r"，即 r'[pattern]'。这里的"r"是 Python 中的原始字符串（raw string）的前缀。原始字符串会将反斜杠"\"当作普通字符处理，而不会将其解释为转义字符。如果我们想从下面的字符串中查找到符合上面 pattern 的邮政编码，该如何做呢？

```
post_text = "成都温江区：611130    成都青羊区：610031    成都武侯区：610041    北京朝阳区：100020"
```

Python 正则表达式的使用，首先要用到 re 库，这是一个 Python 处理文本的标准库。基于正则表达式完成字符串的查询、替换和分割操作，这些操作都需要导入 re 模块。如果要查询，可以使用，以下相关代码。

```
import re
match = re.match(pattern, post_text)
print("匹配的字符串:", match.group())
```

显示匹配失败"AttributeError: 'NoneType' object has no attribute 'group'"，为什么？

下面我们对比几个 re 模块查询函数，方便大家使用：

- re.match()：匹配模式从字符串的开头开始匹配。只返回在字符串开头匹配的第一个结果。如果字符串的开头与模式不匹配，则返回 None。
- re.search()：在整个字符串中搜索匹配模式，找到第一个匹配的结果即停止搜索。即使有多个匹配结果，返回第一个匹配的结果。如果没有找到匹配的结果，则返回 None。
- re.findall()：在整个字符串中搜索匹配模式，找到所有匹配的结果。返回所有匹配的结果，并以列表形式返回。如果没有找到匹配的结果，则返回空列表 []。

下面我们使用 search 函数改写上面的代码。

```
match = re.search(pattern, post_text)
print("匹配的字符串:", match.group())    # 匹配的字符串: 611130
```

我们可能好奇，group 函数有什么用？ match.group() 是一个方法，用于返回与正则表达式匹配的字符串。如果正则表达式匹配到多个子组（使用圆括号括起来的部分），可以使用 group() 方法的参数来指定要返回的子组的索引。默认情况下，group() 方法返回整个匹配的字符串，即索引为 0 的子组。对于下面的代码，我们不仅想提取邮政编码，而且想提取地址，使用 () 将匹配到的字符模式分为多个部分，即子组，然后使用 group 函数返回想要的内容。

```
pattern = r'(.+?):?([1-9]\d{5})'
match = re.search(pattern, post_text)
print("匹配的字符串:", match.group())
print("匹配的地址:", match.group(1))
print("匹配的邮政编码:", match.group(2))
```

正则表达式 r'(.+?):?([1-9]\d{5})' 的含义如下所示。

- () 表示一个分组。
- .+? 中的 . 表示匹配任意字符（除换行符外），+ 表示 1 次或多次，? 表示尽可能少地匹配（非贪婪模式）。
- :?：表示匹配前面的字符（冒号 :）0 次或 1 次（?）。

如果想得到所有匹配的字符串，我们可以使用 findall 函数，得到如下结果。

```
re.findall(pattern, post_text)
```

输出结果如下所示。

```
[('成都温江区', '611130'),
 ('成都青羊区', '610031'),
 ('成都武侯区', '610041'),
 ('北京市朝阳区', '100020')]
```

4.2 正则表达式进阶

我们已经使用了几个常见的正则表达式符号，下面我们有选择地学习重要的规则。表 4-1 总结了正则表达式中的常用符号。

表 4-1　正则表达式中的常用符号

符号	含义	示例
.	可以匹配任意字符，但不包括换行符 \n	Pyt.on → Python
\	转义符，一般用于保留字符串中的特殊元字符	10\.3 → 10.3
|	逻辑或	人 a|A → 人 a 或者人 A
[]	匹配方括号内的任意字符	m[aA]n → man 或者 mAn
[^]	匹配不在方括号内的任意字符	[^ab] 匹配任意一个字符，但不能是 a、b

(续)

符号	含义	示例
\d 与 \D	\d 匹配任意数字，\D 代表所有非 \d	今天 \d 号→今天 3 号
\s 与 \S	\s 匹配任意空白字符，\S 代表多有非 \s	你 \s 好→你 好
\w 与 \W	\w 匹配字母、数字和下划线，\W 代表非 \w	P\wy → Pay 或者 P3y
*	匹配前一个字符 0 到无穷次	OK* → O 或者 OK 或者 OKK
+	匹配前一个字符 1 到无穷次	OK+ → OK 或者 OKK
?	匹配前一个字符 0 到 1 次	OK? → O 或者 OK
{m}	匹配前一个字符 m 次	OK{M} → OKKK
{m,n}	匹配前一个字符 m 到 n 次	OK{1,2} → OK 或者 OKK
()	用于分组，默认返回括号内的匹配内容	(.+?) 匹配任意字符（除换行符外）

1. 用大括号匹配特定次数

正则表达式中的 {m,n} 用来限定前面的模式出现的次数的范围，其中 m 和 n 是非负整数，表示最小次数和最大次数。具体解释如下所示。

- {m}：匹配前面的模式恰好出现 m 次。
- {m,}：匹配前面的模式至少出现 m 次，可以是无限次。
- {m,n}：匹配前面的模式出现 m 到 n 次之间的任意次数。

电话号码匹配示例，区号可以是 3 位或 4 位，电话号码可以是 7 位或 8 位。

```
pattern = r'\d{3,4}-\d{7,8}'
re.findall(pattern,' 联系电话1: 028-87092221，联系电话2: 0376-8129222')
```

如果 pattern = r'\d{3,}-\d{7,8}' 或 pattern = r'\d{3}-\d{7,8}'，那么两者分别可能得到什么输出结果，请解释你的输出结果。

2. 通配字符与星号结合使用

句点（.）称为"通配符"。它匹配除了换行（\n）之外的所有字符。*（称为星号）意味着"匹配零次或多次"。下面的代码匹配了除句号的整个句子：'There is a lovely cat in our school, it often sat on a flat mat.'。

```
love = "There is a lovely cat in our school, it often sat on a flat mat."
pattern = r".*at"
re.findall(pattern,love)
```

如果我们将正则表达式修改为 pattern = r".*?at"，会得到如下结果：['There is a lovely cat', ' in our school, it often sat', ' on a flat', ' mat']。

pattern = r".*?at" 和 pattern = r".*at" 的区别在于贪婪匹配和非贪婪匹配的差异。

- pattern = r".*?at" 使用了非贪婪匹配。.*? 表示匹配任意字符（除了换行符）零次或多次，并且尽可能少地匹配，直到遇到后面的字符串 at。
- pattern = r".*at" 使用了贪婪匹配。.* 表示匹配任意字符（除了换行符）零次或多次，并且尽可能多地匹配，直到遇到后面的字符串 at。

在提取 HTML 文档信息时，.* 搭配使用的方法也比较常用，下面的代码还是用了 ?，表示非贪婪匹配，() 表示提取数据的分组，下面的代码中，我们以时间信息为例。

```
s = """<a class="time" target="_blank" href="">昨天 00:26</a>
<a class="time">今天 00:26</a>"""
pattern = r'<a class="time".*?>(.*?)</a>'
for t in re.findall(pattern, s):
    print(t)
匹配结果为：['昨天 00: 26','今天 00: 26']
```

3. 特殊字符和边界匹配

锚定字符和边界匹配是正则表达式中常用的特殊字符，用于限定匹配的位置或边界。

（1）锚定字符

- ^：表示匹配字符串的开头位置。当 ^ 出现在正则表达式的开头时，它用于确保匹配发生在字符串的起始位置。例如，正则表达式 ^hello 匹配以 "hello" 开头的字符串。
- $：表示匹配字符串的结尾位置。当 $ 出现在正则表达式的末尾时，它用于确保匹配发生在字符串的结束位置。例如，正则表达式 world$ 匹配以 "world" 结尾的字符串。

（2）边界匹配

- \b：表示匹配单词的边界。它匹配单词字符与非单词字符之间的位置。例如，正则表达式 \bword\b 匹配单独的单词 "word"，而不会匹配包含 "word" 的其他字符串，如 "sword" 或 "wording"。
- \B：表示匹配非单词的边界。它匹配非单词字符与单词字符之间的位置。例如，正则表达式 \Bcat\B 匹配 "cat" 出现在其他字符中间的位置，如 "scatter"，而不会匹配 "cat"。

对于 \b，我们给出如下示例。

```
text = "I love Python programming. Python is awesome! do you want to be a Pythoner"
pattern = r"\bPython\b"
re.findall(pattern, text)    # 输出 ['Python', 'Python']
```

如果使用匹配非单词的边界 \B，相关代码如下所示。

```
pattern = r"\BPython\B"
text = "I love Python programming. Python is awesome! do you want to be a GreatPythoner"
re.findall(pattern,text) # 输出 GreatPythoner 中的 'Python'
```

4. 修饰符

我们知道句点（.）可以匹配除了换行符之外的任意字符，那么如何匹配换行符呢？我们可以在 findall 等函数中引入 flags（可选）参数 re.S，用于指定匹配模式的标志参数，它可以控制匹配的行为。

```
text = """人生苦短。
我用Python
"""
```

```
re.findall(".+", text, re.S)    # 输出 ['人生苦短。\n我用Python\n']
```

在匹配 HTML 文本时，匹配换行符很重要，因为采集的网页数据有很多换行。例如下面的代码输出：['\n这位航天员从没上过天\xa0但其故事值得全中国人知道']。如果不添加 re.S，则匹配为空。

```
news = r"""<a  href="http://news.sina.com.cn/c/nd/2018-03-26/doc-
    ifysqfnf7185680.shtml" target="_blank">
这位航天员从没上过天 但其故事值得全中国人知道</a><span>(03月26日 10:21)</span>"""
pattern = r"""<a.*?target="_blank">(.*?)</a><span>.*?</span>"""
re.findall(pattern, news, re.S)
```

除了 re.S，我们还有更多修饰符来设置匹配行为，如表 4-2 所示。

表 4-2　re 模块修饰符

修饰符	描述
re.I	使匹配对字母大小写不敏感
re.L	做本地化识别匹配
re.M	多行匹配，影响 ^ 和 $
re.S	使 . 匹配包括换行之内的所有字符
re.U	根据 Unicode 字符集解析字符，这个标志影响 \w，\W，\b，\B
re.X	正则表达式写得更加详细，如多行表示、忽略空白字符、加入注释等

为了加深对修饰符的理解，我们使用 re.X 展示，如何更优雅地写正则表达式。下面的代码将正则表达式分为多行来表示，我们甚至可以加入对每部分符号的注释，增强正则表达式的可读性。

```
phone_pattern = r'''
    (?:\+86)?           # 可选的国际区号 +86
    1\d{10}             # 手机号码，以1开头，后面跟10位数字
'''
phone_text = "+8612345678901"
re.findall(phone_pattern, phone_text, re.X)  # 输出：['+8612345678901']
```

5. 替换和修改

re.sub() 可以用于替换字符串的匹配字符。它会在目标字符串中搜索匹配模式的部分，并将其替换为指定的字符串。re.sub() 的参数如下所示。

- pattern：要匹配的正则表达式模式。
- repl：替换的字符串，可以是普通字符串或一个替换函数。
- string：目标字符串，需要进行替换的字符串。

下面的代码使用 *** 取代敏感字符串。

```
import re
def check_filter(keywords,text):
    return re.sub("|".join(keywords),"***",text)
text = "我喜欢打游戏，特别是玩LOL和Dota2，但是我不喜欢讨论LOL和Dota2的比赛结果。"
sensitive_words = ["LOL", "Dota2"]
print(check_filter(sensitive_words,text))# 输出：我喜欢打游戏，特别是玩***和***，
    但是我不喜欢讨论***和***的比赛结果。
```

re.split() 是 Python 中根据正则表达式模式拆分字符串的方法。它接受两个参数：模式和目标字符串。以下是一个有趣的示例，展示了如何使用 re.split() 将一个字符串拆分成多个句子：['Hello', 'How are you', "I'm fine", 'What about you']。

```
text = "Hello! How are you? I'm fine. What about you?"
# 使用正则表达式拆分句子
sentences = re.split(r'[.!?]', text)
# 去除空字符串和多余的空格
sentences = [sentence.strip() for sentence in sentences if sentence.
    strip()]
```

4.3 使用正则表达式解析 HTML 网页

根据目前学习的正则表达式，我们也可以提取网页内容。本节将介绍如何使用正则表达式解析 HTML 网页。使用正则表达式解析 HTML 网页的基本流程如图 4-1 所示。

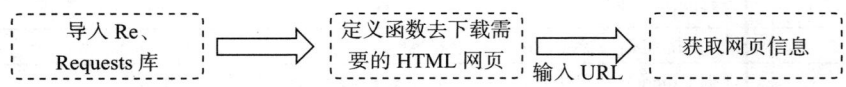

图 4-1　使用正则表达式解析 HTML 网页的基本流程

详细步骤如下所示。

若要使用正则表达式方法获取网页内容，需要导入 Re 库和 Requests 库。

```
import re
import requests
```

定义函数去下载需要的 HTML 网页。

```
def download_page(url,para = None):
    headers = {'User-Agent':'Mozilla/5.0 (Windows NT 10.0; Win64; x64)
        AppleWebKit/537.36 (KHTML, like Gecko) Chrome/52.0.2743.116
        Safari/537.36 Edge/15.15063'}
    if para:
        response = requests.get(url,params=para,headers = headers)
    else:
        response = requests.get(url,headers = headers)
    response.encoding = response.apparent_encoding
    if response.status_code == 200:
        return response.text
    else:
        return None
```

输入需要获取网页的 URL，即可得到网页内容。下面以股吧首页的 URL 为例。

```
url = "http://guba.eastmoney.com/list,zssh000001.html"
html = download_page(url)
html
```

获取文章内容，一级一级地往下寻找，获取多个发帖内容。

```
pattern = r"""(<div class="articleh normal_post.*?».*?</div>)"""
```

```
comments = re.findall(pattern,html,re.S)
comments
```

通过 zip 函数和 enumerate 函数获取文章标题和反馈的最新时间。

```
titles = []   # 任务：取标题
dates = []    # 任务：取反馈的最新时间
title_pattern = r"""<span class="l3 a3">.*?<a href=".*?" title="(.*?)">.*?</a></span>"""
date_pattern = r"""<span class="l5 a5">(.*?)</span>"""
for c in comments:
    t = re.findall(title_pattern,c)
    if len(t)>0:
        titles.append(t[0])
    else:
        titles.append("")
    d = re.findall(date_pattern,c)
    if len(d)>0:
        dates.append(d[0])
    else:
        dates.append(0)
```

之后分别使用 zip 函数和 enumerate 函数，将获取的标题与时间合并。

```
zip 函数：
for c in zip(titles,dates):   ## 每一个 c 都是一个元组
    print (c)
enumerate 函数：
for index,c in enumerate(zip(titles,dates)):
    print (c[0],c[1])
    if index == 10:
        break
```

4.4 扩展阅读

使用 ChatGPT 辅助编写正则表达式

请将字符串"成都温江区：611130；成都青羊区：610031；成都武侯区：610041；北京朝阳区：100020"中的数字提取出来，其中这些数字代表了邮编，我们需要批量提取。请使用 Python 正则表达式方式提取（见图 4-2）。假设你是邮政方面的专家，请先查询中国的邮政编码规则，然后开始编程。

上面的代码基本实现了我们的需求，但是不够仔细。如果我们知道中国的邮编规则，则可以告诉 ChatGPT 具体的邮编规则让其对代码进行改进（见图 4-3）。

这段代码使用了正则表达式 "\b[1-9]\d{5}\b"，它可以匹配 6 位数字的邮编。在给定的字符串 text 中，我们使用 re.findall 函数进行匹配，找出所有符合规则的邮编。输出结果为匹配到的邮编列表（见图 4-4）。

看来 ChatGPT 能很好地完成任务。

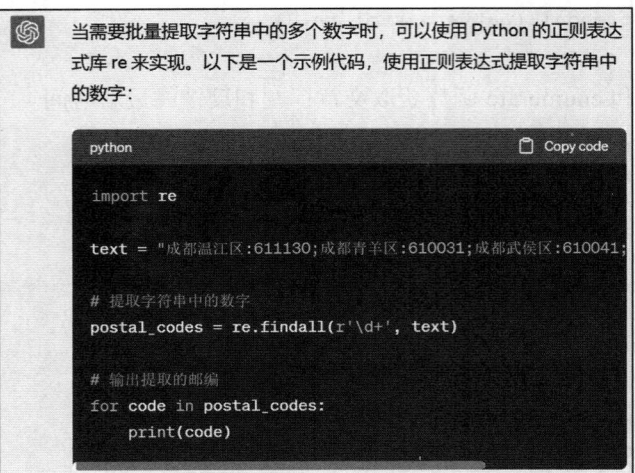

图 4-2　ChatGPT 编写的 Python 示例（一）

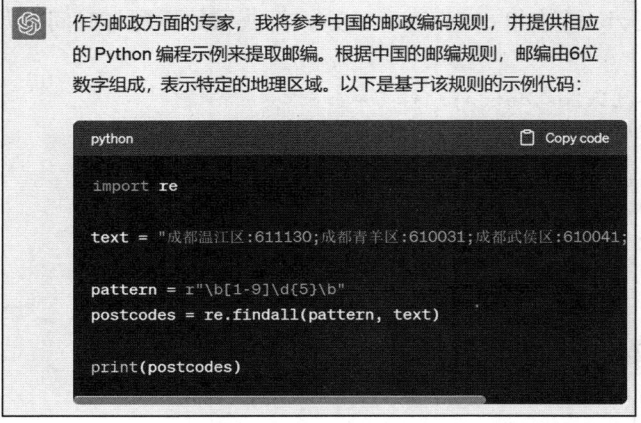

图 4-3　ChatGPT 编写的 Python 示例（二）

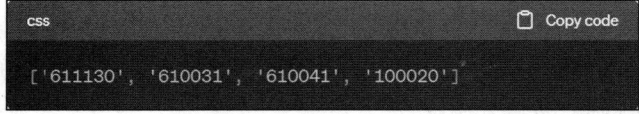

图 4-4　ChatGPT 编写的 Python 示例（二）输出结果

CHAPTER 5

第 5 章

BeautifulSoup 和 JSON

过去我们通过图书、报纸、电视等渠道获取信息，但是这些信息数量有限，以至于我们视野受限，无法了解到更多的信息和知识。如今的互联网大数据时代，我们能够在一定程度上自由地获取信息。但值得注意的是，我们得到的海量信息中，有很多都是无效的垃圾信息。网络爬虫能够通过程序获取 Web 页面上我们想要的数据，上一章的正则表达式可以帮助我们从 HTML 文档中提取数据，正则表达式是更通用的工具，编写起来可能更复杂。本章将进一步介绍一种更简洁的网页解析工具 BeautifulSoup。此外，许多网站和 API 接口返回的数据通常以 JSON 格式进行编码，这种情况下我们不需要解析网页 HTML 数据，而是要使用 JSON 解析技术将返回的 JSON 数据转换为 Python 对象，从中提取所需的数据字段，以便进一步处理和分析。本章的主要内容如下：

- BeautifulSoup 基本语法
- 使用 BeautifulSoup 解析 HTML 网页
- JSON

5.1 BeautifulSoup 基本语法

我们可以通过正则表达式获取网页信息，但如果一个正则匹配稍有差池，那程序可能就处在永久的循环中，并且正则表达式的写法也需要多练习才能熟悉。我们还有一个更便捷的工具，叫 BeautifulSoup，有了它，我们可以很方便地提取 HTML 或 XML 标签中的内容，这一节就让我们一起来感受 BeautifulSoup 的强大吧。作为准备，我们要在 Anaconda Prompt 中输入 pip install beautifulsoup4 命令，安装包含 BeautifulSoup 的 BS4 软件包。

5.1.1 创建 BeautifulSoup 对象

首先导入 BeautifulSoup 库。然后，将要解析的 HTML 文档作为字符串传递给 BeautifulSoup 类的构造函数即可。这里我们先使用一个最简单的 HTML 文档。

```
from bs4 import BeautifulSoup
html_doc = "<html><body><h1>Hello, BeautifulSoup!</h1></body></html>"
# 创建 BeautifulSoup 对象
soup = BeautifulSoup(html_doc, 'html.parser')
print(soup)
```

在示例代码中，'html.parser' 作为第二个参数传递给 BeautifulSoup 构造函数，表示使用 Python 内置的 HTML 解析器，即 html.parser。这个解析器是 Python 标准库中的一个模块，它可以解析 HTML 文档并构建相应的解析树。HTML 文本解析器会按照 HTML 的语法规则，将 HTML 文档中的标签、属性、文本内容等信息提取出来，并以一种易于操作和访问的方式进行组织和存储。除了 'html.parser'，BeautifulSoup 还支持其他解析器，如 'lxml' 和 'html5lib' 等，如表 5-1 所示。这些解析器提供了不同的特性和性能，我们可以根据需要选择合适的解析器。

表 5-1 BeautifulSoup 支持的解析器

解析器	使用方法	优势	劣势
Python 标准库	BeautifulSoup(markup,"html.parser")	Python 的内置标准库、执行速度适中、文档容错能力强	Python2.7.3 及 Python3.2.2 之前的版本文档容错能力差
xml HTML 解析器	BeautifulSoup(markup,"lxml")	速度快、文档容错能力强	需要安装 C 语言库
lxml XML 解析器	BeautifulSoup(markup,"xml")	速度快、唯一支持 XML 的解析器	需要安装 C 语言库
html5lib	BeautifulSoup(markup,"html5lib")	容错能力最强、以浏览器的方式解析文档、生成 HTML5 格式的文档	速度慢、不依赖外部扩展

接下来，我们构建一个更加复杂一些的 BeautifulSoup 对象。

```
html_text = """
<html>
<head>
<title> 财经新闻 </title>
</head>
<body>
<h1> 今日财经要闻 </h1>
<h2><a href="https://www.example.com/news1"> 中国股市上涨，创下新高 </a></h2>
<p> 中国股市在经济复苏的推动下，上涨至历史新高。</p>
<h2><a href="https://www.example.com/news2"> 全球经济增长预期提升 </a></h2>
<p> 全球各地经济数据显示，经济增长预期提升，投资者信心增强。</p>
<h2><a href="https://www.example.com/news3"> 股票市场 </a></h2>
<p> 上证指数: 3600 点 </p>
<p> 深证成指: 5500 点 </p>
<h2><a href="https://www.example.com/news4"> 外汇市场 </a></h2>
<p> 美元兑人民币汇率: 6.40</p>
<p> 欧元兑美元汇率: 1.18</p>
```

```
    <h2><a href="https://www.example.com/news5">商品市场 </a></h2>
    <p>黄金价格：$1800/ 盎司 </p>
    <p>原油价格：$70/ 桶 </p>
</body>
</html>
"""
# 构建 BeautifulSoup 对象
soup = BeautifulSoup(html_text, 'html.parser')
```

5.1.2 提取标签信息

1. 获取网页 \<body> 标签

要获取 HTML 文档中的 \<body> 标签及其内容，可以使用 find() 方法或直接通过属性访问。使用 find() 方法获取 \<body> 标签。

```
body = soup.find('body')
```

直接通过属性访问获取 \<body> 标签。

```
body = soup.body
```

如果要获取 \<body> 标签中的文本内容，可以使用 .text 属性，即 body.text。这里提取的是所有标签的文本，如以下字符串所示。如果要更美观地输出结果，可以用 print(body.text)。

> '\n今日财经要闻 \n 中国股市上涨，创下新高 \n 中国股市在经济复苏的推动下，上涨至历史新高。\n 全球经济增长预期提升 \n 全球各地经济数据显示，经济增长预期提升，投资者信心增强。\n 股票市场 \n 上证指数：3600 点 \n 深证成指：5500 点 \n 外汇市场 \n 美元兑人民币汇率：6.40\n 欧元兑美元汇率：1.18\n 商品市场 \n 黄金价格：$1800/ 盎司 \n 原油价格：$70/ 桶 \n'

2. 提取超链接

如果要获取所有的超链接，可以使用 find_all("a")，这样可以得到超链接列表。

```
links = soup.find_all("a")
links
```

links 如下所示。

```
[<a href="https://www.example.com/news1">中国股市上涨，创下新高 </a>,
 <a href="https://www.example.com/news2">全球经济增长预期提升 </a>,
 <a href="https://www.example.com/news3">股票市场 </a>,
 <a href="https://www.example.com/news4">外汇市场 </a>,
 <a href="https://www.example.com/news5">商品市场 </a>]
```

本案例中的超链接比较单一，实际网页中的链接比我们这里展示的更多样。假设，我们想从多样的超链接中，提取 href 模式类似 https://www.example.com/news1 的超链接，可以使用以下方式。

（1）使用属性方式获取 href 模式匹配的超链接，我们可以通过 BeautifulSoup 提供的 CSS 选择器方法 select() 结合属性选择器来实现。代码如下所示。

```
soup.select('a[href^="https://www.example.com/news"]')
```

这里使用了属性选择器 ^= 表示选择 href 属性以 https://www.example.com/news 开头的超链接。

（2）我们也可以使用正则表达式获取 href 模式匹配的超链接，通过 re 模块，结合 BeautifulSoup 的 find_all() 方法来实现。代码如下所示。

```
import re
pattern = re.compile(r'https://www.example.com/news.*?')
links = soup.find_all('a',zhref=pattern)
```

得到的 links 如下所示。

```
[<a href="https://www.example.com/news1">中国股市上涨，创下新高</a>,
 <a href="https://www.example.com/news2">全球经济增长预期提升</a>,
 <a href="https://www.example.com/news3">股票市场</a>,
 <a href="https://www.example.com/news4">外汇市场</a>,
 <a href="https://www.example.com/news5">商品市场</a>]
```

3. 获取超链接的文本和 URL

有时我们直接采集每个链接的文本内容（text），有时我们也需要采集每个链接的 URL，方便进一步采集 href 对应页面的数据。下面的代码可以方便地实现上述目标。这段代码使用了一个循环来遍历上面代码中的 Links 列表。对于每个链接，代码使用 .text 属性打印出其文本内容，即链接的可见文本。接着，使用 .attrs 属性且以字典形式访问链接元素的 href 属性，即链接的目标 URL。

```
for link in links:
    print(link.text)    # 每个 link 的 text
    print(link.attrs["href"])    # 每个 link 的 href
```

输出结果如下所示。

```
中国股市上涨，创下新高
https://www.example.com/news1
全球经济增长预期提升
https://www.example.com/news2
股票市场
https://www.example.com/news3
外汇市场
https://www.example.com/news4
商品市场
https://www.example.com/news5
```

5.2 使用 BeautifulSoup 解析 HTML 网页

BeautifulSoup 提供一些简单的、Python 式的函数用来处理导航、搜索、修改分析树等功能。它是一个工具箱，通过解析文档为用户提供需要抓取的数据。本节将重点介绍如何使用 BeautifulSoup 解析 HTML。

首先需要导入 BS4 库和 Requests，通过定义函数获取 Soup 对象，成功解析网页。下面仍然以股吧首页为例。

```python
from bs4 import BeautifulSoup
import requests
def download_page(url,para = None):
    headers = {'User-Agent':'Mozilla/5.0 (Windows NT 10.0; Win64; x64)
        AppleWebKit/537.36 (KHTML, like Gecko) Chrome/52.0.2743.116
        Safari/537.36 Edge/15.15063'}
    if para:
        response = requests.get(url,params=para,headers = headers)
    else:
        response = requests.get(url,headers = headers)
    response.encoding = response.apparent_encoding
    if response.status_code == 200:
        return response.text
    else:
        print ("failed to download the page")
```

接下来使用上述定义的函数下载网页，并构建 BeautifulSoup 对象。

```
url = "http://guba.eastmoney.com/list,zssh000001.html"
html = download_page(url)
soup = BeautifulSoup(html)
```

由于东方财富网页设计改变，我们使用的上述代码可能有误，大家可以下载本书教辅资源中的"东方财富网 .html"网页文件，读取并构造 BeautifulSoup 对象。

```
with open("东方财富网.html","r",encoding="utf-8") as f:
    html = f.read()
    soup = BeautifulSoup(html)
```

接下来，我们分析网页，发现评论数据都在 tbody 标签的每一行（tr 标签）中（见图 5-1）。

```
▼<table class="default_list">
  ▶<thead class="listhead">…</thead>
  ▼<tbody class="listbody"> == $0
    ▶<tr class="listitem ">…</tr>
    ▶<tr class="listitem ">…</tr>
    ▶<tr class="listitem ">…</tr>
    ▶<tr class="listitem ">…</tr>
```

图 5-1　tbody 标签

因此，下面的代码从 HTML 页面中提取表格数据，并输出第一行相关信息。我们使用了 BeautifulSoup 库来解析 HTML 文档，并从指定的 tbody 标签中提取数据。

首先，我们创建了空列表 read、reply、title、author 和 update，用于存储提取的数据。

其次，我们使用 tbody.find_all('tr') 找到所有的 tr 标签，即表格的每一行。通过循环遍历每一行，我们可以对每一行的内容进行处理。

再次，在循环中，我们使用 row.find('div',{'class':'read'}).text 来找到当前行中 class 属性为 'read' 的 div 元素，并使用 .text 获取其文本内容，然后将其添加到 read 列表中。同样的操作也应用于 reply、title、author 和 update 字段。

最后，通过这段代码，我们可以将表格中每一行的 read、reply、title、author 和 update 字段的值提取出来并存储到对应的列表中。

```python
read = []
reply = []
title = []
author = []
update = []
for row in tbody.find_all("tr"):
    read.append(row.find("div",{"class":"read"}).text)
    reply.append(row.find("div",{"class":"reply"}).text)
    title.append(row.find("div",{"class":"title"}).text)
    author.append(row.find("div",{"class":"author"}).text)
    update.append(row.find("div",{"class":"update"}).text)
```

下面我们输出采集结果,图 5-2 是部分示例输出,不同时期采集的代码会有差异。

```python
for _, c in enumerate(zip(read,reply,title,author,update)):
    print(c)
```

输出结果如图 5-2 所示。

```
('384', '8', '上午10点吓坏好多宝宝了吧', '泡泡滚雪球', '06-28 10:36')
('324', '7', '上证大盘指数已完全具备走牛的条件!本周不上3350,基金经理工资减半!', '吉米米4530', '06-27 05:2
9')
('5451', '76', '超级赛道-锂矿', '无量不进', '06-28 09:27')
('12', '1', '大家怎么看?', '股友96m70931e9', '06-28 11:19')
('15', '1', '整个市场,板块当中猪肉和鸡肉是不是最垃圾的板块?不服来辩', '我评论的都退市', '06-28 11:18')
('50', '1', '幸亏幸亏昨天没往里追反弹,否则又接盘了!', '九鼎久', '06-28 10:52')
('11716', '258', '0628        聊天帖', '胖成一条线', '06-27 03:48')
('20', '1', '达哥还没上市谁都不许跌,听明白了吗', '股友L0pzu05439', '06-28 11:19')
```

图 5-2　输出结果

5.3　JSON

5.3.1　JSON 的特点

JSON(JavaScript Object Notation)本质上是一种数据格式,它是一种轻量级的、易于阅读和编写的数据交换格式。JSON 有以下几个特点。

- JSON 是一种轻量级的基于文本的交换格式,可以简化表示复杂数据结构的工作量。
- JSON 很容易阅读和书写。JSON 无论对于人,还是对于机器来说,都是十分便于阅读和书写的,而且相比 XML(另一种常见的数据交换格式)文件更小,因此成为网络上十分流行的交换格式。
- JSON 采用完全独立于语言的文本格式。JSON 使用 JavaScript 语法来描述数据对象,但是 JSON 仍然独立于语言和平台。JSON 解析器和 JSON 库支持许多不同的编程语言。目前常见的动态编程语言(PHP,JSP,.NET)都支持 JSON。

5.3.2　JSON 的结构

JSON 大致有 3 种结构:JSON 对象、JSON 数组和 JSON 嵌套。JSON 对象和 JSON

数组都是字符串的表示形式。在传输和存储数据时，它们通常作为字符串进行传递。

1. JSON 对象

JSON 对象是键值（key-value）对或名值对，而"值"可以是数值、字符串和布尔类型等。例如：{"age":20, "weight":120}，{"name":"Li Hua", "address":"St.555, Wenjiang, Chengdu"}，{"isStudent":False}。

2. JSON 数组

JSON 数组是 JSON 中的一种数据类型，它是一个有序的值列表，用于存储多个数据项。JSON 数组使用方括号 [ ] 包围，数组中的值之间使用逗号分隔。

3. JSON 嵌套

JSON 格式可以嵌套，即 JSON 对象中可包括 JSON 数组，JSON 数组中可包括 JSON 对象。下面是一个嵌套的例子。

```
[ {"name": "John", "hobbies": ["reading", "traveling"]},
  {"name": "Jane", "hobbies": ["swimming", "painting"]} ]
```

该数组描述了两个人的姓名和他们的爱好。

- 第一个对象：键 name 的值是 "John"，键 hobbies 的值是一个包含两个字符串的数组 ["reading", "traveling"]。
- 第二个对象：键 name 的值是 "Jane"，键 hobbies 的值是一个包含两个字符串的数组 ["swimming", "painting"]。

5.3.3 JSON 序列化与反序列化

在使用 JSON 数据时，我们通常会将其解析为相应的数据结构，例如在 Python 中将 JSON 字符串解析为字典或列表等数据类型。所以 JSON 对象和 JSON 数组在传输和存储时必须是字符串形式的，但在解析后可以表示为相应的数据结构。

将 Python 数据结构转换为 JSON 字符串时，我们可以使用 JSON 模块中的 json.dumps() 函数，这个函数将 Python 对象序列化为 JSON 格式的字符串。

下面的例子显示了如何使用 JSON 来存储基于主题和版本的图书相关信息。

首先，将 Python 对象编译成 JSON 字符串形式。

```
import json
books = {"book":[
 {
    "id":"01",
    "language": "Java",
    "edition": "third",
    "author": "Herbert Schildt"
 },
 {
    "id":"07",
```

```
        "language": "C++",
        "edition": "second",
        "author": "E.Balagurusamy"
    }
]}
json.dumps(books)
```

而当需要将 JSON 字符串转换回 Python 数据结构时,我们可以使用 json.loads() 函数。这个函数将 JSON 字符串反序列化为相应的 Python 对象。

```
books_dict = json.loads(j)
```

5.3.4 解析在线 API 返回的 JSON 数据

当需要解析在线 API 返回的 JSON 数据时,我们可以使用 Python 的网络请求库(如 Requests)获取 API 返回的 JSON 数据。下面将举例说明如何使用 JSON 获取 JSON 对象,并转换为字典。

```
import requests
import json
url="https://movie.douban.com/j/search_subjects?type=movie&tag=%E5%86%B7%E9
    %97%A8%E4%BD%B3%E7%89%87&sort=recommend&page_limit=200&page_start=0"
html = download_page(url)
movies = json.loads(html)
```

使用 get 函数可以获取指定位置的元素信息。

```
movies.get("subjects")[12].get("title")
```

我们也将上述 JSON 文本存储在 movie.txt 中,方便大家读取,以理解 JSON 序列化与反序列化操作。

```
with open("movie.txt","r", encoding="utf-8") as f:
    text = f.read()
json.loads(text)
```

5.4 扩展阅读

ChatGPT 视角下的 BeautifulSoup 和 JSON

我们首先让 ChatGPT 为我们介绍什么是 BeautifulSoup 和 JSON(见图 5-3)。

如果我们不明白 JSON 的使用,可以让它写一个小例子为我们进行简单的介绍(见图 5-4)。

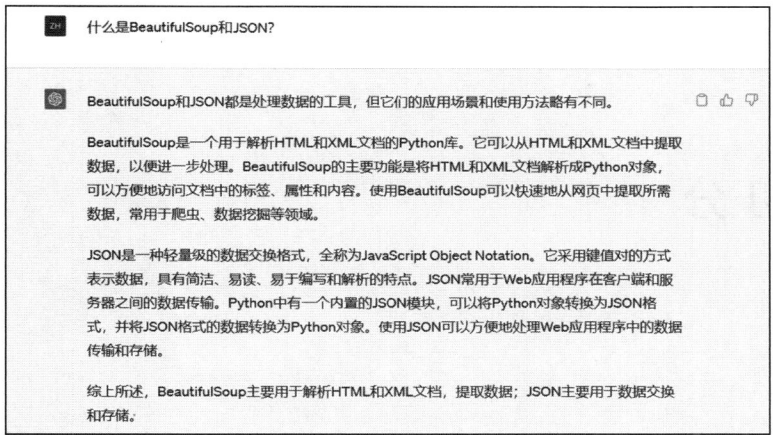

图 5-3　ChatGPT 示例（一）

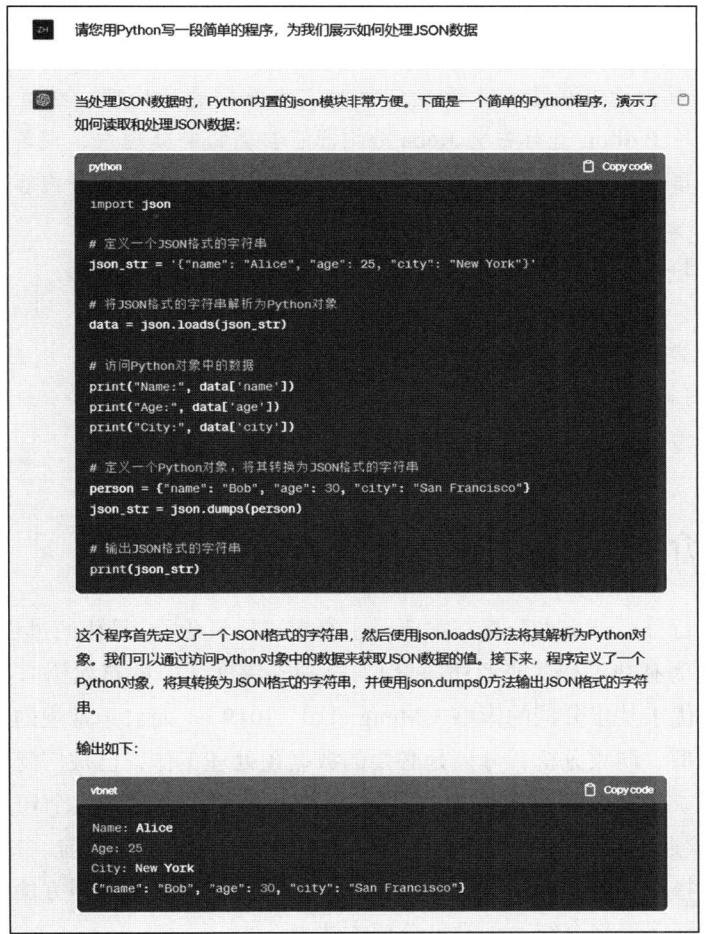

图 5-4　ChatGPT 示例（二）

CHAPTER 6

第 6 章

词语切分

在获得文本数据的基础上，本章我们将对文本数据进行处理，学习分词的原理和方法，以及如何利用 Python 进行中文 Jieba 分词。在自然语言处理中，词是最小的能够独立活动的有意义的语言成分，分词是常见的文本预处理工作。本章主要内容如下：

- 分词简介
- Jieba 分词
- 读取文件并切词
- 下载网页数据并切词
- Jieba 分词算法细节
- 使用大语言模型切词

6.1 分词简介

无论是否进行分词，文本分析都需要对字符串进行量化⊖，量化的过程是字词的计数，或者将字词转化为独热编码（或者词向量）。对基于深度学习的自然语言处理，基于单个字符的模型始终优于基于分词的模型（Meng et al., 2019）。而对于常规的自然语言分析方法，例如词袋模型、词频分析，分词是必要的数据预处理工作，已被广泛应用于中文文本处理、信息提取、文本挖掘等应用中。"欢迎新老师生前来就餐"这个句子可能存在不同的切词结果："欢迎 / 新老师生 / 前来 / 就餐"或"欢迎 / 新老师 / 生前 / 来 / 就餐"。

我们需要选择切词最好的结果。什么是最好的结果呢？对于不同方法得到的最好切词结果不一样，下面我们将介绍两种常见分词方法。

⊖ 在深度学习中对文本的量化一般称为表示（representation）。

- 基于规则的方法（例如最大匹配法，maximum match method）
- 基于统计的方法（语言模型）

6.1.1 最大匹配法分词

最大匹配法需要一个预定义的字典，然后根据最大匹配规则进行切词。按照规则差异，可分为正向最大匹配法、逆向最大匹配法和双向最大匹配法。

1. 正向最大匹配法

分词的思路如下：从左向右取待切分语句的前 m 个字符（m 为词典里最长的词的字符数，称为 max_len）；若这 m 个字符属于词典里面的词，则称匹配成功，然后将这 m 个字符切分出来，剩下的词语作为新的待切分语句；若匹配失败，则去除这 m 个字符的最后一个字符，使用剩余的 $m-1$ 个字符继续匹配，直到匹配成功或剩下一个字符为止；重复以上步骤，直到语句切分完。

举一个例子，首先我们假设 max_len=8，即假设单词的最大长度为 8。再假设现在词典中存在的词有：["我们"，"非常"，"喜欢"，"数据"，"分析"，"数据分析"，"课程"，"我"，"们"，"非"，"常"，"喜"，"欢"，"数"，"据"，"分"，"析"，"课"，"程"]。现在，我们用正向最大匹配法来切分"我们非常喜欢数据分析课程"这句话。

我们非常喜欢数据分析课程（max_len=8）。

第一轮次：取字符串"我们非常喜欢数据"，正向取词，如果匹配失败，每次去掉匹配字段最后的一个字。

"我们非常喜欢数据"，扫描词典中的 8 字单词，没有匹配，子串长度减 1 变为"我们非常喜欢数"。

"我们非常喜欢数"，扫描词典中的 7 字单词，没有匹配，变为"我们非常喜欢"。

"我们非常喜欢"，扫描词典中的 6 字单词，没有匹配，变为"我们非常喜"。

"我们非常喜"，扫描词典中的 5 字单词，没有匹配，变为"我们非常"。

"我们非常"，扫描词典中的 4 字单词，没有匹配，变为"我们非"。

"我们非"，扫描词典中的 3 字单词，没有匹配，变为"我们"。

"我们"，扫描词典中的 2 字单词，匹配成功，输出"我们"，输入变为"非常喜欢数据分析"。

第二轮次：取字符串"非常喜欢数据分析"，正向取词，如果匹配失败，每次去掉匹配字段最后的一个字。

"非常喜欢数据分析"，扫描词典中的 8 字单词，没有匹配，子串长度减 1 变为"非常喜欢数据分"。

重复上述扫描步骤，最终得到子串"非常"，匹配成功。

以此类推，直到输入长度为 0 时，扫描终止。

最终，正向最大匹配法得出的结果为

我们 / 非常 / 喜欢 / 数据分析

2. 逆向最大匹配法

分词的思路如下：从右向左取待切分语句的前 m 个字符（m 为词典里最长的词的字符数）；若这 m 个字符属于词典里面的词，则称匹配成功，然后将这 m 个字符切分出来，剩下的词语作为新的待切分语句；若这 m 个字符不属于词典里面的词，则去除这 m 个字符的第一个字符，剩余的 $m-1$ 个字符继续匹配，直到匹配成功或剩下一个字符为止；重复以上步骤，直到语句切分完。

3. 双向最大匹配法

双向最大匹配法的原理是将正向最大匹配法和逆向最大匹配法进行比较，从而确定正确的分词方法。步骤如下：

比较正向最大匹配法和逆向最大匹配法的结果。

如果分词数量结果不同，那么取分词数量较少的那个匹配法。

如果分词数量结果相同：

- 分词结果相同，可以返回任何一个匹配法。
- 分词结果不同，返回单字数比较少的那个匹配法。

如果单字数个数也相同，则任意返回一个匹配法。

6.1.2 基于统计的分词

基于统计的分词有两个步骤：①构建统计语言模型；②对句子进行划分（例如，采用有向无环图），获取概率最大的分词结果。

1. 构建统计语言模型

统计语言模型是单词序列的概率分布。对于长度为 n 的序列，我们分配一个概率 $p(w_1, w_2, ..., w_n)$。有两种思路可以计算一个句子出现的概率：统计语言模型和基于深度学习的序列模型。

统计语言模型　要计算整个序列出现的概率，可以基于词语在语料中的词频及共现次数来计算条件概率，因此语言模型属于基于统计的方法。

基于深度学习的序列模型　目前基于深度学习的序列模型（例如循环神经网络），可以做同步的序列到序列的标注：B（词首），M（词中），E（词尾）和 S（单独成词），根据这些标注可以完成切词。目前基于深度学习的序列模型已经得到业界和学者的极大关注，典型代表就是 BERT 和 GPT 系列的序列模型。

本小节我们介绍统计语言模型。语言模型的本质是计算句子出现的概率，要计算整个句子中字符序列出现的联合概率，需要使用字符之间的条件概率，如式（6-1）所示。

$$p(w_1, w_2, \cdots, w_n) = p(w_1)p(w_2|w_1)p(w_3|w_1, w_2)\cdots p(w_n|w_1, \cdots, w_{n-1}) \qquad (6\text{-}1)$$

下面用一个句子"我爱中国"为例，表示该句子出现的概率。

$$p（我爱中国）=p（我）\times p（爱|我）\times p（中|我爱）\times p(国|我爱中)$$

如果引入马尔可夫假设，可以简化上面联合概率的计算。

马尔可夫假设：每一个词出现的概率只和它前面的少数几个词有关系。如果我们假定每个字符都是独立的，也就是和前面的字符都没有关系，这样的语言模型称为一元模型（uni-gram model）。

$$p(w_1,w_2,\cdots,w_n) = \prod_{i=1}^{n} p(w_i) \qquad (6-2)$$

如果我们假定每个字符仅仅和其前面的一个字符有关，也就是关注字符的成对出现条件概率，这样的语言模型称为二元语言模型（bigram model）。

$$p(w_1,w_2,\cdots,w_n) = \prod_{i=1}^{n} p(w_i|w_{i-1}) \qquad (6-3)$$

以此类推，如果假定一个字符和前面的 $N-1$ 个字符相关，那么我们得到 N 元语言模型（N-gram model）。

$$p(w_1,w_2,\cdots,w_n) = \prod_{i=1}^{n} p(w_i|w_{i-N-1},\cdots,w_{i-1}) \qquad (6-4)$$

如果有足够大的语料库，比如网络，我们就可以计算这些数，并估计一个句子的概率，如式（6-5）所示。一般使用频率计数的比例来计算 N 元条件概率，下面以二元语言模型的条件概率为例。

$$p(w_n|w_{n-1}) = \frac{\text{count}(w_n,w_{n-1})}{\text{count}(w_{n-1})} \qquad (6-5)$$

下面以一个只有三个句子的语料库来举例（Swufer 是一个字）。

<s> 我 是 Swufer </s>

<s> Swufer 是 我 </s>

<s> 我 爱 读 书 </s>

二元语言模型中的条件概率如下所示。

$p（我|$<s>$） = \frac{2}{3} = 0.67 \quad p(\text{Swufer}|$<s>$) = \frac{1}{3} = 0.33 \quad p(是|我) = \frac{1}{3} = 0.33$

$p(</s>|\text{Swufer}) = \frac{1}{2} = 0.5 \quad p(\text{Swufer}|是) = \frac{1}{2} = 0.5 \quad p（爱|我）= \frac{1}{2} = 0.5$

我们在这里不一一列举更多的条件概率，大家可以自己补充。根据上面的二元语言模型，计算"我是Swufer"的概率如下。

$$p（<s> 我是 Swufer </s>）$$
$$= p(我|<s>)\, p(是|我)\, p(\text{Swufer}|是)\, p(</s>|\text{Swufer})$$
$$= \frac{2}{3} \times \frac{1}{3} \times \frac{1}{2} \times \frac{1}{2}$$
$$= \frac{1}{18}$$

2. 对句子进行划分，获取概率最大的分词结果

构建语言模型是分词的第一步，具体能获取哪些可能的分词结果，需要借助其他工具，例如前缀词典和有向无环图（DAG）。对句子进行划分（例如采用有向无环图），选择概率最大的分词结果，就完成了基于统计语言模型的切词。下面我们在 Jieba 切词工具中介绍前缀词典和有向无环图。

6.2 Jieba 分词

6.2.1 Jieba 分词简介

中文文本中的单词不是通过空格或者标点符号分割的，所以中文及类似语言存在一个重要的"分词"问题，Jieba、SnowNLP（MIT）、Pynlpir 等都可以完成对中文的分词处理，下面我们介绍 Jieba 进行中文分词的原理[1]。

Jieba 分词主要基于统计词典，首先构造一个前缀词典[2]，利用前缀词典对输入的句子进行切分，得到所有的切分可能。然后，根据切分位置，构造一个有向无环图，通过动态规划算法，计算得到最大概率路径，从而得到最终的切词形式。

1. 构建前缀词典

统计词典的形式如下所示，每一行有三列，第一列是词，第二列是词频，第三列是词性。

...
北京大学 2053 nt
大学 20025 n
去 123402 v
玩 4207 v
北京 34488 ns
北 17860 ns
京 6583 ns
大 144099 a
学 17482 n
...

上述展示的离线统计的词典和"去北京大学玩"相关。前后的省略号表示离线统计的词典远不止本节示例的词汇。

---

[1] Jieba 的更多介绍参考官网：https://github.com/fxsjy/jieba。

[2] 关于前缀词典和 DAG 的介绍，本节主要参考如下链接的资料：https://www.cnblogs.com/zhbzz2007/p/6084196.html。在对有向无环图的展示中，笔者认为直接使用字典表示更清晰，没有采用图示。

我们基于统计词典可以构造"去北京大学玩"的前缀词典，如统计词典中的词"北京大学"的前缀分别是"北""北京""北京大"；词"大学"的前缀是"大"。统计词典中所有的词形成的前缀词典如下所示，这里"北京大"作为"北京大学"的前缀，但是它的词频为 0，这是为了便于构建后面介绍的有向无环图。

北京大学 2053

北京大 0

大学 20025

去 123402

玩 4207

北京 34488

北 17860

京 6583

大 144099

学 17482

2. 构建有向无环图

基于前缀词典，我们对输入文本进行切分，对于"去"，因为没有前缀，那么就只有一种划分方式；对于"北"则有"北""北京""北京大学"三种划分方式；对于"京"，也只有一种划分方式；对于"大"，则有"大""大学"两种划分方式，依次类推，可以得到每个字开始的前缀词的划分方式。

Jieba 分词对每个字都是通过在文本中的位置来标记的，因此可以构建一个以位置为键（key），相应划分的末尾位置构成的列表为值（value）的映射，如下所示。

0: [0]

1: [1,2,4]

2: [2]

3: [3,4]

4: [4]

5: [5]

对于 0:[0]，表示位置 0 对应的词，就是 0 → 0，即"去"。对于 1:[1,2,4]，表示位置 1 开始，在 1，2，4 位置都是词，就是 1 → 1，1 → 2，1 → 4，即"北""北京""北京大学"这三个词。

对于每一种划分，都将相应的首尾位置相连。例如，对于位置 1，可以将它与位置 1、位置 2、位置 4 相连接，最终构成一个有向无环图。

在得到所有可能的切分方式构成的有向无环图后，我们发现从起点到终点存在多条路径，多条路径也就意味着存在多种分词结果（例如，表示选择到后续节点的前缀）。

\# 路径 1: 0 – 1 – 2 – 3 – 4 – 5

\# 分词结果 1: 去 / 北 / 京 / 大 / 学 / 玩

```
# 路径 2：0－1，2－3－4－5
# 分词结果 2：去 / 北京 / 大 / 学 / 玩
# 路径 3：0－1，2－3，4－5
# 分词结果 3：去 / 北京 / 大学 / 玩
# 路径 4：0－1，2，3，4－5
# 分词结果 4：去 / 北京大学 / 玩
```

3. 应用动态规划方法查找最大概率的路径

Jieba 使用动态规划的方法在 DAG 上查找最大概率的路径，并且是从后向前查找的。有向无环图的每个节点，都是带权的，对于在前缀词典里面的词语，其权重就是它的词频。动态规划要求的路径为 $(w_1,w_2,w_3,\cdots,w_n)$，使得 $\sum$ weight (w_i) 最大。

Jieba 分词中计算最大概率路径的主函数是 calc(self,sentence,DAG,route)，函数根据已经构建好的有向无环图计算最大概率的路径。该函数使用从后向前的动态规划方法，它从 sentence 的最后一个字（N−1）开始倒序遍历 sentence 的每个字（idx）的方式，计算子句 sentence[idx~N−1] 的概率对数得分。Jieba 分词中 salc 函数的实现如下所示。

```
def salc(self,sentence,DAG,route):
    N=len(sentence)
    # 初始化末尾为 0
    route[N]=(0,0)
    logtotal=log(self.total)
    # 从后向前计算
    for idx in xrange(N-1,-1,-1):
        route[idx]=max((log(self.FREQ.get(sentence[idx:x+1]) or 1)-
                       logtotal+route[x+1][0],x) for x in DAG[idx])
```

代码解释如下所示。

- route 保存的是从当前节点开始到句子末尾的最大概率，以及当前节点的最优后续位置，最大概率和最优位置保存为元组。
- 函数中，logtotal 为构建前缀词频时所有的词频之和的对数值，这里的计算都是使用词频的对数值，可以有效防止下溢问题。
- 最大路径对应概率的对数之和最大的路径。每个句子片段（即 sentence[idx: x+1] 的概率都是用对数之差表示的。
- 通过 route 的回溯，我们可以查询最优切词。例如根据 route[0] = (100,0), route[1] = (90,4), route[5] = (20,5)，我们可以查询到最优路径是 0-0，1-4，5-5，也就是"去 / 北京大学 / 玩"这个切词结果。

6.2.2 使用 Jieba 分词

Jieba 是一个基于 Python 的分词库，对中文有着很强大的分词能力，我们在使用时通过语句：import jieba，导入 Jieba 库。对于中文分词，Jieba 的相关特点如下所示。

- 中文文本需要通过分词获得单个的词语。
- Jieba 是优秀的中文分词第三方库，需要额外安装，相关指令为 pip install jieba。
- Jieba 库提供三种分词模式（见表 6-1），最简单的模式只需掌握一个函数。
- Jieba 分词依靠中文词库：利用一个中文词库确定汉字之间的关联概率；汉字间关联概率大的组成词组，形成分词结果；除了分词，用户还可以添加自定义的词组。

表 6-1　Jieba 分词模式

分词模式	说明
精确模式	试图将句子最精确地切开，适合文本分析，默认是精确模式
全模式	把句子中所有可以成词的词语都扫描出来，速度非常快，但是不能解决歧义
搜索引擎模式	在精确模式的基础上，对长词再次切分，提高召回率，适合搜索引擎分词

除了上述三种模式，Jieba 新推出的 Paddle 模式利用 PaddlePaddle 深度学习框架，训练序列标注（双向 GRU）网络模型实现分词，同时支持词性标注。使用 Paddle 模式需安装 paddlepaddle-tiny，相关指令为 pip install paddlepaddle-tiny==1.6.1。目前 Paddle 模式支持 Jieba v0.40 及以上版本。Jieba v0.40 以下版本，请升级 Jieba，相关指令为 pip install jieba --upgrade。Jieba 分词常用函数如表 6-2 所示。

表 6-2　Jieba 分词常用函数

函数	描述
Jieba.cut(txt)	精确模式，返回一个可迭代的数据类型
Jieba.lcut(txt)	精确模式，返回一个列表类型
Jieba.cut(txt,cut_all=ture)	全模式，输出文本 txt 中所有可能的单词
Jieba.lcut(txt,cut_all=ture)	全模式，返回一个列表类型，建议使用
Jieba.cut_for_search(txt)	搜索引擎模式
Jieba.lcut_for_search(txt)	搜索引擎模式，返回一个列表类型
Jieba.add_word(txt)	向分词词典中增加新词

1. 精确模式

```
import jieba
messages = jieba.cut("万里长城是中国古代劳动人民血汗的结晶和中国古代文化的象征和中华民族的骄傲",cut_all=False)   # 精确模式
print ('【精确模式下的分词：】'+"/ ".join(messages))
```

输出结果如下：

【精确模式下的分词：】万里长城/是/中国/古代/劳动/人民/血汗/的/结晶/和/中国/古代/文化/的/象征/和/中华民族/的/骄傲

注意：Jieba 默认模式为精确模式，所以使用下列代码也有同样的效果，即省略 cut_all=False。

```
import jieba
messages = jieba.cut("万里长城是中国古代劳动人民血汗的结晶和中国古代文化的象征和中华民族的骄傲")
print ('【默认模式下的分词：】'+"/ ".join(messages))
```

2. 全模式

```
import jieba
messages = jieba.cut("万里长城是中国古代劳动人民血汗的结晶和中国古代文化的象征和中华民
    族的骄傲",cut_all=True)    # 全模式
print ('【全模式下的分词:】'+"/ ".join(messages))
```

输出结果如下：

【全模式下的分词：】万里/万里长城/里长/长城/是/中国/古代/代劳/劳动/动人/人民/血汗/的/结晶/和/中国/古代/文化/的/象征/和/中华/中华民族/民族/的/骄傲

注意：此模式下可能会有冗余单词，例如，上述代码中就出现了冗余单词。

3. 搜索引擎模式

```
import jieba
messages = jieba.cut_for_search("万里长城是中国古代劳动人民血汗的结晶和中国古代文化
    的象征和中华民族的骄傲")    # 搜索引擎模式
print ('【搜索引擎模式下的分词:】'+"/ ".join(messages))
```

输出结果如下：

【搜索引擎模式下的分词：】万里/里长/长城/万里长城/是/中国/古代/劳动/人民/血汗/的/结晶/和/中国/古代/文化/的/象征/和/中华/民族/中华民族/的/骄傲

4. 调整词频

按照 Jieba 正常分词，我们会碰到不希望分开的词语。这种情况下，我们就可以通过调整词频，得到我们想要的分词结果。比如，我们希望"不愿意"是一个词，不被分开。

```
import jieba
messages = jieba.cut("我不愿意唱歌")
print ("/ ".join(messages))
```

输出结果如下：

我 / 不 / 愿意 / 唱歌

我们可以使用：

```
suggest_freq(segment, tune=True)
```

调整单个词语的词频，使其能（或不能）被分出来。

```
import jieba
messages = jieba.cut("我不愿意唱歌")
jieba.suggest_freq(('不愿意'),tune=True)
print ("/ ".join(messages))
```

输出结果如下：

我 / 不愿意 / 唱歌

5. 自定义词典

除利用已经有的词典进行分词外，为了提高分词的正确性，我们还可以利用自定义的词典进行分词。相关代码如下所示。

```
import jieba
# 我们选择一个评论来做切词演示
comment_text = "我今天简直是巨亏，严重跑输大盘，破发深套其中，光线传媒啊，我该说点什
    么呢。"
# lcut 切词结果保存在列表
r = jieba.lcut(comment_text,cut_all=True)
print(r)
# 切词后的列表重新使用 / 连接成一个字符串
"/".join(r)
```

输出结果如下：

['我', '今天', '简直', '是', '巨', '亏', ',', '严重', '跑', '输', '大盘', ',', '破', '发', '深', '套', '其中', ',', '光线', '传媒', '啊', ',', '我', '该', '说', '点', '什么', '呢', '。']
'我/今天/简直/是/巨/亏//严重/跑/输/大盘//破/发/深/套/其中//光线/传媒/啊//我/该/说/点/什么/呢/。'

注意：这种分词的方式并不能精准合理地分出符合我们本意的词。

开发者可以自定义词典，以便包含 Jieba 词库里没有的词。虽然 Jieba 有新词识别能力，但是自行添加新词可以保证更高的正确率。

Jieba 添加用户自定义词典的指令为 jieba.load_userdict(file_name)。

file_name 为文件类对象或自定义词典的路径；词典格式和 dict.txt 一样，一个词占一行；每一行分三部分——词语、词频（可省略）、词性（可省略），用空格隔开，顺序不可颠倒。file_name 若为路径或二进制方式打开的文件，则文件必须为 UTF-8 编码。

自定义词，如巨亏、盘整、跑输、破发、深套、光线传媒。

由于我们担心金融相关的词汇无法正确切出来，所以我们引入了三个方面的词汇，这三个方面的词汇统一保存在 userdict.txt 中。一是金融情感词典（包括正面与负面情感词汇），以作为金融相关的用户自定义词典，该词典是西南财经大学李庆老师团队的成果；二是王铁军整理的金融行业词汇，其中包括"光线传媒"这个词；三是人工阅读东方财富股吧评论文本，整理出一部分情感词汇。

```
import jieba
# 导入用户词典
jieba.load_userdict("userdict.txt")
comment = "我今天简直是巨亏，严重跑输大盘，破发深套其中，光线传媒啊，我该说点什么呢。"
r = jieba.lcut(comment)
"/".join(r)
```

输出结果如下：

'我/今天/简直/是/巨亏/,/严重/跑输/大盘/,/破发/深套/其中/,/光线传媒/啊/,/我/该/说/点/什么/呢/。'

6.3 读取文件并切词

用 open() 函数打开一个文件时，需要向它传递一个字符串路径，指明要打开的文件。这里的路径变量既可以是绝对路径，也可以是相对路径。open() 函数返回一个 File 对象（变量名），如下所示。

```
< 变量名 > = open(< 文件名 >, < 打开模式 >)
```

使用 open() 函数打开文件时，有多种模式，具体如表 6-3 所示。

表 6-3　open() 函数打开文件的模式

打开模式	含义
'r'	只读模式，如果文件不存在，返回异常 FileNotFoundError
'w'	覆盖写模式，文件不存在则创建，存在则完全覆盖源文件
'x'	创建写模式，文件不存在则创建，存在则返回异常 FileExistsError
'a'	追加写模式，文件不存在则创建，存在则在原文件的最后追加内容
'b'	二进制文件模式
't'	文本文件模式
'+'	与 r/w/x/a 一同使用，在原功能基础上增加同时读写功能

1. 用 open() 打开文件

```
# step 1 打开文件：r 表示读取文件，我们就成功打开了一个文件，但是如果文件不存在，open() 函
          数就会抛出一个 IOError 的错误
f = open( 'news.txt', 'r',encoding = "utf-8")
# step 2 读取：如果文件打开成功，接下来，调用 read() 方法可以一次读取文件的全部内容，
          Python 把内容读到内存，用一个 str 对象表示：
news = f.read()
# step 3 关闭文件：最后一步是调用 close() 方法关闭文件。文件使用完毕后必须关闭，因为文件对
          象会占用操作系统的资源，并且操作系统同一时间能打开的文件数量也是有限的：
f.close()
```

2. 用 with open() 打开文件

```
with open("news.txt","r",encoding = "utf-8") as f:
    news = f.read()
```

此时已经读取到 news.txt 文件。Python 引入了 with 语句来自动帮我们调用 close() 方法，下面的代码展示了打开文件并且切词的操作。

```
import jieba
with open("news.txt","r",encoding = "utf-8") as f:
    news = f.read()
news = news.replace("\n","")       # 去掉换行符
news = news.replace("\u3000","")   # 去掉空格
r = jieba.lcut(news)
#print(r)
"/".join(r)
```

输出结果如下：

'这是/弘扬/多边/主义/、/彰显/国际/合作/力量/的/时刻/。/凝聚/多边/之力/，/共同/维护/各国/人民/的/健康/和/安全/，/正/成为/越来越/多/国家/和/地区/的/积极/选择/突如其来/的/新冠/疫情/提醒/世界/，/这是/一个/传统/安全/与/非传统/安全/相互交织/的/时代/，/也/是/一个/局部/问题/全球/问题/彼此/转化/的/时代/，/人类/生存/依赖性/日益/紧密/，/人类/命运/息息相关/。/2/月/14/日/至/16/日/第五/十六届/慕尼黑/安全/会议/对/全球/公共卫生/安全/和/新冠/疫情/的/关注/，/再次/说明/了/这一点/。/作为/中方/领导人/介绍/中国/上下/一心/抗击/疫情/的/行动/和/成效/，/得到/与会者/普遍/称赞/；/世界卫生组织/总干事/谭/德塞/专程/参会/，/肯定/中国/采取/的/从/源头/上/控制/疫情/的/措施/令人鼓舞/，/并/再次/呼吁/国际/社会/团结起来/，/在/抗击/疫情/这场/没有/硝烟/的/战争/中/，/无论/南北/，/是/一个/命运共同体/。/中国/果断/采取/最/全面/、/最/严格/、/最/彻底/的/举措/迎击/疫情/，/就是/对/全球/防控/疫情/作出/的/最大/贡献/。/正是/因为/中国/速度/、/中国/效率/发挥/的/重要/防控/疫情/效应/，/正是/因为/中国/积极开展/国际/合作/，/中国/境外/确诊/病例/占/所有/病例/不足/1%/。/"/我/已经/多次/称赞/中国/，/我/还/会/继续/这么/做/。/"/谭德塞/的/肺腑之言/代表/了/国际/社会/的/心声/，/众志成城/冲锋/抗疫/一线/的/中国/，/完全/配得上/国际/社会/的/评价/和/赞誉/。/世界/支持/中国/，/就/是/在/为/本国/以及/全球/疫情/防控/贡献/力量/。/在/抗击/疫情/最/艰苦/的/日子/里/，/中国/并不/孤单/，/各国/人民/和/中国/人民/坚定/站/在/一起/。/全球/160/多个/国家/和/国际/组织/的/领导人/专门/发函/致电/中国/，/表达/对/中方/的/坚定/支持/，/很多/国家/社会各界/积极行动/起来/，/或/捐款/捐物/，/或/加油/鼓劲/。/印尼/警察/演唱/"/武汉/加油/歌/"/，/英国/小学生/合唱/"/让/世界/充满爱/"/，/斯里兰卡/举行/为/中国/祈福/⋯⋯/疫情/面前/，/释放/团结/的/力量/，/是/各国/人民/发自内心/作出/的/选择/。/这场/疫情/带给/世界/的/启示/是/深刻/的/。/慕尼黑/安全/会议/会场/内/充斥/各种各样/的/争论/和/交锋/，/一些/与会者/对/所谓/"/西方/缺失/"/的/忧虑/折射出/安全感/不足/的/心绪/。/人们/的/确/应当/思考/，/何为/安全/，/如何/安全/？/世界/需要/共同/、/综合/、/合作/、/可持续/的/安全/。/面对/全球性/挑战/，/没有/哪个/国家/可以/独善其身/，/也/没有/哪个/国

家/可以/包打天下/。/各国/迫切需要/摆脱/区分/东西方/划界/束缚/、/弥合/凸显/南北方/差异/的/经济/鸿沟/，/真正/把/人类/赖以生存/的/星球/看作/一个/生命/共同体/，/把/国际/社会/看作/世界/大家庭/、/共同/构建/人类/命运/共同体/。/如何/应对/全球/公共卫生/安全/挑战/？/惟有/同舟共济/、/共克/时艰/。/这是/弘扬/多边/主义/、/彰显/国际/合作/力量/的/时刻/一/一/七十七国集团/和/联合国/积极/声援/中国/抗击/新冠/疫情/的/努力/；/上海/合作/组织/、/金砖/国家/、/东盟/、/东盟/分别/发表声明/支持/中国/抗击/新冠/疫情/；/中国/一/东盟/15/个/成员国/卫生部长/举行/特别/会议/，/协调/应对/新冠/疫情/的/政策/及/措施/；/中国/一/东盟/将/在/老挝/举行/关于/新冠/问题/特别/外长/会/，/这是/2003/年/中国/一/东盟/举行/领导人/特别/会议/共同/应对/非典/疫情/后/，/中国/与/东盟/在/公共卫生/合作/方面/的/又/一次/重要/会议/，/凝聚/多边/之力/，/共同/维护/各国/人民/的/健康/和/安全/，/正/成为/越来越/多/国家/和/地区/的/积极/选择/。/全球化/时代/，/各国/面临/的/挑战/是/共同/的/、/责任/是/共同/的/、/命运/是/共同/的/，/践行/多边/主义/，/合作/应对/全球性/挑战/，/这是/大势所趋/、/人心所向/。/"

需要注意，调用 read() 会一次性读取文件的全部内容，如果文件很大，那么计算机的内存容量可能就不够了，此时可以通过反复调用 read(size) 方法逐块读取大文件，请参考下面的代码。

```python
file_path = "example.txt"
# 指定每次读取的字节数
block_size = 1024  # 1KB
# 使用逐块读取文件内容
with open(file_path, "r") as file:
    while True:
        block = file.read(block_size)
        if not block:
            break  # 读取到文件末尾，退出循环
```

6.4 下载网页数据并切词

下面介绍的案例（以新浪财经新闻为例）通过使用 Jieba 对新闻文本进行切词，并使用用户定义字典。我们也将该新闻网页保存在"四大证券报头版头条内容精华摘要.html"，方便大家本地读取处理。

（1）首先利用 BeautifulSoup 获得取新闻内容

```python
from bs4 import BeautifulSoup
url = "https://finance.sina.com.cn/stock/y/2022-03-14/doc-imcwipih8327894.shtml"
import requests  # 用于获取网页
response = requests.get(url) # 获得请求的 response
html = response.content.decode("utf-8")  # 将 response 内容解码
bs = BeautifulSoup(html,"html.parser")   # 构造 BeautifulSoup 对象
article = bs.find("div",{"id":"artibody"})  # 通过 find 函数找到属性 id=artibody 的 html 节点
news = article.get_text().replace("\n","").replace("\u3000","") # 获取 artibody 的文本，并去掉空格和换行符
news
```

部分输出结果如下：

'中国证券报货币政策力挺稳增长 降准降息可期专家指出，美联储进入加息周期不足以改变我国货币政策"以我为主"的局面。当下稳增长的要求十分确定，宽信用尚处于推进阶段，仍需货币政策护航，人民银行进一步精准降息或已提上日程。回归双向波动 汇率弹起来护航逆周期调控外汇分析人士指出，当前中外经济与政策走向的差异，使人民币汇率升值面临的阻力逐渐加大。持续数月"逆风上行"之后，人民币汇率可能适度向基本面和政策面回归，但得益于出口结汇需求旺盛、政策夯实经济增长等因素支撑，年内出现大幅贬值的风险较小。人民币汇率双向浮动的弹性有望继续增强，也可为宏观政策逆周期调控保驾护航。筑根基增动力挖潜力 扩内需奏响"三部曲"近日，一系列扩大内需政策信号密集释放。专家表示，推动消费持续恢复、积极扩大有效投资、推进区域协调发展和新型城镇化奏响了扩内需"三部曲"。预计今年消费将继续保持稳定恢复态势，为内需发展筑牢根基。大宗商品故事多 避险工具慎选择业内人士表示，受地缘事件冲击，近期大宗商品市场波动加剧。前期原油等龙头品种上涨对其他资产的传导效应一度出现加速，建议投资者和相关实体企业做好风险管理。上海证券报从能耗"双控"向碳排放"双控"转变 全国碳市场建设迎来利好今年政府工作报告提出，能耗强度目标在"十四五"规划期内统筹考核，并留有适当弹性，新增可再生能源和原料用能不纳入能源消费总量控制。同时，要有序推进碳达峰碳中和工作。落实碳达峰行动方案。推动能耗"双

(2) 使用 Jieba 对以上新闻文本进行中文切词

```
import jieba
r1=jieba.lcut(news)
"/".join(r1)
```

部分输出结果如下：

'中国/证券报/货币政策/力挺稳/增长/ /降准/降息/可期/专家/指出/，/美联储/进入/加息/周期/不足以/改变/我国/货币政策/"/以我为主/"/的/局面/。/当下/稳增长/的/要求/十分/确定/。/宽/信用/尚/处于/推进/阶段/，/仍需/货币政策/护航/。/人民银行/进一步/降准/降息/或/已/提上/日程/。/回归/双向/波动/ /汇率/弹起来/护航/逆/周期/调控/外汇/分析/人士/指出/，/当前/中外/经济/与/政策/走向/的/差异/，/使/人民币/汇率/升值/面临/的/阻力/逐渐/加大/。/持续/数月/"/逆风/上行/"/之后/，/人民币/汇率/可能/适度/向/基本面/和/政策/面/回归/，/但/得益于/出口/结汇/需求/旺盛/、/政策/夯实/经济/增长/等/因素/支撑/，/年内/出现/大幅/贬值/的/风险/较小/。/人民币/汇率/双向/浮动/的/弹性/有望/继续/增强/，/也/可为/宏观政策/逆/周期/调控/保驾护航/。/筑/根基/增动力/挖潜力/ /扩/内需/奏响/"/三部曲/"/近日/，/一系列/扩大内需/政策/信号/密集/释放/。/专家/表示/，/推动/消费/持续/恢复/、/积极/扩大/有效/投资/、/推进/区域/协调/发展/和/新型/城镇化/奏响/了/扩/内需/"/三部曲/"/。/预计/今年/消费/将/继续/保持稳定/恢复/态势/，/为/内需/发展/筑牢/根基/。/大宗/商品/故事/多/ /避险/工具/慎/选择/业内人士/表示/，/受/地缘/事件/冲击/，/近期/大宗/商品/市场/波动/

(3) 加入字典进行 Jieba 中文切词

```
jieba.load_userdict("userdict.txt")
r2=jieba.lcut(news)
"/".join(r2)
```

部分输出结果如下：

'中国/证券报/货币政策/力挺/稳增长/ /降准/降息/可期/专家/指出/，/美联储/进入/加息/周期/不足以/改变/我国/货币政策/"/以我为主/"/的/局面/。/当下/稳增长/的/要求/十分/确定/。/宽/信用/尚/处于/推进/阶段/，/仍需/货币政策/护航/。/人民银行/进一步/降准/降息/或/已/提上/日程/。/回归/双向/波动/ /汇率/弹起来/护航/逆/周期/调控/外汇/分析/人士/指出/，/当前/中外/经济/与/政策/走向/的/差异/，/使/人民币/汇率/升值/面临/的/阻力/逐渐/加大/。/持续/数月/"/逆风/上行/"/之后/，/人民币/汇率/可能/适度/向/基本面/和/政策/面/回归/，/但/得益于/出口/结汇/需求/旺盛/、/政策/夯实/经济/增长/等/因素/支撑/，/年内/出现/大幅/贬值/的/风险/较小/。/人民币/汇率/双向/浮动/的/弹性/有望/继续/增强/，/也/可为/宏观政策/逆/周期/调控/保驾护航/。/筑/根基/增动力/挖潜力/ /扩/内需/奏响/"/三部曲/"/近日/，/一系列/扩大内需/政策/信号/密集/释放/。/专家/表示/，/推动/消费/持续/恢复/、/积极/扩大/有效/投资/、/推进/区域/协调/发展/和/新型/城镇化/奏响/了/扩/内需/"/三部曲/"/。/预计/今年/消费/将/继续/保持稳定/恢复/态势/，/为/内需/发展/筑牢/根基/。/大宗/商品/故事/多/ /避险/工具/慎/选择/业内人士/表示/，/受/地缘/事件/冲击/，/近期/大宗/商品/市场/波动/加剧/。/前期/原油/等/龙头/品种/上涨/对/其他/资产/的/传导/效应/一度/出现/加速/，/建议/投资者/和/相关/实体/企业/做好/风险管理/。/上海/证券报/从/能耗/"/双控/"/向/碳/排放/"/双控/"/转变/ /全国/碳/市场/建设/迎来/利好/今年/政/

(4) 判断在 r2 而不在 r1 中的词，观察字典加入对分词的影响

```
[w for w in r2 if w not in r1]
```

部分输出结果如下：

['力挺',
 '稳增长',
 '可期',
 '稳增长',
 '仍需',
 '弹起来',
 '较小',
 '注册制',
 'RE',
 'IT',
 's',
 'RE',
 'IT',
 's',
 'RE',
 'IT',
 's',
 'RE',
 'IT',
 's',
 '较好',

```
'可期',
'较低',
'优质股',
'低风险']
```

6.5 扩展阅读

6.5.1 Jieba 分词算法细节

Jieba 涉及的算法包括：①基于前缀词典实现词图扫描，生成句子中所有可能汉字成词情况所构成的有向无环图，采用动态规划查找最大概率路径，找出基于词频的最大切分组合；②对于未登录词，采用了基于汉字成词能力的 HMM 模型，采用 Viterbi 算法进行计算；③基于 Viterbi 算法的词性标注；④分别基于 TF-IDF 和 TextRank 模型抽取关键词。

生成前缀词典。统计词典在 Jieba 包的 dict.txt 文件中，是开发者已经统计好的词典，第一列代表的是词语，第二列是词频，第三列是词性。

根据前缀词典得到输入句子中每个字成词所在的位置，构造句子的有向无环图。该图是以字典形式存储的，每个字所在的位置为键（key），相应划分的末尾位置构成的列表为值（value）。例如"我爱四川"的有向无环图可以表示为字典 {0:[0],1:[1],2:[2,3]}。

在 Jieba 分词中，基于 HMM 的分词主要是作为基于 Unigram 分词的一个补充，主要是解决 OOV（out of vocabulary）问题的，它的作用是对未登录词典的词进行识别发现。利用 HMM 模型进行分词，主要是将分词问题视为一个序列标注（sequence labeling）问题，其中，句子为观测序列，分词结果为状态序列。首先通过语料训练出 HMM 相关的模型，然后利用 Viterbi 算法进行求解，最终得到最优的状态序列，然后再根据状态序列，输出分词结果。

在有向无环图上使用动态规划来找到概率最大的路径：首先，计算每个词出现的概率，即根据该词在前缀中的词频与所有词的词频之和的比值来计算。如果词频为 0 或者词不存在，将其视为词频为 1。然后，使用从后向前的动态规划方法在有向无环图中找到概率最大的切分路径。为了防止数值下溢并简化后续计算，会对路径上每个词的概率取对数。这样做的一方面能够防止数值过小导致计算错误，另一方面可以通过对数概率的加法运算取代乘法运算，简化计算过程。

最新的 Jieba 分词引入了双向循环神经网络模型，即 Paddle 模式的分词，利用 PaddlePaddle 深度学习框架，训练序列标注（双向 GRU）网络模型实现分词，同时支持词性标注。

6.5.2 使用大语言模型切词

我们可以使用自然语言与 ChatGPT 交互做中文分词。我们首先让 ChatGPT 为我们介绍为什么要对文本数据进行分词操作（见图 6-1）。

接着让它利用 Python 的 Jieba 库为我们展示如何进行分词操作（见图 6-2）。

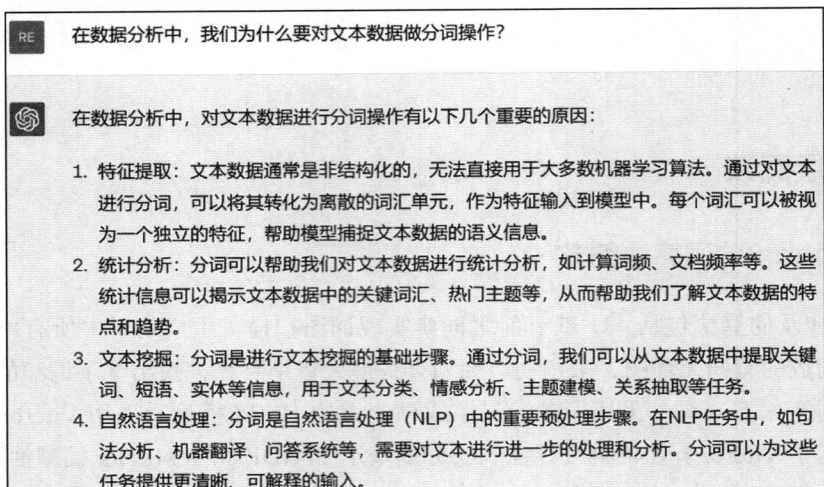

图 6-1　ChatGPT 的回答（一）

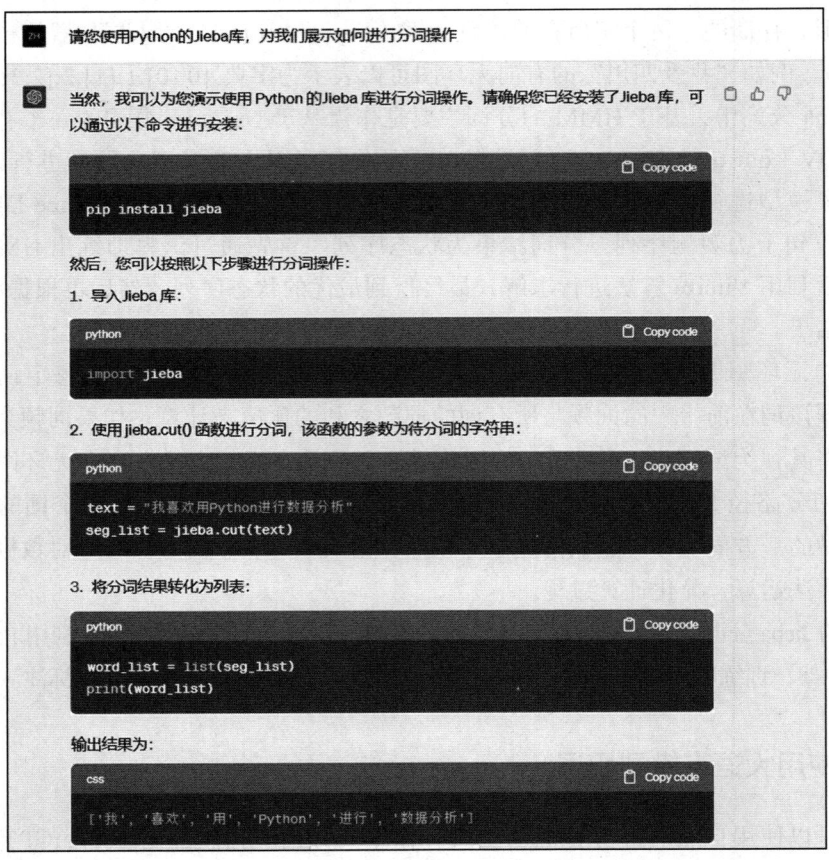

图 6-2　ChatGPT 的回答（二）

CHAPTER 7

第7章

自然语言处理简介

自然语言处理（natural language processing，NLP）是计算机科学领域与人工智能领域中的一个重要方向。NLP 研究为实现人与计算机之间的有效通信提供了理论和方法，NLP 是一门融合语言学、计算机科学、数学于一体的科学。从研究内容来看，自然语言处理包括语法分析、语义分析、篇章理解等。从应用角度来看，自然语言处理具有广泛的应用前景。特别是在信息时代，自然语言处理的应用包罗万象，例如，机器翻译、手写体和印刷体字符识别、语音识别及文语转换、信息检索、信息抽取与过滤、文本分类与聚类、舆情分析和观点挖掘等。本章主要内容如下：

- TF-IDF
- 词袋法
- 情感分析
- 词嵌入
- 使用 ChatGPT 做文本分析

7.1 TF-IDF

TF-IDF（term frequency-inverse document frequency）是进行信息检索的常用技术，用于评估词语对于一个文档集合的重要程度。信息检索（information retrieval）一般是指从大规模非结构化数据（通常是文本）中，找出满足用户信息需求的资料的检索过程，也就是查询到与用户搜索词（语句）相关性高的文档。相关性（relevance）表示一个被检索的文档或文档集满足用户信息需求的程度。怎样衡量相关性呢？

7.1.1 TF-IDF 原理

TF-IDF 可以用于度量搜索词在文档或文档集合中的重要性。它同时考察词频（term frequency）和词语在文档集合中的逆向文件频率（inverse document frequency），来计算搜索词的相关性。该方法的逻辑是：词语的重要性随着它在文件中出现的次数成正比增加，但同时会随着它在语料库中出现的频率成反比下降。TF-IDF 加权的各种形式常被搜索引擎应用，来度量文件与用户查询之间的相关程度[一]。

TF-IDF 的主要思想是：如果某个词或短语在一篇文章中出现的频率高，并且在其他文章中很少出现，则认为此词或者短语具有很好的类别区分能力，适合用来分类。TF-IDF 实际上是：TF × IDF，其中 TF 表示词条在文档 d 中出现的频率，即词频，IDF 表示逆向文件频率。

在一份给定的文件里，词频是指某一个给定的词语在该文件中出现的频率。这个数字是对词数（term count）的归一化，以防止它偏向长的文件。因为，同一个词语在长文件中可能会比在短文件中词数更高，而不管该词语重要与否。对于在某一特定文件里的词语来说，它的重要性可表示为

$$\text{TF}_{i,j} = \frac{n_{i,j}}{\sum_k n_{k,j}} \tag{7-1}$$

式（7-1）中分子是该词在文件中的出现次数，而分母则是在文件中所有字词的出现次数之和。

逆向文件频率是对一个词语普遍重要性的度量。某一特定词语的 IDF，可以由总文件数目除以包含该词语的文件的数目，再将得到的商取以 2 或 e 为底的对数：

$$\text{IDF}_i = \log \frac{|D|}{|\{j : t_i \in d_j\}|} \tag{7-2}$$

式中，$|D|$ 是语料库中的文档总数；$|\{j : t_i \in d_j\}|$ 是包含的文档数量。如果该词语不在语料库中，就会导致分母为 0。为避免分母为 0，可以在 IDF 公式中加入平滑项，比如常用的"加 1 平滑"（Laplace 平滑）。这样即使某个词语在整个文档集合中没有出现，也不会导致 IDF 的值变为无穷大。

IDF 的主要思想是：如果包含词条 t 的文档越少，也就是 n 越小，IDF 值越大，则说明词条 t 具有很好的类别区分能力。如果某一类文档 C 中包含词条 t 的文档数为 m，而其他类包含 t 的文档总数为 k，显然所有包含 t 的文档数 $n=m+k$，当 m 大的时候，n 也大，按照 IDF 公式得到的 IDF 的值会小，就说明该词条 t 类别区分能力不强。但是实际上，如果一个词条在一个类的文档中频繁出现，则说明该词条能够代表这个类的文本的特征，这样的词条应该给它们赋予较高的权重，并选来作为该类文本的特征词，和其他类文档区别开。这就是 IDF 的不足之处。

[一] 除了 TF-IDF 以外，互联网上的搜索引擎还会使用基于链接分析的评级方法（例如，PageRank 算法），来计算一个网页的重要程度。

接下来计算 TF 与 IDF 的乘积：

$$\text{TFIDF}_i = \text{TF}_{i,j} \times \text{IDF}_i \quad (7\text{-}3)$$

某一特定文件内的高词频，以及该词语在整个文件集合中的低逆向文件频率，可以产生高权重的 TF-IDF。因此，TF-IDF 倾向于过滤常见的词语，保留重要的词语。

7.1.2　TF-IDF 案例

下面哪个文本与"'杂交水稻的研究'的相关性可能更高？"

文本 1 "本文主要讲述的是对杂交水稻的研究及发展……"

文本 2 "本文主要讲述的内容是转基因技术在农业方面的应用……"

将"杂交水稻的研究"进行中文分词的结果为："杂交水稻""的""研究"。我们要如何判断一篇文章和这几个词的相似度？是否一篇文章中含有这三个词的数量越多越好呢？

首先我们要知道，词频是指关键词出现的次数除以总词数。一个查询语句包含 N 个关键词：$X_1, X_2, \cdots, X_N$。它们在一篇文章或网页里的词频是 $\text{TF}_1, \text{TF}_2, \cdots, \text{TF}_N$，那么这个查询语句与这个网页的相关性就是 $\text{TF}_1 + \text{TF}_2 + \cdots + \text{TF}_N$。

假设一篇文章共有 1 000 个词，"杂交水稻"出现 2 次，"的"出现 35 次，"研究"出现 5 次，那么 TF=2/1 000+35/1 000+5/1 000=0.042 就是相应网页和查询"杂交水稻的研究"相关性的一个简单的度量。

另外一篇文章共有 1 000 个词，"杂交水稻"出现 1 次，"的"出现 50 次，"研究"出现 5 次，那么 TF=2/1 000+50/1 000+5/1 000=0.056。

请问：第一篇文章与检索词的相关性高，还是第二篇文章与检索词的相关性高呢？

根据 TF 计算结果，答案是第二篇。然而这里有一个问题，在上面的例子中，词"的"占了总词频的 80% 以上，而它对确定网页的主题几乎没有用。我们称这种词叫"停用词"（或称"应删除词"）（stop word），也就是说在度量相关性时不应考虑它们的频率。例如，在中文中，应删除词还有"是""和""中""地""得"等。另外，在英语中，"the"并不是一个用来区分相关和不相关的文件和术语的很好的关键词。忽略这些应删除词后，上述文章与检索词的相关性就会有所变化。

在中文中，"研究"是个通用的词，而"杂交水稻"是个很专业的词，后者在相关性排名中比前者重要。因此我们需要给中文中的每一个词赋予一个权重，这个权重的设定必须满足下面两个条件。

- 应删除词的权重应该是 0。
- 一个词预测主题能力越强，权重就越大，反之，权重就越小。我们在网页中看到"杂交水稻"这个词，或多或少地能了解网页的主题。我们看到"研究"一词，对网页的主题基本上还是一无所知。因此，"杂交水稻"的权重应该比"研究"大。

基于对大量网页（文本）内容的分析，一个词在所有文本中出现的频率越高，它在特定文本中的权重就越低，在 TF-IDF 中权重用 IDF 表述。例如，假设全世界所有的网页或文本共有 10 亿个，"杂交水稻"出现在 200 万个网页中，"的"在 10 亿个网页中出现，"研究"在 5 亿个网页中出现。使用 Math 函数计算各个词的 IDF。

```
import math
math.log(1e9/2e6,2)
math.log(1e9/1e9,2)
math.log(1e9/5e8,2)
```

计算结果分别为：8.965 784 284 662 087，0.0，1.0。

若一篇文章共有 1 000 个词，"杂交水稻"出现 2 次，"的"出现 35 次，"研究"出现 5 次，则得到计算结果为 0.022 931 568 569 324 174。

```
math.log(1e9/2e6,2) * (2/1000)+math.log(1e9/1e9,2) * (35/1000) +math.
    log(1e9/0.5e9,2) * (5/1000)
```

若一篇文章共有 1 000 个词，"杂交水稻"出现 1 次，"的"出现 50 次，"研究"出现 5 次，则得到计算结果为 0.013 965 784 284 662 087。

```
math.log(1e9/2e6,2) * (1/1000)+math.log(1e9/1e9,2) * (50/1000) +math.
    log(1e9/0.5e9,2) * (5/1000)
```

根据计算结果，第一篇文章与检索词的相关性变得更高了，这体现了 TF-IDF 相对仅仅使用词频 TF 的价值。

7.2 词袋法

对文本进一步分析，如情感分类计算，则需要对文本进行量化处理，也称为文本表示（text representation）。文本表示的方法有很多，例如词袋法（bag of word, BOW）、TF-IDF、主题模型（topic model）、词嵌入（word embedding）、深度学习模型（如 BERT、Transformer）等。

这里我们介绍最基础的词袋法，词袋模型通过对词语进行计数来表示文本。词袋法是将文本当作一个无序的集合，可以采用文本中的词条 T 进行体现，那么文本中出现的所有词以及其出现的次数就可以体现出文档的特征。图 7-1 是词袋法示例。

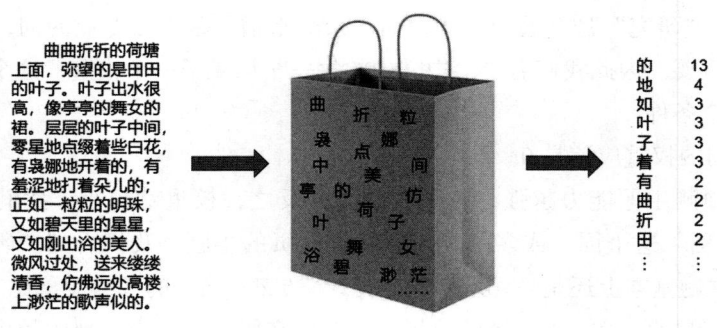

图 7-1　词袋法示例

词袋法的具体做法如下：首先将训练样本中所有不重复的词放到这个袋子中构成一个词表（字典）；然后再以这个词表为标准来遍历每一个样本，如果词表中对应位置的词出现在样本中，那么对应位置就用 1 来表示，没有出现就用 0 来表示；最后，对于每个样本来说都将其向量化成了一个和词表长度一样的 0-1 向量。

词袋法的不足是没有考虑词语之间的顺序，也没有考虑词语的权重。如果考虑词语之间的顺序，则可以使用序列模型，例如循环神经网络或者 Transformer 模型。如果考虑词语的权重，可以使用 TF-IDF。因此，TF-IDF 不仅可以用于信息检索，也可以用于表示文档。

7.3 情感分析

提取文本中的情感是常见且重要的文本分析任务，在经济管理研究中经常使用，因此我们重点介绍情感分析。情感分析主要是量化文本蕴含的情绪、态度，将文本做情感分类，或者用实数表示情感。一般而言，我们使用文本做情感分类。文本分类可以有多种方法，我们列出主要的三类方法。

- **基于规则的分类**：此方法使用一组规则，根据预定义的模式、关键词或正则表达式来分类文本。例如，基于规则的分类器可以根据某些词或短语（如"现在购买"或"限时优惠"）来识别垃圾邮件。
- **基于词典的分类**：此方法依赖一个词典或字典，其中包含单词及其相关的情感或情绪，以此作为参考来对文本进行分类工作。例如，基于词典的分类器可以通过计算评论中的积极单词和消极单词的数量来确定产品评论的情感。
- **基于机器学习的分类**：例如，采用朴素贝叶斯、支持向量机、神经网络模型（循环神经网络、Transformer 等），本书后续章节会介绍基于机器学习的文本分类。

情感是一个大的范畴，大致分为三种情感状态，分别是：情感（emotion）、心情（mood）和态度（attitude 或 sentiment）。

- **情感**是对某一外部或内部事件的评价具有重大意义的相对短期的反应，例如，愤怒、悲伤、快乐、恐惧、羞愧、骄傲、兴奋、绝望。
- **心情**是长期的情感状态，最明显的是主观感觉的变化，强度低但持续时间相对较长，往往没有明显的原因，例如，开朗、忧郁、烦躁、无精打采、沮丧、振奋。
- **态度**是相对持久的、带有情感色彩的对物体或个人的信念、偏好和倾向，例如：喜欢、热爱、憎恨、重视、渴望。关于股市的新闻或者股吧评论的文本分类一般使用态度分类。例如，持有（hold）、卖出（sell）、买进（buy），其中 hold 表示中性态度，sell 表示看跌，buy 表示看涨。

Golder 和 Macy（2011）提出不同文化中的日间情绪和季节性情绪随工作、睡眠和日长而变化，并且积极情绪和消极情绪是独立的维度。积极情绪（PA）包括热情、喜悦、活跃等，消极情绪（NA）包括苦恼、恐惧、愤怒、内疚和厌恶等。

如何测量 PA 和 NA 呢？我们的研究还使用了来自 Twitter（现为"X"）的用户交流

数据，并使用语言学调查和字数统计（LIWC）来测量 PA 和 NA，这是一个用于文本分析的著名词汇表。语言学调查和字数统计程序的工作方式相当简单。一般地，它阅读一个给定的文本，并计算反映不同情绪、思维方式、社会关注点甚至言语部分的词汇百分比。

我们可以利用情感词库。为了更贴近股吧评论，我们阅读东方财富股吧评论文本，整理出一部分情感词汇。这些词汇保存在 negative_finance.txt 和 positive_finance.txt 中。这里特别强调一下，这两个文本中的词汇是添加了部分股吧评论情感词汇后的结果。

首先，我们要使用一个正面情感词表和一个负面情感词表，并给定一个文本。

```
sentence = 'We have some delightful new food in the cafeteria. Awesome!'
# 正面情感词表
pos_lst = ['awesome','good','nice','super','fun','delightful']
# 负面情感词表
neg_lst = ['awful', 'lame', 'horrible', 'bad', 'sorrow']
```

再将给定文本中的所有字母转化为对应的小写字母。下面代码处理后得到的 cleaned 为 'we have some delightful new food in the cafeteria. awesome!'。

```
cleaned = sentence.lower()
cleaned
```

使用 string 函数并切词进行统计，得到正面词汇和负面词汇在文本中所占比例。

```
import string
punc = string.punctuation
cleaned = "".join([w for w in cleaned if w not in punc])
wrd_lst = cleaned.split()
pos_count = len([w for w in wrd_lst if w in pos_lst])
neg_count = len([w for w in wrd_lst if w in neg_lst])
print('The positive score of this text is: ', pos_count/len(wrd_lst))
print('The negative score of this text is: ', neg_count/len(wrd_lst))
```

输出结果如下：

```
The positive score of this text is: 0.2
The negative score of this text is: 0.0
```

由于对中文文本进行切词处理需要使用 Jieba，所以首先导入 Jieba 和 String，然后定义 get_sentiment 函数。

```
import jieba
import string
def get_sentiment(texts,poslst,neglst):
    """this function return the positive and negative score of a text's
        sentiment"""
    punc = set(string.punctuation)
    new_words = ''.join([w for w in texts if w not in punc])
    wrd_lst = jieba.lcut(new_words,cut_all=True)
    pos_count = len([pos for pos in wrd_lst if pos in poslst])
    neg_count = len([neg for neg in wrd_lst if neg in neglst])
    return pos_count/len(wrd_lst),neg_count/len(wrd_lst)
```

根据文本和情感词表，得到给定文本的情感分数。

```
ex = '我喜欢学习!我热爱编程!编程使我快乐!今日大盘低开后震荡走低,创业板指领跌!太糟糕了!'
# 正面情感词表
pos_lst = ['热爱','喜欢','快乐','幸福','盈利','涨']
# 负面情感词表
neg_lst = ['烦闷','讨厌','糟糕','悲伤','走低','跌']
# 测试函数
get_sentiment(ex,poslst=pos_lst,neglst=neg_lst)
```

输出结果如下。

(0.12, 0.12)

我们使用的是更贴近金融领域的中文词典,情感词汇来源有以下两个。

- 西南财经大学李庆教师团队的金融情感词汇成果和东方财富股吧评论文本。
- 姚加权金融情绪词典:作者通过词典重组和深度学习算法构建了适用于正式文本与非正式文本的金融领域中文情绪词典,并基于词典构建了上市公司的年报语调和社交媒体情绪指标。

大家在数据分析时也可以参考其他情感词典。

- 大连理工大学情感词汇本体库:http://ir.dlut.edu.cn/EmotionOntologyDownload;
- HowNet 情感分析用词语集:http://www.keenage.com/html/c_index.html;
- 清华大学褒贬义词典:http://nlp.csai.tsinghua.edu.cn/site2/index.php/resources/13-v10。

7.3.1 定义函数创建词袋

我们可以定义一个函数来为一个句子创建词袋。下面的代码中,我们使用 collections 库中的 Counter 计数器,分别得到每个词出现的次数。以文本列表中的第一个句子为例,应用函数,进行处理。

```
from collections import Counter
def create_bag(sentence):
    bag = []  # 空袋子
    words_in_sen = Counter(sentence.split())
    for w in voc:
        if w in words_in_sen:
            bag.append(words_in_sen.get(w))
        else:
            bag.append(0)
    return bag
text = ['I like programing','I like python, do you like it', 'I like data
    analysis','data analysis is fun']
create_bag(text[0])
```

输出结果如下:

```
[0, 0, 1, 0, 0, 0, 1, 0, 0, 1]
print(voc)    # 输出词汇表
['python,','it','I','is','do','you','fun','like','data','analysis','programing']
for s in text:
    print(create_bag(s))
```

输出结果如下所示。

```
[0, 0, 1, 0, 0, 0, 0, 1, 0, 0, 1]
[1, 1, 1, 0, 1, 1, 0, 2, 0, 0, 0]
[0, 0, 1, 0, 0, 0, 0, 1, 1, 1, 0]
[0, 0, 0, 1, 0, 0, 1, 0, 1, 1, 0]
```

除了用列表保存文本的词袋表示，我们也鼓励使用字典或者 NumPy 的稀疏矩阵，这样可以节省存储空间。因为在实际的应用场景中，词表一般很大，一个文档一般用词较少。如果使用列表，那么列表就会比较长，很多位置都为 0。

7.3.2 使用 Python 实现词袋法

运用 Python 的 Scikit-Learn 库也可以实现词袋法，我们可以利用其中的 CountVectorizer 类快速地计算文本的词袋表示。CountVectorizer 会将文本中的词语转换为词频矩阵。CountVectorizer 的工作步骤如下所示。

- 识别语料中的词汇：fit 方法分析数据中的每个文档，识别在数据中出现的所有唯一单词来学习词汇。然后，它为词汇表中的每个单词分配一个唯一索引。
- 将文本数据转换为文档 – 词频矩阵：transform 方法将文本数据转换为词频矩阵。它计算每个文档中每个单词的出现次数，并将结果存储在稀疏矩阵中。如果将稀疏矩阵转换为常见的密集矩阵，则每行表示一个文档。

下面的代码使用 CountVectorizer 对 text 文档做词袋表示。

```python
from sklearn.feature_extraction.text import CountVectorizer
text = ["我 最 喜欢 的 课程 是 数据分析",
        "我 虽然 第一次 学习 喜欢 数学 真的 不害怕",
        "我 喜欢 一切 艺术 不要 打扰 我",
        "我 对 数据分析 一点 不 紧张"]
# create the transform
vectorizer = CountVectorizer()
# tokenize and build vocab
vectorizer.fit(text)
# 汇总
print(vectorizer.vocabulary_)  # 打印 fit 后的词表结果
# encode document
vector = vectorizer.transform(text)  # 变换文档到文档词矩阵
# 汇总编码后的向量
print(vector.toarray())
```

输出结果如下所示。

```
{'喜欢': 4, '课程': 14, '数据分析': 8, '虽然': 13, '第一次': 10, '学习': 5, '数学': 7, '真的': 9, '不害怕': 2, '一切': 0, '艺术': 12, '不要': 3, '打扰': 6, '一点': 1, '紧张': 11}
[[0 0 0 0 1 0 0 0 1 0 0 0 0 0 1]
 [0 0 1 0 1 1 0 1 0 1 1 0 0 1 0]
 [1 0 0 1 1 0 1 0 0 0 0 0 1 0 0]
 [0 1 0 0 0 0 0 0 1 0 0 1 0 0 0]]
```

上述代码将 fit 和 transform 作为两个步骤，我们也可以直接使用 fit_transform 将学习词汇和将文本数据转换为词袋合并为一个方法调用。vectorizer.fit_transform(text) 将返回词频的稀疏矩阵。

7.4 扩展阅读

7.4.1 词嵌入

自然语言是用于表达含义的复杂系统。在这个系统中，单词是含义的基本单位。顾名思义，词向量是用于表示单词的向量，也可以被视为特征向量或单词的表示。将单词映射到实向量的技术称为单词嵌入。近年来，词嵌入逐渐成为自然语言处理的基础知识。

我们可以用 One-Hot 向量来表示词语。通过这种方式，每个词语都表示为一个长度向量，并且可以被神经网络直接使用。虽然 One-Hot 向量很容易构造，但它们通常不是一个好的选择。一个主要原因是，One-Hot 向量无法准确表达不同词之间的相似性。

Word2Vec 工具是为了解决上述问题而提出的。它将每个单词映射到一个固定长度的向量，我们称为词嵌入（word embedding）。这些向量可以更好地表达不同单词之间的相似性和类比关系。Word2Vec 工具包含两个模型，即 Skip-Gram（Mikolov et al., 2013）和连续词袋（CBOW）(Mikolov et al., 2013)。对于语义上有意义的表示，训练依赖于条件概率，这些概率可以被视为使用语料库中的一些上下文单词来预测一些单词。由于监督来自没有标签的数据，因此 Skip-Gram 和 CBOW 都是自监督模型。

Skip-Gram 模型假定单词可用于在文本序列中生成其周围的单词。在 Skip-Gram 模型中，每个单词都有用于计算条件概率的二维向量表示。给定中心词生成任何上下文词的条件概率可以通过对向量点积的 Softmax 操作来实现。

连续词袋模型类似 Skip-Gram 模型，与 Skip-Gram 模型的主要区别在于，连续词袋模型假定中心词是根据文本序列中周围的上下文词生成的。由于连续词袋模型中存在多个上下文词，因此在计算条件概率时对这些上下文词的向量进行平均。

Skip-Gram 是以句子中的某个词（中心词）作为训练输入，以这个词周围的词（上下文词）作为训练标签，通过输入和标签训练模型，训练一个输入中心词预测上下文词的模型。而 CBOW 模型则与之相反，它是通过输入上下文词来预测中心词，其原理是一样的。

除了 Skip-Gram 和 CBOW，深度神经网络在文本分析过程中，也可以生成词的向量表示：词嵌入矩阵。该矩阵可以将每个词的输入，通过查询词嵌入矩阵，得到词向量，这些词向量进一步输入深度学习模型（例如，Transformer 编码与解码器），做更高层的信息提取，从而形成更丰富的文本信息，这也是后续使用 ChatGPT 模型做文本分析的基础。

7.4.2 使用 ChatGPT 做文本分析

首先，我们尝试使用 ChatGPT 做文本分析。股吧中的评论的情感在一定程度上代表散户对市场的看法。下面我们使用 7 条评论作为例子，来和 ChatGPT 对话，分析评论的情感。从图 7-2 来看，ChatGPT 应该是给出了正确答案，这里之所以说"应该"，是因为即使由人类打标签，也有一定的错误率。

> **You**
> 请给下面一些评论打上情感标签，正面评论打上标签1，负面评论打上标签-1，评论数据如下：
> 演员的表演好有感染力呀，真的很有带入感！
> 打戏部分也太精彩了吧，爱了爱了！
> 剧情有点无聊，逻辑有点混乱，哎！
> 很失望，不值得推荐！
> 导演拍摄也太会找角度了吧，转场音乐恰到好处，衔接精密得当，很推荐。
> 剧情相当精彩，台词也很有意义，不愧是一部好电影！

> **ChatGPT**
> 演员的表演好有感染力呀，真的很有带入感！标签1
>
> 打戏部分也太精彩了吧，爱了爱了！标签1
>
> 剧情有点无聊，逻辑有点混乱，哎！标签-1
>
> 很失望，不值得推荐！标签-1
>
> 导演拍摄也太会找角度了吧，转场音乐恰到好处，衔接精密得当，很推荐。标签1
>
> 剧情相当精彩，台词也很有意义，不愧是一部好电影！标签1

> **ChatGPT**
> 整体而言，大家的评论呈现正面情绪。
>
> 分析思路如下：
>
> 1. **预处理技术**：对评论进行预处理，去除无意义的符号、停用词等，确保文本干净。这有助于提高情感分析模型的性能。
> 2. **情感分析模型**：使用情感分析模型对处理过的评论进行分析。可以选择使用预训练的情感分析模型，如BERT、GPT等，或者构建自己的模型。
> 3. **情感极性判断**：模型输出的情感极性可以是正面的(positive)或负面的(negative)，也可以是一个连续值。在这个情境下，我们使用二元标签，即正面情感标签1和负面情感标签-1。
> 4. **整体判断**：综合所有评论的情感标签，计算整体情感倾向。在这个例子中，正面情感的评论数量较多，因此整体呈现正面情绪。
>
> 总结：通过对评论进行预处理和情感分析，可以较准确地判断整体情感倾向。在这里，大多数评论都表达了正面的情感，因此整体而言，大家对这部电影的评价是积极的。

图 7-2　ChatGPT 回复结果

CHAPTER 8

第 8 章

使用 NumPy 进行科学计算

NumPy（Numerical Python 的缩写），是一个 Python 包，是一个由多维数组对象和用来处理数组的例程集合而成的库。NumPy 可以支持大量高级的维度数组与矩阵运算的特性，使得其在数值计算中占据了重要位置。同时，NumPy 也可以算是所有高级算法库的基础库，如 Scipy、Sklearn、Matplotlib 以及接下来会学习到的 Pandas 库。另外，NumPy 中最重要的对象是 Ndarray 的 N 维数组类型，一个具有矢量运算和复杂广播能力的多维数组，是一个高效灵活的数据处理工具。本章主要内容如下：

- 创建数组
- 数组切片
- 数组计算
- 词语相似度计算
- 手写数字案例
- 金融案例分析

8.1 创建数组

8.1.1 安装 NumPy

如果读者已经很好地完成了前面章节的内容学习，即已经下载安装了 Anaconda，那么读者将无须单独安装 NumPy，因为 Anaconda 会自行安装。如果读者并没有安装 Anaconda，则需单独安装 NumPy 库。打开电脑终端，输入如下命令：pip install numpy。后续使用时使用命令导入 NumPy 库：import numpy as np。此处将 Numpy 命名为 np 是一种约定俗成的缩写。

8.1.2 列表和数组

前面的章节中，我们接触了 Python 中的列表，以下代码能够创建列表。我们知道，列表可以充当一个数组，并且通过列表的反复嵌套，可以实现存储多维数组，那么我们为什么还要使用 NumPy 呢？

```
L1 = [True, "2", 3.0, 4]
types = [type(i) for i in L1]
types    # [bool, str, float, int]
```

NumPy 数组和列表的一个主要区别是储存对象的方式不同：NumPy 数组元素一般建议是同质的，即所有元素的数据类型必须相同，这种同质性使得 NumPy 数组更加高效，因为数据在内存中是连续存储的。Python 对象是一个指向内存位置（包含了该对象所有详细信息）的指针，列表本质就是一个指针数组，每个指针指向一个包含了该元素相关信息的位置，这导致列表的存储方式相对不连续。

在实现层面，数组本质上包含一个指向连续数据块的指针，如图 8-1 所示。然而，Python 列表包含一个指向指针块的指针，每个指针又指向一个完整的 Python 对象，如图 8-2 所示。

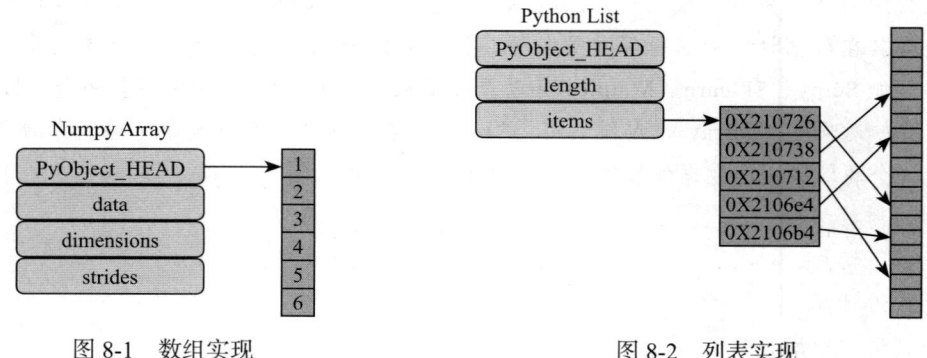

图 8-1　数组实现　　　　　　　图 8-2　列表实现

那列表能否转换为数组呢？答案是肯定的。下面的代码将列表 X 转换为 3 行 4 列的数组。

```
# 导入 numpy 模块并命名为 np
import numpy as np
# 生成列表
X=[[1,2,3,4],[5,6,7,8],[9,0,11,12]]
# 列表转换为数组
Y=np.array(X)
Y
```

要体验数组和列表的计算效率差异，我们可以运行以下代码。通过 %time 命令对两种数据结构进行操作的运行时间进行测量。通过比较这两种数据结构的运行时间，可以看到 NumPy 数组通常在数值计算方面表现更优。

```
# 考察一个包含一百万整数的数组，和一个等价的 Python 列表：
```

```
import numpy as np
my_arr = np.arange(1000000)
my_list = list(range(1000000))
%time for _ in range(10): my_arr2 = my_arr * 2 # 每个元素乘以 2
%time for _ in range(10): my_list2 = [x * 2 for x in my_list] # 列表每个元素乘以 2
```

分析输出结果可知，数组的运行时间远小于列表的运行时间。数组的计算效率更高。

```
CPU times: total: 0 ns
Wall time: 10.8 ms
CPU times: total: 141 ms
Wall time: 758 ms
```

8.1.3 创建并探索 NumPy 数组

1. 创建一个基本的 Ndarray

```
# 使用 np.array() 方法
a = np.array([4, 2, 8, 6])
```

2. 比较 type() 与 dtype()、astype() 的区别

通过下面的代码来体验这些函数或属性的差异。

```
# 创建一个 Python 列表
my_list = [1, 2, 3, 4, 5]
# 使用 numpy 的 array 函数将列表转换为 numpy 数组
my_arr = np.array(my_list)
# 查看数组的数据类型
print("数组的数据类型: ", type(my_arr))
# 查看数组中元素的数据类型
print("数组元素的数据类型: ", my_arr.dtype)
# 将数组中的元素转换为浮点型
my_arr_float = my_arr.astype(float)
# 查看转换后的数组元素的数据类型
print("转换后数组元素的数据类型: ", my_arr_float.dtype)
```

输出结果如下所示。

```
数组的数据类型: <class 'numpy.ndarray'>
数组元素的数据类型: int32
转换后数组元素的数据类型: float64
```

通过上述代码，我们可以对比得出这三种函数的区别，总结如表 8-1 所示。

表 8-1 三种函数的区别

函数	说明
type()	Python 内置函数，返回数据结构类型：list、dict、numpy.ndarray 等
dtype()	返回数据元素的数据类型：int、float 等
astype()	改变 np.array 中所有数据元素的数据类型

3. 查看数组的形状

数组形状是指每个维度中元素的数量，使用数组的 shape 属性，该属性返回一个元组。

（1）标量

```
np.array(12).shape #()
```

该数组形状的元组为空，表示这是一个标量。

（2）向量（一维数组）

```
a = np.arange(12)
a.shape   # (12,)
```

（3）矩阵（多维数组）

```
b = np.array([[2,3,8],
              [5,6,9],
              [8,9,0]])
b.shape   # (3,3)
```

4. 改变数组的形状

在进行数据分析前，通常需要对原始数据进行预处理，以满足分析算法的输入要求。要改变数据形状，可以使用 reshape 函数[⊖]。

```
print(np.arange(1,5).reshape(2,-1))
print(np.arange(1,5).reshape(-1,1))
c = np.arange(1,19).reshape(3,3,2)
```

该代码中部分函数解释如下所示。

- reshape(2, -1)：这个方法将数组重新排列为 2 行，其中 -1 表示让 NumPy 根据原始数组的大小自动推断列数。由于原始数组包含 4 个元素，所以 NumPy 将它们平均分配到 2 行，输出结果是一个 2×2 的二维数组。
- reshape(-1, 1)：这个方法将数组重新排列为 1 列，其中 -1 表示让 NumPy 根据原始数组的大小自动推断行数。由于原始数组包含 4 个元素，所以 NumPy 将它们排列成 4 行 1 列的形式，输出结果是一个 4×1 的二维数组。
- reshape(3, 3, 2)：这个方法将数组重新排列为 3 个维度，分别是 3 行、3 列和 2 个元素。由于原始数组包含 18 个元素，所以 NumPy 将它们重新排列成 3×3×2 的形式，输出结果是一个 3×3×2 的三维数组。

下面的代码显示在模型训练时，如何使用 reshape 函数对数据进行形状转换。new_area.flatten() 使用了 NumPy 数组的 flatten 方法，它用于将多维数组转换为一维数组。

```
import numpy as np
from sklearn.linear_model import LinearRegression
# 示例数据：房屋面积（平方米）和售价（万元）
areas = np.array([80, 100, 120, 150, 200, 250, 300, 350, 400])
prices = np.array([120, 150, 180, 220, 280, 340, 400, 460, 520])
# 改变数组形状为适合线性回归模型的输入形式
# 将面积整理成二维数组作为特征（要求输入是二维数组）
# 注意：线性回归模型要求输入特征是二维数组，因此需要将一维数组转换成二维数组
```

[⊖] 除了 reshape 函数，我们也可以使用 np.newaxis 在特定位置插入新的维度，从而改变数组的形状。

```python
# reshape(-1, 1) 将一维数组转换成单列的二维数组
X = areas.reshape(-1, 1)
# 创建线性回归模型
model = LinearRegression()
# 拟合模型
model.fit(X, prices)
# 预测房屋售价
new_area = np.array([180, 250, 320]).reshape(-1, 1)
predicted_prices = model.predict(new_area)
print("新房屋面积: ", new_area.flatten())
print("预测售价: ", predicted_prices)
```

输出结果如下所示。

```
新房屋面积: [180 250 320]
预测售价: [251.3705104  337.84499055 424.3194707 ]
```

8.1.4 创建特殊 NumPy 数组

1. 生成全为 0 的数组：使用 np.zeros()

```python
# 一维全零数组
np.zeros(10,dtype=int)
# 多维全零数组
np.zeros((3,5,5),dtype=int)
```

输出结果如下所示。

```
array([[[0, 0, 0, 0, 0],
        [0, 0, 0, 0, 0],
        [0, 0, 0, 0, 0],
        [0, 0, 0, 0, 0],
        [0, 0, 0, 0, 0]],

       [[0, 0, 0, 0, 0],
        [0, 0, 0, 0, 0],
        [0, 0, 0, 0, 0],
        [0, 0, 0, 0, 0],
        [0, 0, 0, 0, 0]],

       [[0, 0, 0, 0, 0],
        [0, 0, 0, 0, 0],
        [0, 0, 0, 0, 0],
        [0, 0, 0, 0, 0],
        [0, 0, 0, 0, 0]]])
```

2. 生成全为 1 的数组：使用 np.ones()

```python
# 生成一个形状为（3,5）的全为 1 的数组
np.ones((3,5),dtype=float)
```

输出结果如下所示。

```
array([[1., 1., 1., 1., 1.],
       [1., 1., 1., 1., 1.],
       [1., 1., 1., 1., 1.]])
```

3. 生成特殊元素的数组：使用 np.full()

```python
# 生成（3,6,5）形状的全部元素为 3.14 的数组
```

```
np.full((3,6,5), 3.14)
```

输出结果如下所示。

```
: array([[[3.14, 3.14, 3.14, 3.14, 3.14],
         [3.14, 3.14, 3.14, 3.14, 3.14],
         [3.14, 3.14, 3.14, 3.14, 3.14],
         [3.14, 3.14, 3.14, 3.14, 3.14],
         [3.14, 3.14, 3.14, 3.14, 3.14],
         [3.14, 3.14, 3.14, 3.14, 3.14]],

        [[3.14, 3.14, 3.14, 3.14, 3.14],
         [3.14, 3.14, 3.14, 3.14, 3.14],
         [3.14, 3.14, 3.14, 3.14, 3.14],
         [3.14, 3.14, 3.14, 3.14, 3.14],
         [3.14, 3.14, 3.14, 3.14, 3.14],
         [3.14, 3.14, 3.14, 3.14, 3.14]],

        [[3.14, 3.14, 3.14, 3.14, 3.14],
         [3.14, 3.14, 3.14, 3.14, 3.14],
         [3.14, 3.14, 3.14, 3.14, 3.14],
         [3.14, 3.14, 3.14, 3.14, 3.14],
         [3.14, 3.14, 3.14, 3.14, 3.14],
         [3.14, 3.14, 3.14, 3.14, 3.14]]])
```

4. 生成随机数数组

```
# 生成一个元素范围在 [0,10) 的形状为 (2,3) 均匀分布的矩阵
np.random.randint(0, 10, (3, 3))
# 生成一个形状为 (2,3) 取值在 [0, 1) 范围内的随机浮点数
np.random.rand(2,3)
# 创建形状为 (3,3) 的正态分布随机值数组，其均值为 0，标准差为 1
np.random.normal(0, 1, (3, 3))
```

输出结果如下所示。需要注意的是，此处代码采用了 randint 和 rand 函数随机生成数据，每次运行的输出结果是随机的，后续可视化生成的图也是随机的。

```
array([[ 1.08946604, 1.35251163, 0.49067818],
       [ 1.59923935, 0.31741688, 0.61500928],
       [ 1.28875818, -0.15368644, 0.24633017]])
```

符合标准正态分布在仿真任务中作用很大。我们可以使用 Matplotlib 工具，可视化随机生成的数据。

```
data = np.random.normal(0,1,10000)
# plot the distribution of the data
import numpy as np
import matplotlib.pyplot as plt
plt.hist(data,bins = 50)
plt.show()
```

数据可视化输出结果如图 8-3 所示。

5. 生成对角矩阵

```
# 生成一个 4×4 的对角单位矩阵
np.eye(4)
```

输出结果如下：

```
array([[1., 0., 0., 0.],
       [0., 1., 0., 0.],
       [0., 0., 1., 0.],
       [0., 0., 0., 1.]])
```

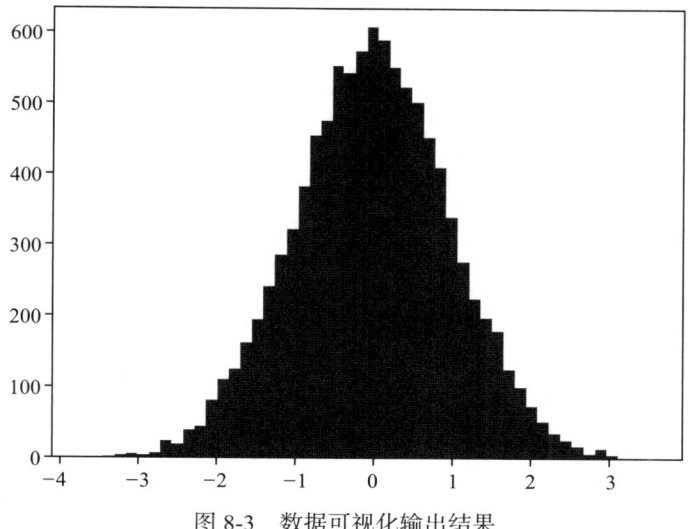

图 8-3 数据可视化输出结果

表 8-2 总结了创建特殊 NumPy 数组的常见方法。

表 8-2 创建特殊 NumPy 数组的常见方法

函数	说明
array	将列表、数组等数据转换为 ndarray，默认复制输入数据
arange	与 range 函数相似，返回为 ndarray
asarray	将输入数据转换为 ndarray，若输入数据已经是 ndarray，则不进行复制
zeros、ones	根据指定数组的形状、dtype 创建全 0（1）数组
zeros_like、ones_like	返回与给定数组具有相同形状和类型的新数组，但新数组的所有元素都是 0 和 1
empty、empty_like	创建新数组，只分配空间但不填充任何值
eye、identity	创建一个 $N \times N$ 的单位矩阵

8.1.5 导入并查看 titanic 数据集

1. 数据集简介

我们将使用一个完整的数据集 titanic.csv 检验大家的学习情况并进行扩展。该数据集是机器学习和数据分析中的经典常用数据集，其中包含 1912 年泰坦尼克号处女航时的乘客信息。该数据集通常用于预测建模和机器学习练习。该数据集的数据文件概览如图 8-4 所示。数据列名如图 8-5 所示。图 8-5 的 Survived 列中，存活为 1，死亡为 0。

2. 导入数据并选择所需列

```
# 读取 csv 文件，选择 0, 1, 3, 4, 7 列
titanic = "titanic.csv"
```

```
titanic_data = np.loadtxt(titanic,delimiter=",",skiprows= 1,usecols=(0,1,3,
    4,7),dtype=str)
titanic_data
```

```
1   Survived,Pclass,Name,Sex,Age,Siblings/Spouses Aboard,Parents/Children Aboard,Fare
2   0,3,Mr. Owen Harris Braund,male,22,1,0,7.25
3   1,1,Mrs. John Bradley (Florence Briggs Thayer) Cumings,female,38,1,0,71.2833
4   1,3,Miss. Laina Heikkinen,female,26,0,0,7.925
5   1,1,Mrs. Jacques Heath (Lily May Peel) Futrelle,female,35,1,0,53.1
6   0,3,Mr. William Henry Allen,male,35,0,0,8.05
7   0,3,Mr. James Moran,male,27,0,0,8.4583
8   0,1,Mr. Timothy J McCarthy,male,54,0,0,51.8625
9   0,3,Master. Gosta Leonard Palsson,male,2,3,1,21.075
10  1,3,Mrs. Oscar W (Elisabeth Vilhelmina Berg) Johnson,female,27,0,2,11.1333
11  1,2,Mrs. Nicholas (Adele Achem) Nasser,female,14,1,0,30.0708
12  1,3,Miss. Marguerite Rut Sandstrom,female,4,1,1,16.7
13  1,1,Miss. Elizabeth Bonnell,female,58,0,0,26.55
14  0,3,Mr. William Henry Saundercock,male,20,0,0,8.05
15  0,3,Mr. Anders Johan Andersson,male,39,1,5,31.275
```

图 8-4　数据文件概览

输出结果如下：

```
array([['0', '3', 'male', '22', '7.25'],
       ['1', '1', 'female', '38', '71.2833'],
       ['1', '3', 'female', '26', '7.925'],
       ...,
       ['0', '3', 'female', '7', '23.45'],
       ['1', '1', 'male', '26', '30'],
       ['0', '3', 'male', '32', '7.75']], dtype='<U8')
```

index	column name
0	Survived
1	Pclass
2	Name
3	Sex
4	Age
5	Siblings
6	Parents
7	Fare

图 8-5　数据列名

其中，代码 np.loadtxt(titanic,delimiter=",",skiprows= 1,usecols=(0,1,3,4,7),dtype=str) 中：titanic 表示文件路径；delimiter 表示逗号间隔；skiprows 表示不要的行（这里表示不要第一行）；usecols 表示选择的列（这里选择了 Survived 列、Pclass 列、Sex 列、Age 列和 Fare 列）。

dtype 表示数据类型设置，这里将数据类型设置为字符串类型。

3. 查看属性

（1）查看长度为小于 8 位的 Unicode 类型数据字符串

```
titanic_data.dtype      # 输出为 dtype('<U8')
```

（2）查看数据形状（有多少乘客）

```
titanic_data.shape      # 输出为（887, 5）
```

（3）查看数据大小（有多少个数据点）

```
titanic_data.size       # 多少个元素，输出为 4435
```

（4）查看数组维度（轴的个数）

```
titanic_data.ndim       # 几维数组，输出为 2
```

8.2 数组切片

我们将继续使用 titanic 数据集更进一步学习基本的数据切片操作。

8.2.1 索引和切片

索引是指定位元素在数组中的位置，切片是指一个索引检索元素到另一个索引。

（1）查看第一行

```
titanic_data[0]
```

（2）查看前 10 行

```
titanic_data[:10]
```

（3）查看全部行

```
titanic_data[:]
```

（4）查看第 1 列

```
titanic_data[:,0]
```

（5）查看前两列

```
titanic_data[:,[0,1]]      # 方法 1
titanic_data[:,:2]         # 方法 2
```

（6）查看第一个元素

```
titanic_data[0][0]
```

（7）对 "Sex" 列进行操作

切片。

```
femal_bool = (titanic_data[:,2] =="female")    # 生成 Bool 类型的数组
male_bool =  (titanic_data[:,2] =="male")      # 生成 Bool 类型的数组
```

计算性别为 "male" 的个数。

```
# 男性的数量
sum(male_bool)    # 输出为 573
```

将切片布尔值为 true 的数据取出来。

```
man = titanic_data[male_bool]        # 取出性别为 male 的数据
woman = titanic_data[femal_bool]     # 取出性别为 female 的数据
```

（8）采用不同方式删除 Sex 列

下面的代码使用两种方法删除 Sex 列。woman 是一个二维 NumPy 数组（或称为矩阵），假设它有多个行和多个列。这些代码的目标是从 woman 数组中删除指定的列，然后将新的数组赋值给 woman_f 变量，以实现数据的筛选或去除某些列的目的。

```
woman_f = woman[:,[0,1,3,4]]        # 方法 1
# 也可尝试 np.delete() 函数
woman_f = np.delete(woman,2,1)      # 方法 2
```

方法 1：woman_f = woman[:, [0, 1, 3, 4]]。

这是通过使用数组切片的方法来选取需要的列。具体来说，woman[:, [0, 1, 3, 4]] 表示选取所有行（:, 默认从第一个元素开始切片，一直切到最后一个元素），然后选取列索引为 0、1、3 和 4 的列。所以，woman_f 将是 woman 数组中的所有行和第 0、1、3 和 4 列组成的新数组。

方法 2：woman_f = np.delete(woman, 2, 1)。

这里使用了 NumPy 的 delete() 函数来删除指定的列。函数的参数如下所示。

第一个参数 woman：表示要操作的数组。

第二个参数 2：表示要删除的列的索引，这里是第 3 列，因为索引是从 0 开始的。

第三个参数 1：表示要删除的维度，这里是沿着列方向删除的。

因此，np.delete(woman, 2, 1) 将从 woman 数组中删除第 3 列，并将结果赋值给 woman_f 变量。上面的两种方法都将 Sex 列删除，此时查看数据的结果如下所示。

```
array([['1', '1', '38', '71.2833'],
       ['1', '3', '26', '7.925'],
       ['1', '1', '35', '53.1'],
       ...,
       ['0', '3', '39', '29.125'],
       ['1', '1', '19', '30'],
       ['0', '3', '7', '23.45']], dtype='<U8')
```

8.2.2 数组切片和列表切片

我们知道无论是列表还是数组，都可以进行切片操作，那数组切片与列表切片有什么不一样吗？让我们一起来探讨一下。

（1）定义一个数组

```
a = np.arange(6).reshape(2,3)
a
```

输出结果如下：

```
array([[0, 1, 2],
       [3, 4, 5]])
```

（2）对上述数组进行切片

```
b = a[0:2,0:2]
```

```
print("b1:",b)
# 赋值
b[0,0] = 9
print("b2",b)
print("a:",a)  # 切片发生改变，原来的数组也发生改变
```

输出结果如下：

```
b1: [[1 1]
 [3 4]]
b2 [[9 1]
 [3 4]]
a: [[9 1 2]
 [3 4 5]]
```

可以看到，虽然我们只是在切片上进行了操作（将第一个元素赋值为9），但是原数组 b 也发生了改变，那列表切片是否也这样改变呢？

（3）生成列表，并进行切片操作

```
L2 = [1,2,3,4]
Ls = L2[0:2]
print ("Ls:",Ls)
print ("L2:",L2)
Ls[0] = 9
print ("Ls:",Ls)
print ("L2:",L2)
```

输出结果如下：

```
Ls: [1, 2]
L2: [1, 2, 3, 4]
Ls: [9, 2]
L2: [1, 2, 3, 4]
```

由上面的代码可以看到，我们在列表切片 Ls 上进行了操作（将第一个元素赋值为9），但原数组 L2 并未发生变化。

我们可以看到数组切片和列表切片是有区别的：当我们在数组切片上进行操作时，原数组也会有相应的改变，这是因为，数组切片返回的是一个新的数组视图，不会复制原始数据，只是在原数组上创建一个新的视图；而列表切片返回的是一个新的列表，会复制原始列表的部分内容。

8.2.3 数组拼接

在实际的数据分析中，数据往往有不同的来源，可能是不同的数据库、文件、API 等。将这些有不同来源的数据合并成一个整体，可以使数据分析更加全面和综合。融合多源异构的数据通常需要数据拼接合并操作。一个典型的情景是原油价格预测建模时，随着大数据技术的发展，可以在传统预测变量的基础上进一步构建新的预测指标。具体而言，可以利用网络数据采集、文本分析、图像识别和语音识别等技术获取及处理丰富的多源异构数据。例如，石油钻井平台、炼油厂、大型油桶、港口集装箱和海洋冰川等卫星图像数据反映了原油的供应与需求、经济活力和气候风险等信息（张耀杰、王玉东，2022）。

下面的代码展示了如何拼接一个一维数组（向量拼接）。

```
# 连接起来还是一维向量
x = np.array([1, 2, 3])
y = np.array([3, 2, 1])
np.concatenate([x, y])
```

输出结果如下：

`array([1, 2, 3, 3, 2, 1])`

数组拼接常用参数有 axis：第 0 轴沿着行的方向垂直向下，第 1 轴沿着列的方向水平延伸，如图 8-6 所示。

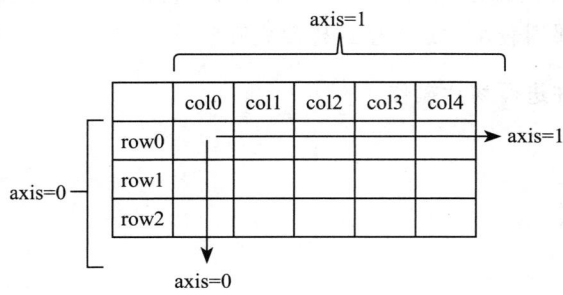

图 8-6　参数 axis 解析

下面的代码展示了 axis 的设置与数据拼接结果。

```
x = np.arange(6).reshape(2,3)
y = np.arange(6).reshape(2,3)
# 将数组 x 和 y 沿垂直方向（axis 0）拼接，即将 y 的行堆叠在 x 的行下方。形状为 (4, 3)。
np.concatenate([x, y],axis = 0)
np.concatenate([x, y])      # 这是上一行拼接的等价写法
# 将数组 x 和 y 沿水平方向（axis 1）拼接，即将 y 的列放在 x 的列旁边。形状为 (2, 6)。
np.concatenate([x, y],axis = 1)
```

垂直方向拼接的输出结果为：

```
array([[0, 1, 2],
       [3, 4, 5],
       [0, 1, 2],
       [3, 4, 5]])
```

水平方向拼接的输出结果为：

```
array([[0, 1, 2, 0, 1, 2],
       [3, 4, 5, 3, 4, 5]])
```

8.3　数组计算

首先生成一个 2 行 3 列范围为 −10 到 10 的随机数组。

`a = np.random.randint(-10,10,(2,3))`

8.3.1 广播

广播是 Ndarrays 非常好用的功能之一，可以实现在不同大小的 Ndarray 或 Ndarray 与简单数字之间执行算术操作。一般而言，较小的数组将被"广播"。首先，在较小的数组上添加轴，以匹配较大数组的维度数（称为广播轴）。然后，较小的数组会沿着这些新轴进行复制，以匹配较大数组的完整形状。

下面的代码对数组内的每一个元素均加 1：

```
a+1    # 数组与标量相加，将标量扩展为一个与 a 形状相同的全 1 数组，然后相加。
```

下面的代码中长度为 3 的一维数组会被沿着第一个维度复制成一个 3×3 的数组，形状与 np.ones((3,3)) 相同。最终的结果是将全 1 数组的每一行与 [0 1 2] 逐元素相加。

```
np.ones((3,3)) + np.arange(3)
```

输出结果如下：

```
array([[1., 2., 3.],
       [1., 2., 3.],
       [1., 2., 3.]])
```

8.3.2 数组的绝对值与均值

```
np.absolute(a)    # 每个元素取绝对值
```

我们在第 8.2 节中得到切片 man_f 和 woman_f，下面计算男性群体与女性群体存活率均值。

```
np.mean(list(map(int,woman_f[:,0])))  # 女性存活均值:0.7420382165605095
np.mean(list(map(int,man_f[:,0])))    # 男性存活均值:0.19022687609075042
```

由上面的代码可知：男性存活率约为 0.190，女性存活率约为 0.742，这样的反差是惊人的，震惊之余是感动和油然而生的敬意。虽然现在我们看到的只是冷冰冰的数字，但这并不能掩盖男士们在生死面前的担当和牺牲，让船上的大部分女士获救，灾难面前更能看到人性的光辉！

8.3.3 点积

点积也就是线性代数中的矩阵相乘，下面的代码比较向量相乘和两个向量的内积。内积（np.dot）：对于两个向量 a 和 b，它们的内积用 $a \cdot b$ 表示，计算方式为将两个向量对应位置的元素相乘，并将结果相加。

```
a = np.array([1,1,1])
b = np.array([1,2,3])
print(" 相乘: ",a * b)  # 对应元素相乘
print(" 点积: ",np.dot(a,b))  # 矩阵相乘 内积
```

输出结果如下:

相乘: [1 2 3]
点积: 6

如果点积处理的是一维数组,最后得到两组数组的内积;如果是二维数组之间的运算,最后则得到矩阵积。其处理过程如图 8-7 所示。

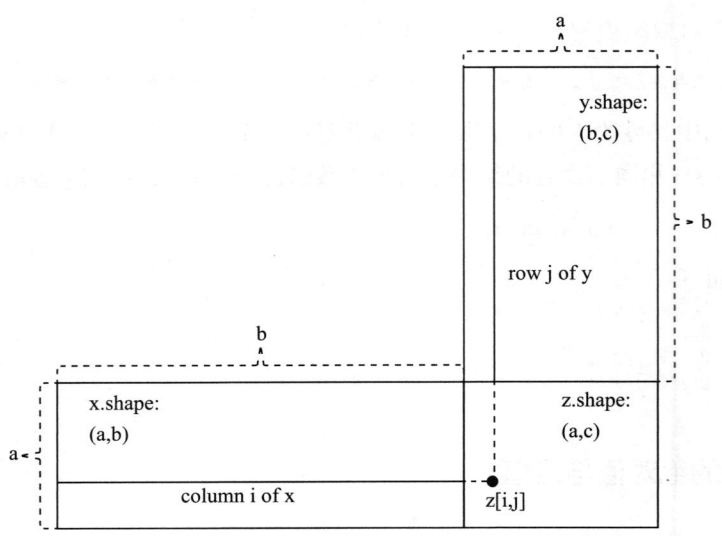

图 8-7 数组的点积运算的处理过程

请注意矩阵积计算不遵循交换律,即 np.dot(a,b) 与 np.dot(b, a) 的结果一般不一样。此外,矩阵和矩阵相乘需要满足条件:第一个矩阵的列等于第二个矩阵的行。

向量和矩阵相乘的代码如下所示。

```
x = np.array([1,2])
W = np.array([[1,3,5],
              [2,4,6]])
print(np.dot(x,W))
```

输出结果如下:

[5 11 17]

两矩阵相乘的代码如下所示。

```
x = np.array([[1,2],
              [1,1]])
W = np.array([[1,3,5],
              [2,4,6]])
print(np.dot(x,W))
```

输出结果如下:

[[5 11 17]
 [3 7 11]]

8.4 词语相似度计算

我们可以使用向量来表示词，称为词向量。在自然语言处理中，特别是在神经网络模型中，词语要被表示为向量，这种过程和结果也称为词嵌入[*]。下面我们用几个词语的示例来展示词语的可视化及其相似度计算。

"to"	[0.62445	0.62412	−0.44153]
"pizza"	[0.53767	0.23474	0.16809]
"love"	[0.64204	0.35494	−0.33287]
"pasta"	[0.40499	0.71087	−0.47476]
"hate"	[0.19958	0.54043	−0.36971]
"vegetables"	[0.17123	0.16296	−0.55171]

下面的代码是上述词向量在二维图上的可视化代码。

```
words_vectors = np.array([
                        [ 0.62445,    0.62412,   -0.44153],
                        [ 0.53767,    0.23474,    0.16809],
                        [ 0.64204,    0.35494,   -0.33287],
                        [ 0.40499,    0.71087,   -0.47476],
                        [ 0.19958,    0.54043,   -0.36971],
                        [ 0.17123,    0.16296,   -0.55171]])
```

下面的代码能够可视化这些词语的相似度，输出结果如图 8-8 所示。

```
import numpy as np
import matplotlib.pyplot as plt
# Define the words corresponding to each vector
# 定义每个向量对应的单词
words = ["to", "pizza", "love", "pasta", "hate", "vegetables"]
# Create a 2D scatter plot of the word vectors
# 创建一个单词向量的二维散点图
fig, ax = plt.subplots()
ax.scatter(words_vectors[:, 0], words_vectors[:, 1])
# Add labels for each point
# 为每个点添加标签
for i, word in enumerate(words):
    ax.annotate(word, (words_vectors[i, 0], words_vectors[i, 1]))
# Show the plot
# 显示绘图
plt.show()
```

二维图没有充分使用词向量的各个维度，下面我们在三维图中展示这些词汇。

```
import numpy as np
import matplotlib.pyplot as plt
from mpl_toolkits.mplot3d import Axes3D
# Define the words corresponding to each vector
# 定义每个向量对应的单词
words = ["to", "pizza", "love", "pasta", "hate", "vegetables"]
# Create a 3D scatter plot of the word vectors
```

---

[*] 关于词嵌入的训练，我们可以参考资料：https://d2l.ai/chapter_natural-language-processing-pretraining/index.html。

```
# 创建一个单词向量的三维散点图
fig = plt.figure()
ax = fig.add_subplot(111, projection='3d')
ax.scatter(words_vectors[:, 0], words_vectors[:, 1], words_vectors[:, 2])
# Add labels for each point
# 为每个点添加标签
for i, word in enumerate(words):
    ax.text(words_vectors[i, 0], words_vectors[i, 1], words_vectors[i, 2], word)
# Show the plot
# 显示绘图
plt.show()
```

可视化三维展示如图 8-9 所示。

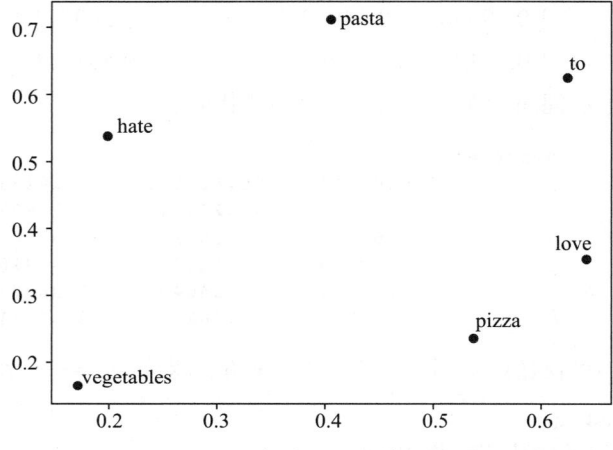

图 8-8　相似度可视化输出结果

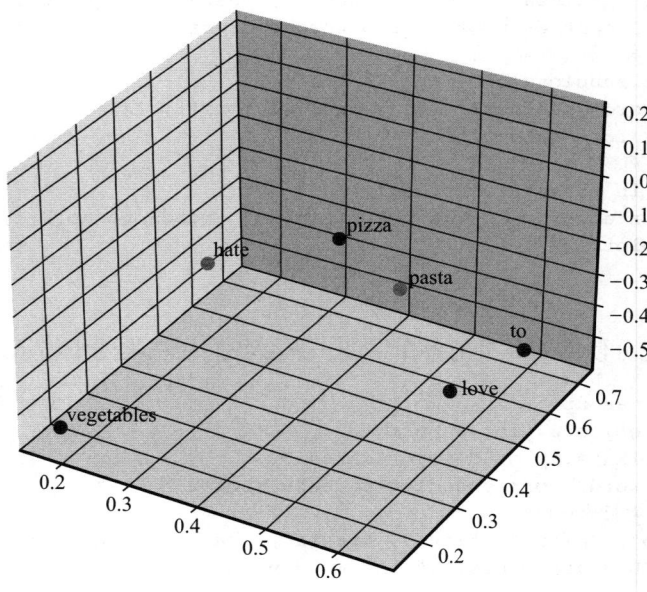

图 8-9　相似度可视化三维展示

词语之间的相似度，我们可以使用词向量的余弦值计算。

$$\cos(\theta) = \frac{\boldsymbol{A} \cdot \boldsymbol{B}}{\|\boldsymbol{A}\| \cdot \|\boldsymbol{B}\|} \quad (8-1)$$

$$\|\boldsymbol{A}\| = \sqrt{A[1]^2 + A[2]^2 + \cdots + A[n]^2} \quad (8-2)$$

下面我们介绍 love 和 hate 的相似度，其中 word_vectors 和 word 在前面的代码中已定义过。除了 love 和 hate 的相似度，大家可以尝试使用 love 和 vegetables 的相似度。

```
love_idx = words.index("love")
hate_idx = words.index("hate")
love_vec = words_vectors[love_idx]
hate_vec = words_vectors[hate_idx]
similarity=np.dot(love_vec,hate_vec)/ (np.linalg.norm(love_vec) * np.linalg.
    norm(hate_vec))
print("Cosine similarity between 'love' and 'hate':", similarity)
```

结果输出为：Cosine similarity between 'love' and 'hate': 0.8033630627544325。在这个例子中，0.8036 表示 "love" 和 "hate" 的词向量之间具有相当高的相似度。这表明在词向量空间中，"love" 和 "hate" 在某种程度上是相似的。这种现象可能由于词向量模型捕捉到了它们在某些语境中有类似的使用方式，尽管它们的含义是相反的。如果 "love" 和 "hate" 在许多相似的上下文中出现（例如，它们都可能出现在描述情感的句子中），它们的词向量就可能非常接近。这种高相似度反映了它们在语料库中的共现模式，而不是它们的实际含义。

除了上面的词语示例，我们也可以下载业界已经训练好的词嵌入数据，例如，我们可以从 https://nlp.stanford.edu/projects/glove/ 下载，也可以从 Kaggle 网站（https://www.kaggle.com/datasets/watts2/glove6b50dtxt?resource=download）下载词嵌入数据。

```
import numpy as np
embeddings_index = {}
with open('glove.6B.50d.txt', 'r', encoding='utf-8') as f:
    for line in f:
        values = line.split()
        word = values[0]
        coefs = np.asarray(values[1:], dtype='float32')
        embeddings_index[word] = coefs
```

上述代码读取词嵌入 glove.6B.50d.txt，每个词的表示是长度为 50 的向量。我们用字典保存每个词的向量。例如，要获取 like 这个词的向量，我们可以使用如下代码：embeddings_index.get（"like"）。

8.5 手写数字案例

MNIST 手写数字数据库有一套 60 000 个示例的训练集和一套 10 000 个示例的测试集。它是 NIST 提供的一个更大集合的子集。研究人员使用 MNIST 数据集来测试和比较他们的研究结果，使用 MNIST 数据集相关文献研究结果的最低错误率低至 0.21%。

8.5.1 初步探索数据集

(1) 引入

```
import scipy.io as sio
mnist = sio.loadmat("mnist-original.mat")
```

请使用 type 函数查看 MNIST 的数据类型。我们会发现该数据用字典来保存，这里主要关注 label 和 data 键对应的值。

(2) 查看数据大小

```
mnist.get("data").shape    # 输出结果（784，70000）
```

由于存储格式的原因，70 000 是图片数量，784 是每个图片的数据，这里用一个行向量保存。下面我们将 data 和 label 矩阵转置。

```
data = mnist.get("data").T
label = mnist.get("label").T
data.shape    # 输出结果（70000，784）
```

(3) 使用 permutation 函数将数据打乱（索引打乱）

```
# 按照数据的行，进行打乱
permutation = np.random.permutation(data.shape[0])
# 重排 data
shuffled_data = data[permutation,:]
# 重排 label
shuffled_label = label[permutation]
# 观察数据标签是否被随机重排
shuffled_label[:10]
```

输出结果如下所示。

```
array([[1.],
       [5.],
       [5.],
       [8.],
       [2.],
       [8.],
       [7.],
       [9.],
       [7.],
       [8.]])
```

需要注意的是，由于随机打乱了数据和标签的顺序，故每次运行结果可能会不一样，后续可视化结果也会不一样。

8.5.2 数据标准化

```
shuffled_data = shuffled_data/255.0
```

由于数据标准化对数据分析比较重要，因此这里补充介绍一些标准化（归一化）内容。

数据标准化在数据分析中是一个重要的步骤，因为它允许进行公平比较和准确解释结果。标准化是将数据转换为公共比例或范围的过程，这使得数据的比较和识别更容易。

以下是数据标准化的重要性。

- 降低数据尺度的影响。当处理具有不同比例或单位的数据时，标准化是必要的，以确保每个变量对分析的贡献相等。例如，如果一个变量的范围是 0～100，而另一个变量的范围是 0～10，如果它们都没有被标准化，第二个变量可能会被第一个变量掩盖。
- 提高统计分析的准确性。标准化可以通过确保分析的基础假设得到满足来提高统计分析的准确性。许多统计方法假设数据是正态分布或遵循特定模式的。标准化数据可以帮助满足这些假设。
- 提高聚类和分类效果。当使用聚类和分类算法时，标准化特别重要，因为这些方法通常对数据的比例敏感。标准化可以提高这些算法的准确性，使得识别有意义的聚类或类别更容易。

下面是几种常见的数据标准化方法。

- 最小–最大标准化（min-max normalization）：也称为特征缩放，最小–最大标准化将数据缩放到 0～1 之间的固定范围内。它的计算公式计算为 $(x-\min)/(\max-\min)$，其中 x 是原始数据点，min 是特征的最小值，max 是特征的最大值。
- Z-score 标准化（Z-score normalization）：Z-score 标准化将数据缩放为具有均值为 0 和标准差为 1 的数据。它的计算公式为 $(x-\text{mean})/\text{std}$，其中 x 是原始数据点，mean 是特征的均值，std 是特征的标准差。
- 小数定标标准化（decimal scaling normalization）：该方法通过将特征值的小数点向左或向右移动，使得特征的绝对值的最大值小于 1。例如，如果特征的最大值为 5 000，则可以将所有值除以 10 000，以得到 0～0.5 之间的值。标准化后的数据 $x'=x/(10^j)$。其中，x 是原始值，x' 是标准化后的值，j 是一个正整数，满足 $\max(|x|<10^j)$。该方法的思想是对 x 的值进行缩放，使得标准化后的值的最大绝对值小于 1。

思考问题：data = data/255.0 属于哪一类数据标准化方法呢？

8.5.3 图像翻转

（1）黑白图片展示

```
# 可视化
import matplotlib.pyplot as plt
%matplotlib inline
digit = shuffled_data[3300].reshape(28,28)
plt.imshow(digit,cmap=plt.cm.binary)
plt.show()
```

输出结果如图 8-10 所示。

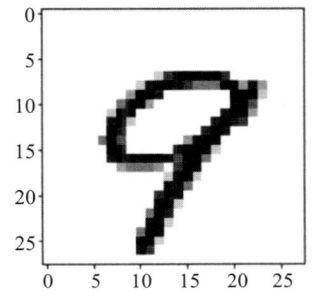

图 8-10　黑白数字图片输出结果

注：读者的输出结果与图 8-10 可能有差异，因为读者的随机重排结果各不相同。

（2）将图片左右翻转

```
digit = digit[:,::-1]
plt.imshow(digit,cmap=plt.cm.binary)
plt.show()
```

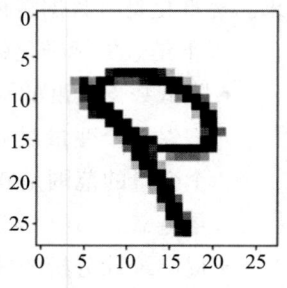

图 8-11 翻转后的图片展示

图 8-11 为翻转后的图片展示。

在切片符号 [:,::-1] 中，-1 表示列的步长。步长为 -1 意味着列的顺序应该被翻转。当你在一个切片中使用 -1 作为步长时，它会告诉 Python 选择元素的反向顺序。例如，如果你有一个元素列表 [1, 2, 3, 4, 5] 并且你使用切片符号 [::-1]，你会得到一个新的元素列表 [5, 4, 3, 2, 1]。

在 digit[:,::-1] 中，步长值为 -1 导致 digit 中列的顺序被翻转，这在某些类型的数据分析和可视化任务中非常有用。

思考问题：如何将图片上下翻转？如何将图片同时左右翻转和上下翻转？

8.6 金融案例分析

我国股票市场在金融领域中的作用越来越重要，推动了我国的经济改革，促进了我国经济的发展。股票市场可以充当投资者和筹资者的纽带，投资者可以根据自己的风险收益偏好自行投资股票，其方式灵活多变，筹资者也可以在市场上发行股票，获得资金来源。同时，股票市场能够有效地配置资源，整个市场的资金会逐渐从式微行业流向发展前景好、技术先进的新兴产业，这样市场上资金的使用效率将会得到提高，社会经济也会随之发展。

但是，我国的股票市场运行机制仍然有待完善，这就需要对股票市场进行分析，其中很重要的一项研究是对股票价格的分析研究。对于股票的价格分析研究不仅仅有学术上的意义，在实际场景中也有着重要的意义，例如：更好地学习和解读股票市场的运行机制，更有效地把握股票价格波动的规律以及真实经济下的影响机制等。股票价格剧烈波动下，选择合适的货币政策是尤为重要的，这会大大减少来自股票市场的不稳定因素，提高国民经济的运行质量。

本节中将会使用一个简单的股票数据集，其中包含股票的开盘价（open）、最高价（high）、最低价（low）、收盘价（end_price）、成交量（volume）、换手率（turnover）等○。

8.6.1 读取文件

```
import numpy as np
end_price, turnover = np.loadtxt(
```

○ 更多相关细节请参考：https://www.cnblogs.com/transmigration-zhou/p/13637372.html。

```
    fname="./stock_data.csv",
    delimiter=',',
    usecols=(6, 7),
    unpack=True
)
print("收盘价:\n",end_price,"\n")
print("换手率:\n",turnover)
```

此时我们先读取文件数据，然后取第 6 列、第 7 列（也就是收盘价、换手率）为例做输出展示，输出结果如下：

```
收盘价:
[336.1   339.32 345.03 344.32 343.44 346.5  351.88 355.2  358.16 354.54
 356.85 359.18 359.9  363.13 358.3  350.56 338.61 342.62 342.88 348.16
 353.21 349.31 352.12 359.56 360.   355.36 355.76 352.47 346.67 351.99]
换手率:
[21144800. 13473000. 15236800.  9242600. 14064100. 11494200. 17322100.
 13608500. 17240800. 33162400. 13127500. 11086200. 10149000. 17184100.
 18949000. 29144500. 31162200. 23994700. 17853500. 13572000. 14395400.
 16290300. 21521000. 17885200. 16188000. 19504300. 12718000. 16192700.
 18138100. 16824200.]
```

numpy.loadtxt 传入的 4 个关键字参数解释如下。

- fname：文件名，数据类型为 String。
- delimiter：分隔符，数据类型为 String。
- usecols：读取的列，数据类型为元组 Tuple。
- unpack：是否解包，数据类型为 Bool。

8.6.2 计算成交量加权平均价格

成交量加权平均价格代表着金融资产的"平均价格"，某个价格的成交量越大，该价格所占权重将越大。np.average() 函数可以计算带有权重的数组元素平均值，带有权重的数组元素平均值 =（元素 1× 权重 1+ 元素 2× 权重 2+…+ 元素 n× 权重 n）/（权重 1+ 权重 2+…+ 权重 n）。

```
print("平均价格: ", np.average(end_price))
print("成交量加权平均价格 ", np.average(end_price, weights=turnover))
```

输出结果如下：

```
平均价格 : 351.0376666666667
成交量加权平均价格 350.5895493532009
```

8.6.3 计算最大值和最小值

```
high_price, low_price = np.loadtxt(
    fname="./stock_data.csv",
    delimiter=',',
    usecols=(4, 5),
    unpack=True
)
```

```
print("max=", high_price.max())
print("min=", low_price.min())
```

输出结果如下:

```
max = 364.9
min = 333.53
```

8.6.4 计算极差

计算股价每日最高价的最大值和最小值的差值以及股价每日最低价的最大值和最小值的差值,可以在一定程度上衡量股价波动的范围。对于一维数组,np.ptp() 将返回数组中最大值与最小值之间的差值;对于多维数组,可以指定 axis 参数来沿着指定轴计算。

```
print("max - min of high price:", np.ptp(high_price))
print("max - min of low price:", np.ptp(low_price))
```

输出结果如下所示。

```
max - min of high price: 24.859999999999957
max - min of low price: 26.970000000000027
```

8.6.5 计算中位数

计算收盘价的中位数,相关代码如下所示。

```
end_price = np.loadtxt(
    fname="./stock_data.csv",
    delimiter=',',
    usecols=6
)
print("median =", np.median(end_price))
```

输出结果如下:

```
median=352.055
```

8.6.6 计算方差

收盘价方差可以度量波动性,下面计算收盘价的方差。

```
print("variance =", np.var(end_price))
print("variance =", end_price.var())
```

输出结果如下:

```
variance = 50.126517888888884
variance = 50.126517888888884
```

下面计算股票年波动率和月波动率。

波动率是对价格变动的一种测量,计算历史波动率时,需要用到对数收益率。年波动率等于对数收益率的标准差除以其均值,再乘以交易日的平方根,通常交易日取 252 天。

月波动率等于对数收益率的标准差除以其均值，再乘以交易月的平方根。通常交易月取 12 月。

```
log_returns = np.diff(np.log(end_price))
annual_volatility = log_returns.std() * np.sqrt(252)
monthly_volatility = log_returns.std() * np.sqrt(21)
print("年波动率", annual_volatility)
print("月波动率", monthly_volatility)
```

输出结果如下：

```
年波动率 0.20592150692550462
月波动率 0.04493575679549991
```

8.7 扩展阅读

使用 ChatGPT 和 NumPy 做数据分析

我们首先让 ChatGPT 为我们介绍什么是 NumPy（见图 8-12）。

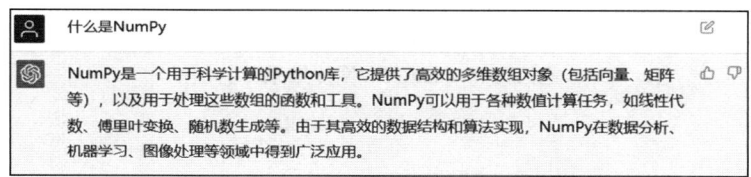

图 8-12 ChatGPT 回复结果（一）

接着让它利用 NumPy 库为我们展示一些操作（见图 8-13）。

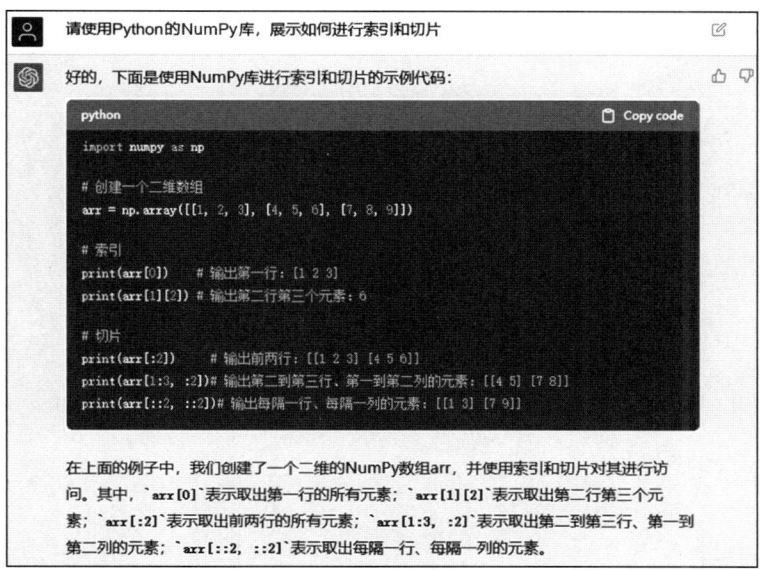

图 8-13 ChatGPT 回复结果（二）

我们的身体健康和幸福息息相关，利用 NumPy 数据结构，让 ChatGPT 帮助我们写一段程序辅助计算 BMI（身体质量指数）（见图 8-14）。

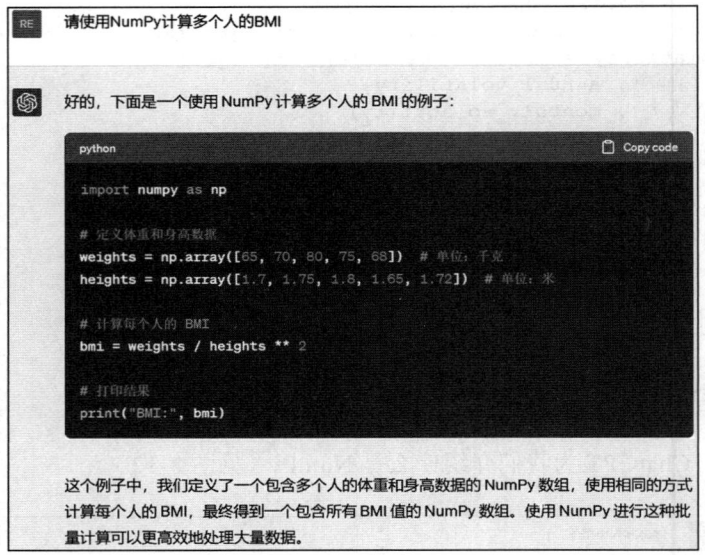

图 8-14　ChatGPT 回复结果（三）

CHAPTER 9

第9章

使用 Pandas 处理数据

Pandas 是 Python 的一个数据分析包，最初由 AQR Capital Management 于 2008 年 4 月开发，并于 2009 年底开源出来。Pandas 最初是作为金融数据分析工具开发出来的，因此对时间序列分析提供了很好的支持。Pandas 应用领域广泛，包括金融、经济、统计、分析等学术和商业领域。本章主要内容如下：

- 创建序列和数据框
- 用 Pandas 处理数据
- 用 Pandas 处理文本数据
- 光线传媒股价数据分析
- 混频数据处理

9.1 序列和数据框

如果要使用 Pandas 进行数据清洗与探索工作，那么我们首先需要熟悉它的两个主要数据结构：序列（series）和数据框（dataframe），它们为许多实际应用奠定了基础。序列可以理解为数据集中的一个字段，数据框是一个表格型的数据结构，它含有一组有序的列，每列的值可以是不同的类型（数值、字符串、布尔值等）。

9.1.1 创建序列

序列是一种类似于一维数组的对象，它由一组数据以及一组与之相关的数据标签（即索引）组成。我们有多种方法创建序列，表 9-1 列举了几种常见的创建方法。使用这些方法之前，请使用命令：import pandas as pd，导入 Pandas 库。

表 9-1 创建序列的方法

创建方法	示例代码
基于列表创建序列	obj=pd.Series([4,7,−5,3]) obj2=pd.Series([5,2,−3,1],index=['d','b','c','a'])
基于字典创建序列	dic={'1':1,'2':2,'3':'hi','4':'python','5':[2,3]} s=pd.Series(dic)
通过数组（Ndarray）创建序列	import numpy as np s=pd.Series(np.random.rand(5),index=list('abcde'),name='test')

关于序列数据类型，这里强调两点。

第一，列表是 Python 的基本数据结构，而序列是来自 Pandas 库的带有一维索引标记的对象。

第二，序列对象的索引可以很灵活，可以使用从 0 开始的整数，也可以自定义从 1 开始的整数，还可以使用文本或者日期。相关代码如下所示。

```
import numpy as np
# 创建一个序列，index 从 1 开始
s = pd.Series(data=['one', 'two', 'three', 'four'], index=range(1,5))
# 创建一个 Numpy 数组，100 个随机初始值
my_array = np.random.randn(100)
# 创建一个 DatetimeIndex，从 2023-01-01 开始连续不断产生 100 个值。
date_index = pd.date_range('2023-01-01', periods=100, freq='D')
# 使用 Numpy 创建 Series 对象，作为数据，DatetimeIndex 作为索引。
series = pd.Series(my_array, index=date_index)
```

我们可以通过多种属性和方法操作序列数据，下面列举一部分，大家可以尝试使用。

（1）属性

- series.values——序列中数据的 NumPy 数组。
- series.index——序列的索引（标签）。
- series.dtype——序列的数据类型。

（2）方法

- series.iloc——纯整数位置索引，按位置选择数据。
- series.loc——基于标签的位置索引，按标签选择数据。
- series.max()——序列中的最大值。
- series.mean()——序列中的平均值/均值。
- series.std()——序列中的标准差。
- series.sum()——序列中所有值的总和。
- series.unique()——序列中的唯一值。
- series.value_counts()——序列中每个唯一值的频率。
- series.isnull()——检查空值（NaN）并返回布尔序列。
- series.notnull()——与 isnull() 相反，检查非空值。
- series.drop_duplicates()——从序列中删除重复值。

对于文本序列，我们也可以使用文本序列相关的函数，这个在后面有介绍。这里仅以提取评论者的名字为例展示函数使用结果。

```
# 创建一个简单的 Series 评论
comments = pd.Series([
    'User123 said: This is a great post!',
    'JaneDoe89 commented: I disagree with your point.',
    'johnnyboy4ever replied: Thanks for sharing your thoughts.',
    'susanmiller commented: I really enjoyed reading this.',
    'User456 replied: That is an interesting perspective.'
])
# 使用 str.extract() 以及正则表达式来提取用户名
usernames = comments.str.extract(r'([A-Za-z0-9]+)\s(?:said|commented|replied):')
```

输出结果如下：

	0
0	User123
1	JaneDoe89
2	johnnyboy4ever
3	susanmiller
4	User456

9.1.2 创建数据框

数据框是二维的数据结构，即数据以表格方式按行和列排列。它含有一组有序的列，每列可以是不同类型的值（数值、字符串、布尔值等）。数据框既有行索引也有列索引，它可以被看作是由序列组成的字典（共用同一个索引），数据框结构如图 9-1 所示。

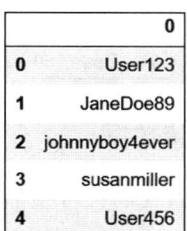

图 9-1　数据框结构

构造一个数据框可以使用以下几种常用的方式。

（1）由字典来创建

```
data = {
    'name':['John', 'Mary', 'Peter', 'Lisa'],
    'age':[30, 40, 35, 50]
}
df = pd.DataFrame(data)
```

（2）由 NumPy 数组来创建

```
import numpy as np
data = np.array([['John', 30], ['Mary', 40], ['Peter', 35], ['Lisa', 50]])
df = pd.DataFrame(data, columns=['name', 'age'])
```

（3）由 Series 组成的字典来创建

```
name = pd.Series(['John', 'Mary', 'Peter', 'Lisa'])
age = pd.Series([30, 40, 35, 50])
df = pd.DataFrame({"name":name, "age":age})
```

上述三种方式构建的数据框输出结果如下：

	name	age
0	John	30
1	Mary	40
2	Peter	35
3	Lisa	50

9.1.3 使用 Pandas 读取和存储数据

虽然数据框的创建方式有多种，但我们日常生活中使用到的数据往往不是随机生成或手工输入的，而是存储在某个指定地方的外部数据集。这些数据集可能包含在本地的文本文件（如 csv、txt 等）、电子表格（如 Excel）和数据库（如 MySQL、SQL Server 等）中，这时我们可以使用 Pandas 读取和存储数据。这里重点介绍文本文件和 Excel 数据的读取和存储。我们在第 11 章介绍如何结合 Pandas 和 MySQL 做数据的读取和存储。

1. 文本文件读取

（1）使用 read_table() 来读取文本文件

```
pandas.read_table(filepath_or_buffer,sep='\t',header='infer',names=None,
    index_col=None,dtype=None, engine=None,nrows=None)
```

（2）使用 read_csv() 函数来读取 csv 文件

```
pandas.read_csv(filepath_or_buffer, sep=',', header='infer', names=None,
    index_col=None, dtype=None, engine=None, nrows=None)
```

read_csv() 函数的参数介绍如表 9-2 所示。

表 9-2　read_csv() 函数的参数介绍

参数名称	说明
filepath	接收 String，代表文件路径，无默认
sep	接收 String，代表分隔符。read_csv 默认为 ","，read_table 默认为制表符 "[Tab]"
header	接收 Int 或 Sequence，表示将某行数据作为列名，默认为 Infer，表示自动识别
names	接收 Array，表示列名，默认为 None
index_col	接收 Int、Sequence 或 False，表示索引列的位置，取值为 Sequence 则代表多重索引，默认为 None

(续)

参数名称	说明
dtype	接收 Dict，代表写入的数据类型（列名为 key，数据格式为 values）。默认为 None
engine	接收 c 或者 Python。代表数据解析引擎。默认为 c
nrows	接收 Int，表示读取前 n 行，默认为 None

2. 文本文件存储

文本文件的存储和读取类似，结构化数据可以通过 Pandas 中的 to_csv() 函数实现以 csv 文件格式存储文件。

```
DataFrame.to_csv(path_or_buf=None, sep=',', na_rep='', columns=None,
    header=True, index=True,index_label=None,mode='w',encoding=None)
```

to_csv() 函数的参数介绍如表 9-3 所示。

表 9-3 to_csv() 函数的参数介绍

参数名称	说明
path_or_buf	接收 String，代表文件路径，无默认
sep	接收 String，代表分隔符，默认为 ","
na_rep	接收 String，代表缺失值，默认为 ""
columns	接收 List，代表写出的列名，默认为 None
header	接收 Bool，代表是否将列名写出，默认为 True
index	接收 Bool，代表是否将行名（索引）写出，默认为 True
index_label	接收 Sequence，表示索引名，默认为 None
mode	接收特定 String，代表数据写入模式，默认为 w
encoding	接收特定 String，代表存储文件的编码格式，默认为 None

3. Excel 文件读取

Pandas 提供了 read_excel() 函数来读取 "xls" "xlsx" 两种 Excel 文件，参数介绍如表 9-4 所示。

```
pandas.read_excel(io, sheetname=0, header=0, index_col=None, names=None,
    dtype=None)
```

表 9-4 read_excel() 函数的参数介绍

参数名称	说明
io	接收 String，代表文件路径，无默认
sheetname	接收 String、Int，代表 Excel 表内数据的分表位置，默认为 0
header	接收 Int 或 Sequence，表示将某行数据作为列名。默认为 Infer，表示自动识别
names	接收数组参数，表示自定义表头的名称
dtype	接收 Dict，代表写入的数据类型（列名为 key，数据格式为 values），默认为 None

4. Excel 文件存储

将文件存储为 Excel 文件，可以使用 to_excel() 方法。相关代码如下所示。

```
DataFrame.to_excel(excel_writer=None, sheetname=None, na_rep="",header=True,
    index=True, index_label=None, mode='w', encoding=None)
```

与 to_csv() 方法的常用参数基本一致，区别之处在于指定存储文件的文件路径参数名称为 excel_writer，并且没有 sep 参数，增加了一个 sheetname 参数用来指定存储的 Excel sheet 的名称，默认为 sheet 1。

9.2 用 Pandas 处理数据

9.2.1 关于 INVEST 部门的投资任务

中国有巨大的影视市场，INVEST 拟投资中国传媒娱乐领域，光线传媒是其潜在的投资对象。光线传媒（ENLIGHT MEDIA）成立于 1998 年，主营业务包括电视节目制作与发行，电影投资、制作等。《我和我的祖国》《哪吒之魔童降世》《泰囧》等大火电影均出自光线传媒。假如你是 INVEST 公司投资部的研究人员，该如何预测该公司股价的涨跌呢？我们可以根据社交媒体数据和搜索指数来分析，光线传媒搜索指数如图 9-2 所示。

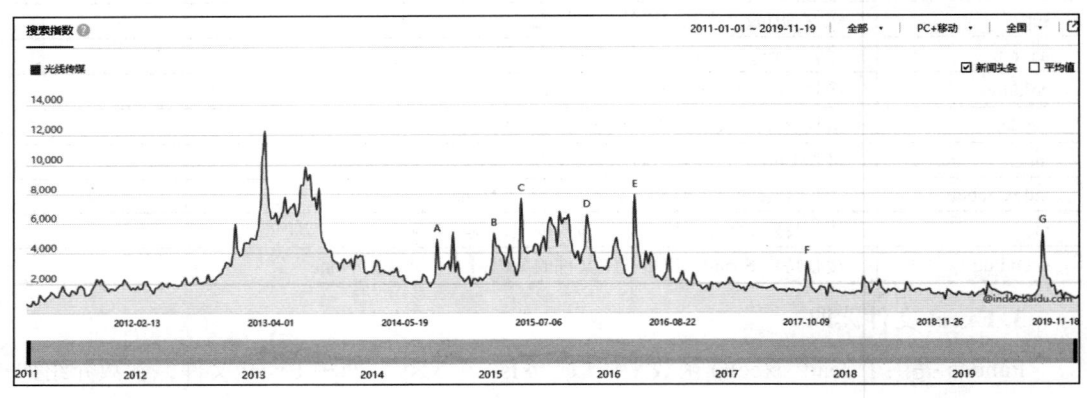

图 9-2　光线传媒搜索指数

社交媒体数据可以体现投资者对企业或者大盘的情感，虽然社交媒体数据会受到水军的影响而产生偏差，但仍会影响个人投资者的购买决策。社交媒体数据是短文本，而且数量较大，是数据预处理和建模的主要对象。搜索指数可以体现投资者的注意力，当个人投资者购买股票时，他们必须从大量的股票中进行选择。然而当他们出售股票时，就只能出售他们所拥有的股票。这就说明，对个人投资者而言，注意力的增加会带来净买入。社交媒体数据和搜索指数均可以用于预测股市的涨跌、交易量等，但搜索指数数据更加隐蔽，一般不存在伪造现象，二者可以互补。

INVEST 的工作步骤包括数据清洗与探索、文本情感分析、建模三个环节，如图 9-3 所示。我们使用 Python 编程，将会使用的 Python 库包括：Pandas、Sklearn、Matplotlib、NumPy。特别指出，在分析具体公司的时候，如果出现差评，不代表我们否定一个企业，如果出现好评，也不代表我们在宣传某一个企业。我们将在接下来的内容中重点讲解如何使用 Pandas 进行数据分析。

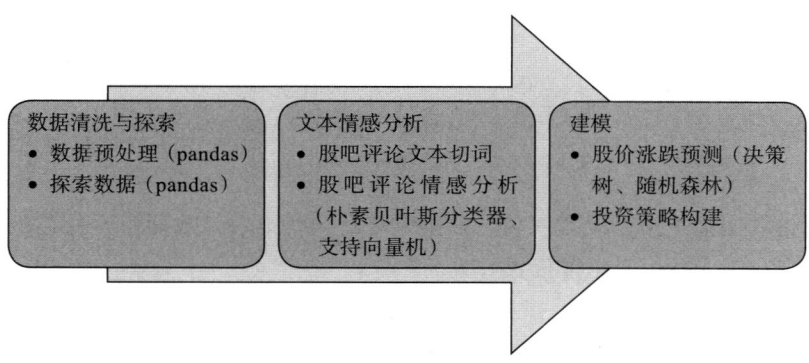

图 9-3　INVEST 的工作步骤

数据清洗是数据分析的重要工作，特别是我们从网络抓取的数据，更需要特别谨慎地进行数据清洗。如果输入的是无用数据，那么得到的结果也无意义。作为数据分析人员，我们一定要敢于跳进数据中，干一些数据清洗的脏活累活。我们接下来的主要任务就是学习如何对东方财富股吧中关于光线传媒股票的相关评论进行数据清洗。

9.2.2　查看数据

数据清洗的第一步就是读取并查看原始数据，参考前面所讲的如何利用 Pandas 读取数据。现在我们读取光线传媒股票的股评信息，待读取的数据文件保存为 csv 格式，文件名为 "300251.csv"。

（1）查看数据集

```
import pandas as pd
comments = pd.read_csv("300251.csv",encoding = "gbk")
comments.head()
```

输出结果如下：

（2）查看索引和列名

```
print(comments.index)       # 查看索引
print(comments.columns)     # 查看列名
```

输出结果如下：

```
RangeIndex(start=0, stop=129855, step=1)
Index(['2019-03-25 16:13:22', '光线传媒资讯',
       'http://guba.eastmoney.com/news,300251,811642819.html',
       '\r\n                \r\n           光线传媒:关于控股股东部分股份质押及质押延期购回的公告\r\n       公告日期:2019-03-25[查看历史公告]提示：本网不保证其真实
性和客观性，一切有关该股的有效信息，以交易所的公告为准，敬请投资者注意风险。'],
      dtype='object')
```

由于原始数据里并没有设置列名，在读取时默认将第一行数据作为列名，遇到这种情况，我们应当在读取数据时提前设置好列名。

```
columns = ['date','author','url','comment']
comments = pd.read_csv("300251.csv",encoding = "gbk",header = None,names = 
    columns)
comments.head()
```

输出结果如下：

	date	author	url	comment
0	2019-03-25 16:13:22	光线传媒资讯	http://guba.eastmoney.com/news,300251,81164281...	\r\n 光线传媒:关...
1	2019-03-26 15:47:21	恭喜发财红利就来	http://guba.eastmoney.com/news,300251,81192614...	\r\n 各位兄弟，再...
2	2019-03-26 16:18:41	老老老老老康	http://guba.eastmoney.com/news,300251,81193282...	\r\n 继续加仓了，...
3	2019-03-26 17:04:14	说你点啥好呢	http://guba.eastmoney.com/news,300251,81194240...	\r\n 跌破8块可以...
4	2019-03-26 17:30:25	资金解密	http://guba.eastmoney.com/news,300251,81194742...	\r\n 光线传媒03...

（3）排序

如果数据不是按顺序排列，可以使用 sort_index() 或者 sort_value() 排序。sort_index() 函数用于对索引排序。如果要按照某个列进行排序，那么可以使用 sort_value() 函数。这里我们对 date 列按照从低到高的顺序排列。

```
comments.sort_values(["date"], inplace=True)
```

如果需要降序排列，需要设置参数 ascending=False：

```
comments.sort_values(["date"], inplace=True, ascending=False)
```

9.2.3 数据切片

（1）DataFrame 列切片

```
# 或者用 comments["author"]
comments.author
```

输出结果如下：

```
0          光线传媒资讯
1        恭喜发财红利就来
2          老老老老老康
3          说你点啥好呢
4            资金解密
5            励琛研究
6           zxg515
7           科比7255
```

```
8            这一杯我先干
9            新手上路2013
10           人无信不立
11           聚焦沪深港
12           啊赚泼才
13           光线传媒资讯
14           财经评论
15           股友mb8qZ3
16           人无信不立
17           hh110160012
```

（2）DataFrame 行切片

.loc[ ] 方法通过标签的名字进行索引，它既可以进行单索引切片，也可以进行多索引切片，而且切片运算是末端包含的，.loc[ ] 可以索引超过已有行的位置。

```
comments.loc[1,["author","comment"]]
```

输出结果如下：

```
author                            恭喜发财红利就来
comment      \r\n                 各位兄弟，再...
Name: 1, dtype: object
```

.iloc[ ] 方法是按照整数位置来索引的，括号里填的是整数，它不能索引超过已有行的位置，而且切片运算是末端不包含的。

```
comments.iloc[1,[1,3]]
```

输出结果如下：

```
author                            恭喜发财红利就来
comment      \r\n                 各位兄弟，再...
Name: 1, dtype: object
```

更多数据框行列操作函数如表 9-5 所示。

表 9-5　数据框行列操作函数

类型	说明
df[val]	从数据框选取单列或一组列；在特殊情况下比较便利；布尔型数组（过滤行）、切片（行切片）或布尔型数据框（根据条件设置值）
df.loc[val]	通过标签，选取数据框的单个行或一组行
df.loc[:, val]	通过标签，选取单列或列子集
df.loc[val1, val2]	通过标签，同时选取行和列
df.iloc[where]	通过整数位置，从数据框选取单个行或行子集
df.iloc[:, where]	通过整数位置，从数据框选取单个列或列子集
df.iloc[where_i, where_j]	通过整数位置，同时选取行和列
df.at[label_i, label_j]	通过行和列标签，选取单一的标量
df.iat[i, j]	通过行和列的位置（整数），选取单一的标量
reindex	通过标签选取行或列
get_value, set_value	通过行和列标签选取单一值

9.2.4 数据类型转换

在 Pandas 中，也可以使用 astype() 方法转换数据类型，该方法允许你将一列或多列数据转换为指定的数据类型。对于字符串转换为日期，我们可以使用 pd.to_datetime() 函数。

```
comments["date"] = pd.to_datetime(comments.date)
```

利用 Pandas 进行数据分析时，确保使用正确的数据类型是十分重要的，这样可以很好地避免一些错误，提高分析效率。

Pandas、Python、NumPy 各自支持的数据类型如表 9-6 所示。

表 9-6　Pandas、Python、NumPy 各自支持的数据类型

Pandas	Python	NumPy	用法
object	str	string_, unicode_	文本
int64	int	int_,int8,int16,int32,int64, uint8, uint16, uint32, uint64	整数
float64	float	float_,float16,float32, float64	浮点数
bool	bool	bool	布尔值
datetime64	NA	NA	日期、时间值
timedelta[ns]	NA	NA	两个时间之间的差值
category	NA	NA	文本值的有限列表

我们在对数据进行处理之前，应该先查看加载数据的数据类型。可以采用 data.info() 或者 data.dtypes 两种方式获得数据类型。

```
# 查看数据类型，字符串类型的列会被当成 object 类型
comments.dtypes
```

输出结果如下：

```
date       object
author     object
url        object
comment    object
dtype: object
```

可以看到 date 这一列的数据类型为 object 而不是 datetime64，因此需要对该数据类型进行转换。

我们在 Pandas 中进行数据类型转换有三种基本方法。

（1）使用 astype() 函数进行强制类型转换

```
# 对原始数据进行转换并覆盖原始数据列
data['A'] = data['A'].astype('object')
```

需要注意，如果数据中含有缺失值、特殊字符的话，astype() 函数可能失效。

（2）自定义函数进行数据类型转换

该方法特别适用于待转换数据列的数据较为复杂的情形，可以通过构建一个函数应

用于数据列的每一个数据,并将其转换为适合的数据类型,这里会用到 apply() 函数来对每个序列进行处理。例如,将带有货币符号的金额转换成数值类型,数据概览如图 9-4 所示。

客户编号	客户姓名	2016	2017	增长率	所属组	day	month	year	状态
45646465	李明博	¥125,000.00	¥162,500.00	30.00%	500	12	10	2015	Y
51252278	孙静	¥920,000.00	¥1,012,000.00	10.00%	700	26	5	2014	N
84746547	杨飞飞	¥50,000.00	¥62,500.00	25.00%	125	24	2	2016	Y
22313132	张静怡	¥350,000.00	¥490,000.00	4.00%	75	10	8	2015	Y
63543543	童红红	¥15,000.00	¥12,750.00	−15.00%	ErrorValue	2	2	2014	N

图 9-4 数据概览

```
def convert_currency(value):
    """
    转换字符串数字为 float 类型
     - 移除 ¥ ,
     - 转化为 float 类型
    """
    new_value = value.replace(',', '').replace('¥', '')
    return np.float(new_value)
data['2016'].apply(convert_currency)
```

输出结果如下:

```
0    125000.0
1    920000.0
2    50000.0
3    350000.0
3    15000.0
Name: 2016, dtype: float64
```

该列所有的数据就都转换成对应的数值类型了,因此我们可以对该列数据进行常见的数学运算。除了用自定义函数外,我们还可以使用 Lambda 表达式。

```
data['2016'].apply(lambda x: x.replace('¥', '').replace(',', '')).astype('float')
```

(3)使用 Pandas 提供的函数 to_numeric()、to_datetime() 等

Pandas 的 astype() 函数和复杂的自定义函数之间有一个中间段,那就是 Pandas 的一些辅助函数。这些辅助函数对于某些特定数据类型的转换非常有用,如 to_numeric()、to_datetime()。

现在回到我们的主线任务,也就是处理光线传媒股评数据。数据里有评论日期,原来是 object 类型,现在将它转换成 datetime64 类型。

```
comments["date"] = pd.to_datetime(comments.date)
comments.date[:2]
```

输出结果如下:

```
0    2019-03-25 16:13:22
```

```
1   2019-03-26 15:47:21
Name: date, dtype: datetime64[ns]
```

Pandas 还提供了一个强大的 apply() 函数。可以使用该函数在序列对象上应用某项操作（函数）来处理序列的每个元素。

```
s = pd.Series([20, 21, 12], index=list("ABC"))
s-5
```

输出结果如下：

```
A    15
B    16
C     7
dtype: int64
```

将平方函数应用到序列中。

```
def square(x):
    return x ** 2
s.apply(square)
```

也可以使用 Lambda 函数。

```
s.apply(lambda x: x**2)
```

输出结果如下：

```
A    400
B    441
C    144
dtype: int64
```

9.2.5　数据的增删改

（1）数据的改、增操作

数据框的列可以通过赋值的方式进行修改，例如 df['A'] = 100，这一列的值都会变成 100。需要注意，将列表或数组赋值给某个列时，其长度必须跟数据框的长度相匹配。如果赋值的是一个序列，就会精确匹配数据框的索引，所有的空位都将被填上缺失值。

```
val = pd.Series([-1.2,-1.5,-1.7],index = ['two','four','five'])
frame['debt'] = val
frame
```

输出结果如下：

	year	state	pop	debt
one	2000	Ohio	1.5	NaN
two	2001	Ohio	1.7	-1.2
three	2002	Ohio	3.6	NaN
four	2001	Nevada	2.4	-1.5
five	2002	Nevada	2.9	-1.7
six	2003	Nevada	3.2	NaN

（2）重新索引：reindex()

将数据框的每一列按照新的方式排列。

```
comments = comments.reindex(columns = ["author","comment","date","url"])
comments.head()
```

输出结果如下：

	author	comment	date	url
0	光线传媒资讯	\r\n 光线传媒:关...	2019-03-25 16:13:22	http://guba.eastmoney.com/news,300251,81164281...
1	恭喜发财红利就来	\r\n 各位兄弟，再...	2019-03-26 15:47:21	http://guba.eastmoney.com/news,300251,81192614...
2	老老老老老康	\r\n 继续加仓了，...	2019-03-26 16:18:41	http://guba.eastmoney.com/news,300251,81193282...
3	说你点啥好呢	\r\n 跌破8块可以...	2019-03-26 17:04:14	http://guba.eastmoney.com/news,300251,81194240...
4	资金解密	\r\n 光线传媒03...	2019-03-26 17:30:25	http://guba.eastmoney.com/news,300251,81194742...

（3）重新命名：rename()

修改数据框的列名可以使用 rename 函数，例如下面的代码将 author 列名修改为作者，同时 date 和 url 列名也做了相应修改。

```
comments = comments.rename(columns = {"author":"作 者","comment":"评 论",
    "date":"日 期","url":"网址"})
comments
```

输出结果如下：

	作者	评论	日期	网址
0	光线传媒资讯	\r\n 光线传媒:关...	2019-03-25 16:13:22	http://guba.eastmoney.com/news,300251,81164281...
1	恭喜发财红利就来	\r\n 各位兄弟，再...	2019-03-26 15:47:21	http://guba.eastmoney.com/news,300251,81192614...
2	老老老老老康	\r\n 继续加仓了，...	2019-03-26 16:18:41	http://guba.eastmoney.com/news,300251,81193282...
3	说你点啥好呢	\r\n 跌破8块可以...	2019-03-26 17:04:14	http://guba.eastmoney.com/news,300251,81194240...
4	资金解密	\r\n 光线传媒03...	2019-03-26 17:30:25	http://guba.eastmoney.com/news,300251,81194742...

（4）数据删除：del 和 drop 函数

在 Python 中 del 和 drop 函数都能够删除数据框中的列数据，但两者也有着些许区别。
- del 属于 Python 的内置函数，drop 属于 Pandas 中的内置函数。
- drop 对列和行都进行操作，而 del 仅对列进行操作。
- drop 一次可以处理多个项目，而 del 一次只能处理一个项目。
- drop 可以就地操作或返回副本，del 仅是就地操作。

两种函数在执行效率上很接近，但是在较大数据上，drop 函数优势更明显，尤其是在处理多列数据时。

在处理光线传媒股票数据时，因为 url 对于我们目前的分析是没有用的，可以将它删除，分别采用 del 和 drop 函数。

```
del comments["url"]    # 采用del
comments.head()
```

输出结果如下：

	date	author	comment
0	2019-03-25 16:13:22	光线传媒资讯	\r\n 光线传媒:关...
1	2019-03-26 15:47:21	恭喜发财红利就来	\r\n 各位兄弟，再...
2	2019-03-26 16:18:41	老老老老老康	\r\n 继续加仓了，...
3	2019-03-26 17:04:14	说你点啥好呢	\r\n 跌破8块可以...
4	2019-03-26 17:30:25	资金解密	\r\n 光线传媒03...

```
comments.drop("url",axis = 1,inplace=True)    # 采用drop()
comments.head()
```

输出结果如下：

	date	author	comment
0	2019-03-25 16:13:22	光线传媒资讯	\r\n 光线传媒:关...
1	2019-03-26 15:47:21	恭喜发财红利就来	\r\n 各位兄弟，再...
2	2019-03-26 16:18:41	老老老老老康	\r\n 继续加仓了，...
3	2019-03-26 17:04:14	说你点啥好呢	\r\n 跌破8块可以...
4	2019-03-26 17:30:25	资金解密	\r\n 光线传媒03...

drop 函数中，参数 axis 为 0 表示删除行，为 1 表示删除列。

值得注意的是，参数 inplace 默认情况下为 False，表示保持原来的数据不变，True 则表示在原来的数据上改变。

除了要删除 url 以外，还需要删除光线传媒公司发布的一系列公告。虽然光线传媒的公告和其他的财经评论的数据对于投资者决策很重要，但是我们在此着重分析投资者评论对股价波动的影响，因此为了减少光线传媒公司公告的影响，我们去掉了公司公告以及其他财经评论数据。如果要研究光线传媒公司的公告，则需要特别分析公告的内容。具体操作代码如下所示。

```
# 删除光线传媒、资金解密、聚焦沪深港、财经评论发布的文章
comments = comments[comments["author"]!="光线传媒资讯"]
comments = comments[comments["author"]!="资金解密"]
comments = comments[comments["author"]!="聚焦沪深港"]
comments = comments[comments["author"]!="财经评论"]
```

（5）数据缺失值的处理

缺失值处理的方法之一是删除任何缺少数据的行。dropna() 函数能够找到数据框类型数据的空值（缺失值），将空值所在的行（列）删除后，将新的数据框作为返回值返回。相关代码如下所示，详细参数介绍如表 9-7 所示。

```
dropna(axis=0, how='any', thresh=None, subset=None, inplace=False)
```

表 9-7 dropna() 函数的详细参数介绍

参数名称	说明
axis	表示轴。值为 0 或 "index"，表示按行删除；为 1 或 "columns"，表示按列删除
how	表示筛选方式。为 "any"，表示该行（列）只要有一个以上的空值，就删除该行（列）；为 "all"，表示该行（列）全部都为空值，就删除该行（列）
thresh	表示非空元素最低数量。Int 型，默认为 None。如果该行（列）中，非空元素数量小于这个值，就删除该行（列）
subset	表示子集。列表、元素为行或者列的索引。如果 axis=0 或者 "index"，表示 subset 中元素为列的索引；如果 axis=1 或者 "column"，表示 subset 中元素为行的索引。由 subset 限制的子区域，是判断是否删除该行（列）的条件判断区域
inplace	表示是否原地替换。布尔值，默认为 False。如果为 True，则在原数据框上进行操作，返回值为 None

在缺失数据比较少的情况下，可以直接删除，但当缺失数据比较多时，对数据进行填充就很有必要了。相关代码如下所示，详细参数介绍如表 9-8 所示。

```
fillna(self, value=None, method=None, axis=None, inplace=False, limit=None,
    downcast=None, **kwargs)
```

表 9-8 fillna() 函数的详细参数介绍

参数名称	说明
value	用于填充的值，可以是数值、字典、序列对象或数据框对象
method	当没有指定 value 参数时，可以以该参数的内置方式填充缺失值，可选项有 {"backfill"、"bfill"、"pad"、"ffill"、None}，默认值为 None；backfill 和 bfill 用下一个非缺失值填充该缺失值，pad 和 ffill 用前一个非缺失值去填充该缺失值。该参数通常和 axis 一起使用，值得注意的是，method 参数不能与 value 同时出现
axis	指定填充维度，具体是指行维度或列维度，也可以理解为指定填充的方向，可选值有整数 0 或 1，也可以是字符串，选项有 "index" 或 "columns"，0 等同于 "index" 表示行维度，1 等同于 "columns" 表示列维度
inplace	是否修改原对象的值，True 表示修改，默认是 False，表示创建一个副本，修改副本，原对象不变
limit	指定填充的个数上限，默认为 None，即不限制填充的个数上限

填充缺失值一个比较特别的情景是：看值是否为 NA。NA 值（例如，None 或 numpy.NaN）被映射为 True 值。其他所有内容都映射为 False 值，其代码如下所示。

```
pandas.isna(obj)
```

9.3 用 Pandas 处理文本数据

9.3.1 在序列中处理文本数据

序列和索引包含一些列的字符操作方法，这可以使我们轻易操作数组中的各个元素。最重要的是，这些方法可以自动跳过缺失值（NA 值），并且可以在 str 属性中访问，基本上和 Python 内建的（标量）字符串方法同名，例如 lower()、upper()、len()、strip()、replace()、split() 等。下面举例说明文本处理方法的用途。

（1）lower()、upper() 方法

```
s = pd.Series(['A', 'B', 'C', 'Aaba', 'Baca', np.nan, 'CABA', 'dog', 'cat'])
s.str.lower()    # 将序列中的值全部小写
```

输出结果如下所示。

```
0       a
1       b
2       c
3    aaba
4    baca
5     NaN
6    caba
7     dog
8     cat
dtype: object
```

(2) len() 方法

```
s = pd.Series(['A', 'B', 'C', 'Aaba', 'Baca', np.nan, 'CABA', 'dog', 'cat'])
s.str.len()    # 序列中的值的长度
```

输出结果如下:

```
0    1.0
1    1.0
2    1.0
3    4.0
4    4.0
5    NaN
6    4.0
7    3.0
8    3.0
dtype: float64
```

(3) split() 方法

split() 方法返回一个列表类型的序列[1]。

```
# 读取 imdb 电影数据
imdb = pd.read_table( r'imdb_top_10000.txt', names=['imdbID', 'title',
    'year', 'score','votes', 'runtime', 'genres'] )
imdb.head()
```

输出结果如下:

	imdbID	title	year	score	votes	runtime	genres
0	tt0111161	The Shawshank Redemption (1994)	1994	9.2	619479	142 mins.	Crime|Drama
1	tt0110912	Pulp Fiction (1994)	1994	9.0	490065	154 mins.	Crime|Thriller
2	tt0137523	Fight Club (1999)	1999	8.8	458173	139 mins.	Drama|Mystery|Thriller
3	tt0133093	The Matrix (1999)	1999	8.7	448114	136 mins.	Action|Adventure|Sci-Fi
4	tt1375666	Inception (2010)	2010	8.9	385149	148 mins.	Action|Adventure|Sci-Fi|Thriller

```
# 对电影的类型这一序列 genres 进行文本切分
imdb.genres.str.split("|").head()
```

输出结果如下:

---

[1] 序列里的数据集为 1950—2011 年 IMDB 电影排行榜,包括电影 ID、名称、上映年份、评分、投票数、时长和电影类型信息。

```
0              [Crime, Drama]
1            [Crime, Thriller]
2    [Drama, Mystery, Thriller]
3    [Action, Adventure, Sci-Fi]
4    [Action, Adventure, Sci-Fi, Thriller]
Name: genres, dtype: object
```

切分后的列表中的元素可以通过 get() 方法或者 [] 方法进行读取。

```
# get()方法
imdb.genres.str.split("|").str.get(1)
# []方法
imdb.genres.str.split("|").str[1]
```

输出结果如下：

```
0          Drama
1       Thriller
2        Mystery
3      Adventure
4      Adventure
         ...
9995         NaN
9996       Drama
9997     Mystery
9998     Romance
9999       Drama
Name: genres, Length: 10000, dtype: object
```

使用 expand() 方法可以轻易地将这种返回展开为一个数据表。

```
imdb.genres.str.split("|",expand = True).head()
```

输出结果如下：

	0	1	2	3	4	5	6	7
0	Crime	Drama	None	None	None	None	None	None
1	Crime	Thriller	None	None	None	None	None	None
2	Drama	Mystery	Thriller	None	None	None	None	None
3	Action	Adventure	Sci-Fi	None	None	None	None	None
4	Action	Adventure	Sci-Fi	Thriller	None	None	None	None

除此之外，split() 方法还可以限制切分数，参数为 n，表示从左向右切分 n 次。rsplit() 与 split() 相似，只不过切分的方向相反，即从字符串的尾端向首段开始切分。

（4）构建哑变量

我们可以从字符串中抽出哑变量。例如前面提到的 imdb 电影数据集中，电影类型就可以构建哑变量，由"|"分割。

```
genres = imdb.genres.str.get_dummies(sep="|")
genres.head()
```

输出结果如下：

	Action	Adult	Adventure	Animation	Biography	Comedy	Crime	Drama	Family	Fantasy	...	Musical	Mystery	News	Reality-TV	Romance	Sci-Fi	Sport	Th
0	0	0	0	0	0	0	0	1	1	0	...	0	0	0	0	0	0	0	0
1	0	0	0	0	0	0	1	0	0	0	...	0	0	0	0	0	0	0	0
2	0	0	0	0	0	0	0	1	0	0	...	0	1	0	0	0	0	0	0
3	1	0	1	0	0	0	0	0	0	0	...	0	0	0	0	0	0	1	0
4	1	0	1	0	0	0	0	0	0	0	...	0	0	0	0	0	0	1	0

5 rows × 24 columns

（5）数据集成

1）横向堆叠

横向堆叠是指将两个表在 X 轴方向拼接在一起，可以使用 concat() 函数完成。concat() 函数的相关代码如下所示，具体参数介绍如表 9-9 所示。

```
pandas.concat(objs, axis=0, join='outer', join_axes=None, ignore_index
    =False, keys=None, levels=None, names=None, verify_integrity=False,
    copy=True)
```

表 9-9　concat() 函数的具体参数介绍

参数名称	说明
objs	接收多个序列、数据框、面板的组合。表示参与链接的 Pandas 对象的列表的组合。无默认
axis	接收 0 或 1，表示连接的轴向，默认为 0
join	接收交集（inner）或并集（outer），表示其他轴向上的索引是按交集还是并集进行合并。默认为并集
join_axes	接收 Index 对象，表示用于其他 n−1 条轴的索引，不执行并集（交集）运算。默认为 None
ignore_index	接收布尔值，当 ignore_index=True 时，表示在合并数据的同时忽略原始数据的索引（index），新生成的合并后的数据会重新生成一个默认的整数索引，默认为 False
keys	接收序列，表示与连接对象有关的值，用于形成连接轴向上的层次化索引。默认为 None
levels	接收包含多个序列的列表，表示在确定 keys 参数后，指定作为层次化索引各级别上的索引。默认为 None
names	接收列表，表示在设置了 keys 和 levels 参数后，用于创建分层级别的名称。默认为 None
verify_integrity	接收布尔值，表示是否检查结果对象新轴上的重复情况，如果发现则引发异常。默认为 False

当 axis=1 的时候，concat() 函数做行对齐，然后将不同列名称的两张表或者多张表合并。当两个表索引不完全相同时，可以采用 join 参数选择是内连接还是外连接。在内连接的情况下，仅仅返回索引重叠部分；在外连接的情况下则显示索引的并集部分数据，不足的地方则使用空值填补。如图 9-5 所示为横向外连接。

2）纵向堆叠

使用 concat() 函数时，在默认情况下，即 axis=0 时，函数做列对齐，将不同行索引的两张表或多张表纵向合并。在两张表的列名并不完全相同的情况下，可用 join 参数。参数取值为"inner"时，返回的仅仅是列名交集所代表的列；取值为"outer"时，返回的是两者列名的并集所代表的列。纵向外连接如图 9-6 所示。

append() 函数也可以用于纵向合并两张表。但是 append() 函数实现纵向堆叠有一个前提条件，那就是两张表的列名需要完全一致。append() 函数的相关代码如下所示，具体参数介绍如表 9-10 所示。

```
pandas.DataFrame.append(self, other, ignore_index=False,verify_integrity=
    False)
```

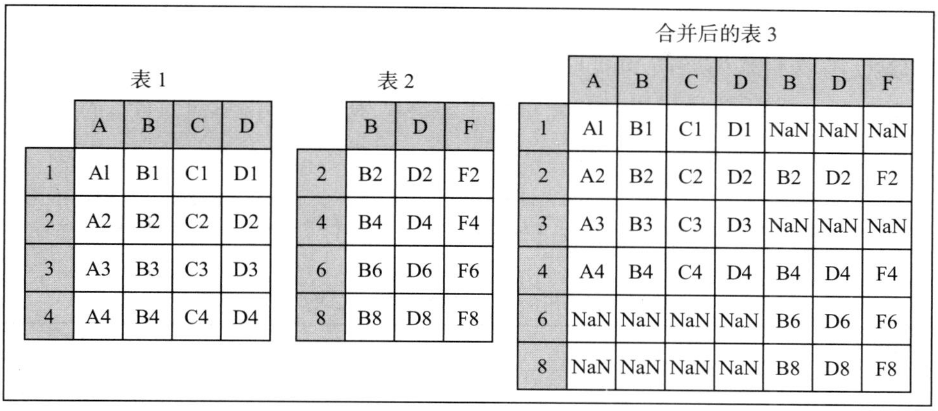

图 9-5　横向外连接

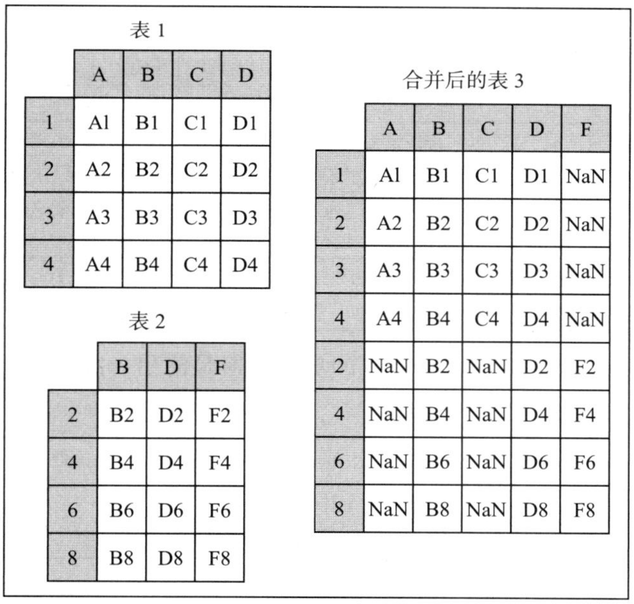

图 9-6　纵向外连接

表 9-10　append() 函数的具体参数介绍

参数名称	说明
other	接收数据框或序列，表示要添加的新数据。无默认
ignore_index	接收布尔值，如果输入 True，会对新生成的数据框使用新的索引（自动产生）而忽略原来数据的索引。默认为 False
verify_integrity	接收布尔值，如果输入为 True，那么当 ignore_index 为 False 时，会检查添加的数据索引是否冲突，如果冲突，则会添加失败。默认为 False

3）主键合并

主键合并是指通过一个或多个键将两个数据集的行连接起来，类似于 SQL 中的 join 函数。针对同一个主键存在两张包括不同字段的表，将其根据某几个字段一一对应拼接起来，结果集列数为两个原数据的列数和减去连接键的数量。

merge() 函数和数据库的 join() 函数一样，也有左连接、右连接、内连接和外连接，除此之外，merge() 函数还可以在合并过程中对数据集中的数据进行排序。相关代码如下所示。详细参数介绍如表 9-11 所示。

```
pandas.merge(left, right, how='inner', on=None, left_on=None, right_on=None,
    left_index=False, right_index=False, sort=False, suffixes=('_x', '_y'),
    copy=True, indicator=False)
```

表 9-11　merge() 函数的详细参数介绍

参数名称	说明
left	接收数据框或序列，表示要添加的新数据。无默认
right	接收数据框或序列，表示要添加的新数据。无默认
how	接收 inner、outer、left、right，表示数据的连接方式。默认为 inner
on	接收字符串或序列，表示两个数据合并的主键（必须一致）。默认为 None
left_on	接收字符串或序列，表示 left 参数接收数据用于合并的主键。默认为 None
right_on	接收字符串或序列，表示 right 参数接收数据用于合并的主键。默认为 None
left_index	接收布尔值，表示是否将 left 参数接收数据的 index 作为连接主键。默认为 False
right_index	接收布尔值，表示是否将 right 参数接收数据的 index 作为连接主键。默认为 False
sort	接收布尔值，表示是否根据连接键对合并后的数据进行排序。默认为 False
suffixes	当 left 和 right 参数中存在除主键列之外相同名称的列，在进行合并操作时，为了区分两个参数中相同名称的列，分别在 left 参数对应列和 right 参数对应列添加的后缀
Copy	接收布尔值，表示是否从传递的数据框对象复制数据，默认为 True
Indicator	接收布尔值，用于在结果中添加一个指示器列，指示每行数据来自哪个数据框，默认为 False

join() 函数也可以实现部分主键合并的功能，但是使用 join() 函数时，两个主键的名字必须相同。相关代码如下所示，详细参数介绍如表 9-12 所示。

```
pandas.DataFrame.join(other, on=None, how='left', lsuffix='', rsuffix='', sort
    =False)
```

表 9-12　join() 函数的详细参数介绍

参数名称	说明
other	接收数据框、序列或者包含了多个数据框的列表，表示参与连接的其他数据框。无默认
on	接收列名或者包含列名的列表或元组。表示用于连接的列名。默认为 None
how	接收特定的字符串。inner 代表内连接，outer 代表外连接，left 和 right 分别代表左连接和右连接。默认为 left
lsuffix	接收字符串，表示用于追加到左侧重叠列名的末尾，无默认
rsuffix	接收字符串，表示用于追加到右侧重叠列名的末尾，无默认
sort	根据连接键对合并后的数据进行排序，默认为 False

4）combine_first() 方法

在数据分析和处理过程中，若两份数据的内容几乎一致，但是某些数据特征在其中一张表上是完整的，而在另一张表上是缺失的时候，可以用 combine_first() 方法进行重叠数据合并，其原理如图 9-7 所示，详细参数介绍如表 9-13 所示。

	表1				表2				合并后的表3		
	0	1	2		0	1	2		0	1	2
0	NaN	3.0	5.0	1	42	NaN	8.2	0	NaN	3.0	5.0
1	NaN	4.6	NaN	2	10	7.0	4.0	1	42	4.6	8.2
2	NaN	7.0	NaN					2	10	7.0	4.0

图 9-7 使用 combine_first() 方法进行表合并

```
pandas.DataFrame.combine_first(other)
```

表 9-13 combine_first() 函数的详细参数介绍

参数名称	说明
other	接收数据框，表示参与重叠合并的另一个数据框，无默认

介绍完数据集成的几种方法后，我们将之前处理好的电影类型数据（哑变量表）和原表拼接在一起，这里采用 concat() 方法。

```
new_imdb = pd.concat([imdb, genres], axis=1) #concat 是用来合并两个 df（即表格合并）
new_imdb.head()
```

输出结果如下：

	imdbID	title	year	score	votes	runtime	genres	Action	Adult	Adventure	...	Musical	Mystery	News	Reality-TV	Romance	Sci-Fi
0	tt0111161	The Shawshank Redemption (1994)	1994	9.2	619479	142 mins.	Crime|Drama	0	0	0	...	0	0	0	0	0	0
1	tt0110912	Pulp Fiction (1994)	1994	9.0	490065	154 mins.	Crime|Thriller	0	0	0	...	0	0	0	0	0	0
2	tt0137523	Fight Club (1999)	1999	8.8	458173	139 mins.	Drama|Mystery|Thriller	0	0	0	...	0	0	0	0	0	0
3	tt0133093	The Matrix (1999)	1999	8.7	448114	136 mins.	Action|Adventure|Sci-Fi	1	0	1	...	0	0	0	0	0	1
4	tt1375666	Inception (2010)	2010	8.9	385149	148 mins.	Action|Adventure|Sci-Fi|Thriller	1	0	1	...	0	0	0	0	0	1

5 rows × 31 columns

5）replace() 方法

replace() 方法默认使用正则表达式，如果你只是想单纯地替换字符（此时等价于 Python 中的 str.replace() 方法），你可以将可选参数 regex 设置为 False，而不是机械地转义所有符号。这种情况下，pattern 和 replace 都将作为普通字符对待。

```
dollars = pd.Series(['12', '-$10', '$10,000'])
dollars.str.replace('-$', '-', regex=False)
```

输出结果如下：

```
0          12
1         -10
2     $10,000
dtype: object
```

replace() 方法也可以接受一个来自 re.compile() 编译过的正则表达式对象作为表达式。所有的标记都应该被包含在这个已经编译好的正则表达式对象中。

```python
# 创建 Series
s3 = pd.Series(['A', 'B', 'C', 'Aba', 'Baca', '', np.nan, 'CABA', 'dog',
    'cat'])
# 未编译的正则表达式字符串
regex_pat = r'^.a|dog'
# 使用 str.replace，并将 regex 设置为 True
s3_replaced = s3.str.replace(regex_pat, 'XX-XX', flags=re.IGNORECASE,
    regex=True)
print(s3_replaced)
```

输出结果如下：

```
0            A
1            B
2            C
3        XX-XX ba
4        XX-XX ca
5
6          NaN
7        XX-XX BA
8        XX-XX
9        XX-XX t
dtype: object
```

回到之前的光线传媒评论分析任务中，我们要对用户的评论进行文本清洗，去掉里面的一些空格、回车符等，代码如下：

```python
clean_comments = comments.comment.str.replace(" ","")
clean_comments = clean_comments.str.replace('\r\n', '')
clean_comments = clean_comments.str.replace('\r', '')
clean_comments = clean_comments.str.replace('\n', '')
comments["comment"] = clean_comments
comments.head()
```

输出结果如下：

	date	author	comment
1	2019-03-26 15:47:21	恭喜发财红利就来	各位兄弟,再见! 各位兄弟,再见!
2	2019-03-26 16:18:41	老老老老老康	继续加仓了，就当存银行定期吧[摊手][摊手]继续加仓了，就当存银行定期吧
3	2019-03-26 17:04:14	说你点啥好呢	跌破8块可以抄底了跌破8块可以抄底了
5	2019-03-26 17:59:37	励琛研究	励琛研究 | 互联网巨头亏损状态2018年，中国第二代互联网亏损，已经成为这届互联网上市公司躲不
6	2019-03-26 19:23:21	zxg515	这厮已经回到年初大盘两千五百点左右的价位了这厮已经回到年初大盘两千五百点左右的价位了

我们可以看到现在的评论比较规范了，输出结果如下：

```
comments["comment"][5]
```

'励珨研究 | 互联网巨头亏损状态2018年，中国第二代互联网亏损，已经成为这届互联网上市公司躲不开的"劫"。美团：美团点评全年经营亏损110亿，同比上升了约190%，多亏了70亿。经调整后净亏损85亿，同比亏了57亿。美团称，亏损增加主要是网约车司机成本增加和摩拜单车折旧、减值损失等原因。不可忽略的还有，美团总交易额增速放缓。第四季度美团GTV（交易额）为1380亿，同比增速32.5%，上一季度增速为40%，上半年增速则为56%。爱奇艺：对于在线视频网站来说，盈利依旧是难题，亏损是常态。爱奇艺全年财报中，在2018年运营亏损83亿元人民币（约合12亿美元），营业亏损率33%，2017年营业亏损40亿元，营业亏损率24%。亏损规模只有而扩大。爱奇艺给出的亏损解释为，大幅增加了在内容生态领域的投资；第四季度研发费用支出6.075亿元，同比增长67%，全年研发投入总计20亿元，较2017年增长57%。与之相对应的，爱奇艺的内容版权资产与自制内容资产在增长。财报显示，2018年自制内容资产达到37.36亿元，在内容资产中占比达到32.4%，而2017年该比例为22.5%。爱奇艺自制内容资产快速增长，2018年同比增幅高达139%，增速明显高于版权内容。将内容资产的年度增幅与内容本增幅进行对比可以发现，两者增幅接近，这表明爱奇艺在内容上的巨大投入或将直接体现在了内容的产出上，转化为了自制内容资产和购买的内容版权资产。实际上，不止是爱奇艺，国内几乎所有的视频网站均处于亏损状态。这主要源于国内视频网站最早只能依靠广告收入维持运营——盈利模式单一，入不敷出。蔚来汽车：自2016年之后的三年，蔚来汽车亏损已经成为常态。在蔚来汽车发布的2018年度财报中显示，2018年年度总收入为人民币49.512亿元，汽车销售总额为48.525亿元；年度经营亏损为人民币95.956亿元，同比增长93.7%，年度净亏损人民币96.390亿元，同比增长92.0%。2018年，蔚来汽车总研发费用为39.979亿元，同比增长53.6%。其中第四季度研发费用为15.152亿元，同比增长83.8%。财报称，第四季度研发费用的增长主要归因于产品和软件开发相关团队员工人数的增加，以及与ES6相关的设计和开发费用的增加。其实，随着2019新能源另一边，蔚来也不断受到行业对手的挤压。造车巨头特斯拉直接在上海低价接手市场，四次下调中国市场车型价格；而沃尔沃与吉利合资的高端电动车也开启最低30万的大福利，同时奥迪、宝马、奔驰、捷豹、路虎推出了电动车型，巨头造车势力互相博弈。猫眼：2018年前三个季度的财报在招股书中得以亮相，但成绩单并不好看。猫眼背靠四座大山——光线传媒上市不是终点，IPO之后考验才刚刚开始。过去10年，中国移动互联（来源：励琛研究的财富号2019-03-2617:59）[点击查看原文]'

9.3.2 进一步清洗文本数据

（1）删除 HTML 标签和 JavaScript 代码

由于很多数据都是从网页上爬取下来的，我们难免会遇到一些文本里出现大量的 HTML 符号和 JavaScript 代码的情况，所以在遇到这种情况时，我们要对文本数据进行清洗，主要采用 replace 方法和正则表达式（在前面详细讲过）。

现在对光线传媒评论数据进行清洗，相关代码如下所示。

```
# 检查评论中的某条脏数据
comments.comment[129831]
```

输出结果如下：

'全世界都知道机构再买，可你挣钱拉吗，明不走，套你一世纪!!!<<<<<<<<<<<<<<<<<<<<<<<<try{varimgs=document.getElementsByTagName(\'img\')if(imgs&&imgs.length>0){varlen=imgs.lengthfor(vari=0;i<len;++i){varimg=imgs[i]img.onerror=function(e){this.src=\'//gbfek.dfcfw.com/project/guba/images/error/error_img_160.png\'this.className=this.className+"img_error"}}}varisfund=false;if(isfund==false){(function(){varzwconbody=document.getElementById(\'zwconbody\');if(zwconbody.offsetHeight>1500){zwconbody.style.height=\'1500px\';zwconbody.style.overflow=\'hidden\';zwconbody.style.position=\'relative\';varnewHtml=document.createElement(\'div\');newHtml.className=\'readmore\';newHtml.innerHTML=\'<spanclass="readmore_text"><spanclass="iconicon_readmore"></span>展开阅读全文</span>\'//varappendHtml=\'<divclass="readmore"><spanclass="readmore_text"><spanclass="iconicon_readmore"></span>展开阅读全文</span></div>\'zwconbody.appendChild(newHtml);}})()};}catch(e){}评论绝地反弹？资金流量揭晓主力动作精准操盘的秘密在这里科创板申报企业名单基金今年来最高涨超65%'

```
pattern_html = r'<.*?>'
pattern_javascript = r'{.*?}'  # 这里比较简单地去掉函数体部分的代码
pattern_english = "[a-zA-Z]"   # 去除英文字符
comments["comment"] = comments.comment.str.replace(pattern_html,"")
comments["comment"] = comments.comment.str.replace(pattern_javascript,"")
comments["comment"] = comments.comment.str.replace(pattern_english,"")
comments.comment[129831]
```

输出结果如下：

'全世界都知道机构再买，可你挣钱拉吗，明不走，套你一世纪!!!0}}();}}()评论绝地反弹？资金流量揭晓主力动作精准操盘的秘密在这里科创板申报企业名单基金今年来最高涨超65%'

（2）删除过长的评论

字数过长的评论很可能是用户复制的网络信息，我们认为这可能会带来干扰，因此这里决定删除部分字数过长的评论。

我们使用分位数（quantile）查看评论字数的大致情况，分位数也称分位点，统计学上的分位数一般用 p 来表示。原则上 p 是可以取 0 到 1 之间的任意值的。常用的有中位数（即二分位数）、四分位数、百分位数等。举个例子，四分位数是指把数值由小到大排列并分成四等份，处于三个分割点位置的数值。

```
print("25th percentile: ", comments.comment.str.len().quantile(0.25))
print("99%: ", comments.comment.str.len().quantile(0.99))
```

输出结果如下：

```
25th percentile: 19.0
99%: 500.0
```

根据输出结果可以看出，评论字数的四分位数是 19；99 分位数是 500，因此我们将评论字数超过 1 000 的数据删掉。

```
# 删掉评论字数超过 1000 的数据
drop_index = comments[comments.comment.str.len()>1000].index
comments.drop(drop_index,axis = 0,inplace=True)
# 查看 drop_index 是否还在
drop_index
```

输出结果为：Int64Index([],dtype='int64')，说明字数大于 1 000 的评论已经被删除了。

9.3.3 更新评论日期

除了删除过长的评论数据之外，我们还要调整评论的日期。我国股市下午 3 点收盘，每天下午 3 点之后的评论应被划到第二天，因此每天有效的评论时间段是前一天 15:00 至当天的 15:00。为了调整日期，我们需要了解一下预备知识：Timestamp 和 Timedelta。

（1）Timestamp 和 Timedelta

Timestamp 是从 Python 标准库的 Datetime 类继承过来的，表示时间轴上的一个时刻。Timedelta 表示时间上的差异，以差异单位表示，例如，天、小时、分钟、秒。

举个例子，两个 Timestamp 相减就可以获得 Timedelta。

```
# 调用 Timestamp() 创建任意时间点
fool_day = pd.Timestamp('2022-2-1')
now = pd.Timestamp.now()
# Timestamp 相减可以获得 Timedelta 对象
td = now - fool_day
# 通过 days 获得相差的天数
td
```

此时是计算当天和 2022 年 2 月 1 日之间的相差天数，运行时间不同，得到的结果不同。输出结果为

```
Timedelta('12 days 14:19:50.222379')
```

我们也可以自己定义一个 Timedelta 对象。

```
now = pd.Timestamp.now()
print (now)
td = pd.Timedelta("10 day")
now_plus_tendays = now + td
```

```
print(now_plus_tendays)
```

输出结果如下所示。

2024-07-30 07:22:11.854043

2024-08-09 07:22:11.854043

(2) 调整日期

先定义一个用于调整日期的函数。

```
def modify_date(date_time):
    """
    调整日期，我国股市 3 点收盘。每天下午 3 点之后的评论调整为下一天的
    参数：
        date_time：评论的真实日期
    返回：
        date：调整后的日期
    """
    h = date_time.hour
    y = date_time.year
    m = date_time.month
    d = date_time.day
    date = pd.Timestamp(y,m,d)
    if h >= 15:
        date = date + pd.Timedelta("1 day")
    return date
```

对于数据框，我们可以使用 apply() 或者 map() 函数在一个序列上做运算，输入的参数是一个函数，例如这里使用定义好的 modify_date 函数，对 date 列进行运算，返回修正后的日期序列的相关代码如下所示。

```
comments["modified_date"] =comments["date"].apply(modify_date)
comments.head(10)
```

输出结果如下：

	date	author	comment	modified_date
1	2019-03-26 15:47:21	恭喜发财红利就来	各位兄弟，再见! 各位兄弟，再见!	2019-03-27
2	2019-03-26 16:18:41	老老老老老康	继续加仓了，就当存银行定期吧[摊手][摊手]继续加仓了，就当存银行定期吧	2019-03-27
3	2019-03-26 17:04:14	说你咋好呢	跌破8块可以抄底了跌破8块可以抄底了	2019-03-27
6	2019-03-26 19:23:21	zxg515	这厮已经回到年初大盘两千五百点左右的价位这厮已经回到年初大盘两千五百点左右的价位	2019-03-27
7	2019-03-26 16:46:55	科比7255	质押价是当前股价的三折，也就是三块不到一点，王老板实控人会死保三块，放心。质押价是当前股价的...	2019-03-27
8	2019-03-26 22:01:47	这一杯我先干	贝壳轮。光线之前投了贝壳轮。光线之前投了	2019-03-27
9	2019-03-26 22:35:22	新手上路2013	光线怎么不涨? 光线怎么不涨?	2019-03-27
10	2018-11-24 09:27:26	人无信不立	光线传媒持有上海华晨势创业投资合伙企业（有限合伙）31.96%的股权光线传媒	2018-11-24
12	2019-03-22 10:56:31	啊鹏泼才	主力是自己要作死自己.....主力是自己要作死自己...	2019-03-22
15	2019-03-27 09:04:01	股友mb8qZ3	赌开盘飘红的跟一下赌开盘飘红的跟一下	2019-03-27

(3) 提取时间、星期、月份

提取时间。

```
# 提取 hour
comments["hour"] = comments.date.dt.hour
```

```
comments["hour"].unique()
```

输出结果如下:

```
array([15, 16, 17, 19, 22,  9, 10,  6, 11, 12, 14, 18, 21, 23,  8,  7, 13,
       20,  0,  3,  1,  5,  2,  4], dtype=int64)
```

提取星期。

```
# 提取 dayofweek, 日期从 0 到 6 编号, 其中 Monday=0, Sunday=6
comments["dayofweek"] = comments.modified_date.dt.dayofweek+1
comments.dayofweek.unique()
```

输出结果如下:

```
array([3, 6, 5, 2, 1, 4, 7], dtype=int64)
```

提取月份。

```
# 提取 month
comments["month"] = comments.modified_date.dt.month
comments["month"].unique()
```

输出结果如下:

```
array([ 3, 11,  2,  4,  7, 12,  1,  6, 10,  9,  8,  5], dtype=int64)
```

（4）保存数据到 csv 文件

将调整好日期的数据保存到 csv 文件中，便于后续深入分析。

```
# 按列切片多个列
saved_comments=comments[["modified_date","comment","hour","dayofweek",
    "month"]]
# 按日期排序后保存到 ..\\data\\preprocessed_300251_comments.csv
saved_comments.sort_values(["modified_date"]).to_csv("cleaned_300251_
    comments.csv")
```

9.4　光线传媒股价数据分析

在本节中，我们将使用 Pandas 对光线传媒 2018 年 12 月至 2022 年 12 月的基本股价数据，例如开盘价、收盘价、最高价、最低价等进行基本的数据分析。

首先应导入对应的第三方库 Pandas，然后读取数据集。

```
import pandas as pd
train = pd.read_csv("光线传媒部分股价数据案例.csv")
train.info()
```

输出结果如下:

```
<class 'pandas.core.frame.DataFrame'>
RangeIndex: 992 entries, 0 to 991
Data columns (total 11 columns):
 #   Column        Non-Null Count  Dtype
---  ------        --------------  -----
```

```
 0   code         992 non-null    object
 1   trade_date   992 non-null    int64
 2   open         982 non-null    float64
 3   high         984 non-null    float64
 4   low          986 non-null    float64
 5   close        986 non-null    float64
 6   pre_close    987 non-null    float64
 7   change       989 non-null    float64
 8   pct_chg      990 non-null    float64
 9   vol          987 non-null    float64
 10  amount       985 non-null    float64
dtypes: float64(9), int64(1), object(1)
memory usage: 85.4+ KB
```

由于不同的数据平台记录相关股价数据的时期不一致以及一些人为原因等,我们获得的数据可能不完整,一些日期的股价数据可能不存在,所以应计算出空值的个数以便下一步判断。

```
miss = train.isnull().sum()  # 统计出空值的个数
miss
```

输出结果如下:

```
code          0
trade_date    0
open         10
high          8
low           6
close         6
pre_close     5
change        3
pct_chg       2
vol           5
amount        7
dtype: int64
```

我们发现确实有很多列的数值缺失,为了更好地判断,我们可以对它们进行排序。

```
miss[miss>0].sort_values(ascending=True)# 由低到高排序
```

输出结果如下:

```
pct_chg       2
change        3
pre_close     5
vol           5
low           6
close         6
amount        7
high          8
open         10
dtype: int64
```

缺失值产生的原因多种多样,从缺失的分布来说还可以分为完全随机缺失、随机缺失,不同情景下处理缺失值的方法也有所区别。

对于缺失值的处理,从总体上来说分为删除存在缺失值的个例样本和缺失值插补。删除存在缺失值的个例样本简单易行,在对象有多个属性缺失值、被删除的含缺失值的对象比初始数据集的数据量更少的情况下非常有效。但当缺失数据所占比例较大时,可能会导致数据发生偏离，从而引发错误的结论。对于主观数据，人将影响数据的真实性，存在缺失值的样本的其他属性的真实性也不能保证，此时依赖于缺失值插补是不可靠的，所以不建议使用缺失值插补处理主观缺失值。缺失值插补主要是针对客观数据，这样它的可靠性相对来说更有保证。

插补的方法有很多，对于数值型数据，可以采用均值、加权值、中位数、回归模型等方法补全；对于分类型数据，可以考虑使用类别众数最多的值、分类模型以及专家进行补全。大多数情况下，我们会基于已有的其他字段，将缺失字段作为目标变量进行预测，从而得到最有可能的补全值。比如，如果带有缺失值的列是数值变量，我们可以采用回归模型补全；如果是分类变量，则采用分类模型补全。对于少量且具有重要意义的数据记录，专家补全也是一种非常重要的途径。

有时候我们可能无法得知缺失值的分布规律，并且无法对缺失值采用上述任何一种方法做处理，或者我们认为数据缺失也是一种规律时，我们就不要轻易对缺失值随意处理。这时，我们承认缺失值的存在，不进行处理。

对于缺失值使用 0 填充的相关代码如下所示。

```
cols=["open", "high", "low", "close", "pre_close", "change", "pct_chg",
    "vol", "amount"]
# 对于缺失值使用 0 填充
for col in cols:
    train[col].fillna(0, inplace=True)
all = train.isnull().sum()# 统计出空值的个数
all
```

接下来我们可以查看列的统计信息，例如方差、标准差、最大值、最小值等。

```
df.var()       # 探索全部样本的方差
df.std()       # 探索标准差
df.max().head()   # 最大值
df.min().head() # 最小值
df.mean()      # 平均值
df.median()  # 中位数
```

有时数据过于庞大，我们可以随机抽取一些数据。本例抽取 5 个数据，实际中可以根据现实情况合理设置样本量。

```
df.sample(n=5, replace=False)    # 不放回随机抽样 5 个数据
```

输出结果如下：

	ts_code	trade_date	open	high	low	close	pre_close	change	pct_chg	vol	amount
322	300251.SZ	20210901	9.32	9.98	9.31	9.73	9.31	0.42	4.5113	506425.77	491952.535
223	300251.SZ	20220128	10.29	10.72	10.10	10.53	10.07	0.46	4.5680	305078.04	320914.107
830	300251.SZ	20190801	8.44	8.80	8.36	8.78	8.43	0.35	4.1518	539928.86	466803.776
125	300251.SZ	20220630	9.34	9.71	9.24	9.47	9.16	0.31	3.3843	343646.80	327563.157
320	300251.SZ	20210903	9.65	10.11	9.55	9.91	9.65	0.26	2.6943	397369.03	390593.482

9.5 扩展阅读

9.5.1 混频数据

在研究一些宏观问题时，例如，利用高频数据信息实现对我国宏观经济总量的预测，通常会面临混频数据的处理问题。常用的混频数据处理方式包括：①使用加总或插值的方法将混频数据进行预先处理，再应用至同频率数据模型。②采用参数化方法直接将不同频率的模型融入方程进行模型的构建与估计，包括混频抽样（MIDAS）模型及其派生模型、混频向量自回归（MF-VAR）模型和混频动态因子模型。以下对各方法进行简单介绍。

1. 混频数据转换

将高频数据转换为低频数据，对于高频流量数据一般采用按时间窗口加总的方法，而对于存量数据或指数数据一般采用加总平均或采用某一特定值代替的方法（一般为期末值）。但这往往存在着不可避免的高频数据信息丢失问题。

将低频数据转换为高频数据，常使用插值法，一般包括模型参数估计方法和缺失数据插值的方法。目前主流研究采用状态空间和卡尔曼（Kalman）滤波等方法进行插值。这类方法的局限性是有人为构造的痕迹，缺乏理论和事实依据。

2. 混频抽样模型及其派生模型

MIDAS 模型可以直接利用高频数据，避免因数据同频处理过程中引起的全样本的损失和人为信息的虚增，也能利用最新公布的高频数据更新低频数据从而改进宏观经济预测的时效性。

（1）基础的 MIDAS 模型

低频数据为 $y_t(t=1,\cdots,T)$，高频数据为 $x_\tau(\tau=1,\cdots,mT)$，令 $x_t^{(m)}=x_\tau$，其中 m 表示混频数据的频率倍差，即 $x_t^{(m)}$ 在 $t-1$ 期到 t 期进行了 m 次抽样，则 MIDAS 回归模型可表示为以下形式：

$$y_t = \beta_0 + \beta_1 B\left(L^{\frac{1}{m}};\boldsymbol{\theta}\right)x_t^{(m)} + \varepsilon_t^{(m)} \qquad (9\text{-}1)$$

式中，滞后算子多项式 $B(L^{1/m};\boldsymbol{\theta})=\sum_{k=0}^{K}B(k;\boldsymbol{\theta})L^{k/m}$ 为参数向量 $\boldsymbol{\theta}$ 的一个函数，$L^{1/m}$ 为高频数据的滞后算子，如 $L^{1/m}x_t^{(m)}=x_{t-1/m}^{(m)}$，$K$ 是高频数据的滞后阶数。

（2）MIDAS 模型的派生模型

我们考虑实现利用月度数据对季度数据实现实时预测和多期预测，并利用最新公布的月度数据信息对季度 GDP 信息的预测值进行修正，现在提出 h 步向前预测的 MIDAS(m, K, h) 模型，形式为

$$y_t = \beta_0 + \beta_1 B\left(L^{\frac{1}{m}};\boldsymbol{\theta}\right)x_{t-\frac{h}{m}}^{(m)} + \varepsilon_t \qquad (9\text{-}2)$$

即当季信息在最新月度信息更新时,通过更改 h 的值表示当季信息中有多少信息已被采用,从而实现对季度 GDP 的预测和修正。

GDP 增长率的时间序列由于经济系统的惯性往往存在自相关关系。因而在模型中引入合理的自回归,加入被解释变量的自回归项,形成 p 阶自回归滞后的 MIDAS(m, K, h)-AR(p) 模型。

(3) MIDAS 模型评价

优势:MIDAS 模型提供了对高频和低频数据结合的灵活建模方式,能够更全面地捕捉不同频率数据之间的动态关系。通过将不同频率的数据融合在一起,MIDAS 模型能够更有效地利用两种频率数据中的信息,提高模型的预测性能。

局限:MIDAS 模型对高频数据和低频数据的质量和可靠性有一定的依赖性;低频数据的噪声和缺失可能影响模型的表现;在计算上较为复杂,尤其是模型参数的估计方面。

3. MF-VAR 模型

相比 MIDAS 模型,MF-VAR 模型传承了 VAR 模型能够系统地反映变量间的动态结构关系的优势,但是存在估计方法复杂,待估参数维数过多的问题。另外,MIDAS 模型属于直接预测模型,在多步预测中,MIDAS 模型需要对每一步预测进行设定和估计,随着预测期数增加,模型利用的信息越陈旧,效果就越差。而 MF-VAR 模型是利用卡尔曼技术的迭代预测模型,可以通过向前迭代获得多步预测值,能够利用最近的数据信息。

总体而言,MIDAS 模型在短期预测中更为有效,而 MF-VAR 模型在长期预测中效果更好。但是作为迭代预测模型,MF-VAR 模型常出现模型误设的困扰,而多数研究更倾向于使用直接预测来避免模型误设带来的巨大影响。另外,在模型的可拓展性方面,MIDAS 模型可以通过包含更高频的信息(每日金融数据)来增加模型预测和估计的精确度。而 MF-VAR 模型会使得模型的设定和估计变得异常复杂。

4. 混频动态因子模型

MIDAS 模型受到分布滞后多项式设定的约束,且无法囊括过多解释变量。此外,MIDAS 模型和 MF-VAR 模型均无法处理碎尾数据和缺失数据,我们在研究时为保持尾部数据齐整,需要舍弃最新发布的数据,使得反映最新经济状态的信息受到损失。

因此,考虑我国经济数据碎尾和存在周期性缺失值的特点,我们使用混频动态因子模型对我国 GDP 进行实时预测,从而最大程度保证预测的时效性和真实性。

模型设定参见"系统化资产配置系列之六:实时预测中国 GDP 增速"⊖。混频动态因子模型中需要估计的变量包括各个隐含因子和模型参数,其取值相互依赖且未知变量数量庞大,为对其进行稳健的估计,学界常采用 PCA+EM 算法。具体来说,PCS+EM 算法流程如下所示。

用 PCA 方法初始化隐含因子和模型参数。

• 对任意第 i 个隐含因子,我们找到所有对其有载荷的数据,然后使用 PCA 方法得到

⊖ 报告全文可参考资源链接:https://www.math.pku.edu.cn/finance/docs/20200729123416978651.pdf。

其协方差矩阵最大特征值对应的特征向量，并将数据投影到特征向量方向上得到主成分。主成分序列便是初始化隐含因子值，特征向量中隐含因子对应的列系数初始值，然后从数据序列中减去已得到的主成分序列，使用剩下的数据重复上述过程，最终得到所有隐含因子和残差，以及拓展后的隐含因子序列。

- 对初始化隐含因子做自回归得到转移矩阵和残差。
- 对残差（第一步中最后得到的残差）做自回归便得到自回归系数和残差。
- 根据第二步和第三步得到的残差项序列得到协方差矩阵。
- 设置一个对角矩阵，对角元素均为参数 K（自己设置）。
- 综合上述操作，得到所有模型参数的初始值。

EM 算法迭代计算隐含因子和模型参数。

- E-step：基于上次迭代得到的模型参数和可观测数据集，使用卡尔曼滤波得到隐含因子序列和当前模型的似然值。在这一步中，若观测值有缺失，Kalman 滤波会用模型预测值将其自动填充，这也是为什么动态因子模型可以处理带有缺失值和锯齿状的时间序列数据。
- M-step：基于第一步得到的隐含因子序列和可观测数据集，使用最大似然法得到新的模型参数。
- 比较当前模型似然值与上次迭代的模型似然值，若当前模型似然值相比上一次迭代的模型似然值的减少幅度大于阈值，则模型尚未收敛，重新进入第一步；否则停止 EM 算法迭代，输出结果。

以上的 PCA+EM 算法将宏观数据映射为若干隐含因子，可以解决数据界面维度高的问题。其中的 EM 算法还使用了卡尔曼滤波，它可以自动处理缺失值，同时对于统计口径的变动具有较强稳健性。

9.5.2 ChatGPT 视角下的 Pandas

我们让 ChatGPT 利用 Pandas 对文本数据进行处理（见图 9-8）。

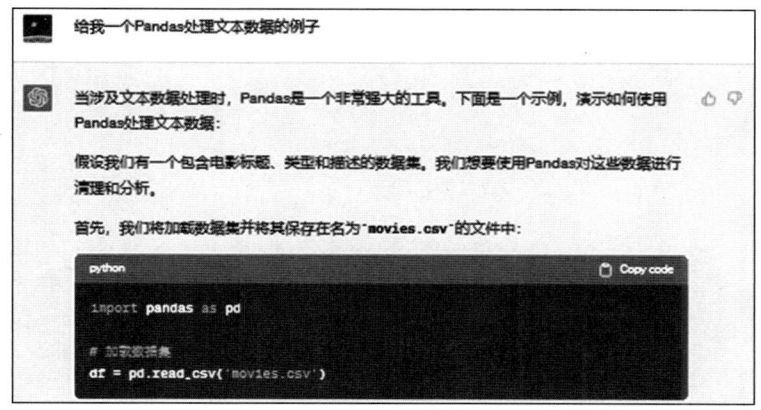

图 9-8　ChatGPT 回复结果

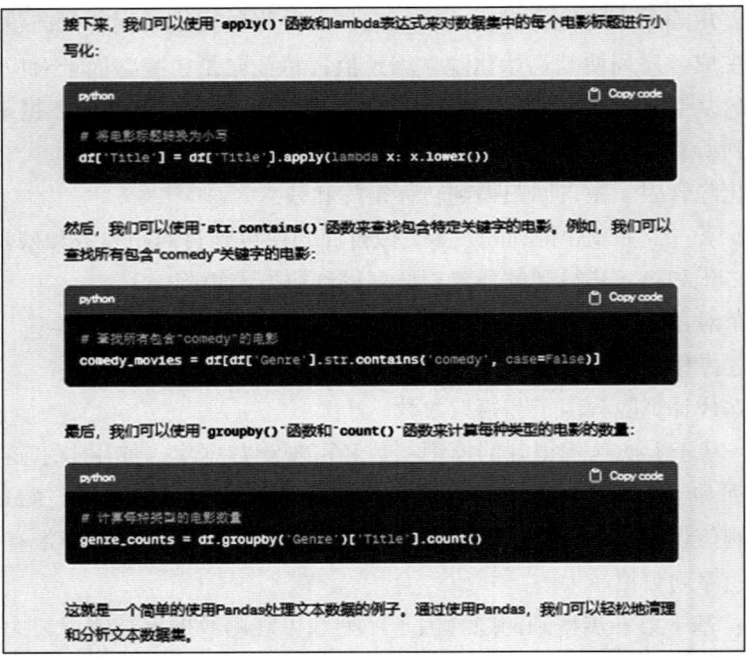

图 9-8　ChatGPT 回复结果（续）

CHAPTER 10

第 10 章

数据可视化

我们在第 9 章学习了 Pandas 的基本用法，可以对一些数据进行基本处理和分析，Pandas 还有很多其他方法可以帮助我们更好地清洗数据。除此之外，数据可视化还是数据探索、用数据讲故事的有力工具。本章讲解如何利用 Python 进行数据可视化。本章主要内容如下：
- 数据可视化的基本步骤
- Matplotlib 可视化
- Pandas 可视化
- 使用数据可视化探索人们的生活规律
- 股票价格的数据可视化

10.1 数据可视化的基本步骤

1. 了解任务和交流对象

数据可视化是面向沟通交流的工具，因此第一步是了解你的任务和交流对象。如果你是一个销售经理，你的任务是使用数据可视化工具展示公司最近一年的销售数据。你的受众可能是公司高层管理人员和其他销售团队成员。不同的受众关注点不同，例如，高层管理人员可能需要一份总结性的销售报告，或者与竞争对手的比较分析，而销售团队成员可能需要更详细的数据和分析。

2. 选择图表类型

当选择图表类型时，你需要考虑数据的类型和特点，以及你想要传达的信息和目的。选择正确的图表类型可以帮助你更好地传达数据和见解，并使数据可视化更加直观有效和有说服力。下面举例说明常用的图表类型以及适用场景。

- 条形图：适合比较不同类别的数据，例如不同产品的销售额，或者同一产品在不同时间段的销售额。
- 折线图：适合展示数据随时间变化的趋势，例如公司每个季度的营业额。
- 散点图：适合展示两个变量之间的关系，例如广告投入和销售额之间的关系。
- 饼图：适合展示每个类别在整体中的比例，例如销售额的不同来源占比。
- 热力图：适合展示数据在二维平面上的分布情况和密度，例如销售额在不同地区和不同时间的分布情况。
- 气泡图：适合展示三个变量之间的关系，例如广告投入、销售额和产品价格之间的关系。
- 地图：适合展示地理位置数据和空间分布情况，例如销售额在不同城市的分布情况。

3. 优化图表设计

优化数据可视化设计可以帮助受众更轻松地理解所传达的信息。因此，完成基础的图表设计后，你需要对可视化结果做进一步改进，同时建议邀请朋友提出改进建议。改进的目标是降低可视化的认知难度。以下是一些可以优化数据可视化设计的改进技巧和示例。

- 简化图表元素：使用简洁明了的标题、轴标签和图例，去除不必要的图表元素和背景色彩，使图表更易读和易理解。
- 遵循视觉层次：使用颜色、线条、大小和形状等视觉元素，引导受众注意重要的信息和趋势，强调关键数据点。
- 选择适当的颜色：使用清晰明亮的颜色，尤其是对比强烈的颜色，以突出重要信息和趋势。
- 提供上下文信息：在图表中可以提供上下文信息，如时间范围、数据来源和参考线，帮助受众更好地理解数据和趋势。

10.2 Matplotlib 可视化

Matplotlib 是一个基础的绘图库，提供了广泛的图表类型，如折线图、散点图、条形图、饼图等。它也允许用户在图表上添加注释和标签，并可以通过绘制多个子图或者组合不同的图表来完成更复杂的可视化任务。因此，使用 Matplotlib 可以更自由地控制图表的细节和外观，适用于各种不同的可视化需求。首先我们安装好 Matplotlib，并使用以下代码导入。

```
import matplotlib as mpl
import matplotlib.pyplot as plt
import numpy as np
```

接下来让我们绘制一个简单的图形吧。

```
N=15 # 随机生成一些数据
x=np.random.rand(N)
y=np.random.rand(N)
x1=np.random.rand(N)
y1=np.random.rand(N)
```

```
plt.scatter(x,y,s=100,c='red',marker='^',label='red')  # c是color的简称，设置
                                                         颜色
plt.scatter(x1,y1,s=50,c='blue',marker='o',label='blue')
plt.legend(loc='upper left')  # 在左上角添加图例
plt.xlabel('x')  # 给横坐标添加标签
plt.ylabel('y')  # 给纵坐标添加标签
plt.title('picture')  # 给图像添加标题
plt.show()  # 显示图像
```

图像输出结果如图 10-1 所示。

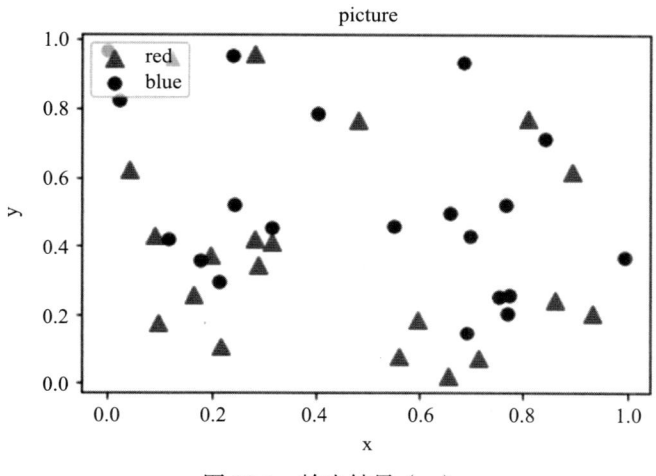

图 10-1　输出结果（一）

从图 10-1 可以看出，我们将数据以散点图的形式可视化，除此之外，我们还可以绘制线形图。

```
x = np.linspace(0.05, 15, 1000)
y = np.cos(x)
plt.plot(x, y, ls="-", lw=2, label="plot figure")
plt.show()
```

输出结果如图 10-2 所示。

我们还可以自由更改线条的形状。

```
plt.plot(x, y, ls="--", lw=2, c="c", label="plot figure")
plt.xlabel("x-axis")
plt.ylabel("y-axis")
plt.show()
```

输出结果如图 10-3 所示。

我们还可以添加背景的网格线。

```
x = np.linspace(0, 15, 1000)
y = np.sin(x)
plt.plot(x, y, ls="-.", lw=2, c="c", label="plot figure")
plt.grid(linestyle=":", color="r")
plt.show()
```

图像输出结果如图 10-4 所示。

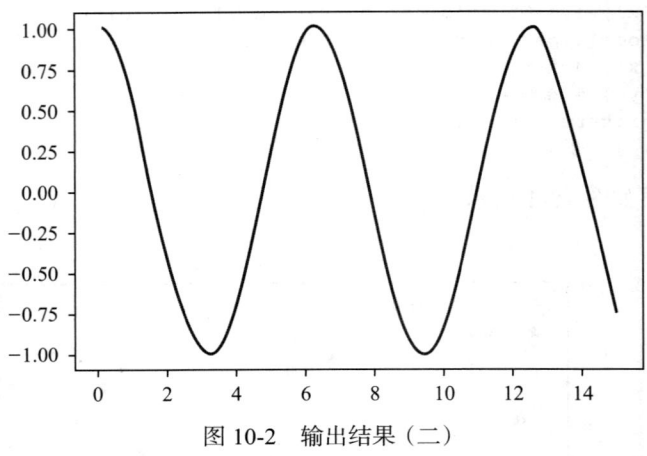

图 10-2 输出结果（二）

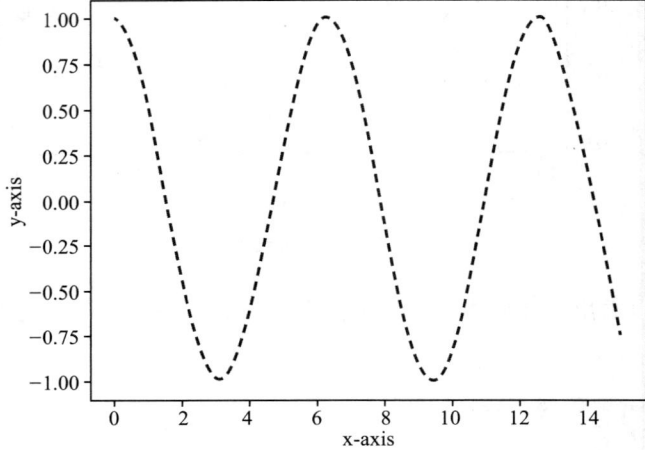

图 10-3 输出结果（三）

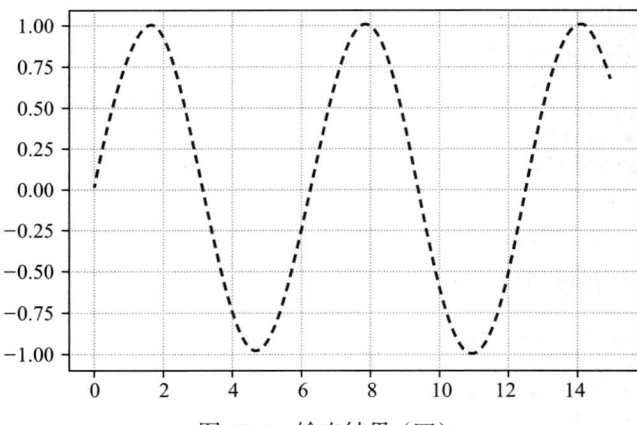

图 10-4 输出结果（四）

10.3 Pandas 可视化

Matplotlib 的功能非常强大，但其较为底层，在画图时比较烦琐，画一张图需要实现图像类型、标题、图例、刻度、注释等组件。Pandas 中的 plot() 函数基于 Matplotlib，但它的使用难度较低。plot() 函数利用了 Matplotlib 库的 plot 方法，并进行了简单的封装，因此我们可以直接调用接口。

10.3.1 参数列表

以下参数均取默认值。

DataFrame.plot(x=None, y=None, kind='line', ax=None, subplots=False, sharex=None, sharey=False, layout=None, figsize=None, use_index=True, title=None, grid=None, legend=True, style=None, logx=False, logy=False, loglog=False, xticks=None, yticks=None, xlim=None, ylim=None, rot=None, fontsize=None, colormap=None, position=0.5, table=False, yerr=None, xerr=None, stacked=True/False, sort_columns=False, secondary_y=False, mark_right=True, **kwds)

详细参数介绍如表 10-1 所示。

表 10-1 Pandas 中 plot() 函数的详细参数介绍

参数		说明
x		x 轴的标签或位置参数
y		y 轴的标签或位置参数
kind	s	绘图类型
	line	折线图
	bar	条形图
	barth	水平条形图
	hist	直方图
	box	箱线图
	kde	Kernel 的密度估计图
	density	功能类似 "kde"，但计算概率密度的方法不同
	area	面积图
	pie	饼图
	scatter	散点图，要传入列方向的索引
	hexbin	六边形分布图
ax		ax 参数用来指定图表绘制在哪个 Matplotlib 坐标轴上。如果提供 ax 参数，图表将在给定的坐标轴上进行绘制，没有设置就使用当前的坐标轴进行绘制
subplots		布尔值，是否对列分别制作子图
sharex(sharey)		布尔值，如果有子图，子图共享 x (y) 轴刻度，标签
layout		子图的行列布局
figsize		图片尺寸大小
use_index		布尔值，默认用索引做 x 轴的刻度标签

(续)

参数	说明
title	字符串，图片的标题
grid	布尔值，图片是否有网格
legend	子图的图例
style	对每列折线图设置线的类型
logx（logy）	布尔值，设置 x（y）轴刻度是否取对数
loglog	布尔值，同时设置 x，y 轴刻度是否取对数
xticks（yticks）	设置坐标轴刻度值，采用序列形式（比如列表）
xlim（ylim）	设置坐标轴的范围。采用数值（最小值）、列表或元组（区间范围）形式
rot	整型数值，设置轴标签（轴刻度）的旋转度数
fontsize	整型数值，设置轴刻度的字体大小
colormap	设置图的区域颜色
position	浮点型数值，条形图的对齐方式，取值范围 [0,1]，即左下端到右上端默认 0.5（中间对齐）
table	布尔值，图下添加表，如果为 True，则使用数据框中的数据绘制表格，并且数据将被转置以满足 Matplotlib 的默认布局
xerr（yerr）	指定 x 轴或 y 轴的误差值
stacked	布尔值，用于指定是否将数据堆叠在一起，默认为 False
sort_columns	布尔值，以字母表顺序绘制各列，默认使用前列顺序
secondary_y	布尔值或序列，设置第二个 y 轴（右辅助 y 轴）
mark_right	布尔值，当使用第二个 y 轴时，是否标记右侧 y 轴的刻度，默认为 True
**kward	用于接收任意数量的关键字参数

10.3.2 绘图

1. 折线图

折线图是一种基本的数据可视化图表类型，通常用于表示数据随时间或某个连续变量变化的趋势。它由若干个点连接成的线段组成，可以直观地反映数据的变化情况。

折线图在数据可视化中使用的情况如下。

- **表示趋势**：折线图最常用于表示随时间或连续变量变化的趋势。例如，一个公司的销售额随时间的变化趋势。再如，一只股票的价格随时间的变化趋势等，在这种情况下，折线图可以清晰地展示数据的变化，有助于投资者加深对趋势的理解。
- **对比数据**：折线图还可以用于比较不同组或不同变量之间的趋势。例如，比较不同产品的销售量、比较不同国家的 GDP 增长率等。在这种情况下，可以使用多条折线来表示不同组或不同变量之间的趋势，从而更好地比较它们之间的差异。
- **分析周期性变化**：折线图还可以用于分析周期性变化的规律。例如，一年中每个月的销售量、一天中每个小时的访问量等。在这种情况下，可以使用折线图来展示周期性变化的规律，从而更好地理解数据的特征。

```
import pandas as pd
import numpy as np
```

```
df=pd.DataFrame(np.random.randn(5,3),index=pd.date_range('18/2/2022',
    periods=5), columns=list('ABC'))
df.plot()
```

输出结果如图 10-5 所示。

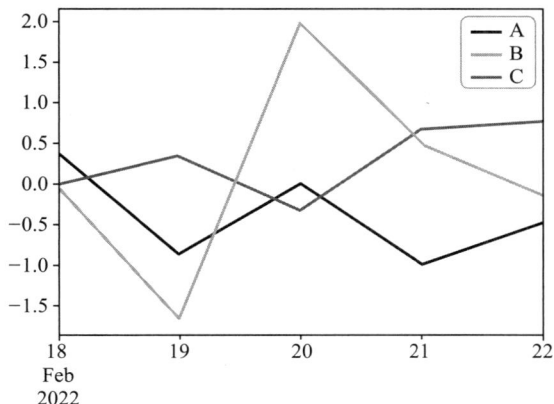

图 10-5　输出结果（五）

上面的代码默认的 x 轴是 df 的 index，而且一次把 df 所有列画出来了，我们也可以仅仅画其中一列，即 df["A"].plot()。由于代码中使用了 random 函数随机生成数据，因此每次生成的图形不一样。

2. 条形图

条形图在数据可视化中使用的情况如下。

- **比较数量**：条形图最常用于比较不同组之间的数量。例如，比较不同产品的销售量、比较不同国家的人口数量等。在这种情况下，每个条形的高度表示对应指标的大小，从而可以直观地比较不同组之间的差异。
- **分析变化趋势**：条形图还可以用于分析变化趋势。例如，比较不同年份的 GDP 增长率、比较不同季度的销售量等。在这种情况下，可以将不同时间段的数据放在同一个条形图中，从而更好地展示数据的变化趋势。

（1）垂直条形图

```
df = pd.DataFrame(np.random.rand(10,3),columns=['a','b','c'])
df.plot(kind="bar")
# df.plot.bar()
```

条形图输出结果如图 10-6 所示。

通过设置参数 stacked=True 可以生成柱状堆叠图。

```
df = pd.DataFrame(np.random.rand(10,3),columns=['a','b','c'])
df.plot(kind="bar",stacked=True)
# df.plot.bar(stacked=True)
```

柱状堆叠图的输出结果如图 10-7 所示。

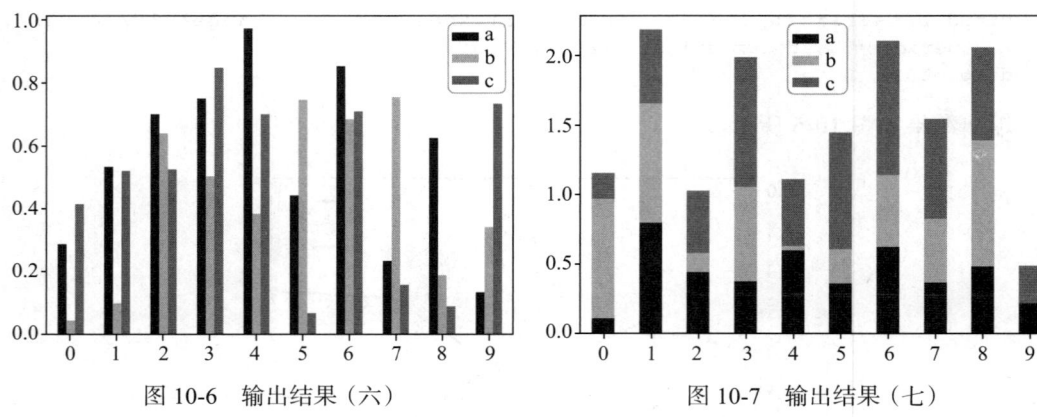

图 10-6　输出结果（六）　　　　图 10-7　输出结果（七）

（2）水平条形图

```
df = pd.DataFrame(np.random.rand(10,3),columns=['a','b','c'])
df.plot.barh(stacked=True)
df.plot.barh()
```

水平条形图的输出结果如图 10-8 所示。

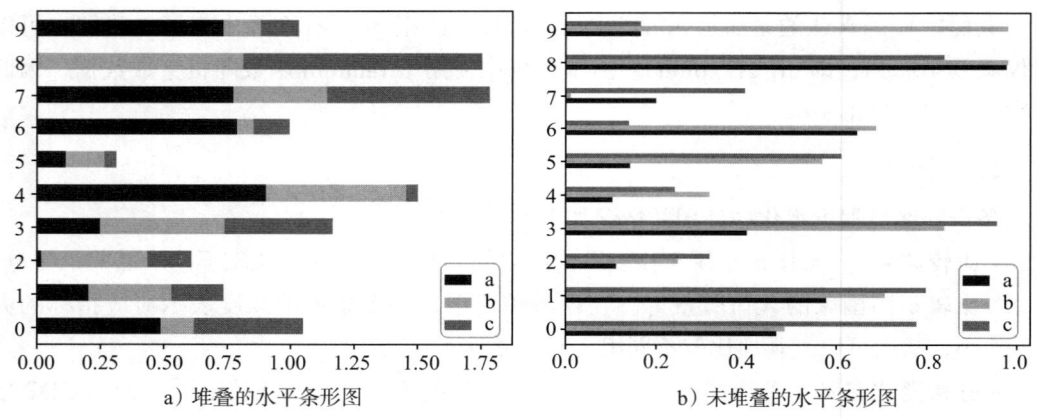

a）堆叠的水平条形图　　　　b）未堆叠的水平条形图

图 10-8　输出结果（八）

3. 直方图

直方图（histogram），也称为频数分布图。直方图可以用来表示连续变量的分布情况，它将数据分成若干等距的区间，然后统计每个区间中数据的频数或频率，并用矩形条形图表示出来。直方图的横轴表示数据的取值范围，纵轴表示该范围内数据的频数或频率。直方图通常用于探索性数据分析和数据预处理，也可以用来了解数据的分布情况、发现异常值和数据的偏态等。

```
df=pd.DataFrame({'A':np.random.randn(100)+2,'B':np.random.randn(100),'C':
np.random.randn(100)-2}, columns=['A', 'B', 'C'])
# print(df)
# 指定箱数为10
df.plot.hist(bins=10)
```

输出结果如图10-9所示。

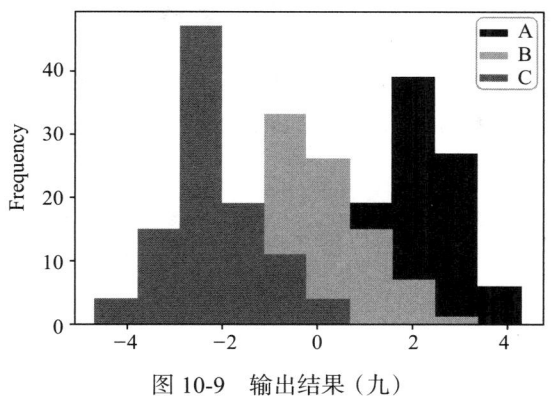

图10-9　输出结果（九）

4. 箱线图

箱线图（box plot），也称为盒须图或盒式图。箱线图是一种用于展示数值型数据分布情况的图形，它通过五个数字来描述数据集的分布：最小值、下四分位数（Q1）、中位数（Q2）、上四分位数（Q3）和最大值。箱线图用一个矩形来表示，箱体的上下端分别表示上四分位数和下四分位数，箱体内部的线表示中位数，箱体外部的线段称为"须"，用来表示数据分布的范围。如果数据集中有异常值，则用一个点或小圆圈表示。箱线图常用于探索性数据分析，帮助我们了解数据的中心趋势、数据的离散程度和异常值情况。

箱线图适用于比较多个组别（类别）之间的差异和相似性，以及检测数据集是否存在异常值。比如，可以使用箱线图来比较不同股票的收益率分布情况，检查数据是否存在异常值；还可以使用箱线图来比较不同城市的气温分布情况，了解哪些城市的气温变化幅度较大。此外，箱线图还可以用于展示同一组别内不同时间点的数据分布情况，以便进行趋势分析。

```
# 创建示例数据
data = {
    'class1': np.random.normal(80, 10, 50),
    'class2': np.random.normal(75, 8, 50),
    'class3': np.random.normal(95, 6, 50)
}
df = pd.DataFrame(data)
# 绘制箱线图
df.plot(kind="box")
plt.title('Boxplot of Three Classes Grades')
plt.ylabel('Grades')
plt.show()
```

输出结果如图10-10所示。

5. 密度图

概率密度函数（probability density function，PDF）是用于描述连续型随机变量概率分布的函数。在统计学和概率论中，我们通常用 PDF 来表示一个随机变量取某个值的概率密度，而不是直接给出该概率。由于对于连续型随机变量来说，每个具体的取值都是无穷小的，因此其概率为零。我们通常考虑某个值在一个区间内（即实数的某个集合）出现的概率。在数据可视化中，我们可以使用概率密度曲线来描述数据的分布情况，并通过比较不同的曲线来寻找数据之间的差异。plot.density() 和 plot.kde() 都是 Pandas 库中用于绘制概率密度曲线的方法，效果类似。

```
df=pd.DataFrame(np.random.rand(10,3),columns=['a','b','c'])
# df.plot.density()
df.plot.kde()
```

输出结果如图 10-11 所示。

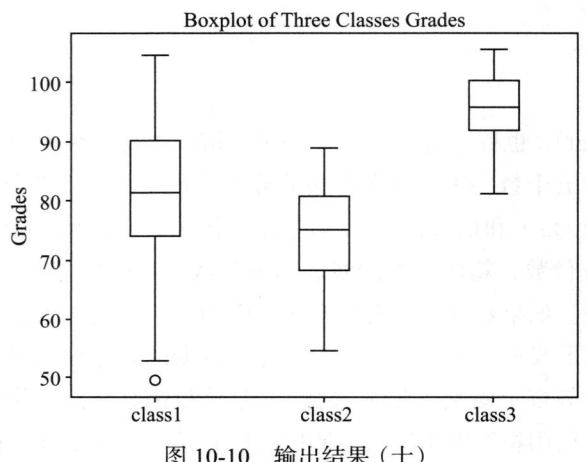

图 10-10　输出结果（十）

6. 面积图

面积图可以用来展示随时间或其他连续变量变化的数据，通常与折线图类似，但是在面积图中，折线下方的区域被填充颜色，用于表示随时间或其他变量增加或减少的数量或比例。面积图可以用于比较两个或多个变量在不同时间段或情境下的表现，并且可以更直观地显示变化趋势和幅度。

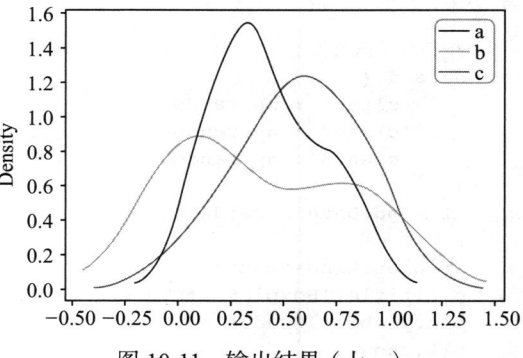

图 10-11　输出结果（十一）

```
data = {'revenue': [50, 100, 200,
    250, 300],
        'profit': [20, 50, 50, 90, 200]}
df = pd.DataFrame(data)
df.plot.area()
```

输出结果如图 10-12 所示。

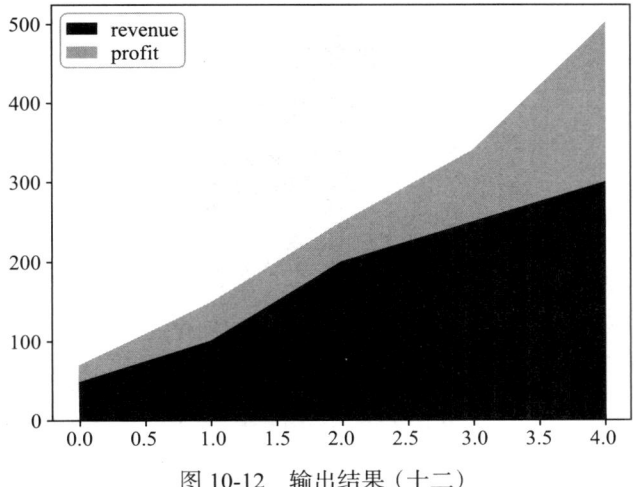

图 10-12　输出结果（十二）

7. 饼图

饼图（pie chart）是一种常见的数据可视化图表，主要用于显示各部分占比关系。通常情况下，饼图适用于以下场景。

- 部分和整体之间的关系非常明显，易于理解和比较。
- 各部分占比之和等于 100%。

例如，有一个数据集，其中包含了不同种类商品的销售额占比情况。此时可以使用饼图来表示各个商品的销售额占比情况，更加直观地展示数据。另外，饼图也适用于展示不同地区或不同人群中某种特征的占比情况，例如不同地区的人口构成、不同年龄段人群的兴趣爱好占比等。

需要注意的是，饼图也存在一些缺陷。例如，当数据集中包含太多部分时，饼图会变得混乱难懂，不易于理解。此时，可以考虑使用其他类型的图表来展示数据。此外，饼图的面积没有条形图的长度直观，因此建议不要经常使用饼图，鼓励使用条形图代替饼图。

```
# 创建 DataFrame
data = {'Sales': [30, 20, 25, 25]}
df = pd.DataFrame(data, index=['A', 'B', 'C', 'D'])
# 绘制饼图
df.plot.pie(y='Sales', figsize=(5, 5), autopct='%1.1f%%')
```

输出结果如图 10-13 所示。

8. 散点图

散点图通常在以下情况下非常适用于数据可视化。

- 目标是分析两个变量之间的关系。散点图可以将两个变量之间的关系呈现出来，例如是否存在线性关系。
- 数据集包含多个组（簇）。散点图可以显示不同组之间的关系，例如是否存在不同的聚类、不同组之间是否有显著的差异等。

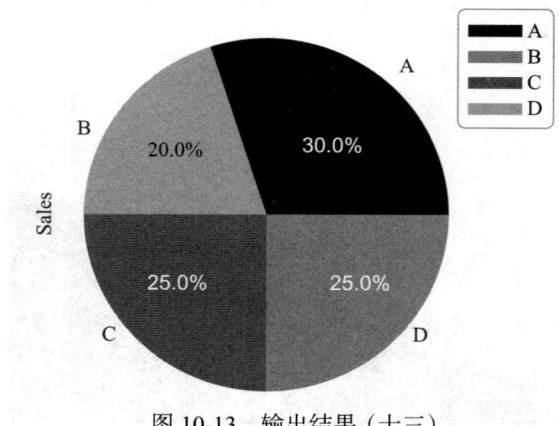

图 10-13　输出结果（十三）

- 识别异常值。散点图可以很容易地显示异常值，从而有助于进行数据清洗和异常值处理。

下面首先生成 100 个数据点，分为 2 个簇，并将它们存储在一个 Pandas 数据框对象中。然后，使用 Pandas 的 plot 函数将数据点可视化，kind 参数指定绘制散点图，x 参数和 y 参数指定 x 轴和 y 轴对应的列，c 参数指定颜色映射对应的列，colormap 参数指定颜色映射。最终的效果和使用 Matplotlib 库的 scatter 函数是一样的。

```
from sklearn.datasets import make_blobs
# 生成具有 2 个簇的随机数据
X, y = make_blobs(n_samples=100, centers=2, random_state=0)
# 将数据转换为 pandas DataFrame 格式
df = pd.DataFrame(X, columns=['x', 'y'])
df['label'] = y
# 绘制散点图
df.plot(kind='scatter', x='x', y='y', c='label', colormap='Paired')
df = pd.DataFrame(np.random.rand(30, 4), columns=['a', 'b', 'c', 'd'])
df.plot.scatter(x='a',y='b')
```

我们也可以使用散点图做出泡泡图。我们首先下载 housing.csv 数据，该数据集是一个用于机器学习教学和实践的房屋价值数据集，包含了加利福尼亚州各个城市的人口、收入、房屋价值等信息。这个数据集比较常见，可以从多个来源下载，例如：

- Kaggle 网站：https://www.kaggle.com/harrywang/housing。
- Scikit-learn 库 datasets：https://scikit-learn.org/stable/modules/generated/sklearn.datasets.fetch_california_housing.html。

下面的代码使用了 Pandas 的 plot 函数和 Matplotlib 库来创建一个散点图。其中，x 轴表示经度，y 轴表示纬度，点的大小是根据人口数量来设定的，点的颜色表示房屋价值的中位数，alpha 参数设置透明度，cmap 参数指定使用的颜色映射，colorbar 参数设置是否显示颜色条。

```
housing = pd.read_csv("housing.csv")
housing.plot(kind="scatter", x="longitude", y="latitude",
```

```
        s=housing["population"]/100,
        c="median_house_value",
        alpha = 0.4,
        cmap=plt.get_cmap("jet"),    # Colormap, you could try
            gray 可以尝试其他配色
        colorbar=True)
```

输出结果如图 10-14 所示。

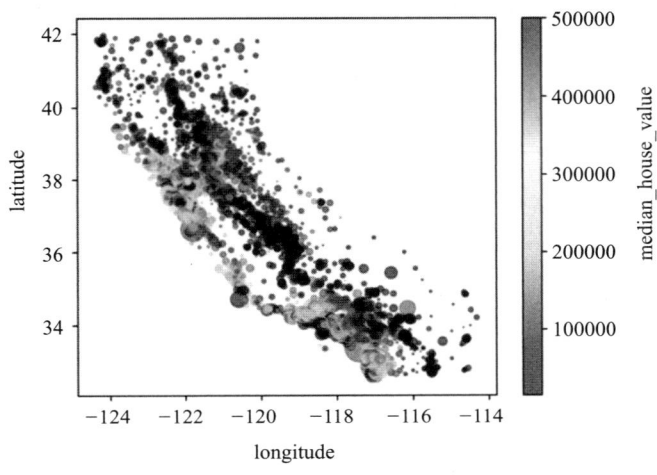

图 10-14　输出结果（十四）

10.4　使用数据可视化探索人们的生活规律

使用数据可视化可以探索人们的生活规律。由于使用的是时间序列数据，我们可以细致地探索人们线上和线下的活动规律。我们使用光线传媒股吧用户评论。评论数据保存在 300251.csv 文件中，该文件包括了从 2011 年 7 月 30 日至 2019 年 3 月 25 日的评论，共 129 856 条。

```
import pandas as pd
comments = pd.read_csv("300251.csv",encoding = "gbk",
                      names=["date","author","url","comment"])
comments.set_index("date",inplace=True) # 修改为时间序列数据
comments.index = pd.to_datetime(comments.index) # 索引修改为日期类型
```

探索问题 1：人们一般在哪个时间段发表评论呢？

```
comments.groupby(comments.index.hour).count()["url"].plot(kind="bar")
# 我们也可以使用下面的代码实现相同的分析结果
comments.index.hour.value_counts().sort_index().plot(kind="bar")
```

输出结果如图 10-15 所示。

我们发现大家一般在上午 9 点至下午 14 点最活跃。接下来，我们探索第二个问题。

探索问题 2：人们一周中每天的评论分布规律有差异吗？

```
comments["weekday"] = comments.index.weekday + 1  # 周一从 0 开始，因此加 1
comments["hour"] = comments.index.hour
```

```
by_time = comments.groupby([comments.weekday,comments.hour]).count()
by_time = by_time["url"]  # 每个列都是一样的计数结果，我们选择 url 列即可
import matplotlib.pyplot as plt
fig, ax = plt.subplots(7, 1, figsize=(14, 20),sharex=True)   # 7 行 1 列子图
for i in range(7):
    by_time.loc[i+1].plot(ax=ax[i],kind="bar",title="day {}".format(i+1))
```

我们首先将评论按照天和小时数分组，by_time 成为 1 个多索引的序列，然后可视化为 7 行 1 列的子图，结果如图 10-16 所示。通过图 10-16 我们可以发现，周一至周五人们更加活跃，而且活跃时间点和周末有明显差异，人们周末需要休息，而且熬夜上网的情况更多。这仅仅显示人们发表评论的时间分布，并没有说明周末评论的信息质量低。

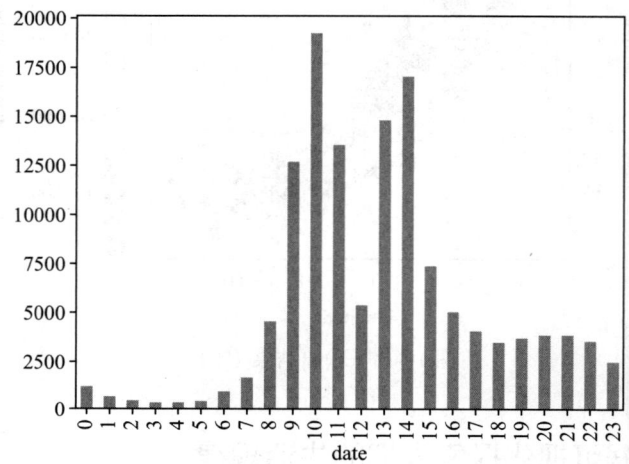

图 10-15　输出结果（十五）

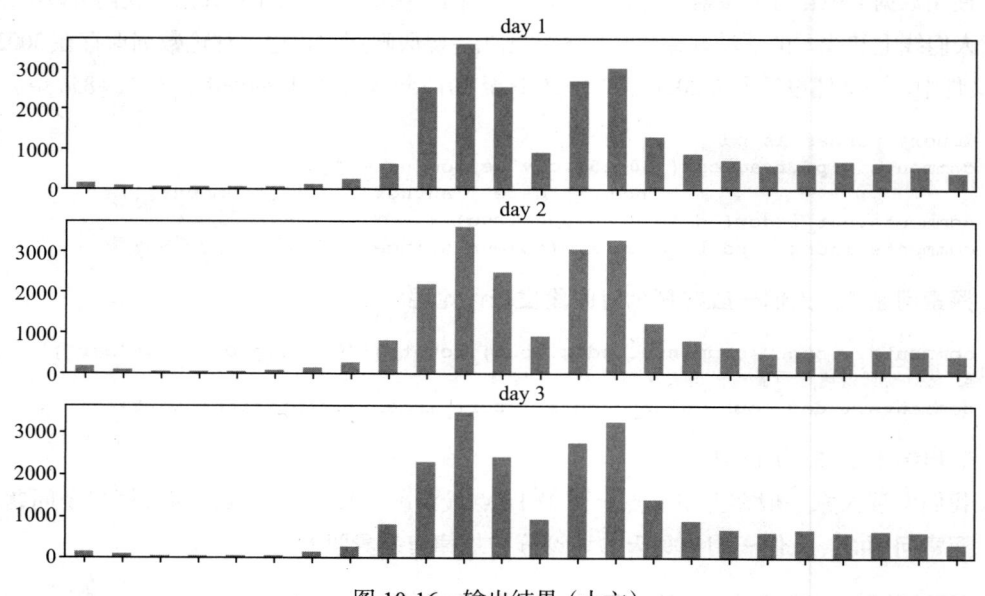

图 10-16　输出结果（十六）

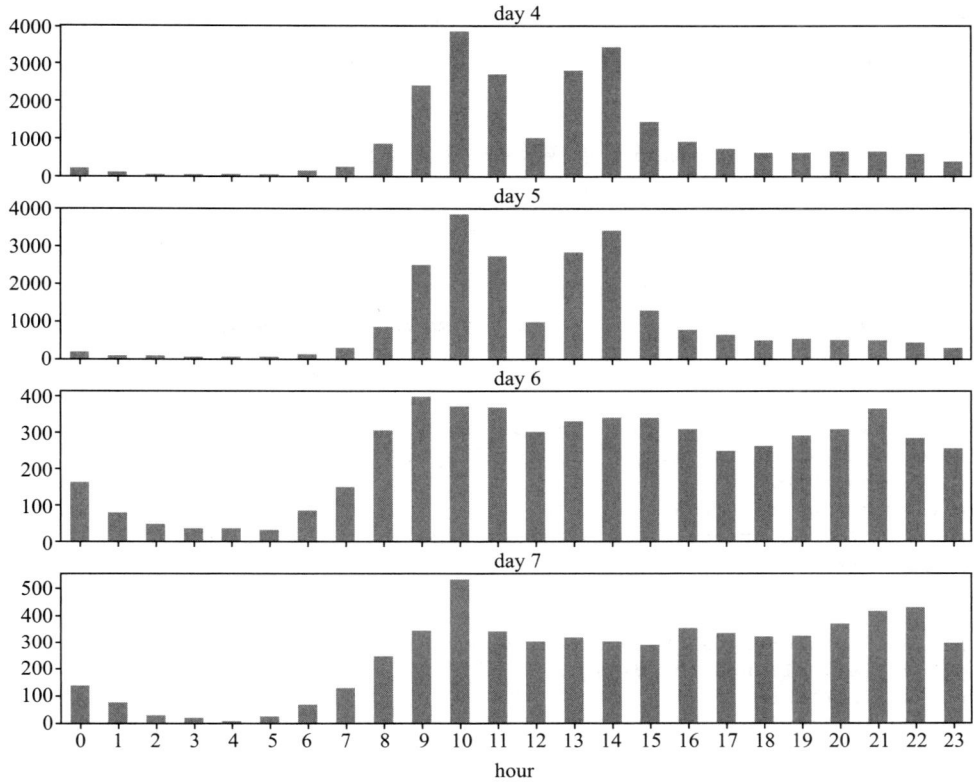

图 10-16　输出结果（十六）（续）

10.5　股票价格的数据可视化

股票价格的数据可视化不仅可以展示价格的实际值（例如，收盘价的趋势），还可以基于收盘价计算技术指标并做可视化探索。接下来我们以上证指数为例，计算布林带（Bollinger band）指标并进行数据可视化。

首先读取上证指数数据。

```
df = pd.read_csv('000001_trade.csv')
df['trade_date'] = pd.to_datetime(df.trade_date)
df.set_index('trade_date', inplace=True)
close_prices = df['close']
```

布林带指标由三条带状曲线组成。
- 中轨（middle band）：通常是 n 日内的简单移动平均线（SMA）或指数移动平均线（EMA），表示价格的平均趋势。
- 上轨（upper band）：中轨上 k 个标准差的曲线。当价格高于上轨时，被视为价格过高或超买。

- 下轨（lower band）：中轨下 k 个标准差的曲线。当价格低于下轨时，被视为价格过低或超卖。

其计算公式为

$$中轨 = n\ 日简单移动平均值或指数移动平均值$$
$$上轨 = 中轨 + k\ 个收盘价标准差$$
$$下轨 = 中轨 - k\ 个收盘价标准差$$

其中，n 一般取 20 或 50，k 一般取 2。

```python
# 计算布林带
rolling_mean = close_prices.rolling(window=20).mean()    # 20 日移动平均线
rolling_std = close_prices.rolling(window=20).std()      # 20 日标准差
upper_band = rolling_mean + 2 * rolling_std              # 上轨道
lower_band = rolling_mean - 2 * rolling_std              # 下轨道
# 可视化布林带和股票收盘价
plt.figure(figsize=(12,6))
plt.plot(close_prices, label='Close Price')
plt.plot(rolling_mean, label='20-day SMA')
plt.plot(upper_band, label='Upper Band')
plt.plot(lower_band, label='Lower Band')
plt.fill_between(upper_band.index, upper_band, lower_band, alpha=0.1)
plt.title('Bollinger Bands')
plt.xlabel('Date')
plt.ylabel('Price')
plt.legend()
plt.show()
```

输出结果如图 10-17 所示。

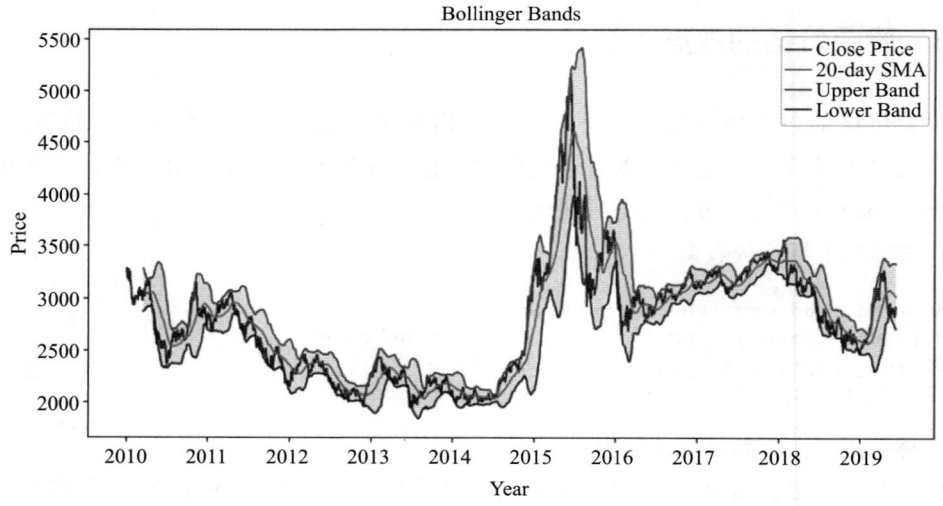

图 10-17 输出结果（十七）

布林带的主要特征有以下几个。
- 宽带表示市场波动加大，狭带则表示市场稳定。

- 价格靠近或突破上下轨可能预示着价格反转。
- 上轨和下轨之间的区域被视为价格合理的均衡区间。

图 10-17 对于布林带的带宽和股价波动的标准差展示得不够直观，接下来我们另外展示带宽与标准差的关系。图 10-18 显示在 2008 和 2015 年，布林带带宽和股价波动的标准差明显升高，说明市场不稳定。

```
band_width = upper_band - lower_band
plt.plot(band_width,label = "band width")
plt.plot(rolling_std,label = "std")
plt.legend()
```

输出结果如图 10-18 所示。

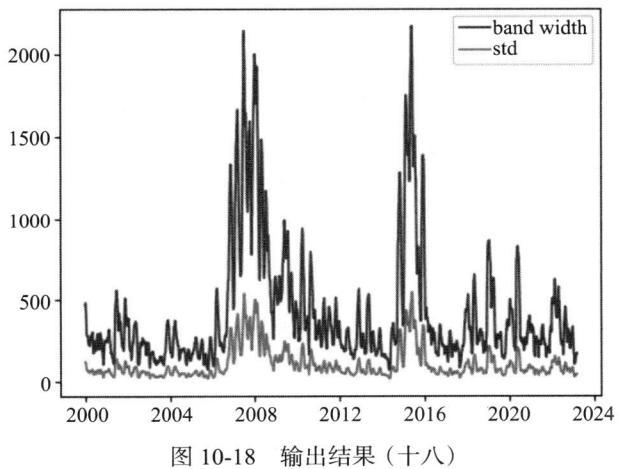

图 10-18　输出结果（十八）

10.6　扩展阅读

10.6.1　科研工作中常用的数据可视化工具

除了以上介绍的 Matplotlib 库和基于 Pandas 的画图工具之外，科研工作中还有很多其他的画图工具，这里简单介绍几种常用的画图工具供读者参考。

LaTeX 是一种宏语言编程软件，以排版的美观和精致著称，将格式和内容进行分离，避免重复性指令，可以自动编号和引用，能够很容易地插入数学公式、外语、特殊专业符号，而且有精细化定义的绘图功能，LaTeX 画图示例如图 10-19 所示。TikZ 是 LaTeX 原生支持的图包，可以画论文中的插图。用 TikZ 画可以做到完美，特别是与 LaTeX 文档的整体交互，比用一般绘图软件好得多。二维图、三维图、流程图、示意图都能实现。LaTeX 的缺点是难度较高，入门需要花时间。

Origin 是简单易学、操作灵活、功能丰富全面的画图软件，既可以满足一般用户的制图需要，也可以满足高级用户数据分析、函数拟合的需要。目前，它似乎已成为专业论文的标配绘图软件，如图 10-20 所示。缺点是操作系统不太友好、容易崩溃，只支持 Windows 系统。

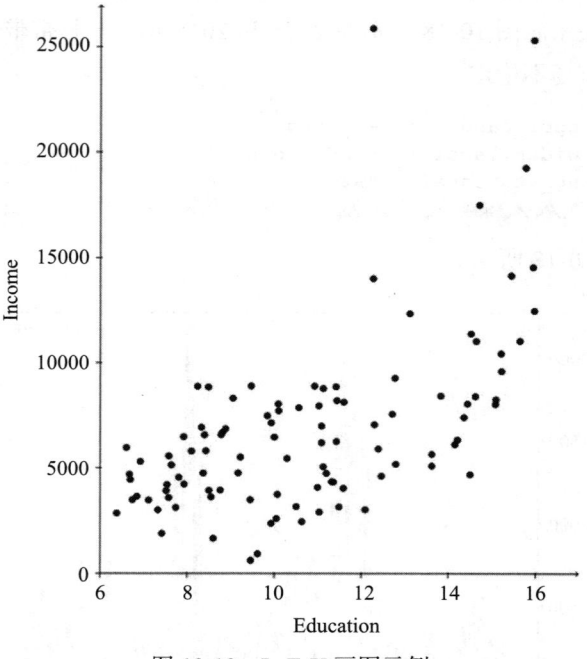

图 10-19　LaTeX 画图示例

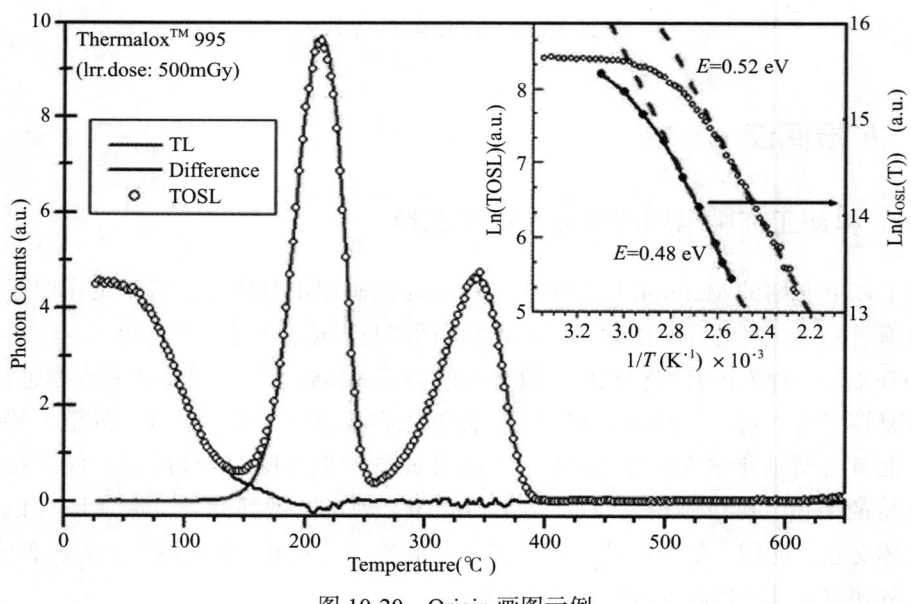

图 10-20　Origin 画图示例

Gnuplot 是一个命令行的交互式绘图工具。用户通过输入命令，逐步设置或修改绘图环境,并以图形描述数据或函数,如图 10-21 所示。优点是画图速度快、画风清爽,软件开源且免费,图片质量相当专业。缺点是需要写代码,需要一定的编程基础。

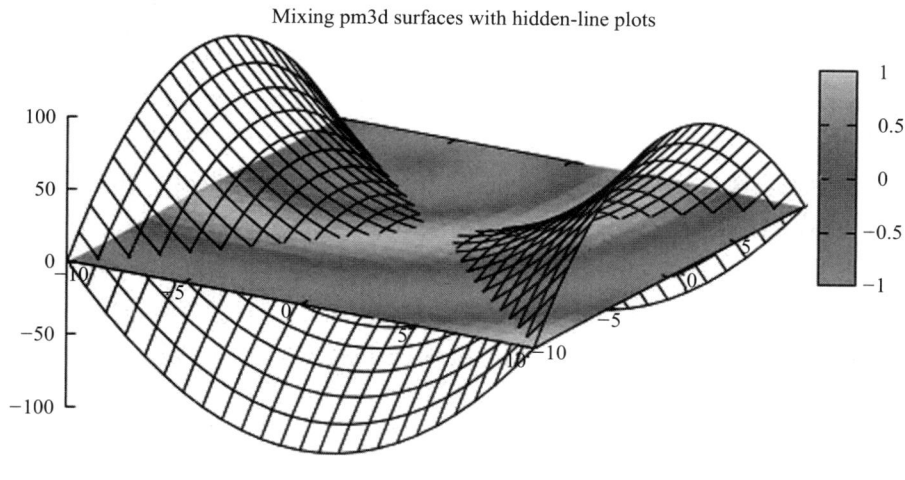

图 10-21　Gnuplot 画图示例

PowerPoint(PPT)除了演示之外还有一个强大的功能就是画图。如果后期调得好,图的效果会特别好。很多高质量的 SCI 文章,甚至包括 *Nature*、*Science* 和 *Cell* 等期刊的文章中的插图,都是用 PPT 画的,如图 10-22 所示。PPT 的优势在于细节由自己掌控,学习成本低,个人发挥空间大。

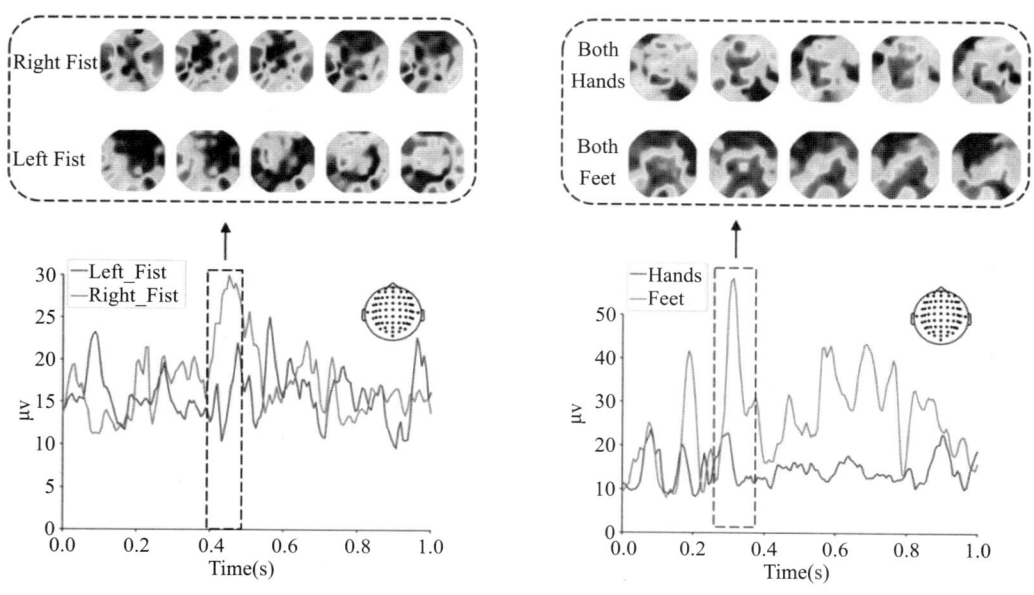

图 10-22　PPT 画图示例

10.6.2 使用生成模型辅助数据可视化

在不清楚做哪些方向的数据可视化时,我们可以使用 GPT 推荐数据可视化探索方向。例如,我们将一部分 titanic 的数据告诉 GPT,尝试获得一部分数据可视化话题。这里仅仅复制一部分数据作为示例,大家做的时候,可以多给 GPT 一些数据。这里笔者使用的 GPT 是 Claude。

相关数据集如下所示。

Survived Pclass Name Sex Age Siblings/Spouses Aboard Parents/Children Aboard Fare

0 3 Mr. Owen Harris Braund male 22 1 0 7.25

1 1 Mrs. John Bradley (Florence Briggs Thayer) Cumings female 38 1 0 71.2833

1 3 Miss. Laina Heikkinen female 26 0 0 7.925

1 1 Mrs. Jacques Heath (Lily May Peel) Futrelle female 35 1 0 53.1

0 3 Mr. William Henry Allen male 35 0 0 8.05

0 3 Mr. James Moran male 27 0 0 8.4583

0 1 Mr. Timothy J McCarthy male 54 0 0 51.8625

0 3 Master. Gosta Leonard Palsson male 2 3 1 21.075

基于该数据集,我们可以做哪些数据可视化探索呢?我们探索的问题要足够有趣且有价值。

Claude 给出如下回复。

这里可以进行以下几个有趣的可视化探索。

- 不同性别的票价分布。可以做箱线图,比较男性和女性的票价分布,看是否存在差异。
- 不同船舱等级的年龄分布。可以做柱状堆叠图,比较不同船舱等级乘客的年龄段分布,判断等级与年龄是否存在关联。
- 与子女同行的父母的生存率。可以做条形图,比较有子女陪同和无子女陪同的父母的生存人数,判断子女是否增加父母的生存机会。
- 儿童的生存率与年龄的关系。可以做折线图,横轴为儿童年龄,纵轴为生存率,观察年龄是否影响生存概率。
- 儿童的生存率与父母生存与否的关系。可以做条形图,在"父母都生存""父亲生存""母亲生存""父母均遇难"4 种情况下,比较儿童生存率的差异。
- 男女不同年龄段的生存率差异。可以做双坐标系曲线图,横轴为年龄,纵轴为生存率,比较不同年龄段男性和女性的生存率差异。

这些都是比较有趣且具有研究价值的可视化探索主题。通过这些可视化手段可以深入理解泰坦尼克号儿童和家庭生存情况,发现生存率与性别、年龄、国籍、家庭关系等变量之间的关联。这些信息不仅对历史研究具有重要意义,也能为类似船难事件的生存分析与指导提供借鉴。希望这个回答能给您一定的启发和灵感,使您对该数据集的研究和探索产生更深入的兴趣与理解。如有任何疑问或需求，欢迎随时提出。

如果我们清楚自己的数据可视化方向，例如我们想实现股价数据对数收益率绝对值的波动率聚集可视化，我们可以用 ChatGPT 生成可视化代码。

提示（prompt）：

知道股票收盘价数据，如何根据收盘价计算对数收益率，取绝对值，并计算取绝对值后收益率以日期为横轴的柱状图？使用 Python 编程。

ChatGPT 的回复如下所示（我们对代码做了少量微调，例如 csv 数据名称做了替换）。

```python
import pandas as pd
import numpy as np
import matplotlib.pyplot as plt
# 读取收盘价数据
df = pd.read_csv('000001_trade.csv')
df['trade_date'] = pd.to_datetime(df['trade_date'])
df.set_index('trade_date', inplace=True)
# 计算对数收益率
df['log_return'] = np.log(df['close'] / df['close'].shift(1))
# 取绝对值
df['abs_return'] = abs(df['log_return'])
# 绘制柱状图
plt.bar(df.index, df['abs_return'])
plt.xlabel('Date')
plt.ylabel('Absolute Returns')
plt.show()
```

当前我们使用的 ChatGPT 版本没有接入数据可视化插件，为了完成最终可视化，我们将代码复制到 Jupyter Notebook 中，可视化结果如图 10-23 所示。从图 10-23 可知，上证指数存在较明显的波动率聚集（volatility clustering），也就是说，当市场出现较大的涨跌波动时，接下来一段时间内也更容易出现较大的涨跌波动。

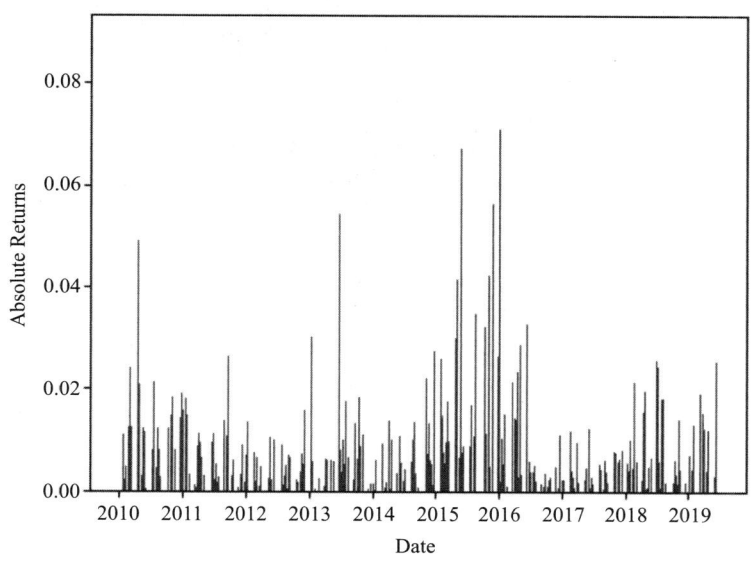

图 10-23　可视化结果

10.6.3 ChatGPT 视角下的 Matplotlib

我们让 ChatGPT 利用 Matplotlib 库为我们进行数据可视化操作（见图 10-24）。值得注意的是，该数据需要我们自己提供。

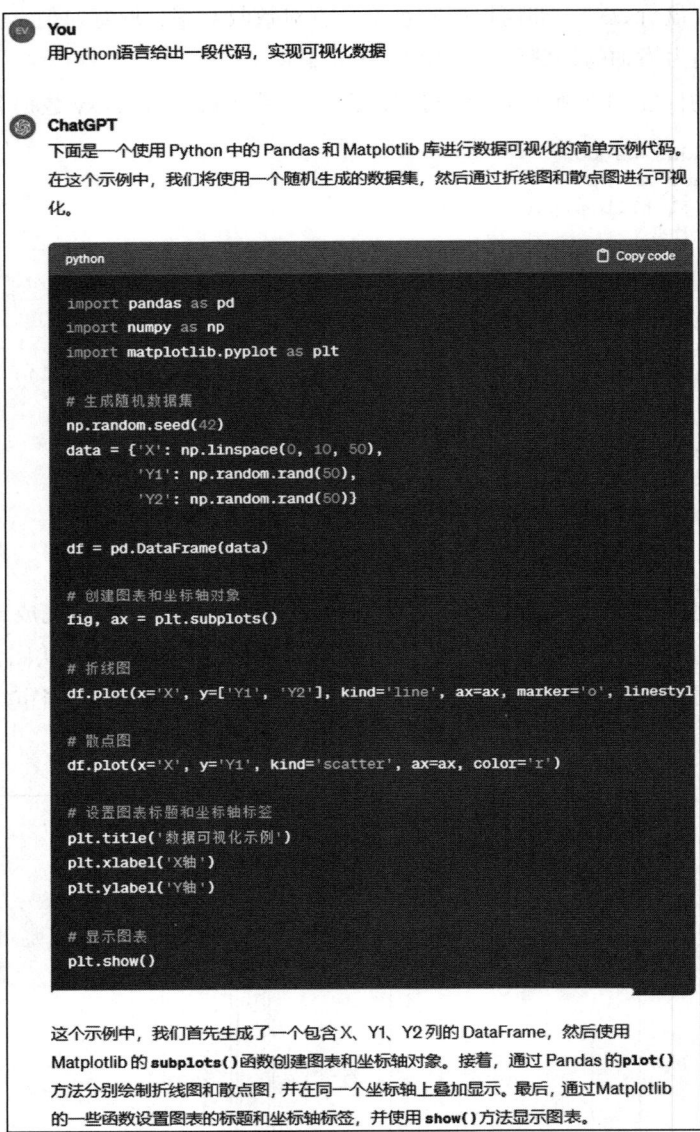

图 10-24　ChatGPT 回复结果

CHAPTER 11

第 11 章

认识 MySQL

在前面的章节中我们学习了 Pandas 的基本用法，可以对一些数据进行基本处理和分析以及利用 Python 进行数据可视化。但是数据通常存储在数据库中。你可能还没有意识到，其实你自己一直在使用数据库。例如，每当你从自己的电子邮件地址簿里查找名字时，你就在使用数据库。如果你在工作中登录网络，也需要依靠数据库验证自己的用户名和密码。由此可见数据库的重要性。在本章的学习中，你将会了解以下知识点：

- 数据库基础
- 数据库基本操作
- 利用 MySQL 存取 csv 文件
- 使用 Python 和 MySQL 存取数据

11.1 数据库基础

数据库由一批数据构成有序的集合，这些数据被存放在结构化的数据表里。数据表之间相互关联，反映了客观事物间的本质联系。数据库系统提供对数据的安全控制和完整性控制。本节将介绍数据库的一些基本概念，包括：数据库的定义、数据表的定义和数据类型等。

数据库的概念诞生于 20 世纪 60 年代，随着信息技术和市场的快速发展，数据库技术层出不穷。随着应用的拓展和深入，数据库的数量和规模越来越大，其诞生和发展给计算机信息管理带来了一场巨大的革命。数据库的发展大致划分为以下几个阶段：人工管理阶段、文件系统阶段、数据库系统阶段、高级数据库阶段。其种类大概有 3 种：层次式数据库①、网络式数据库②和关系式数据库③。不同种类的数据库按不同的数据结构来联系和组织。数据库的概念没有一个完全固定的定义，随着数据库历史的发展，定义的内容也有很大的差异，其中一种比较普遍的观点认为，数据库是一个长期存储在计算机内的、有组织的、有共享的、统一管理的数据集合。它是一个按数据结构来存储和管理数据的计算机软件系统。数据库包含两层含义：保管数据的"仓库"，以及数据管理的方法和技术。数据库的特点包括：实现数据共享，减少数据冗余；采用特定的数据类型；具有较高的数据独立性；具有统一的数据控制功能。

11.1.1 表

在关系式数据库中，数据库表是一系列二维数组的集合，用来存储数据和操作数据的逻辑结构。它由纵向的列和横向的行组成，行被称为记录，是组织数据的单位；列被称为字段，每一列表示记录的一个属性，都有相应的描述信息，如数据类型、数据宽度等。

例如，一个有关作者信息的名为 authors 的表中，每个列包含所有作者的某个特定类型的信息，比如"姓名"，而每行则包含了某个特定作者的所有信息：编号、姓名、性别、专业。

11.1.2 列

列（column）是表中的一个字段。所有表都是由一个或多个列组成的。数据库中每个列都有相应的数据类型。数据类型定义列可以存储的数据种类。例如，如果列中存储的为数字（或许是订单中的物品数），则相应的数据类型应该为数值类型。如果列中存储的是日期、文本、注释、金额等，则应该用其他恰当的数据类型规定。

11.1.3 数据类型

数据类型限制可存储在列中的数据种类（例如，防止在数值字段中录入字符值）。数据类型还能够正确地分类数据，并在优化磁盘使用方面起到重要的作用。因此，在创建表时必须对数据类型给予特别的关注。

11.1.4 行

表中的数据是按行存储的，所保存的每个记录存储在自己的行内。如果将表想象为网

---

① 采用层次模型作为数据的组织方式，层次式数据库系统的典型代表是 IBM 公司的 IMSDBMS。
② 采用网状模型作为数据的组织方式，网络式数据库系统的典型代表是 DBTG 系统，也称 CODASYL 系统。
③ 采用关系模型作为数据的组织方式，关系式数据库系统的主要代表有 SQL Server、Oracle, MySQL、PostgreSQL。

格，网格中垂直的列为表列，水平的行为表行。例如，用户表可以每行存储一个用户。表中的行编号为记录的编号。

11.1.5 主键

表中每一行都应该有可以唯一标识自己的一列（或一组列）。一个用户表可以将用户编号用于此目的，而包含订单的表可以使用订单 ID。主键是表中用来唯一标识每一行的列。主键用来标识一个特定的行。没有主键，更新或删除表中特定行很困难，因为没有安全的方法保证只涉及相关的行。

11.1.6 SQL

SQL 是结构化查询语言（structured query language）的缩写。SQL 是一种专门用来与数据库通信的语言。与其他语言（如 Java 和 Visual Basic 这样的程序设计语言）不一样，SQL 由很少的词构成，这是有意而为的。SQL 能够提供一种从数据库中读写数据的简单有效的方法。

SQL 有以下几个优点。
- SQL 不是某个特定数据库供应商专有的语言。几乎所有重要的 DBMS 都支持 SQL，所以，学习此语言使你几乎能与所有数据库打交道。
- SQL 简单易学。它的语句全都是由具有很强描述性的英语单词组成的，而且这些单词的数量不多。
- SQL 尽管看上去很简单，但它实际上是一种强有力的语言，灵活使用其语言元素，可以进行非常复杂和高级的数据库操作。

11.1.7 什么是 MySQL

MySQL 是一个小型关系数据库管理系统，与其他大型数据库管理系统（例如 Oracle、DB2、SQL Server 等）相比，MySQL 规模小、功能有限，但是它体积小、速度快、成本低，且它提供的功能对稍微复杂的应用来说已经够用，这些特性使得 MySQL 成为世界上最受欢迎的开放源代码数据库。其具体的下载、使用教程以及更多内容可以参考官网，官网地址：https://www.mysql.com/。

11.1.8 MySQL 的优势

MySQL 的主要优势有以下几个。
- 速度：运行速度快。
- 价格：MySQL 对多数个人用户来说是免费的。

- 容易使用：与其他大型数据库的设置和管理相比，其复杂程度较低，易于学习。
- 可移植性：能够工作在众多不同的系统平台上，例如 Windows、Linux、Unix、macOS 等。
- 丰富的接口：提供了用于 C、C++、Eiffel、Java、Perl、PHP、Python、Ruby 和 Tcl 等语言的 API。
- 支持查询语言：MySQL 可以利用标准 SQL 语法和支持 ODBC（开放式数据库连接）的应用程序。
- 安全性和连接性：MySQL 拥有十分灵活和安全的权限与密码系统，允许基于主机的验证，连接到服务器时，所有的密码传输均采用加密形式，从而保证了密码安全。并且由于 MySQL 是网络化的，因此用户可以在互联网上的任何地方访问，提高了数据共享的效率。

11.2 数据库基本操作

11.2.1 检索数据：SELECT 语句

我们将从简单的 SQL SELECT 语句开始介绍，相关代码如下所示。

```
SELECT * from sheet1;
```

输出结果如下：

ts_code	trade_date	open	high	low	close
000001.SZ	20210831	17.72	17.93	17.31	17.8
000001.SZ	20210830	18.21	18.29	17.55	17.72
000001.SZ	20210827	18.56	18.88	18.31	18.39
000001.SZ	20210826	19.2	19.26	18.41	18.46
000001.SZ	20210825	19.42	19.47	18.95	19.16
000001.SZ	20210824	19.35	19.97	19.21	19.36
000001.SZ	20210823	19.5	20.05	19.11	19.3
000001.SZ	20210820	19.97	20.07	18.7	19.42
000001.SZ	20210819	20.48	20.62	20.02	20.34
000001.SZ	20210818	19.67	21.2	19.55	20.62
000001.SZ	20210817	19.85	20.22	19.61	19.67
000001.SZ	20210816	20.09	20.2	19.57	19.95
000001.SZ	20210813	19.78	19.92	19.5	19.89
000001.SZ	20210812	19.79	20.3	19.63	19.89
000001.SZ	20210811	19.99	20.58	19.7	19.81
000001.SZ	20210810	19.09	19.98	18.9	19.73
000001.SZ	20210809	17.91	19.25	17.84	19.06
000001.SZ	20210806	17.55	17.9	17.45	17.86
000001.SZ	20210805	17.7	18.05	17.58	17.68
000001.SZ	20210804	18.04	18.07	17.6	17.81
000001.SZ	20210803	17.99	18.15	17.66	17.89
000001.SZ	20210802	17.64	18.14	17.18	18.01

如上的一条简单 SELECT 语句将返回表中所有行。数据没有过滤（过滤将得出结果

集的一个子集），也没有排序。要想从一个表中检索特定的列，必须在 SELECT 关键字后给出列名。输入如下：

```
SELECT trade_date, open from sheet1;
```

输出结果如下：

trade_date	open
20210831	17.72
20210830	18.21
20210827	18.56
20210826	19.2
20210825	19.42
20210824	19.35
20210823	19.5
20210820	19.97
20210819	20.48
20210818	19.67
20210817	19.85
20210816	20.09
20210813	19.78
20210812	19.79
20210811	19.99
20210810	19.09
20210809	17.91
20210806	17.55
20210805	17.7
20210804	18.04
20210803	17.99
20210802	17.64

11.2.2 过滤数据

数据库表一般包含大量的数据，很少需要检索表中所有行。通常只会根据特定操作或报告的需要提取表数据的子集。只检索所需数据需要指定搜索条件（search criteria），搜索条件也称为过滤条件（filter condition）。

在 SELECT 语句中，数据根据 WHERE 子句中指定的搜索条件进行过滤，WHERE 子句在表名（FROM 子句）之后给出。

```
SELECT trade_date, open from sheet1 WHERE open = 18.21;
```

输出结果如下：

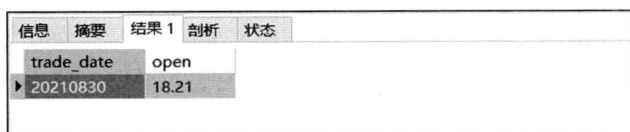

我们也可以使用范围查找，相关代码如下所示。

```
SELECT trade_date, open from sheet1 WHERE open >18.21;
```

输出结果如下：

trade_date	open
20210827	18.56
20210826	19.2
20210825	19.42
20210824	19.35
20210823	19.5
20210820	19.97
20210819	20.48
20210818	19.67
20210817	19.85
20210816	20.09
20210813	19.78
20210812	19.79
20210811	19.99
20210810	19.09

11.2.3 插入数据

毫无疑问，SELECT 是最常使用的 SQL 语句了。但是，还有其他 3 个经常使用的 SQL 语句需要学习。第一个就是 INSERT。顾名思义，INSERT 是用来插入（或添加）行到数据库表的。插入有以下几种方式：①插入完整的行；②插入行的一部分；③插入某些查询的结果。

插入完整的行时，相关代码如下所示。

```
INSERT INTO sheet1 VALUES("000001.SZ", "20210901", "17.73","18.21","17.53",
    "17.63");
SELECT * from sheet1 WHERE trade_date= "20210901";
```

输出结果如下：

ts_code	trade_date	open	high	low	close
000001.SZ	20210901	17.73	18.21	17.53	17.63

11.2.4 更新数据

为了更新（修改）表中的数据，可以使用 UPDATE 语句。基本的 UPDATE 语句由三部分组成，分别是：要更新的表，列名和它们的新值，确定要更新哪些行的过滤条件。

```
UPDATE sheet1 SET open="19.82" WHERE trade_date= "20210901";
SELECT * from sheet1 WHERE trade_date= "20210901";
```

输出结果如下：

ts_code	trade_date	open	high	low	close
000001.SZ	20210901	19.82	18.21	17.53	17.63

11.2.5 删除数据

为了从一个表中删除（去掉）数据，可以使用 DELETE 语句。

```
DELETE FROM sheet1 WHERE trade_date="20210901";
SELECT * from sheet1 WHERE trade_date= "20210901";
```

输出结果如下：

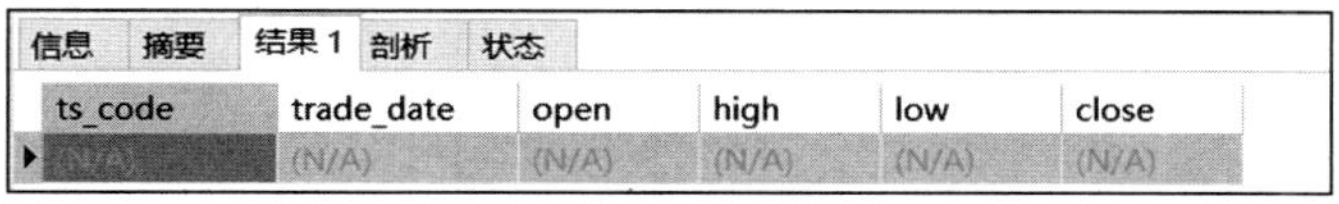

ts_code	trade_date	open	high	low	close
(N/A)	(N/A)	(N/A)	(N/A)	(N/A)	(N/A)

11.3 利用 MySQL 存取 csv 文件

Navicat MySQL 是一个强大的 MySQL 数据库服务器管理和开发工具。它可以与任何 3.21 或以上版本的 MySQL 一起工作，支持触发器、存储过程、函数、事件、视图、管理用户等。其精心设计的图形用户界面（GUI）可以让用户用一种安全简单的方式快速方便地创建、组织、访问和共享信息。Navicat 支持中文，有免费版本可供使用。除了 Navicat，我们也可以使用 MySQL Workbench。

1. 前期准备

首先，设置连接名、用户名、密码等信息，如图 11-1 所示。然后，新建数据库，新建时可以选择设置排序规则、字符集等信息，如图 11-2 所示。以 test 数据库为例，新建完成后我们可以通过下拉操作来查看相关内容，如图 11-3 所示。

图 11-1　设置连接名等信息

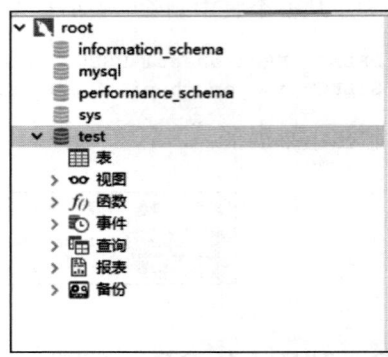

图 11-2 设置排序规则等信息　　　　图 11-3 查看 test 下拉选项

新建 Excel 表，如图 11-4 所示。

图 11-4 新建 Excel 表

2. 存储数据

首先根据导入数据的类型选择导入类型，然后再选择导入源文件，此时开始导入数据。相关操作步骤如图 11-5、图 11-6、图 11-7、图 11-8 所示。

3. 查询数据

在图形化工具中，双击表名即可查询表中所有数据，如图 11-9 所示。

4. 导出数据

在想要导出的表名上右击，选择导出向导，如图 11-10 所示。

第 11 章 认识 MySQL

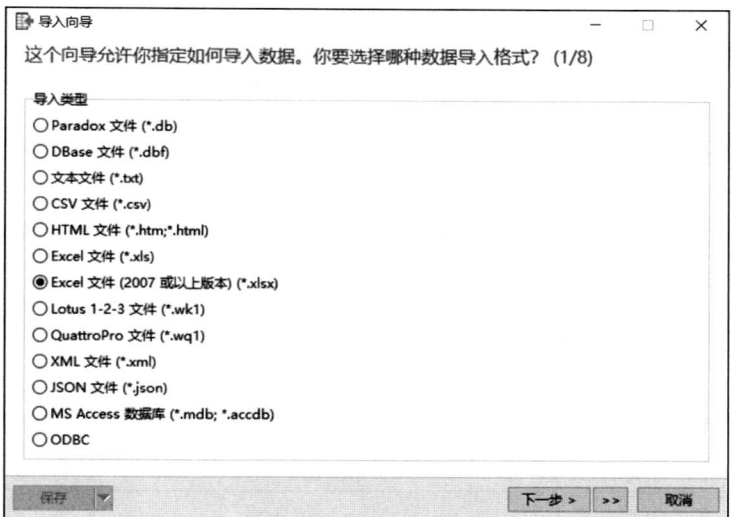

图 11-5 选择导入类型

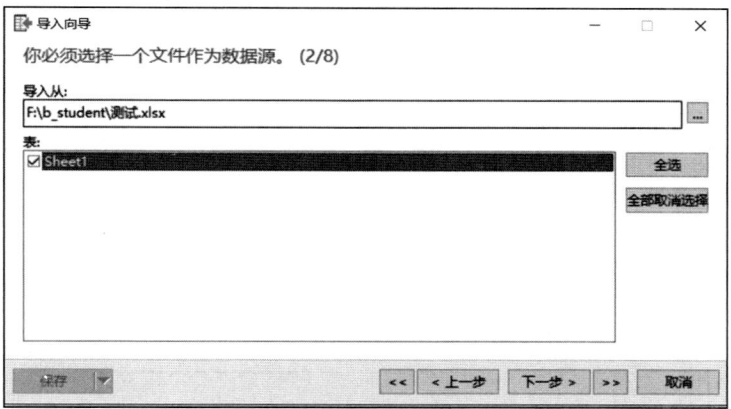

图 11-6 选择导入源文件

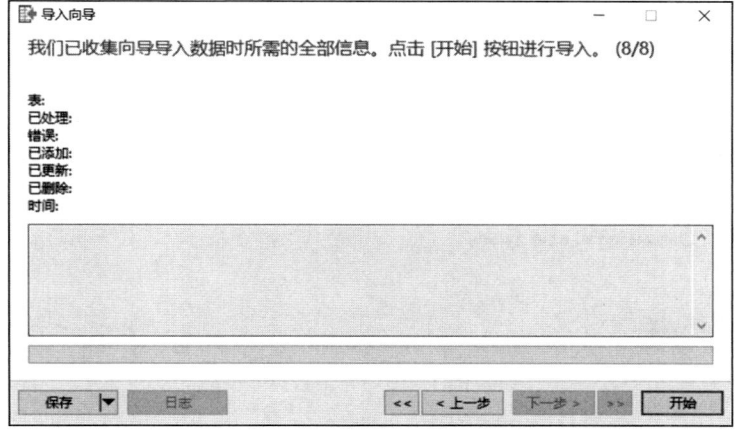

图 11-7 导入数据

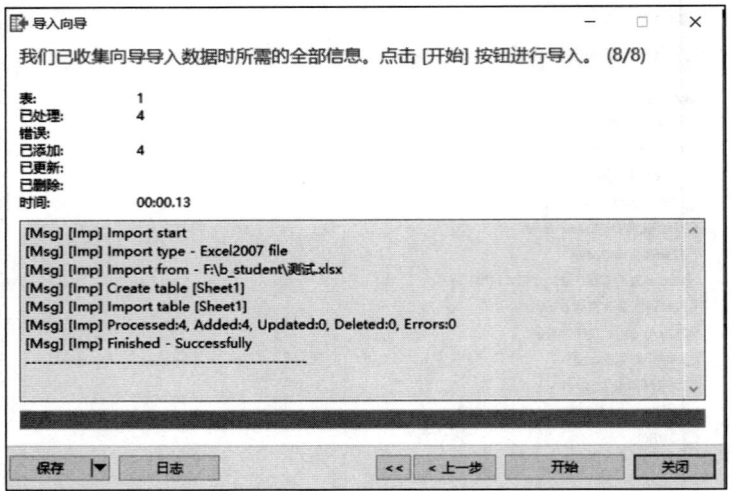

图 11-8 导入完成

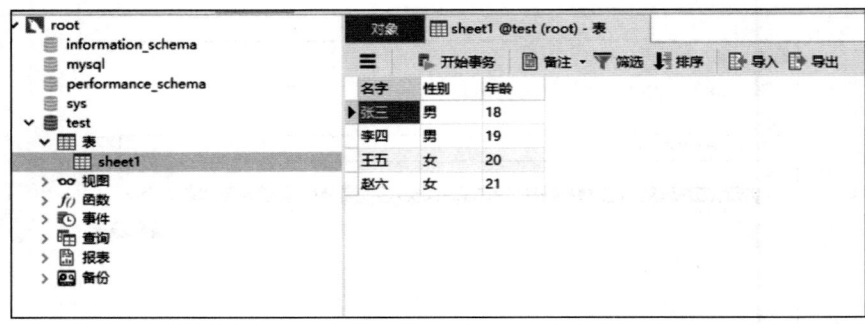

图 11-9 查询数据

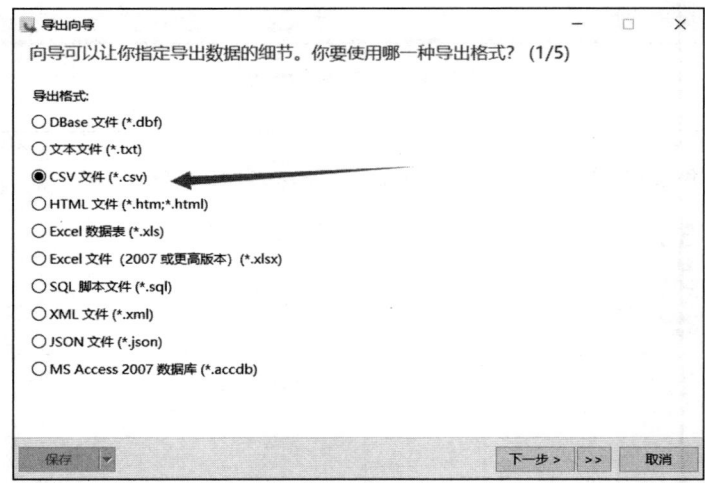

图 11-10 导出数据

选择要导出的格式，即可将数据导出。

11.4 使用 Python 和 MySQL 存取数据

使用 Python 做数据库操作，需要安装 PyMySQL 或者 SQLAlchemy。PyMySQL 是一个用于 Python 的纯 Python 实现的 MySQL 客户端库。它允许在 Python 代码中连接、查询和操作 MySQL 数据库。它提供了简单易用的接口，适用于基本的数据库操作。SQLAlchemy 是一个功能强大的 SQL 工具包和对象关系映射（ORM）库，它允许开发人员在 Python 代码中使用高级的数据库交互和查询功能。总体而言，如果你需要进行简单的数据库操作，如基本的查询、插入和更新，PyMySQL 是一个不错的选择。而如果你需要更高级的数据库操作，如 ORM、复杂的查询和连接池管理，SQLAlchemy 提供了更丰富的功能。选择使用哪个库取决于你的项目需求和技术要求。

1. 使用 PyMySQL 读取数据

下面我们通过数据读取体会 PyMySQL 的使用方法。

```
from pymysql import *
conn = connect(host='localhost',port=3306,user='root',password='12345',data
    base='test_db',charset='utf8')
cursor = conn.cursor()
count = cursor.execute('select * from stock_basic')
print(f"查询到{count}条数据:")
for i in range(count):
    result = cursor.fetchone()
    print(result)
cursor.close()
conn.close()
```

部分输出结果如下：

```
查询到5261条数据:
(0, '000001.SZ', 1, '平安银行', '深圳', '银行', '主板', 'SZSE', 'L', 19910403, None)
(1, '000002.SZ', 2, '万科A', '深圳', '全国地产', '主板', 'SZSE', 'L', 19910129, None)
(2, '000004.SZ', 4, '国华网安', '深圳', '软件服务', '主板', 'SZSE', 'L', 19910114, None)
(3, '000005.SZ', 5, 'ST星源', '深圳', '环境保护', '主板', 'SZSE', 'L', 19901210, None)
(4, '000006.SZ', 6, '深振业A', '深圳', '区域地产', '主板', 'SZSE', 'L', 19920427, None)
(5, '000007.SZ', 7, '*ST全新', '深圳', '其他商业', '主板', 'SZSE', 'L', 19920413, None)
(6, '000008.SZ', 8, '神州高铁', '北京', '运输设备', '主板', 'SZSE', 'L', 19920507, None)
(7, '000009.SZ', 9, '中国宝安', '深圳', '电气设备', '主板', 'SZSE', 'L', 19910625, None)
(8, '000010.SZ', 10, '美丽生态', '深圳', '建筑工程', '主板', 'SZSE', 'L', 19951027, None)
(9, '000011.SZ', 11, '深物业A', '深圳', '区域地产', '主板', 'SZSE', 'L', 19920330, None)
(10, '000012.SZ', 12, '南玻A', '深圳', '玻璃', '主板', 'SZSE', 'L', 19920228, None)
(11, '000014.SZ', 14, '沙河股份', '深圳', '全国地产', '主板', 'SZSE', 'L', 19920602, None)
(12, '000016.SZ', 16, '深康佳A', '深圳', '家用电器', '主板', 'SZSE', 'L', 19920327, None)
```

2. 结合 Pandas 从数据库存取数据

Pandas 提供了多种读取与存储关系型数据库数据的函数与方法，如 read_sql_table()、read_sql_query()、read_sql()。除了 Pandas 库外，我们还鼓励使用 SQLAlchemy 库建立对应的数据库连接。SQLAlchemy 配合相应数据库的 Python 连接工具（例如，MySQL 数据库需要安装 Mysqlclient 或者 PyMsql 库），使用 create_engine() 函数，建立一个数据库连接。creat_engine() 中填入的是一个连接字符串。在使用 Python 的 SQLAlchemy 时，MySQL 数据库连接字符串的格式如下：

```
数据库产品名+连接工具名：//用户名：密码@数据库IP地址：数据库端口号/数据库名称？
        charset=数据库数据编码
```

除了使用 create_engine 函数，我们也可以直接将上面的字符串作为 Pandas 相关函数的参数做数据存取，因为这种连接字符串使用了 SQLAlchemy 的标准格式。

（1）to_sql

数据库存储只有一个 to_sql() 函数，其参数介绍如表 11-1 所示。

```
DataFrame.to_sql(name, con, schema=None, if_exists='fail', index=True,index_
    label=None,dtype=None)
```

表 11-1 to_sql() 函数的参数介绍

参数名称	说明
name	接收字符串，代表数据库表名，无默认
con	接收数据库连接，无默认
if_exists	接收"fail""replace""append"。"fail"表示如果表名存在则不执行写入操作；"replace"表示如果表名存在，将原数据库表删除，再重新创建；"append"则表示在原数据库表的基础上追加数据，默认为 fail
index	接收布尔值，表示是否将行索引作为数据传入数据库，默认为 True
index_label	接收字符串或者序列。代表是否引用索引名称，如果 index 参数为 True，此参数为 None，则使用默认名称。如果为多重索引必须使用序列形式，默认为 None
dtype	接收字典，代表写入的数据类型（列名为 key，数据格式为 values），默认为 None

下面是使用 Pandas 的 to_sql 函数向数据库写入数据的示例代码，我们可以通过这段代码体会。

```
import pandas
conn = 'mysql+pymysql://root:123456@localhost:3306/test?charset=utf8'
data = pandas.read_csv(r" 000001.SZ.csv")
data.to_sql(name="sheet2", con=conn, index=False)
```

存储成功后查看结果的相关截图如图 11-11 所示。

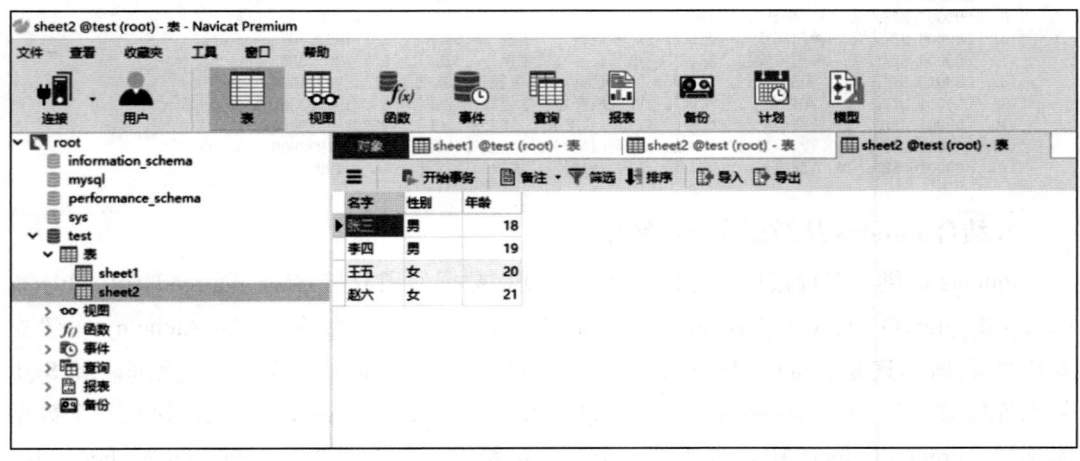

图 11-11 查看结果

（2）read_sql_table

只能够读取数据库的某一个表格，不能实现查询的操作。

```
pandas.read_sql_table(table_name, con, schema=None, index_col=None, coerce_
    float=True, columns=None)
```

下面的代码结合 SQLAlchemy、Pandas 和 MySQL 做数据表的读取。这里需要注意，我们使用 create_engine 函数构建数据库链接，而不是直接使用字符串。下面代码中的口令 ****** 需要使用用户数据库中的口令替换。

```
from sqlalchemy import create_engine
db_connection_str = f"mysql+pymysql://root:******@localhost:3306/test_
    db?charset=utf8"
conn = create_engine(db_connection_str)
table_name = "stock_basic"
data = pandas.read_sql_table(table_name,conn,schema=None,index_
    col=None,coerce_float=True,columns=None)
data
```

（3）read_sql_query

只能实现查询操作，不能直接读取数据库中的某个表。

```
pandas.read_sql_query(sql, con, index_col=None, coerce_float=True)
```

（4）read_sql

这是上面两者的综合，既能够读取数据库中的某一个表，也能够实现查询操作，具体参数介绍如表 11-2 所示。

```
pandas.read_sql(sql, con, index_col=None, coerce_float=True, columns=None)
```

Pandas 的三个数据库数据读取函数的参数几乎完全一致，唯一的区别在于传入的参数是语句还是表名。

表 11-2　read_sql() 函数的具体参数介绍

参数名称	说明
sql or table_name	接收字符串，表示读取的数据的表名或者 SQL 语句，无默认
con	接收数据库连接，表示数据库连接信息，无默认
index_col	接收整型数值、序列或者布尔值。表示设定的列作为行名，如果是一个数列则是多重索引，默认为 None
coerce_float	接收布尔值，将数据库中的 Decimal 类型的数据转换为 Pandas 中的 Float64 类型的数据，默认为 True
columns	接收列表，表示读取数据的列名，默认为 None

11.5　扩展阅读

11.5.1　什么是云数据库

近年来云计算技术不断发展和完善，传统的基础设施即服务（IaaS）已经无法满足用户对云计算交付能力的需求，用户希望越来越多的传统软件以云服务的形式进行交付。云数据库是在软件即服务（SaaS）不断发展下新兴的一种软件服务——数据库即服务（DBaaS）。相比于传统数据库，云数据库具备了云计算按需分配、动态扩容、免维护管理、低价高可用等优点。

具体而言，云数据库的优点有以下几个。

（1）用户可以根据实际使用情况定制自己需要的数据库，按照存储容量、最大连接数等需求付费，无须再为无用的资源买单。

（2）云数据库通常采用高可用架构，当发生节点故障时，可以实现故障切换，对用户透明，提升了服务器的可靠性，大大降低了故障宕机所带来的巨大风险。

（3）云数据库通常可以通过运维平台，实现弹性扩容等功能，大大降低了运维的成本。

（4）云数据库能够给用户提供灵活的备份策略，以及数据库实例的监控告警，最大限度保证了数据库实例的健康运行。

以阿里云云数据库 RDS（relational database service）为例，它基于飞天分布式系统和全 SSD 盘高性能存储，支持 MySQL、SQL Server、PostgreSQL 和 MariaDB 引擎，默认部署主备架构且提供了容灾、备份、恢复、监控、迁移等方面的全套解决方案。除此之外，阿里云云数据库 RDS 还提供了多样化的安全加固功能来保障用户数据的安全，例如：防 DDoS 攻击、流量清洗、SQL 注入检测、访问控制、VPC（虚拟专有云）、数据加密等服务。

综合而言，云数据库是云计算技术下的一种 IaaS 云计算资源，它的诞生给中小型公司、企事业单位的发展带来了切实的好处。企业不用再花费大量的金钱采购服务器、雇用运维团队、构建数据中心，这有利于节约企业成本，提高企业效益。

11.5.2 ChatGPT 视角下的 MySQL

我们首先让 ChatGPT 为我们介绍什么是 MySQL（见图 11-12）。

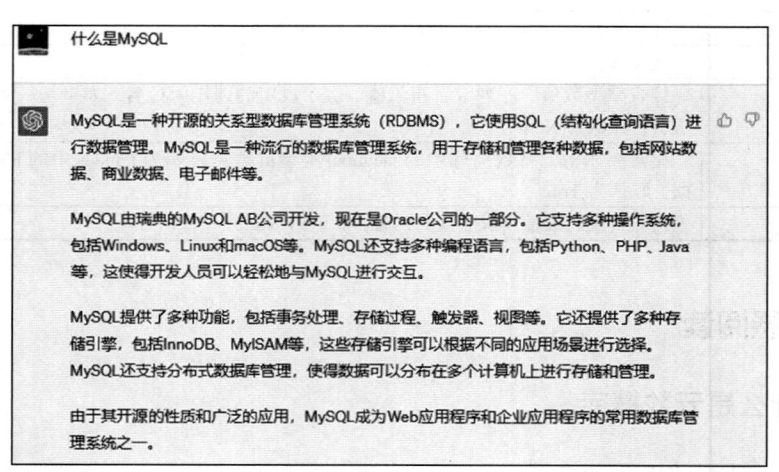

图 11-12　ChatGPT 回复结果（一）

接着让它根据具体的任务描述自动生成相关的 SQL 语句（见图 11-13）。

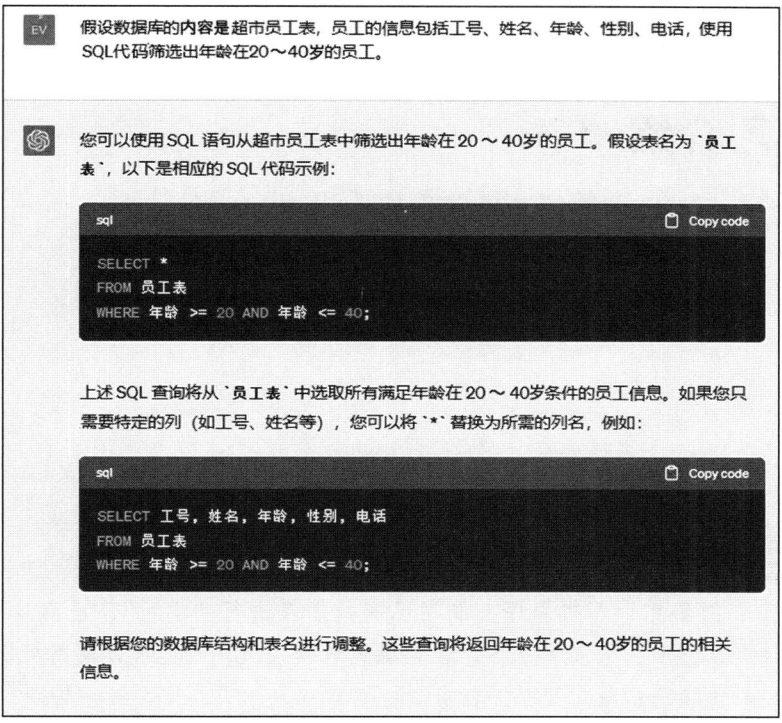

图 11-13　ChatGPT 回复结果（二）

CHAPTER 12

第 12 章

机器学习介绍

机器学习（machine learning）是一门多领域交叉学科，涉及概率论、统计学、凸优化等多门学科，专门研究计算机程序并利用已有数据集进行"学习"，进而改善程序性能，最终能完成分类、回归、聚类等任务。在金融大数据领域，我们可以使用机器学习方法完成房价预测、股价预测、量化交易等任务。

本章我们先从一个例子切入机器学习，了解其定义、分类以及机器学习三要素。然后，介绍机器学习的模型评估与选择，以帮助我们选取适合实际情况的最优模型。进一步，我们学习机器学习中最典型的优化算法——梯度下降算法，这样我们就可以明白机器学习算法是如何求解到最优解的。最后，我们以一个简单例子来建立一个完整的机器学习模型，以熟悉实际使用机器学习模型的流程。本章主要内容如下：

- 机器学习概述
- 模型评估与选择
- 梯度下降算法
- 建立并训练一个模型

12.1 机器学习概述

12.1.1 语音助手例子

如今语音助手已经非常普遍，你肯定用过或至少听过常见的语音助手，如苹果的Siri、微软的Cortana、华为的小艺、百度的小度、小米的小爱同学等。

语音助手能帮你定闹钟、找餐厅、查天气，甚至陪你一直聊天，其实它们都是由机器学习算法支持的。语音助手使用了语音识别技术（ASR）、自然语言处理技术（NLP）、语音合成技术（TTS）。其中自然语言处理技术是核心，它有两个任务——自然语言理解（NLU）和自然语言生成（NLG），也就是基于文本去理解及预测用户的需求，做出相关响应和操作，并且输出反馈给用户。

语音助手从一个用户的话语中，确定用户提出的具体要求。这样的模型可以帮助程序尝试自动填充用户的需求，其框架如图12-1所示。比如，当你向语音助手询问"明天出门需不需要带伞？"时，它会通过"词处理"和"句处理"，在连续的汉字字符中识别词语和句子的含义，并获取其语言学信息和统计学信息，从而进行系统下一步的分析和语句的理解。通过语义理解技术，语音助手会将"带伞"与"天气预测"相对应，最后会对你做出"地区 + 天气预测 + 需要（不需要）带伞"的回答。

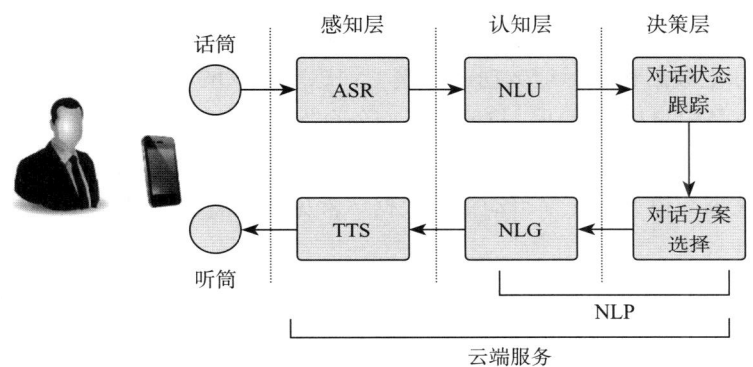

图 12-1　语音识别技术框架

随着机器学习技术的进步，这一领域已经日渐成熟，一些语音助手也越来越智能。当然，语音助手属于机器学习中更为深入的应用，它涉及更多的知识。本章主要介绍的机器学习内容更多是应用于金融数据分析，直接与数据打交道。我们能从以上例子大致知道机器学习是什么，它大概就是指计算机程序能从大量数据中进行学习，进而对于我们给定的一个输入，给出令人满意的输出。

12.1.2　什么是机器学习

统计学习（statistical learning）是关于计算机基于数据构建概率统计模型并运用模型对数据进行预测与分析的一门学科。统计学习也称为统计机器学习（statistical machine learning）。当然机器学习也有非概率模型。

计算机程序从经验 E 中学习任务 T，通过性能 P 来衡量表现，如果针对任务 T 的性能 P 随着经验的增加而不断提高，则称为机器学习。

在计算机系统中，经验通常是数据，学习算法通过学习产生数学模型，不断改善系统性能（即训练）。当性能达到我们认可的程度时，我们将其应用于实践（即测试），给定输入，然后得到我们需要的输出。

12.1.3 机器学习的分类

机器学习是一个范围宽阔、内容丰富、应用广泛的领域，统一的理论体系无法涵盖所有内容，可以从多种角度进行分类。

按照学习任务分类，机器学习的类型有以下几个。

- 监督学习（supervised learning）：根据输入数据和对应的标签来训练模型。常见的监督学习算法包括决策树、支持向量机、神经网络等。
- 无监督学习（unsupervised learning）：不依赖标记数据，自主地从未标记的数据中发现隐藏的模型，然后进行训练。常见的无监督学习算法包括K均值聚类、主成分分析（PCA）、关联规则挖掘等。
- 半监督学习（semi-supervised learning）：结合了监督学习和无监督学习的思想，同时利用标记数据和未标记数据进行模型训练。常见的半监督学习算法包括自学习、半监督支持向量机、生成对抗网络、变分自编码器等。
- 自监督学习（self-supervised learning）：无监督学习的特殊形式，利用数据自动生成的标签来训练模型，无须手动标记数据。常见的自监督学习算法包括自编码器、对比学习等。
- 强化学习（reinforcement learning）：用于让智能体（agent）通过与环境交互，从环境的反馈中学习如何采取行动以达到特定目标。强化学习在很多领域都有广泛的应用，例如机器人控制、自动驾驶、游戏策略、资源管理等。
- 主动学习（active learning）：与传统的监督学习不同，主动学习不是被动接受现有标记数据，而是通过主动地选择最有价值的样本来进行标记，以优化模型的学习效率。常见的主动学习策略包括不确定性采样（uncertainty sampling）、边缘采样（margin sampling）、最大化差异采样（diversity sampling）等。

按照模型是否为概率模型分类，机器学习的类型有以下几个。

- 概率模型（probabilistic model）：基于概率论的理论基础，用于建模和分析随机变量之间的关系与概率，可以用来预测未来事件的可能性，对数据进行建模和推断，以及进行不确定性的量化和处理。
- 非概率模型（non-probabilistic model）：与概率模型相对应，不涉及概率分布或概率推断，而是通过其他方式来学习数据的模式和特征。常见的非概率模型包括决策树、最大熵模型、K最近邻算法等。

此外，机器学习按模型分类还可分为线性模型与非线性模型，参数化模型与非参数化模型。机器学习按算法分类可分为在线学习（online learning）与批量学习（batch learning）。机器学习按技巧分类有贝叶斯学习、核方法等。

1. 监督学习

机器学习任务有多种类型，这里我们重点介绍有监督的机器学习和无监督的机器学习。监督学习是指从标记数据中学习预测模型的机器学习问题。在有监督的机器学习中，训练数据有标签（即包含了答案，称为标签），其本质是学习输入到输出的映射的统计规律。

（1）分类任务

一个典型的监督学习任务是分类，分类的常见输出是离散型变量。图 12-2 是基于支持向量机对鸢尾花进行分类的可视化结果，输入花萼长度和花萼宽度，输出鸢尾花类别。

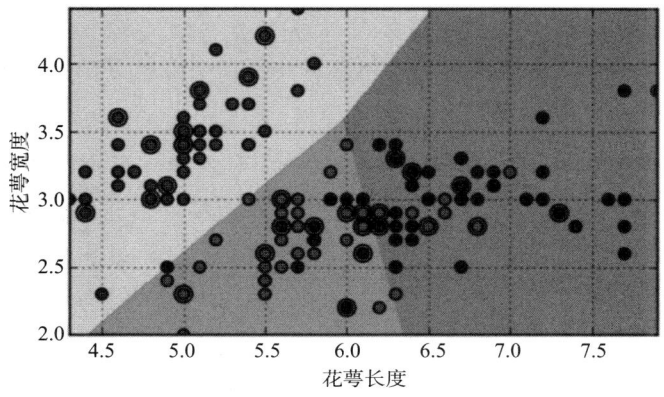

图 12-2　基于支持向量机的鸢尾花分类

（2）回归任务

另一个典型的监督学习任务是回归，回归的常见输出是连续型变量。图 12-3 所示是一系列加了噪声的数据，以及我们基于最小二乘准则，使用梯度下降算法得到的回归直线。

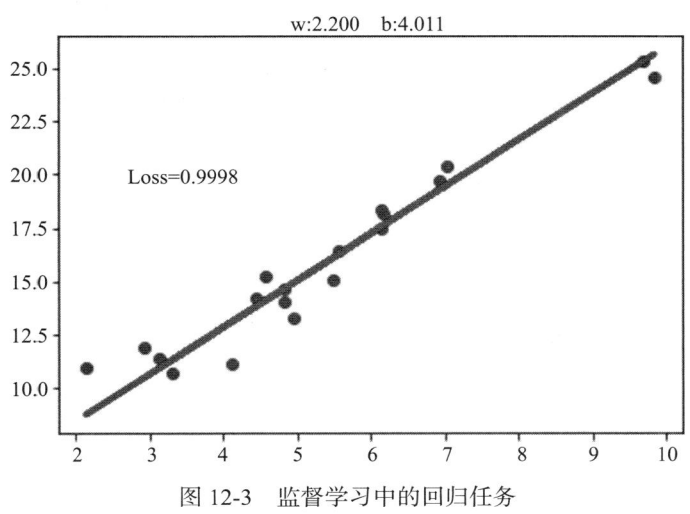

图 12-3　监督学习中的回归任务

（3）监督学习的形式化表达

监督学习的主要任务是利用训练数据集学习一个模型，再用模型对测试数据集进行预测。监督学习分为学习和预测两个过程，由学习系统和预测系统完成。模型的一般形式为

决策函数 $Y=f(X)$，或者条件概率分布 $P(Y|X)$。监督学习方法根据是否为概率模型将其称为生成方法和判别方法。学习系统通过不断地尝试，从假设空间中选出给定评价标准下的最优模型，进而用于预测系统进行预测，流程如图 12-4 所示。

- 生成方法：由数据学习联合概率分布 $P(X, Y)$，然后求出条件概率分布 $P(Y|X)$ 作为预测的模型。

$$P(Y|X) = \frac{P(X|Y)P(Y)}{P(X)} \qquad (12-1)$$

- 判别方法：由数据直接学习决策函数 $f(X)$ 作为预测的模型。代表方法：感知机、支持向量机。

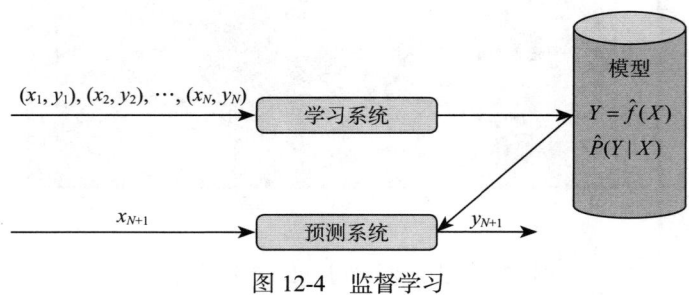

图 12-4　监督学习

2. 无监督学习

在无监督学习中，训练数据是没有标记的。无标记数据是自然得到的数据。其本质是学习数据中的统计规律或潜在结构，所得到的预测模型最终能够表示数据的潜在类别、转换或概率。典型的应用包括：降维、聚类、可视化、关联规则学习、异常检测和新颖性检测。

图 12-5 是一个使用多维缩放（MDS）对鸢尾花数据进行降维的可视化操作的示例。鸢尾花数据集含有 4 个特征，我们将其降至 2 个特征，不仅提高了样本密度，还便于对数据进行可视化。

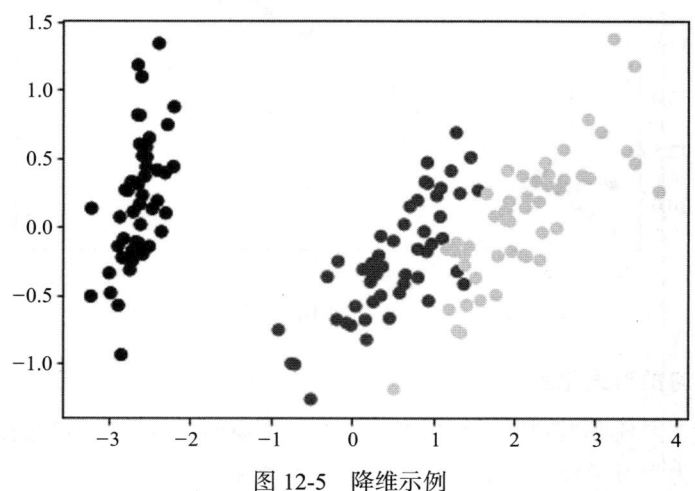

图 12-5　降维示例

无监督学习可以进行如图 12-6 所示的形式化表达。模型的一般形式表达为 $z=g(x)$，条件概率分布为 $P(z|x)$，或者 $P(x|z)$ 的形式，其中 $x \in X$ 是输入，$z \in Z$ 是输出（X 是输入空间，Z 是隐式结构空间）。学习系统通过不断地尝试，从假设空间中选出给定评价标准下的最优模型，进而用于预测系统进行预测。

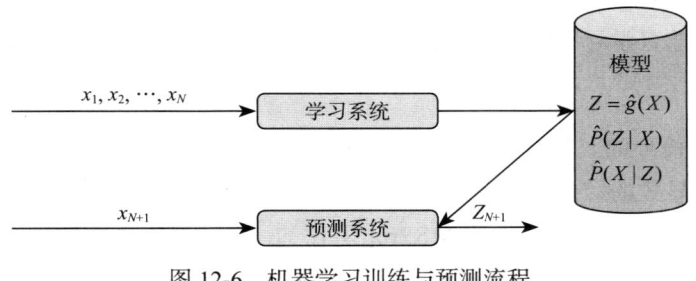

图 12-6　机器学习训练与预测流程

12.1.4　深入理解机器学习

机器学习三要素

机器学习都是由模型、策略、算法构成的，这是机器学习的三要素。

（1）模型

这里的模型就是我们要学习的函数映射关系，具体地讲，这就是一个决策函数或者条件概率分布。模型的假设空间（hypothesis space）包含所有可能的决策函数或条件概率分布。

F 表示假设空间，X 和 Y 是定义在输入空间 X 和输出空间 Y 上的变量，参数向量 $\boldsymbol{\theta}$ 取值于 n 维欧式空间 R^n，称为参数空间（parameter space）。假设空间可定义为决策函数的集合：

$$F = \{f | Y = f_{\boldsymbol{\theta}}(X), \boldsymbol{\theta} \in R^n\} \tag{12-2}$$

同理，假设空间也可以表示条件概率分布的集合。其中由决策函数表示的模型是非概率模型，由条件概率分布表示的模型是概率模型。

（2）策略

当我们有了模型的假设空间，即有了一系列能表达从输入到输出的映射关系，机器学习的下一个目标就是从中选出最优模型。我们应该采用怎样的策略来选出最优模型呢？

我们用损失函数（loss function）来度量预测错误的程度，记为 $L(Y, f(X))$，这是一个非负实值函数。一般常用的损失函数包括 0-1 损失函数、平方损失函数、绝对损失函数、对数损失函数。损失函数值越小，模型就越好。如平方损失函数的计算公式如下：

$$L(Y, f(X)) = (Y - f(X))^2 \tag{12-3}$$

由于模型输入、输出 (X, Y) 是随机变量，遵循联合分布 $P(X, Y)$，因此需要求得其期望为：$P_{\exp}(f) = E_P[L(Y, f(X))]$，称为期望损失（expected loss），但此式与联合概率分布 $P(X, Y)$ 有关，无法得到。对此，我们采用其训练数据集的平均损失即经验风险（empirical risk）

来表达，记为 R_{emp}：

$$R_{\text{emp}}(f) = \frac{1}{N}\sum_{i=1}^{N}L(y_i, f(x_i)) \qquad (12\text{-}4)$$

我们也可以将经验风险加上表示模型复杂度的正则化项（regularizer）来防止"过拟合"（over-fitting）现象，称为结构经验风险最小化。

这时我们的监督学习问题就变成了经验风险或结构经验风险函数的最优化问题。

（3）算法

算法是学习模型的具体计算方法，即如何求解经验风险或结构经验风险的最优化问题。一般可以求显式的解析解或者用数值计算的方法求解。最常用的是梯度下降算法、随机梯度下降算法、AdaGrad 算法、RMSProp 算法等。

至此，机器学习三要素确定，一个机器学习的方法就确定了。

12.2　模型评估与选择

12.2.1　模型选择的目的

模型评估是用来评测模型的好坏。模型在训练集上的误差通常称为训练误差（training error）或经验误差（empirical error），在新样本上的误差称为泛化误差（generalization error），在测试集上的误差称为测试误差（testing error）。由于新样本未知，通常我们将测试误差作为泛化误差的近似。

机器学习算法含有许多参数，我们将其分为超参数和模型参数。超参数是在开始机器学习之前就人为设置好的参数，如学习率、训练次数（epoch）、m 次多项式拟合的 m、聚类中类的个数、神经网络隐藏层数目等；而模型参数则是通过训练得到的参数数据，如 m 次多项式拟合中每个系数的值。

在机器学习中，我们总是希望得到泛化误差小的学习器，但是由于新样本未知，实际只能使经验误差最小，但又可能出现过拟合，即模型在训练集上表现好，但在测试集上表现不好。而且实际任务中，可能有多种学习算法可供我们选择，同一算法也有不同的超参数配置，对此我们引出模型选择（model selection）问题，即选择最优的学习算法及超参数配置。具体而言，我们要进行模型评估与选择。

12.2.2　评估指标

回归模型和分类模型有不同的评估指标（性能度量）。

1. 分类模型

（1）混淆矩阵

这里以二分类问题为例讲解。对于二分类问题，我们可以根据其真实情况与模型预测结果的组合划分为真正例（true positive，TP）（例如负面口碑、违约贷款）、真反例（true negative，TN）、假正例（false positive，FP）、假反例（false negative，FN）四种情形。分类的混淆矩阵（confusion matrix）如表 12-1 所示。

（2）准确率

对于分类模型，我们关心预测的准确率（accuracy），这是指准确预测的样本数占总样本数的比例。

表 12-1　混淆矩阵

分类	正例（预测结果）	反例（预测结果）
正例（真实情况）	TP	FN
反例（真实情况）	FP	TN

$$\text{ACC} = \frac{\text{TP} + \text{TN}}{\text{TP} + \text{TN} + \text{FP} + \text{FN}} \quad (12\text{-}5)$$

准确率是分类问题中最简单也是最直观的评价指标，但存在明显缺陷。比如，反例样本占 99% 时，分类器只要把所有样本都预测为反例，就能达到 99% 的准确率，但这样的分类器是没有意义的。即当类别不平衡时，占比大的样本对准确率影响很大，此时不适合用准确率对分类器进行评估。

（3）查全率、查准率与 F_1

查全率（recall）是指正例（我们关心的样本）中有多少比例被预测出来了。

$$R = \frac{\text{TP}}{\text{TP} + \text{FN}} \quad (12\text{-}6)$$

查准率（precision）是指预测出来的正例有多少比例是用户感兴趣的真正的正例。

$$P = \frac{\text{TP}}{\text{TP} + \text{FP}} \quad (12\text{-}7)$$

查全率和查准率是一对矛盾的衡量指标，一般来说，查准率高时，查全率往往偏低；查全率高时，查准率往往偏低。这在信息检索时比较好理解，例如我们通过搜索引擎查询信息，如果希望查准率高，那么就会设置严格的阈值，这样查全率就低。如果希望查全率高，那么很多不想要的信息也可能被查询出来，因此查准率降低了。

对于不同场景，我们对查全率和查准率的重视程度不同。如果我们认为查全率和查准率同等重要，即二者的权重相同，那么我们可以使用 F_1 度量指标来评估分类模型，它是查全率和查准率的调和平均数：

$$F_1 = \frac{2 \times R \times P}{R + P} \quad (12\text{-}8)$$

我们还能得到 F_1 度量的一般形式 F_β。

$$F_\beta = \frac{(1 + \beta^2) \times P \times R}{(\beta^2 \times P) + R} \quad (12\text{-}9)$$

式中，β 是查全率对查准率的相对重要性，是一个大于零的数。

此外还有 ROC 曲线以及 AUC 度量指标，我们将在支持向量机章节讲到。

下面我们构建函数 plot_confusion_matrix 给出模型评估的基本信息，例如画出

confusion_matrix 图，给出 accuracy_score，相关代码如下所示。

```
from sklearn.metrics import confusion_matrix
from sklearn.metrics import accuracy_score
# 测试 plot_confusion_matrix 函数
y_test = [-1, 1, 1, 1, 1, 1, -1, -1, -1, -1]
y_pred = [-1, 1, 1, -1, 1, 1, -1, -1, 1, 1]
# 显示混淆矩阵
print(confusion_matrix(y_test, y_pred))
# 打印 accuracy_score
print(accuracy_score(y_test, y_pred))
```

输出结果如下：

```
[[3 2]
 [1 4]]
0.7
```

```
import seaborn as sns
import matplotlib.pyplot as plt
def plot_confusion_matrix(y_test, y_pred,xticklabels=[-1,1],yticklabels =
    [-1,1]):
    """
    可视化混淆矩阵
    参数：
        y_test：真实的测试标签数据
        y_pred：预测的标签数据
        xticklabels = [-1,1], yticklabels 的含义类似
    返回：
        可视化混淆矩阵
    """
    sns.set()
    mat = confusion_matrix(y_test, y_pred)
    # sns 的 heatmap，将矩形数据绘制为颜色编码矩阵
    # 参考 https://www.cntofu.com/book/172/docs/30.md
    sns.heatmap(mat.T, square=True, annot=True, fmt='d', cbar=False,
                xticklabels=xticklabels, yticklabels = yticklabels)
    plt.xlabel('true label')
    plt.ylabel('predicted label')
plot_confusion_matrix(y_test, y_pred)
```

输出结果如下：

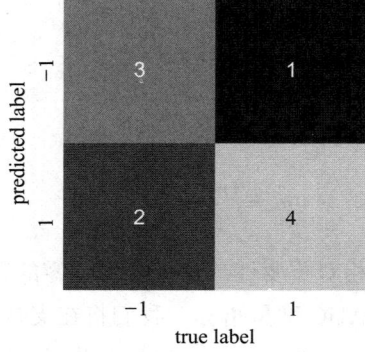

这里需要特别注意，此处二分类问题的手写数字是非平衡样本（5 VS Non 5），此时不要使用 accuracy_score，AUC 指标更合适。

回归模型的评估指标与分类模型的评估指标不一样，接下来是回归模型常用的评估指标介绍。

2. 回归模型

（1）均方误差

回归模型评估最常用的是均方误差（MSE）。它可以计算真实值与预测值的差值的平方和，然后求平均。通过平方的形式便于求导，所以均方误差常被用作线性回归的损失函数。

$$\text{MSE} = \frac{1}{m}\sum_{i=1}^{m}(y_i - \hat{y}_i)^2 \tag{12-10}$$

式中，$\hat{y}_i$ 是预测值。

（2）均方根误差

均方根误差（RMSE）即均方误差的平方根，常用来作为衡量机器学习模型预测结果的标准。均方根误差测量的是系统预测误差的标准差，即对于一个特征通常都符合正态分布，满足"68-95-99.7"：大约 68% 的值落在 1σ 内，95% 的值落在 2σ 内，99.7% 的值落在 3σ 内。

$$\text{RMSE} = \sqrt{\frac{1}{m}\sum_{i=1}^{m}(y_i - \hat{y}_i)^2} \tag{12-11}$$

（3）平均绝对误差

平均绝对误差（MAE）是绝对误差的平均值，可以更好地反映预测值误差的实际情况。

$$\text{MAE} = \frac{1}{m}\sum_{i=1}^{m}|y_i - \hat{y}_i| \tag{12-12}$$

（4）可决系数

可决系数（coefficient of determination），也称拟合优度，用符号 R^2 表示，反映的是自变量对因变量的变动的解释程度。结果越接近 1，说明模型拟合得越好。

$$R^2 = 1 - \frac{\sum_{i=0}^{m}(y_i - \hat{y}_i)^2}{\sum_{i=0}^{m}(y_i - \overline{y})^2} = 1 - \frac{\text{RSS}}{\text{TSS}} \tag{12-13}$$

式中，TSS（total sum of squares）是 y 的变动情况，正比于方差。RSS（residual sum of squares）是模型与真实值的残差。

可决系数可理解为：将 TSS 理解为全部按平均值预测，RSS 理解为按模型预测，这就相当于去比较模型预测和全部按平均值预测的比例，这个比例越小，则模型越精确。当然该指标存在结果为负数的情况，即模型预测还不如全部按平均值预测得精确。

（5）平均绝对百分比误差

平均绝对百分比误差（mean absolute percentage error，MAPE），MAPE 为 0% 表示完美模型，MAPE 大于 100% 则表示劣质模型。MAPE 的值越小，说明预测模型拥有更好的精确度。

$$\mathrm{MAPE} = \frac{100\%}{M} \sum_{i=1}^{m} \left| \frac{y_i - \hat{y}_i}{y_i} \right| \qquad (12\text{-}14)$$

12.2.3 模型评估与选择的方法

在实际构建模型时，我们通常将数据集拆分为相互独立的训练集、验证集[⊖]、测试集。我们使用训练集进行模型的训练，使用验证集进行模型评估、选择和调参（超参数），训练结束后使用测试集来评估最终模型的性能。在我们拥有足够多的数据时，此方法是有效的。

1. 交叉验证法

在实际应用时，我们的数据通常不足，因此可采用交叉验证法（cross validation），其核心思想是重复地使用数据。大致的操作是把给定的数据进行切分，组合为训练集与测试集，在此基础上反复地进行训练、测试和模型选择。

（1）简单交叉验证

具体操作就是，我们把数据集按照"分层采样"划分为两部分——训练集和测试集（一般比例划分为 7 ∶ 3）；然后用训练集在不同条件下（如不同的参数个数）训练得到不同的模型，用测试集评估测试误差，选出误差最小的模型；其中，针对一个模型，我们还可以采用若干次划分、评估后取平均值作为其最终评估结果，这样更为稳定。

（2）S 折交叉验证

应用最多的是 S 折交叉验证（见图 12-7）。大致操作如下：将数据集按"分层采样"划分成 k 份互斥的子集，每次用 $k-1$ 个子集的并集作为训练集，用剩余的那个子集作为测试集，这样就获得 k 组训练集和测试集，从而可以进行 k 次训练，进而返回 k 次测试的均值作为模型评估的结果。最终我们就能选择出最优的算法和超参数配置。

（3）留一交叉验证

它是 S 折交叉验证的特殊情况，当 $S=N$ 时，其中 N 是样本容量，往往在数据缺乏的情况下使用。留一交叉验证的缺点就是计算开销大，对于有 m 个样本的数据集，要训练 m 个模型。

⊖ 用于在训练过程中检验模型的状态、收敛情况。验证集通常用于调整超参数。

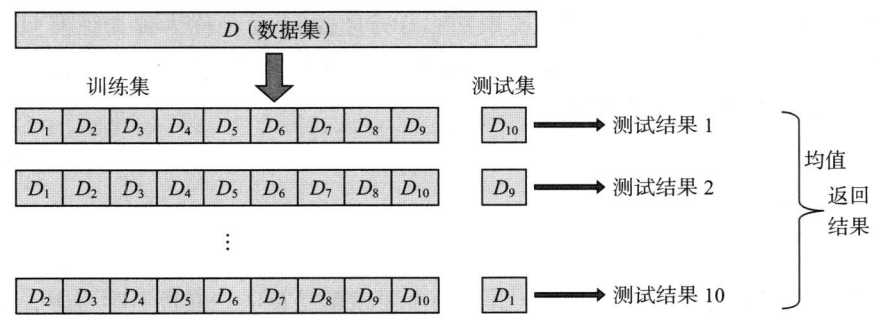

图 12-7　S 折交叉验证

2. 自助法

因为 S 折交叉验证保留了部分样本用于测试，所以实际评估的模型所使用的训练集偏小，会引入一些由于样本规模不同而导致的估计偏差。留一交叉验证的计算开销大。采用自助法则能综合以上这两种方法。

自助法的基本操作如下：给定含有 m 个样本的数据集 D，我们对它采样得到数据集 D'。每次随机从中采样一个样本，将其放入 D' 中，但数据集 D 不变，下次这个样本仍可能被采样；对此重复 m 次，就得到了 D'；我们用 D' 做训练集，D/D' 做测试集。通过概率分析，我们可知 D/D' 大致有数据总量的 1/3。

自助法一般用于数据集小、难以有效划分训练集和测试集的情况，但自助法会改变原数据集的分布，引入估计偏差。一般在数据充足时，采用交叉验证。

3. 正则化

正则化是结构风险最小化策略的实现，在经验风险上加上正则化项（regularizer）。正则化项是模型复杂度的单调增函数，模型越复杂，正则化值就越大。正则化项的一般形式如下所示。

$$\min_{f \in F} = \frac{1}{N} \sum_{i=1}^{N} L(y_i, f(x_i)) + \lambda J(f) \tag{12-15}$$

式中，λ 是平衡两者之间的相对重要性的系数，$\lambda \geq 0$。

正则化符合奥卡姆剃刀原理，即在所有可能选择的模型中，能够很好地解释已知数据并且解释起来十分简单的才是最好的模型。

12.2.4　最终模型

在我们完成模型评估与选择后，具体采用的机器学习算法以及超参数配置就确定了，此时我们应用原数据集 D 重新训练模型，这个模型将在训练时使用所有样本，这才是我们最终的模型。

当我们有一个最终模型（或者是别人训练好的模型），并想要将其应用到另一个相似的任务上时（如从自然景物识别到人脸识别），我们把这个模型称为预训练模型。使用预训练模型，修改输出层格式，利用现在任务的数据集进行继续训练（也称 fine-tuning，微调），我们能快速得到一个良好的模型。

12.3 梯度下降

前面我们介绍了机器学习三要素，其中一个要素就是算法。在机器学习中，最终我们需要对算法的参数进行优化。那么，选择什么方法来求解出模型的最优参数是一个非常重要的问题。

优化算法对于机器学习十分重要。一方面，训练一个复杂的模型可能需要数小时、数日，甚至数周的时间，优化算法的表现直接影响模型的训练效率；另一方面，理解各种优化算法的原理以及其中超参数的意义将有助于我们更有针对性地调参，从而使机器学习模型表现更好。而且，此处我们关心的是算法在目标函数上的表现，而不关心模型的泛化误差。

梯度下降虽然在实际任务中很少被直接使用，但理解梯度的意义以及沿着梯度反方向更新自变量以达到函数极值点是学习后续优化算法的基础。

12.3.1 一维梯度下降

梯度下降的一般原理可以用图 12-8 展示。即从一个初始的参数，沿着函数下降的方向逐步更新参数。

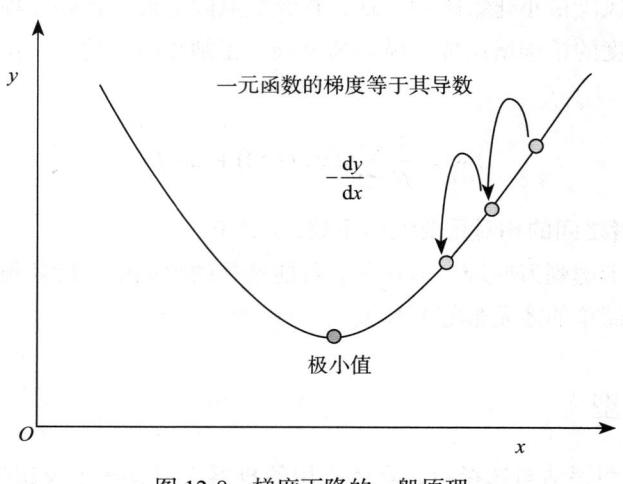

图 12-8　梯度下降的一般原理

什么才是下降最快的方向呢？我们先以简单的一维梯度下降为例。一元函数的梯度等于其导数，正负代表其函数值增加最快的方向（实际一元函数只有两个方向，即沿 x 轴的正负方向），其值代表变化率大小。我们将自变量 c 沿着梯度的反方向移动则为函数值降低最快的方向，所以用自变量加上其梯度的相反数，具体的变化的大小通过引入一个数 η 来控制，自变量的变化式如下所示。

$$x - \eta \frac{dy}{dx} \qquad (12\text{-}16)$$

严格的证明如下：假设连续可导的函数 $f:\mathcal{R} \to \mathcal{R}$ 的输入和输出都是标量。给定绝对值足够小的数 ε，根据泰勒展开式，我们得到以下的近似：

$$f(x+\varepsilon) \approx f(x) + \varepsilon f'(x) \qquad (12\text{-}17)$$

这里 $f'(x)$ 是函数 f 在 x 处的梯度。一元函数的梯度是一个标量，也称导数。

接下来，找到一个常数 $\eta>0$，使得 $|\eta f'(x)|$ 足够小，那么可以将 ε 替换为 $\eta f'(x)$ 并得到

$$f(x-\eta f'(x)) \approx f(x) - \eta f'(x)^2 \qquad (12\text{-}18)$$

如果导数 $f'(x) \neq 0$，那么 $\eta f'(x)^2 > 0$，所以

$$f(x-\eta f'(x)) \leq f(x) \qquad (12\text{-}19)$$

这意味着，如果通过

$$x \leftarrow x - \eta f'(x) \qquad (12\text{-}20)$$

来迭代 x，函数 $f(x)$ 的值可能会降低。因此在梯度下降中，我们先选取一个初始值 x 和常数 $\eta>0$，然后不断通过式（12-20）来迭代 x，直到达到停止条件，例如 $f'(x)=x^2$ 的值已足够小或迭代次数已达到某个值。

下面我们以目标函数 $f(x)=x^2$ 为例来看一看梯度下降是如何工作的。虽然我们知道最小化 $f(x)$ 的解 $x=0$，这里依然使用这个简单函数来观察 x 是如何被迭代的。首先，导入本节实验所需的 Python 库。

```
import matplotlib.pyplot as plt
import math
import numpy as np
```

接下来使用 $x=10$ 作为初始值，并设 $\eta=0.2$。使用梯度下降对 x 迭代 10 次，可见最终 x 的值较接近最优解。

```
def gd(eta):
    x = 10
    results = [x]
    for i in range(10):
        x = x - eta * 2 * x   # f(x) = x * x 的导数为 f'(x) = 2 * x
        results.append(x)
    print('epoch 10, x:', x)
    return results
res = gd(0.2)
print(res)
```

输出结果如下所示。

```
epoch 10, x: 0.06046617599999997
[10,
 6.0,
 3.5999999999999996,
 2.1599999999999997,
 1.2959999999999998,
 0.7775999999999998,
 0.46655999999999986,
 0.2799359999999999,
 0.16796159999999993,
 0.10077695999999996,
 0.06046617599999997]
```

下面将绘制出自变量 x 的迭代轨迹。

```
def show_trace(res):
    n = max(abs(min(res)), abs(max(res)), 10)
    f_line = np.arange(-n, n, 0.1)
    plt.plot(f_line, [x * x for x in f_line])
    plt.plot(res, [x * x for x in res], '-o')
    plt.xlabel('x')
    plt.ylabel('f(x)')
    plt.show()
show_trace(res)
```

定义的 show_trace 函数展示了自变量 x 的迭代轨迹，先在迭代结果最大值与最小值的绝对值和 10 中选出最大值 n，根据 n 画出 f_line 基准曲线，然后再画出迭代结果的位置，就可以得到自变量 x 的迭代轨迹。

轨迹的输出结果如图 12-9 所示。

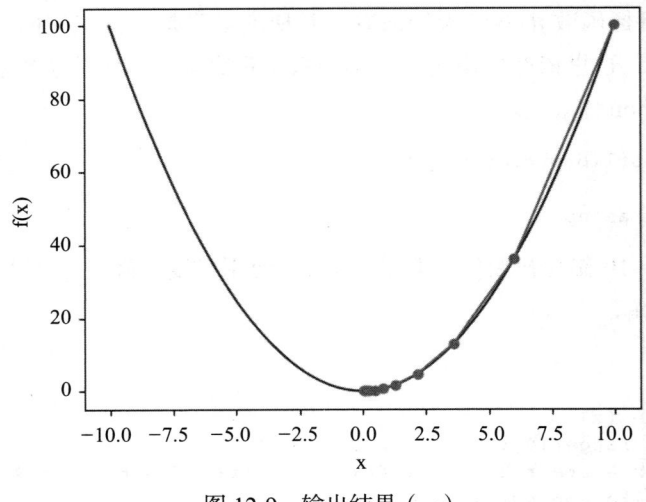

图 12-9　输出结果（一）

12.3.2　学习率

上述梯度下降算法中的正数 η 通常叫作学习率。这是一个超参数，需要人工设定。如果使用过小的学习率，会导致 x 更新缓慢从而需要更多的迭代才能得到较好的解。

下面展示使用学习率 $\eta=1.5$ 时自变量 x 的迭代轨迹。可见，同样迭代 10 次后，当学习率过小时，最终 x 的值依然与最优解存在较大偏差。

```
show_trace(gd(1.5))
```

输出结果如图 12-10 所示。

```
epoch 10, x: 10240.0
```

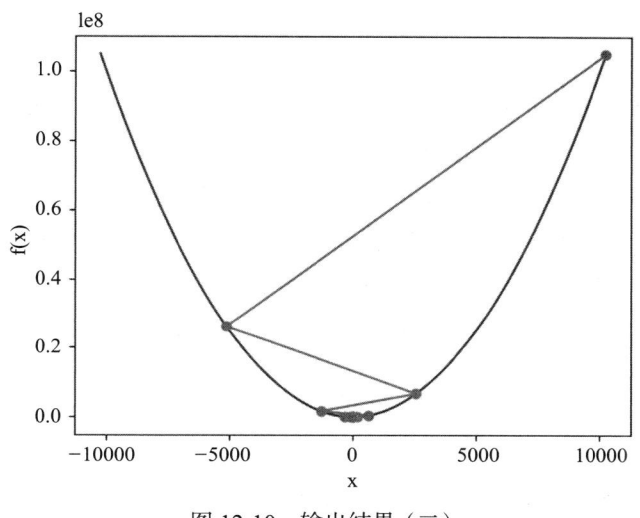

图 12-10　输出结果（二）

12.3.3　多维梯度下降

在了解了一维梯度下降之后，我们再考虑一种更广义的情况：目标函数的输入为向量，输出为标量。假设目标函数 $f:\mathbb{R}^d \to \mathbb{R}$ 的输入是一个 d 维向量 $\boldsymbol{x}=[x_1, x_2, \cdots, x_d]^\mathrm{T}$。目标函数 $f(\boldsymbol{x})$ 有关 x 的梯度是一个由 d 个偏导数组成的向量：

$$\nabla_x f(\boldsymbol{x}) = \left[\frac{\partial f(\boldsymbol{x})}{\partial x_1}, \frac{\partial f(\boldsymbol{x})}{\partial x_2}, \cdots, \frac{\partial f(\boldsymbol{x})}{\partial x_d}\right]^\mathrm{T} \qquad (12\text{-}21)$$

为表示简洁，我们用 $\nabla f(\boldsymbol{x})$ 代替 $\nabla_x f(\boldsymbol{x})$。梯度中每个偏导数元素 $\partial f(\boldsymbol{x})/\partial x_i$ 代表着函数值沿某个轴的变化率。多元函数中函数值对任意一个方向的变化率称为方向导数，而梯度（一个向量）则代表着方向导数最大的方向，沿其反方向我们可以最快地找到极小值。我们可以通过梯度下降算法来不断降低目标函数 f 的值：

$$x \leftarrow x - \eta \nabla f(x) \qquad (12\text{-}22)$$

同样，其中 η（取正数）称作学习率。

12.3.4 随机梯度下降

在实践中，目标函数通常是训练数据集中有关各个样本的损失函数的平均。设 $f_i(x)$ 是有关索引为 i 的训练数据样本的损失函数，n 是训练数据样本数，x 是模型的参数向量，那么目标函数定义为

$$f(x) = \frac{1}{n}\sum_{i=1}^{n} f_i(x) \quad (12\text{-}23)$$

目标函数在 x 处的梯度计算为

$$\nabla f(x) = \frac{1}{n}\sum_{i=1}^{n} \nabla f_i(x) \quad (12\text{-}24)$$

如果使用梯度下降，每次自变量迭代的计算开销为 $O(n)$，它随着 n 线性增长。因此，当训练数据的样本数很大时，梯度下降每次迭代的计算开销很高。

随机梯度下降（SGD）减少了每次迭代的计算开销。在随机梯度下降的每次迭代中，我们随机均匀采样一个样本索引 $i \in [1, \cdots, n]$，并计算梯度 $\nabla f_i(x)$ 来迭代 x：

$$x \leftarrow x - \eta \nabla f_i(x) \quad (12\text{-}25)$$

值得强调的是，随机梯度 $\nabla f_i(x)$ 是对梯度 $\nabla f(x)$ 的无偏估计，这意味着，平均来说，随机梯度是对梯度的一个良好的估计。

我们在后面会用到随机梯度下降。

12.3.5 小批量梯度下降

原始的梯度下降使用整个训练数据集来计算梯度，因此它也被称为批量梯度下降（batch gradient descent）。小批量梯度下降，是对批量梯度下降以及随机梯度下降的一个折中办法。

具体地，我们在每轮迭代中随机均匀采样多个样本组成一个小批量，然后使用这个小批量来计算梯度。我们可以通过重复采样（sampling with replacement）或者不重复采样（sampling without replacement）得到一个小批量中的各个样本。前者允许同一个小批量中出现重复的样本，后者则不允许出现重复的样本，且更常见。对于这两者间的任意一种方式，我们都可以使用。

12.4 建立并训练一个模型

至此，我们已经了解了有关机器学习的基础知识。现在，让我们用一个线性回归的实例来建立并训练一个机器学习模型，以掌握使用机器学习进行金融数据分析的流程。

12.4.1 研发投入与创新绩效的关系

科学研究与试验发展（research and development，简称 R&D）投入水平是影响自主创

新能力的重要因素，决定地区创新绩效和创新竞争优势。Los 和 Verspagen 等（2000）利用美国制造业数据研究得出研发投入与企业产业创新绩效呈显著正相关。冯文娜（2010）运用山东省高新技术企业调查数据研究发现，研发投入与专利产出和创新绩效呈显著正相关。曹勇等（2012）则以高新技术企业为样本分析得出研发投入对创新绩效具有直接影响，但在不同行业间影响效果有所不同。国内外大多数研究证明研发投入的增加有利于提高企业的自主创新能力和创新产出水平。

基于以上研究，我们提出假设：研发投入与创新绩效呈正相关关系。我们拥有部分省市 2017 年研发投入与创新绩效的数据，数据类型为截面数据，解释变量（X）为 R&D 内部经费支出（万元），被解释变量（y）为专利授权数（件），数据来源于中国研究数据服务平台。

```
import pandas as pd
import numpy as np
import matplotlib.pyplot as plt
import sklearn
from sklearn.linear_model import LinearRegression
plt.rcParams['font.sans-serif']=['SimHei']
def load_data():
    promotion_sales=pd.read_excel("./科技创新情况_全市.xlsx")
    X=promotion_sales.values[:,2]
    y=promotion_sales.values[:,3]
    return promotion_sales,X,y
data,X,y=load_data()
# 可视化数据
data.plot(kind='scatter',x='RDintexp',y='Patengran')
plt.show()
```

可视化输出结果如图 12-11 所示。

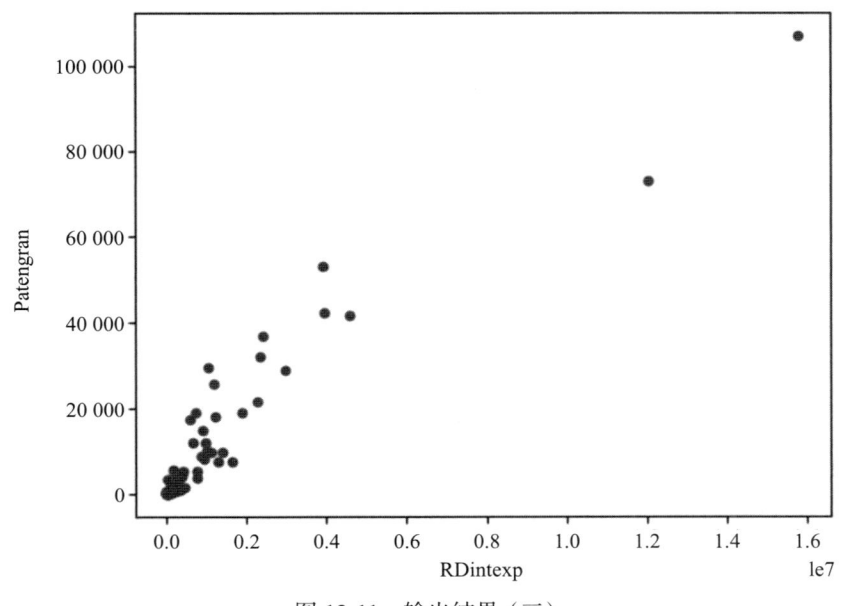

图 12-11　输出结果（三）

```python
# 选择一个线性模型
plt.rcParams['font.sans-serif'] = ['SimHei']
plt.rcParams['axes.unicode_minus'] = False
model=LinearRegression()
# 训练模型
X=X.reshape(-1,1)
y=y.reshape(-1,1)
model.fit(X,y)
# 基于训练的模型进行预测,可视化
y_predict=model.predict(X)
plt.plot(X,y_predict,'r',label="预测")
plt.scatter(X,y,label="原数据")
plt.xlabel('R&D内部经费支出(万元)')
plt.ylabel('专利授权数(件)')
plt.legend()
plt.savefig('invent.png')
plt.show()
```

可视化输出结果如图 12-12 所示。

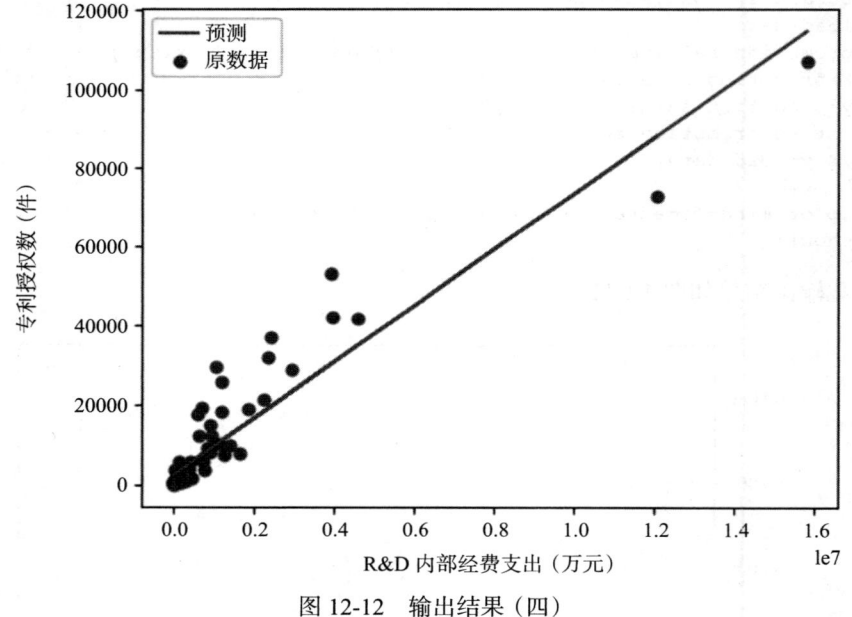

图 12-12　输出结果(四)

```python
# 模型参数
print(model.coef_)
print(model.intercept_)
```

输出结果如下:

```
[[0.00711689]]
[2298.1123297]
```

至此,我们基于 Sklearn,使用线性模型构建了利用研发投入预测创新绩效的模型,以一个简单的例子说明了机器学习的流程。在实际中,我们面对的情况将复杂得多,如数据具有多个特征（多维数据）、缺少数据、梯度爆炸与梯度消失、模型选择、参数微调等问题。对于一个实际情况中的项目，以下是主要操作步骤。

- 项目概述。
- 获取数据。
- 发现并可视化数据，寻找规律。
- 为机器学习算法准备数据。
- 选择模型，进行训练。
- 微调模型。
- 给出解决方案。
- 部署、监控、维护系统。

12.4.2 使用批量梯度下降求解

下面我们尝试自己构造批量梯度下降算法（batch gradient descent）来求解。

首先建立线性模型：

$$y = \boldsymbol{\theta}^{\mathrm{T}} \cdot \boldsymbol{x} \tag{12-26}$$

式中，$\boldsymbol{\theta}=[b, w]^{\mathrm{T}}$，$\boldsymbol{x}=[1, \mathrm{Money}]^{\mathrm{T}}$，均为列向量。

采用均方误差来构建 loss 函数。

$$\mathrm{loss} = \frac{1}{m} \sum_{i=1}^{m} (\boldsymbol{\theta}^{\mathrm{T}} \cdot \boldsymbol{x}^{(i)} - \boldsymbol{y}^{(i)})^2 \tag{12-27}$$

式中，m 是样本总量，我们可以进一步得到梯度向量的各分量。

$$\frac{\partial}{\partial \boldsymbol{\theta}_j} \mathrm{loss}(\boldsymbol{\theta}) = \frac{2}{m} \sum_{i=1}^{m} (\boldsymbol{\theta}^{\mathrm{T}} \cdot \boldsymbol{x}^{(i)} - \boldsymbol{y}^{(i)}) \boldsymbol{x}_j^{(i)} \tag{12-28}$$

我们采用矩阵进行表示以及计算。

$$\nabla_{\boldsymbol{\theta}} \mathrm{loss}(\boldsymbol{\theta}) = \begin{pmatrix} \dfrac{\partial}{\partial \theta_1} \mathrm{loss}(\boldsymbol{\theta}) \\ \dfrac{\partial}{\partial \theta_2} \mathrm{loss}(\boldsymbol{\theta}) \\ \vdots \\ \dfrac{\partial}{\partial \theta_n} \mathrm{loss}(\boldsymbol{\theta}) \end{pmatrix} = \frac{2}{m} \boldsymbol{X}^{\mathrm{T}} (\boldsymbol{X} \cdot \boldsymbol{\theta} - \boldsymbol{y}) \tag{12-29}$$

式中，$\boldsymbol{X}$ 为一个 $m \times 2$ 的矩阵，第 1 列全部是 1，第 2 列为研发投入，$\boldsymbol{y}$ 为创新绩效的列向量。

最后，采用下式进行参数更新。

$$\boldsymbol{\theta}^{(\mathrm{next\ step})} = \boldsymbol{\theta} - \eta \nabla_{\boldsymbol{\theta}} \mathrm{loss}(\boldsymbol{\theta}) \tag{12-30}$$

```python
# 数据标准化
X_mean = np.mean(X)
X_std = np.std(X)
X_0 = (X - X_mean) / X_std
y_mean = np.mean(y)
y_std = np.std(y)
y_0 = (y - y_mean) / y_std
def diedai(x, y):
    flag = True
    a = random.uniform(0, 0.01)    # 使用较小的初始值
    b = random.uniform(0, 0.01)    # 使用较小的初始值
    m = len(x)
    arf = 0.000001    # 再次减小学习率
    n = 0
    exp = 0.000001
    error0 = float('inf')
    while flag:
        sum1 = 0
        sum2 = 0
        error1 = 0
        for i in range(m):    # 计算对应的偏导数
            sum1 += a * x[i] + b - y[i]
            sum2 += (a * x[i] + b - y[i]) * x[i]
            error1 += (a * x[i] + b - y[i]) ** 2
        a = a - sum2 * arf / m    # 对 a 进行更新
        b = b - sum1 * arf / m    # 对 b 进行更新
        # 防止参数变得过大
        if a > 1e10 or a < -1e10 or b > 1e10 or b < -1e10:
            print(" 参数值过大，停止迭代 ")
            break
        if abs(error1 - error0) < exp:    # 计算误差
            break
        error0 = error1
        if n > 500:
            break
        n += 1
    return a, b
a1,b1=diedai(X_0,y_0)
print(f" 结果：a = {a1}, b = {b1}")
print(" 梯度下降 y=%fX+%f"%(a1,b1))
```

输出结果如下所示。

```
结果：a = [0.007838184363031174], b = [0.004857550323376995]
梯度下降 y=0.007838X+0.004858
# 生成预测数据
Y1=[(a1*s+b1) for s in X]
# 绘制图表
plt.plot(X, Y1, 'r', label=' 预测 ')
plt.scatter(X, y, label=' 原数据 ')
plt.xlabel('R&D 内部经费支出（万元）')
plt.ylabel(' 专利授权数（件）')
plt.legend()
plt.savefig('invent2.png')
plt.show()
```

图形输出结果如图 12-13 所示。

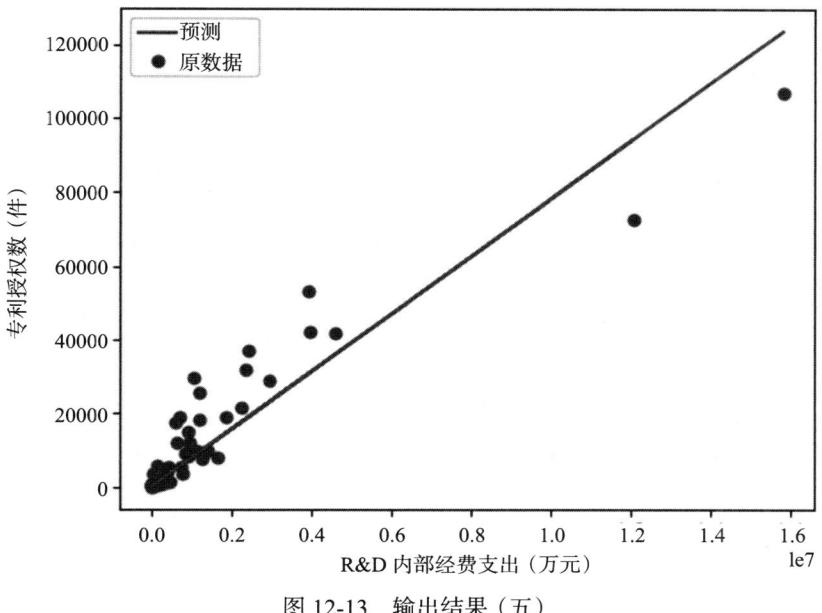

图 12-13　输出结果（五）

12.4.3　使用随机梯度下降求解

下面我们尝试采用随机梯度下降来求解，以加深对随机梯度下降概念的理解。

首先建立模型 $y=wx+b$，基于平方损失建立损失函数

$$\text{loss} = \frac{1}{2}(wx_i + b - y_i)^2 \tag{12-31}$$

我们的目的是找到能使损失函数最小化的模型参数 w 和 b 延续上一节的代码。

```
def gd(eta,w,b,x,y):
    d_w = (w * x + b - y) * x
    d_b = (w * x + b - y) * 1
    w = w - eta * d_w
    b = b - eta * d_b
    return w, b
# 初始化
w,b = np.random.randn(2)
# 初始化
w,b=np.random.randn(2)
# 训练模型
eta=0.00001
for i in range(100000):
    sample=np.random.choice(len(y_0))
    x=X_0[sample][0]
    real_y=y_0[sample][0]
    w,b=gd(eta,w,b,x,real_y)
print(w,"\n",b)
```

输出结果如下所示。

```
0.1651752205409786
0.009134817516654447
```

12.4.4 模型评估

有时我们需要对模型进行评估，此处采用均方误差对回归模型进行评估。

```
# mean squared error  -MSE 指标
np.mean(np.square(y_predict_gradient - y))
```

或者调用 Sklearn 中的方法。

```
from sklearn.metrics import mean_squared_error
print(mean_squared_error(y_pred=y_predict_gradient,y_true=y))
```

12.5 扩展阅读

ChatGPT 视角下的机器学习

我们首先让 ChatGPT 回答在使用机器学习模型时如何防止过拟合现象的出现（见图 12-14）。

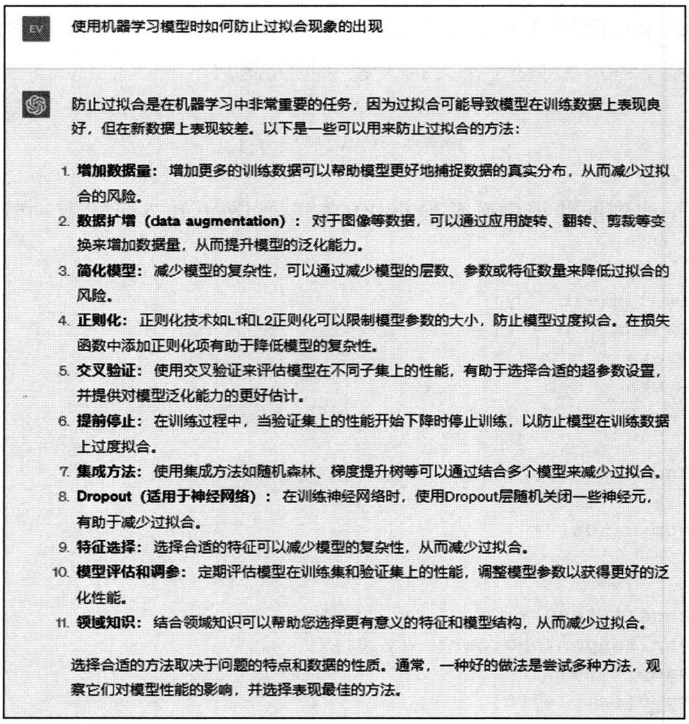

EV 使用机器学习模型时如何防止过拟合现象的出现

防止过拟合是在机器学习中非常重要的任务，因为过拟合可能导致模型在训练数据上表现良好，但在新数据上表现较差。以下是一些可以用来防止过拟合的方法：

1. **增加数据量：** 增加更多的训练数据可以帮助模型更好地捕捉数据的真实分布，从而减少过拟合的风险。
2. **数据扩增（data augmentation）：** 对于图像等数据，可以通过应用旋转、翻转、剪裁等变换来增加数据量，从而提升模型的泛化能力。
3. **简化模型：** 减少模型的复杂性，可以通过减少模型的层数、参数或特征数量来降低过拟合的风险。
4. **正则化：** 正则化技术如L1和L2正则化可以限制模型参数的大小，防止模型过度拟合。在损失函数中添加正则化项有助于降低模型的复杂性。
5. **交叉验证：** 使用交叉验证来评估模型在不同子集上的性能，有助于选择合适的超参数设置，并提供对模型泛化能力的更好估计。
6. **提前停止：** 在训练过程中，当验证集上的性能开始下降时停止训练，以防止模型在训练数据上过度拟合。
7. **集成方法：** 使用集成方法如随机森林、梯度提升树等可以通过结合多个模型来减少过拟合。
8. **Dropout（适用于神经网络）：** 在训练神经网络时，使用Dropout层随机关闭一些神经元，有助于减少过拟合。
9. **特征选择：** 选择合适的特征可以减少模型的复杂性，从而减少过拟合。
10. **模型评估和调参：** 定期评估模型在训练集和验证集上的性能，调整模型参数以获得更好的泛化性能。
11. **领域知识：** 结合领域知识可以帮助您选择更有意义的特征和模型结构，从而减少过拟合。

选择合适的方法取决于问题的特点和数据的性质。通常，一种好的做法是尝试多种方法，观察它们对模型性能的影响，并选择表现最佳的方法。

图 12-14 ChatGPT 回复结果（一）

接着我们让它回答如何增强模型的训练效果（见图 12-15）。

> **机器学习模型如何增强训练效果**
>
> 增强机器学习模型的训练效果是提升模型性能的关键步骤。以下是一些方法，可以帮助您增强模型的训练效果：
>
> 1. **数据预处理**：对数据进行标准化、归一化、去除异常值等预处理可以帮助模型更好地学习数据的分布，从而提升效果。
> 2. **特征工程**：选择合适的特征，构建新的特征，进行特征转换等，有助于提供更多有用的信息给模型，提升模型的性能。
> 3. **模型选择**：根据问题的性质选择适合的模型，尝试不同的算法和架构，以获得更好的性能。
> 4. **超参数调优**：调整模型的超参数，如学习率、正则化强度等，可以改善模型的训练效果。
> 5. **集成方法**：使用集成方法如随机森林、梯度提升树等可以通过结合多个模型来提升性能。
> 6. **神经网络结构**：对于深度学习模型，调整网络的层数、神经元数量、激活函数等，可以影响模型的性能。
> 7. **数据增强**：对于图像和文本数据，使用数据增强技术可以生成更多的训练样本，有助于提升模型泛化能力。
> 8. **迁移学习**：利用已经训练好的模型作为基础，进行微调或特征提取，可以在新领域或任务上获得更好的效果。
> 9. **批量规范化（batch normalization）**：在神经网络中使用批量规范化可以加速训练过程，提高收敛速度，减少梯度消失问题。
> 10. **优化算法**：使用更先进的优化算法如 Adam、RMSprop 等可以加速模型的训练，获得更好的收敛效果。
> 11. **加入领域知识**：利用专业领域的知识，引入额外的特征或限制，可以帮助模型更好地适应特定问题。
> 12. **持续监控和改进**：定期监控模型在训练集和验证集上的性能，根据模型的表现进行调整和改进。

图 12-15　ChatGPT 回复结果（二）

如果想了解更加细节的内容，我们可以继续追问 ChatGPT，以获取相应的解决方案。

CHAPTER 13

第 13 章

朴素贝叶斯模型的应用

朴素贝叶斯模型是一种非常简单快速的分类算法，通常适用于维度非常高的数据集。因为其运行速度快，而且可调参数少，所以非常适合为分类问题提供快速的基本方案，在垃圾邮件分类，疾病诊断中都取得了成功。它之所以称为朴素，是因为它假设特征之间是相互独立的，但是在现实生活中，这种假设一般是不成立的。即使是在假设不成立的条件下，它依然可以表现得很好，尤其是在小规模样本的情况下。本章主要内容包括：

- 朴素贝叶斯模型
- 结合 Pandas 和 Jieba 做训练数据准备
- 使用朴素贝叶斯做情感分析

13.1 朴素贝叶斯模型

本节将从朴素贝叶斯模型的一般形式入手，然后介绍高斯朴素贝叶斯模型（特征服从正态分布或者高斯分布的朴素贝叶斯模型）和多项式朴素贝叶斯模型。

13.1.1 贝叶斯公式

假设某种检测方法对一种癌症的检测准确率是 95%。一个人接受了检测并且结果呈阳性。假定这个人来自一个有 100 000 人的地区，该地区有 2 000 人得了这种病。推断接受检测者患这种病的概率。

虽然直接从检测结果得出检测者患病的概率是 95%，这似乎是合理的，但检测数据不完全支持这一结论。检测方法的准确率是 95%，这意味着呈阳性的检测结果表明有 95% 的人是患病的，而呈阴性的检测结果表明有 95% 的人是没患这种病的。如果事件

（$T>0$）表示检测呈阳性，$T<0$ 表示检测呈阴性，用 H 和 C 表示没有患病的人和患这种癌症的人，我们有：

$$P(T>0|C)=0.95 \quad P(T>0|H)=0.05$$
$$P(T<0|C)=0.05 \quad P(T<0|H)=0.95$$

这个特殊实验的空间由 98 000 个健康人和 2 000 个患者组成，在没有其他任何信息的情况下，受检测者从这 100 000 个人中随机抽取，抽到健康人的概率是 0.98，抽到患者的概率是 0.02，记为 $P(H)=0.98$ 和 $P(C)=0.02$。为了正确解释测试结果，我们使用贝叶斯定理，在这种情况下，我们得出当检测结果呈阳性时，检测者患病的概率为

$$P(C|T>0) = \frac{P(T>0|C)P(C)}{P(T>0)} = \frac{P(T>0|C)P(C)}{P(T>0|C)P(C)+P(T>0|H)P(H)}$$
$$= \frac{0.95\times 0.02}{0.95\times 0.02+0.05\times 0.98} = 0.279$$

这一结果表明：如果测试者从一群人中随机抽取，我们预先并不知道他是否患病，那么阳性检测结果也仅仅表明这个人患病的概率是 27.9%。然而，如果预先已经知道他是否患病，则检测结果与检测者的情况吻合的概率是 95%。

在贝叶斯分类中，我们根据给定观察到的特征（例如单词出现的频次）预测类型的条件概率，我们用 $P(\text{Category}|\text{feature})$ 来表示：

$$P(\text{Category}|\text{feature}) = \frac{P(\text{feature}|\text{Category})P(\text{Category})}{P(\text{feature})} \tag{13-1}$$

我们假设有两个类型，此时用 C_1 和 C_2 表示，那么上式中的 Category 参数就分别取 C_1，C_2。对于这两个类型来说，分母取值一致，因此我们可以比较分子的大小：$P(\text{feature}|C_1)P(C_1)$ 和 $P(\text{feature}|C_2)P(C_2)$，分子大说明后验概率较大，其分类作为最终的分类输出。

假设训练数据 $T=(x_1, y_1), (x_2, y_2), \cdots, (x_N, y_N)$，其中 $x_i = (x_{1i}, x_{2i}, \cdots, x_{ni})^T$，$ni$ 是样本的第 n 个特征。

除了多项式分布，样本特征的分布也可以是其他类型，例如正态分布。无论对于哪种分布，我们都可以计算出先验概率 $P(Y=C_k)$ 和条件概率 $P(X^{(j)}=a_{jl}|Y=C_k)$，其中 a_{jl} 是样本的第 j 个特征的其中一个取值，可以是连续的正态分布，也可以是类似多项式分布的离散值。

计算出先验概率和条件概率后，那么给定一个样本 $x=(x_{(1)}, x_{(2)}, \cdots, x_{(n)})^T$，我们对每个类型 C_k，$k=1,2,\cdots,K$ 计算后验概率的分子（分母 $P(X=x)$ 对所有的类型都相同）：

$$P(Y=C_k)\prod_{j=1}^{n} P(X^{(j)}=x^{(j)}|Y=C_k) \quad k=1,2,\cdots,K \tag{13-2}$$

请注意，这里我们假定不同的特征之间是独立的。对于正态分布而言，就是变量协方差为零。最后，我们确定样本 x 的分类（即后验概率最大值对应的分类）：

$$y = \underset{C_k}{\mathrm{argmax}}\, P(Y=C_k)\prod_{j=1}^{n} P(X^{(j)}=x^{(j)}|Y=C_k) \tag{13-3}$$

13.1.2 全概率和贝叶斯定理

如果 $U=[A_1, \cdots, A_n]$ 是 S 的分割，B 是任意事件，则

$$P(B)=P(B|A_1)P(A_1)+P(B|A_2)P(A_2)+\cdots+P(B|A_n)P(A_n) \quad (13\text{-}4)$$

由上述条件可知 $S=(A_1 \cup A_2 \cup \cdots \cup A_n)$，再根据集合的分配律可得

$$B=BS=B(A_1 \cup A_2 \cup \cdots \cup A_n)=BA_1 \cup BA_2 \cup \cdots \cup BA_n \quad (13\text{-}5)$$

并且事件 A_i 和 A_j 是互斥的，因此，事件 BA_i 和 BA_j 也互斥，于是

$$P(B)=P(BA_1)+\cdots+P(BA_n) \quad (13\text{-}6)$$

又因为

$$P(BA_i)=P(B|A_i)P(A_i) \quad (13\text{-}7)$$

这个结果就是全概率定理。

因为 $P(BA_i)=P(A_i|B)P(B)$，得

$$P(A_i|B) = P(B|A_i)\frac{P(A_i)}{P(B)} \quad (13\text{-}8)$$

代入，得到贝叶斯定理：

$$P(A_i|B) = \frac{P(B|A_i)P(A_i)}{P(B|A_1)P(A_1) + P(B|A_2)P(A_2) + \cdots + P(B|A_n)P(A_n)} \quad (13\text{-}9)$$

13.1.3 模型介绍

1. 高斯朴素贝叶斯模型

对于高斯朴素贝叶斯模型，假设特征的可能性为

$$P(x_i \mid y) = \frac{1}{\sqrt{2\pi\sigma_y^2}} \exp\left(-\frac{(x_i - \mu_y)^2}{2\sigma_y^2}\right) \quad (13\text{-}10)$$

下面我们给出一个例子：生成的 X 服从正态分布，越靠近每个区域中心点，生成数据 x_i 的概率越大，即根据每个区域（分类），我们可以计算出该类生成 x_i 的概率 $P(X=x_i|Y=C_k)$，最后我们计算出：

$$y = \underset{C_k}{\operatorname{argmax}} P(Y = C_k)\prod_{j=1}^{n}P(X^{(j)} = x^{(j)}|Y = C_k) \quad (13\text{-}11)$$

作为每个生成数据点可能性最大的分类。

假设数据服从正态分布，并引入 random_state 保证程序每次运行都分割一样的训练集和测试集。

```
from sklearn.datasets import load_iris
from sklearn.model_selection import train_test_split
X, y = load_iris(return_X_y=True)
X_train, X_test, y_train, y_test = train_test_split(X, y, test_size=0.5,
    random_state=0)
```

部分输出结果如图 13-1 所示。

```
array([[5.1, 3.5, 1.4, 0.2],
       [4.9, 3. , 1.4, 0.2],
       [4.7, 3.2, 1.3, 0.2],
       [4.6, 3.1, 1.5, 0.2],
       [5. , 3.6, 1.4, 0.2],
       [5.4, 3.9, 1.7, 0.4],
       [4.6, 3.4, 1.4, 0.3],
       [5. , 3.4, 1.5, 0.2],
       [4.4, 2.9, 1.4, 0.2],
       [4.9, 3.1, 1.5, 0.1],
       [5.4, 3.7, 1.5, 0.2],
       [4.8, 3.4, 1.6, 0.2],
       [4.8, 3. , 1.4, 0.1],
       [4.3, 3. , 1.1, 0.1],
       [5.8, 4. , 1.2, 0.2],
       [5.7, 4.4, 1.5, 0.4],
       [5.4, 3.9, 1.3, 0.4],
       [5.1, 3.5, 1.4, 0.3],
       [5.7, 3.8, 1.7, 0.3],
```

图 13-1 输出结果（一）

拟合高斯分布朴素贝叶斯模型：

```
from sklearn.naive_bayes import GaussianNB
bnb = GaussianNB()
y_pred = bnb.fit(X_train, y_train).predict(X_test)  # 拟合模型，然后直接进行预测
print("Number of mislabeled points out of a total {0} points : {1}".format
    (X_test.shape[0], (y_test != y_pred).sum()))
```

输出结果为

```
Number of mislabeled points out of a total 75 points : 4
```

2. 多项式朴素贝叶斯模型

前面介绍的高斯假设并不意味着每个标签的生成模型只能用这一种假设。还有一种常用的假设是多项式朴素贝叶斯（multinomial naive bayes），它假设特征是由一个简单多项式分布生成的。多项式分布可以描述各种类型样本出现次数的概率，因此多项式朴素贝叶斯模型非常适合用于描述出现次数或者出现次数比例的特征。

（1）假设每次试验结果有 k 种可能的结果，$X_1, X_1, \cdots, X_k$，每种结果发生的概率分别为 $p_1, p_2, \cdots, p_k$。进行 n 次试验，X_1 共发生 x_1 次，X_2 共发生 x_2 次，以此类推，X_k 共发生 x_k 次的概率（联合概率）为

$$f(X_1 = x_1, X_2 = x_2, \cdots, X_k = x_k) = \frac{n!}{x_1! x_2! \cdots x_k!} p_1^{x_1} p_2^{x_2} \cdots p_k^{x_k} \qquad (13\text{-}12)$$

（2）文本单词出现次数也可以看作一种词汇多项式分布，可能的结果是词汇表，写一条评论可以看成做 n 次试验（n 表示评论中词的个数）。例如"下周，持续买进，买进！"中，"下周""持续""买进"分别出现 1 次、1 次和 2 次（这里没考虑标点符号），其余词出现的次数是 0。

（3）案例应用：文本分类。

如何预测 m_j="下周，持续买进，买进！"是正面评论还是负面评论呢？

假设类型有两类，分别是 c_1 和 c_2，例如 c_1 表示正面评论、c_2 表示负面评论。那么 m_j 属于类型 c_i 的后验概率的表达式如下所示。

$$p(c_i|m_j) = \frac{p(c_i)p(m_j|c_i)}{p(m_j)} = \frac{p(c_i)p(m_j|c_i)}{\sum_{i=1}^{C} p(m_j|c_i)p(c_i)} \quad (13\text{-}13)$$

获得所有的后验概率（$p(c_1|m_j)$ 和 $p(c_2|m_j)$）后，我们选择概率较大对应的类型作为输出结果即可。公式的推导过程如下所示。

- 每条评论用 m_j 表示，$j=1, \cdots, M_j$。
- M_i 表示每种类型（正面评论与负面评论）的个数，公式为

$$\sum_{i=1}^{C} M_i = M \quad (13\text{-}14)$$

- 评论中词的总数是 D，词汇集合为

$$F = \{w_k\}_{k=1}^{D} \quad (13\text{-}15)$$

$n(m_j, w_k)$ 表示词 w_k 在评论 m_j 中出现的次数，$n(m_j)$ 表示 m_j 中出现的词的总数（包括重复词），即 $n(m_j) = \sum_{k=1}^{D} n(m_j, w_k)$。类型 c_i 的评论中词 w_k 出现的次数为 $n(c_i, w_k) = \sum_{m_j \in c_i} n(m_j, w_k)$。

那么词 w_k 出现在 c_k 类型评论中的概率为

$$p(c_i, w_k) = \frac{\sum_{m_j \in c_i} n(m_j, w_k)}{\sum_{m_j \in c_i} \sum_k n(m_j, w_k)} = \frac{n(c_i, w_k)}{n(c_i)} \quad (13\text{-}16)$$

由于后续要计算概率相乘，我们需要避免 $p(c_i, w_k)=0$，我们需要对其做少量调整，这里我们采用 Laplace 平滑调整：

$$p(c_i, w_k) = \frac{n(c_i, w_k) + 1}{n(c_i) + D} \quad (13\text{-}17)$$

那么类型 c_i 中出现 m_j 的概率可以认为是特征集合（词汇）的多项式分布，每个词在类型 c_i 中的概率是 $p(c_i, w_k)$。

$$p(c_i|m_j) = \frac{p(c_i)p(m_j|c_i)}{p(m_j)} = \frac{p(c_i)p(m_j|c_i)}{\sum_{i=1}^{C} p(m_j|c_i)p(c_i)} \quad (13\text{-}18)$$

13.2　结合 Pandas 和 Jieba 做训练数据准备

训练朴素贝叶斯模型之前，我们首先要获取数据。本章我们要使用的数据是关于股票的评论数据，获取数据后我们要对数据进行预处理，本节也会介绍中文分词等文本预处理方法。用 Python 进行中文分词任务，最常见的分词工具是 Jieba，我们还可以用 Python 调用一些 Java 的分词工具，例如 HanLP、Ansj 等。下面我们使用 Jieba 分词工具。Jieba 分词工具具有简单、轻便的优点。

13.2.1　下载数据

这里使用 usecols 参数指定要读取的列，我们只读取日期和评论文本。

```
import pandas as pd
comments = pd.read_csv("cleaned_300251_comments.csv",
            index_col=False,
            parse_dates = ["modified_date"],
            usecols= ["modified_date","comment"])

comments.head(8)# 使用 head 函数查看最前 8 条评论
```

输出结果如图 13-2 所示。

	modified_date	comment
0	2011-07-15	中吧中新股发大财
1	2011-07-15	应收账款与日俱增四川依米康过分依赖大客户应收账款与日俱增四川依米康过分依赖大客户
2	2011-07-15	发行价26元市盈率24倍
3	2011-07-15	8888888888
4	2011-07-15	33
5	2011-07-15	好股，拿住！百元股！请记住我的话！
6	2011-07-15	发行价30块立帖为证
7	2011-07-15	高泡沫发行新股,破坏了上市公司融资,另打新的热闹气氛散去近期打新虽然有一些利润,但打新股民没...

图 13-2　输出结果（二）

由于我们担心金融相关的词汇无法正确切出来，我们引入了两个方面的词汇，这两个方面的词汇统一保存在 userdict.txt 中。

- 金融情感词典（包括正面与负面情感词汇，https://www.sciencedirect.com/science/article/pii/S0167923614000232）。
- 自己整理并加入了一部分金融行业的相关词汇，例如阅读东方财富股吧评论，整理出了一部分相关词汇。

导入用户词典。

```
import jieba
jieba.load_userdict("userdict.txt")
```

13.2.2 将函数应用到序列中

第一,我们可以使用 apply 函数在序列对象上应用某项操作(函数)来处理序列的每个元素。

```
s = pd.Series([20, 21, 12], index=list("ABC"))
s-5
```

输出结果如下所示。

```
A    15
B    16
C     7
```

下面将平方函数应用到序列中。

```
def square(x):
    return x ** 2
s.apply(square)
```

我们也可以使用 Lambda 函数。

```
s.apply(lambda x: x**2)
```

输出结果如下所示。

```
A    400
B    441
C    144
```

第二,我们可以创建切词函数,并应用于评论中。

对一段文本切词,并返回空格拼接后的字符串。

```
def cut_comment(comment_text):
    r = jieba.lcut(comment_text)
    joined_text = " ".join(r)
    return joined_text
```

应用函数 cut_comment 对 comment 列切词,生成新的列 cutted_comment。

```
comments["comment"] = comments["comment"].astype("str")  # 转换成字符串
comments["cutted_comment"] = comments.comment.apply(cut_comment)  #   在
    comments 上应用我们刚才定义的函数,生成一个新的列 cutted_comment
comments.tail()
```

第三,我们可以保存处理的数据。

```
saved_comments = comments[["modified_date","comment","cutted_comment"]]
# 按日期排序后保存到 ..\\data\\preprocessed_300251_comments.csv
saved_comments.sort_values(["modified_date"]).to_csv("cleaned_300251_
    comments.csv")
```

13.3 使用朴素贝叶斯做情感分析

对评论文本进行预处理后,我们接下来利用朴素贝叶斯模型对处理后的数据进行情感分析。情感分析的目的是找出说话者(作者)在某些话题上或者针对一个文本两极观点的态度。这个态度或许是他的个人判断和评估，做出这个言论时的情绪状态，有意向的情感交流。文本情感分析的应用非常广泛，如网络舆情风险分析，股票走势预测、电影票房预测、选举结果预测等，这些应用都是将公众情绪与社会事件对比，发现一致性，并用于预测与分析。

13.3.1 文本的词袋表示

为了应用有监督的模型做文本情感分析，我们需要人工构造一个训练数据集，首先我们要读取训练数据。

```
import pandas as pd
labeled_comments = pd.read_csv("labeled_reviews.csv",
                    index_col=False,
                    usecols= ["comment","sentiment_label"],encoding = "gbk")
labeled_comments.head()
```

输出结果如图 13-3 所示。

	comment	sentiment_label
0	这个垃圾，天天有几万手卖盘。。。这个垃圾，天天有几万手卖盘。。。	-1
1	明天开盘价咨询: 1, 平开, 基本不可能; 2, 高开4-5%,即开盘价9.0-9.明天开盘价咨询:	-1
2	当虹上科创板比上主板和港股还要好！一是政策照顾新板块新题材必涨。二是沪市比港当虹上科创板比上...	1
3	真能出货，我今天9.2也出了，这股太垃圾了！先出去转转溜达溜达，月末再回来看这个真能出货，我...	-1
4	光线今天终于超过创业板指数，跌幅光线今天终于超过创业板指数，跌幅	1

图 13-3　输出结果（三）

在应用这个数据集之前，我们需要做少量预处理。首先，去掉 labeled_comments 中含有 "光线传媒:" 的评论，这样的评论一般是企业自身发表的文章。其次，我们要删除字数过多的评论。

```
# 去掉 labeled_comments 中含有"光线传媒:"的评论
drop_index = labeled_comments[labeled_comments.comment.str.contains("光线传
    媒:")].index
labeled_comments.drop(drop_index,inplace=True,axis=0)
# 去掉 labeled_comments 中评论字数超过 1 000 的评论
drop_index = labeled_comments[labeled_comments.comment.str.len()>1000].
    index
labeled_comments.drop(drop_index,inplace=True,axis=0)
```

然后应用函数 cut_comment 对 labeled_comments 列切词，生成新的列 cutted_comment。我们对一段文本切词，并返回空格拼接后的字符串，参数 comment_text 表示要被切词的评论，然后返回使用空格拼接后的字符串。

```
import jieba
jieba.load_userdict("userdict.txt")
def cut_comment(comment_text):
```

```
        r = jieba.lcut(comment_text)
        joined_text = " ".join(r)
        return joined_text
labeled_comments["cutted_comment"] = labeled_comments.comment.apply(cut_
    comment)
labeled_comments.head()
```

输出结果如图 13-4 所示。

	comment	sentiment_label	cutted_comment
0	这个垃圾，天天有几万手卖盘...这个垃圾，天天有几万手卖盘...	-1	这个 垃圾 ， 天天 有 几万 手 卖盘 ... 这个 垃圾 ， 天天 有 几 万手 卖
1	明天开盘价咨询：1，平开，基本不可能；2，高开4-5%，即开盘价9.0-9.9明天开盘价咨询：	-1	明天 开盘价 咨询 ： 1 ， 平开 ， 基本 不 可能 ； 2 ， 高开 4 - 5% ，
2	当虹上科创板比上主板和港股还要好！一是政策照顾新板块新题材必涨。二是沪市比港株上科创板比上...	1	当虹 上 科创板 比 上 主板 和 港股 还 要 好 ！ 一是 政策 照顾 新板 块 新 题材
3	真能出货，我今天9.2也出了，这股太垃圾了！先出去转转溜达溜达，月末再回来看这个真能出货，我...	-1	真能 出货 ， 我 今天 9.2 也 出 了 ， 这 股太 垃圾 了 ！ 先 出去 转转 溜
4	光线今天终于超过创业板指数，跌幅光线今天终于超过创业板指数，跌幅	1	光线 今天 终于 超过 创业 板 指数 ， 跌幅 光线 今天 终于 超过 创业 板 指数 ， 跌幅

图 13-4　输出结果（四）

使用 train_test_split，生成 X_train, y_train, X_test, y_test。其中 test_size 表示要包含在测试拆分中的数据集的比例。

```
from sklearn.model_selection import train_test_split
X_train, X_test, y_train, y_test = train_test_split(labeled_comments.
    cutted_comment,
labeled_comments.sentiment_label,
test_size = 0.1,
random_state = (42)
```

13.3.2　使用多项式朴素贝叶斯模型做文本分类

回顾多项式朴素贝叶斯模型：类型 c_i 中出现评论 m_j 的概率可以认为是特征集合（词汇）的多项式分布。

$$P(m_j \mid c_i) = \frac{n(m_j)}{\prod_{k=1}^{D} n(m_j, w_k)!} \prod_{k=1}^{D} p(c_i, w_k)^{n(m_j, w_k)} \qquad (13\text{-}19)$$

那么，m_j 属于类型 c_i 的后验概率的相关表达式如下所示。

$$p(c_i \mid m_j) = \frac{p(c_i) p(m_j \mid c_i)}{p(m_j)} = \frac{p(c_i) p(m_j \mid c_i)}{\sum_{i=1}^{C} p(m_j \mid c_i) p(c_i)} \qquad (13\text{-}20)$$

词袋模型的基本思想是假定对于一个文本，忽略其词序和语法、句法，仅仅将其看作是一些词的集合，而文本中的每个词都是独立的。简单说就是将每篇文档都看成一个袋子。词汇是指语料中非重复的词汇列表，单词的序号可以用单词在列表中的下标表示。

```
from sklearn.feature_extraction.text import CountVectorizer
# 这儿只用四个语句表示四个文档,语料很小
text = ['今天继续减仓','大盘都跌成狗了,还是光线稳哦',  '只要下来就加仓',
    "大盘绿了"]
# 定义 CountVectorizer 对象,我们将长度小于 2 的 i 也作为一个词,因为有些词 "绿" 虽然长度
    为 1, 也有意义.
# 我们保留长度为 1 的词.token_pattern='\w+' 表示切词是将一个字符或多个字符串都可以算作一
    个词
bag = CountVectorizer(token_pattern='\w+')
vector = bag.fit_transform(text)
# 将压缩基准 vector 展开
data = vector.toarray()
# 获得特征词的名称
columns = bag.get_feature_names()
# 用 data 和 columns 构造一个 DataFrame
term_doc_matrix = pd.DataFrame(data=data, columns=columns)
term_doc_matrix
```

输出结果如图 13-5 所示。

	下来	了	今天	光线	减仓	加仓	只要	哦	大盘	就	狗	稳	继续	绿	跌成	还是	都
0	0	0	1	0	1	0	0	0	0	0	0	0	1	0	0	0	0
1	0	1	0	1	0	0	0	1	1	0	1	1	0	0	1	1	1
2	1	0	0	0	0	1	1	0	0	1	0	0	0	0	0	0	0
3	0	1	0	0	0	0	0	0	1	0	0	0	0	1	0	0	0

图 13-5 输出结果(五)

还可以去除停用词,相关代码如下所示。

```
bag = CountVectorizer(token_pattern='\w+',stop_words=["了","就","都","哦
    ","今天"])
term_doc_matrix = pd.DataFrame(data=bag.fit_transform(text).toarray(),
    columns=bag.get_feature_names())
term_doc_matrix
```

输出结果如图 13-6 所示。

	下来	光线	减仓	加仓	只要	大盘	狗	稳	继续	绿	跌成	还是
0	0	0	1	0	0	0	0	0	1	0	0	0
1	0	1	0	0	0	1	1	1	0	0	1	1
2	1	0	0	1	1	0	0	0	0	0	0	0
3	0	0	0	0	0	1	0	0	0	1	0	0

图 13-6 输出结果(六)

下面设置词组切分的长度范围 ngram_range。

```
bag = CountVectorizer(token_pattern='\w+',stop_words=["了","就","都","哦
    ","今天"],ngram_range=(1,3))
term_doc_matrix = pd.DataFrame(data=bag.fit_transform(text).toarray(),
    columns=bag.get_feature_names())
term_doc_matrix
```

部分输出结果如图 13-7 所示。

	下来	下来	加仓	光线	光线稳	减仓	加仓	只要	只要	下来	只要	下来	加仓	大盘
0	0		0	0	0	1	0	0		0			0	0
1	0		0	1	1	0	0	0		0			0	1
2	1		1	0	0	1	1	1					1	0
3	0		0	0	0	0	0	0		0			0	1

图 13-7 输出结果（七）

下面的代码使用 scikit-learn 中的 CountVectorizer 来将文本数据转换为词袋矩阵，并将其转换为 Pandas 数据框。

```
from sklearn.feature_extraction.text import CountVectorizer
counter = CountVectorizer(token_pattern ='\w+')
# 测试一下 CountVectorizer
data = counter.fit_transform(X_train)
data = data.toarray()
columns = counter.get_feature_names()
term_doc_matrix = pd.DataFrame(data, columns=columns)
term_doc_matrix.head()
```

13.3.3　使用 Pipeline 对象组合机器学习模型的各个步骤

Pipeline 的目的是将许多步骤串联起来，比如，将特征提取、归一化、模型训练串在一起形成一个典型的机器学习问题工作流。

```
from sklearn.naive_bayes import MultinomialNB
from sklearn.pipeline import Pipeline
Multinomial_nb = MultinomialNB()
pipe = Pipeline([('count', counter), ('clf', Multinomial_nb)]) ## 元组：名字
    对象；特征 输入到模型面
# 输入数据 X_train.tokenized_comment, y_train 训练模型
pipe.fit(X_train, y_train)
from sklearn.metrics import accuracy_score
y_pred = pipe.predict(X_test)
accuracy_score(y_test,y_pred)
```

输出结果为

0.8388489208633093

13.3.4　应用交叉验证法评估并选择模型

当涉及评估和选择机器学习模型时，交叉验证是一种极为有用的方法，它能够更准确地估计模型的性能，并在模型训练中提供指导。在这个过程中，十折交叉验证被广泛采用。这种方法将数据集分成十个相等大小的子集，然后进行十次交叉验证循环。每次循环中，其中 9 个子集被用作训练数据，而剩下的 1 个子集被用作验证数据，确保每个子集都

充当过验证数据。通过对这十次迭代得到的性能指标进行平均，我们能够更可靠地评估模型的表现，从而更好地选择最佳模型。

在进行交叉验证的基础上，进一步改善模型性能的方法之一是对文本数据进行预处理。其中，去除停用词是一个常见的步骤，它能够排除在文本中频繁出现但通常没有实际含义的单词。通过这种方式，模型能够集中关注那些更有意义的单词，从而提高预测的准确性。另一个方法是生成 N-Gram，这是一种连续的 N 个单词的序列。通过捕捉单词之间的上下文信息，N-Gram 可以帮助模型更好地理解语义和上下文关系。使用 TF-IDF 则是一种衡量词语在文本中重要性的方式。它通过对词语的频率进行加权，将重要的词语突显出来，从而在训练模型时引入更有区分性的特征。结合交叉验证和文本数据预处理技术，我们能够更好地为模型选择合适的特征和参数，从而提高其性能。通过这样的综合方法，我们能够更有信心地选择出最适合解决问题的模型。

（1）十折交叉验证

```
from sklearn.model_selection import cross_val_score
counter = CountVectorizer()
pipe = Pipeline([('count', counter), ('clf', Multinomial_nb)])
scores = cross_val_score(pipe, labeled_comments.cutted_comment,labeled_
    comments.sentiment_label, cv=10,scoring="accuracy") # 十折交叉验证
scores.mean()
```

输出结果为

```
0.819683559522252
```

（2）去除停用词并训练模型

停用词是像"and""the""him"这样的词，这些词在表示文本内容时被认为是没有信息的，可以删除它们，以避免它们被理解为预测的信号。我们这里特别强调中文的停用词，例如："是的""首先""谁""谁知""顺""顺着"等。

首先获取文件的编码格式。

```
def detect_encoding(file):
    import chardet
    with open(file, "rb") as f:
        r = f.read()
    e = chardet.detect(r)
    encoding = e.get("encoding")
    return encoding
```

然后读取中文停用词，返回一个列表。

```
def get_Chinese_stopwords(stop_words_file):
    encoding = detect_encoding(stop_words_file)
    with open(stop_words_file,encoding = encoding) as f: # 编码放在这里作为参数
        stopwords = f.read()
    stopwords_list = stopwords.split('\n')
    custom_stopwords_list = [i for i in stopwords_list]
    return custom_stopwords_list
```

网上有各种中文停用词，大家可以下载尝试使用[一]。此处我们使用百度停用词表，因为我们考虑里面包括了部分英文停用词。

```
stop_words = get_Chinese_stopwords("stopwordsHIT.txt")  # 读取停用词
counter = CountVectorizer(token_pattern ='\w+')
pipe = Pipeline([('count', counter), ('clf', Multinomial_nb)])
pipe.set_params(count__stop_words=stop_words)  # 第二个下划线表示参数
# 输入数据 X_train.tokenized_comment, y_train 训练模型
pipe.fit(X_train, y_train)  # 重新拟合
from sklearn.metrics import accuracy_score
y_pred = pipe.predict(X_test)
accuracy_score(y_test,y_pred)
```

输出结果为

0.8489208633093526

（3）生成 N-gram 并训练模型

```
counter = CountVectorizer(token_pattern ='\w+')
pipe = Pipeline([('count', counter), ('clf', Multinomial_nb)])
pipe.set_params(count__stop_words=stop_words,count__ngram_range=(1,2))
# 输入数据 X_train.tokenized_comment, y_train 训练模型
pipe.fit(X_train, y_train)
from sklearn.metrics import accuracy_score
y_pred = pipe.predict(X_test)
accuracy_score(y_test,y_pred)
```

输出结果为

```
0.8633093525179856
counter = CountVectorizer(token_pattern ='\w+')
pipe = Pipeline([('count', counter), ('clf', Multinomial_nb)])
pipe.set_params(count__stop_words=stop_words,count__ngram_range=(1,2))
scores = cross_validate(pipe, labeled_comments.cutted_comment,labeled_
    comments.sentiment_label, cv=10,return_train_score=False,  scoring=("ac
    curacy","recall","precision","f1"))
scores.get("test_accuracy").mean()
```

输出结果为

0.8346612855795061

（4）使用 TF-IDF 特征并训练模型

```
rom sklearn.feature_extraction.text import TfidfVectorizer
vector = TfidfVectorizer()
pipe = Pipeline([('vector', vector), ('clf', Multinomial_nb)])
scores = cross_validate(pipe, labeled_comments.cutted_comment,labeled_
    comments.sentiment_label, cv=10,return_train_score=False,  scoring=("ac
    curacy","recall","precision","f1"))
scores.get("test_accuracy").mean()
```

[一] 停用词下载参考链接：https://github.com/goto456/stopwords。

输出结果为

```
0.7992423558916952
```

13.3.5 保存并下载模型以进行预测

```
# 上面的实验较多，这里建议重新运行一下这个cell的代码，拟合模型MultinomialNB_pipe
counter = CountVectorizer(token_pattern ='\w+')
Multinomial_nb = MultinomialNB()
MultinomialNB_pipe = Pipeline([('count', counter), ('clf', Multinomial_
    nb)])
MultinomialNB_pipe.set_params(count__stop_words=stop_words,count__ngram_
    range=(1,2))
MultinomialNB_pipe.fit(X_train, y_train)
```

输出结果为

```
Pipeline(memory=None,
    steps=[('count', CountVectorizer(analyzer='word', binary=False, decode_
        error='strict',
        dtype=<class 'numpy.int64'>, encoding='utf-8', input='content',
        lowercase=True, max_df=1.0, max_features=None, min_df=1,
        ngram_range=(1, 2), preprocessor=None,
        stop_words=['exp', 'l...one,
        vocabulary=None)), ('clf', MultinomialNB(alpha=1.0, class_
            prior=None, fit_prior=True))])
```

保存朴素贝叶斯模型 MultinomialNB_pipe，对参数、结果、结构进行序列化。

```
import joblib
joblib.dump(MultinomialNB_pipe, "MultinomialNB_model.m")
```

输出结果为 ['MultinomialNB_model.m']，然后导出模型。

```
import joblib
MultinomialNB_model = joblib.load("MultinomialNB_model.m")
pred = MultinomialNB_model.predict(comments.cutted_comment)
comments["sentiment_MultinomialNB_clf"] = pred
comments.head()
```

输出结果如图 13-8 所示。

	modified_date	comment	cutted_comment	sentiment_MultinomialNB_clf
0	2011-07-15	中吧中新股发大财	中吧 中 新股 发大财	-1
1	2011-07-15	应收账款与日俱增四川依米康过分依赖大客户应收账款与日俱增四川依米康过分依赖大客户	应收 账款 与 日俱增 四川 依米 康 过分 依赖 大 客户 应收 账款 与 日俱增 四川 依米 康...	-1
2	2011-07-15	发行价26元市盈率24倍	发行价 26 元 市盈率 24 倍	1
3	2011-07-15	8888888888	8888888888	1
4	2011-07-15	33	33	-1

图 13-8 输出结果（八）

13.4 扩展阅读

ChatGPT 视角下的朴素贝叶斯

我们让 ChatGPT 为我们编写一个朴素贝叶斯模型（见图 13-9）。

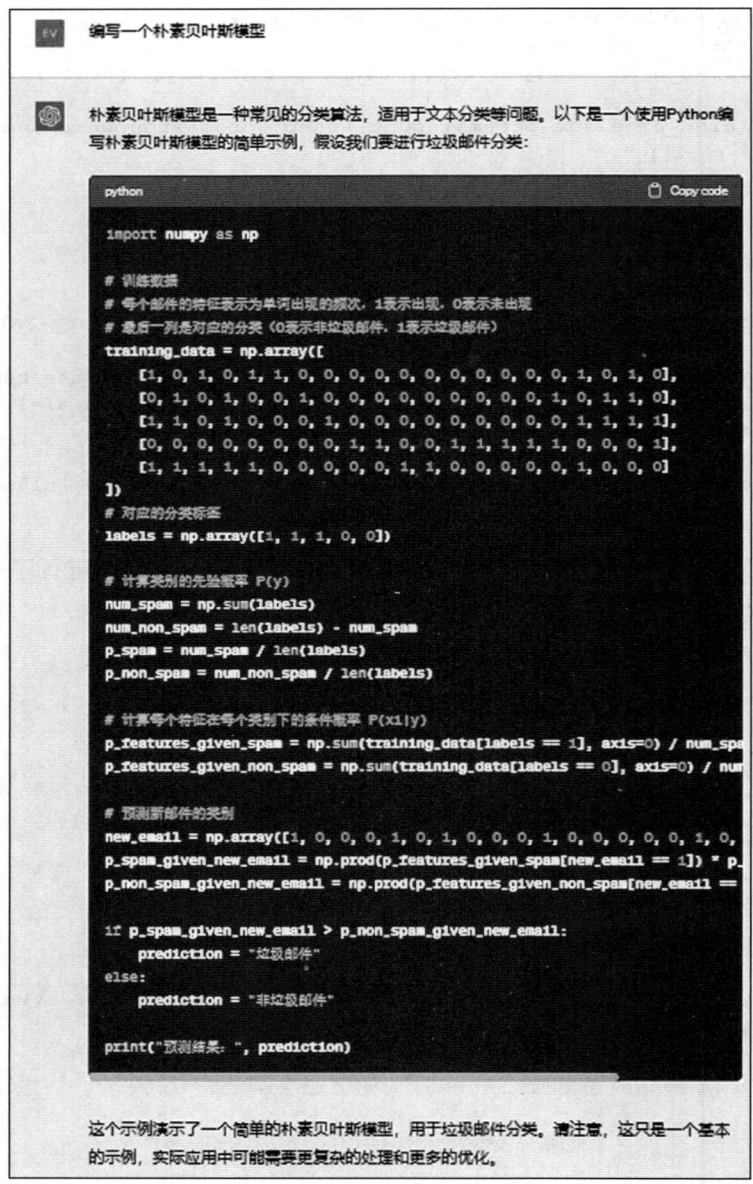

图 13-9　ChatGPT 回复结果

CHAPTER 14

第 14 章

支持向量机的应用

支持向量机（support vector machine, SVM）是一种按监督学习（supervised learning）方式对数据进行二元分类的广义线性分类器（generalized linear classifier），其决策边界是对学习样本求解的最大边距超平面（maximum-margin hyperplane）。SVM 使用铰链损失函数（hinge loss function）计算经验风险（empirical risk），并在求解系统中加入正则化项以优化结构风险（structural risk），是一个具有稀疏性和稳健性的分类器。同时 SVM 可以通过核方法（kernel method）进行非线性分类，是常见的核学习（kernel learning）方法之一。本章主要内容包括：
- SVM 原理简介
- 支持向量机的 Python 代码实现
- 基于 SVM 的个人信贷违约预测
- 使用基于合页损失函数的 SVM 进行情感分类

14.1 SVM 原理简介[⊖]

本节主要介绍了 SVM 的数学原理以及 SVM 算法的优缺点。

14.1.1 SVM 支持向量

在感知机模型中，我们可以找到多个可以分类的超平面[⊖]将数据分开（见图 14-1），

⊖ 支持向量机方法是建立在统计学习理论的 VC 维理论和结构风险最小原理基础上的，根据有限的样本信息在模型的复杂性（即对特定训练样本的学习精度）和学习能力（即无错误地识别任意样本的能力）之间寻求最佳折中，以期获得最好的推广能力（或称泛化能力）。
⊖ 超平面是 n 维欧氏空间中 $(n-1)$ 维度的子空间，例如 3 维空间的"超平面"就是一个平面。

并且优化时希望所有的点都离超平面远,这可以从感知机模型的损失函数中看出。

$$\text{loss} = \sum_{Z_i \in M} -y^{(i)}(w^T x^{(i)} + b) \qquad (14\text{-}1)$$

但是实际上离超平面很远的点已经被正确分类,我们让它离超平面更远并没有意义。反而我们最关心是那些离超平面很近的点,这些点很容易被误分类。

如果我们可以让离超平面比较近的点尽可能远离超平面,那么我们的分类效果会好一些。SVM的思想正基于此。

给定一个样本集,$X = \{X_1, \cdots, X_N\}$,$y = \{y_1, \cdots, y_N\}$。

最直接的想法是,找到两类样本点之间正中间的超平面,即图14-1中的粗线。因为该超平面具有最强的稳健性,能够容忍样本数据中存在一定的噪声。例如,由于噪声原因或引入更多的样本后,图14-1中可能会出现更加接近但分别属于两类的样本点,此时会存在一些超平面分类错误的情况,而粗线代表的超平面所受影响最小,其泛化能力更强。

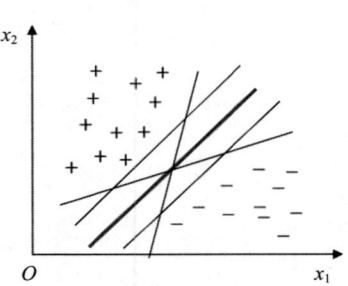

图 14-1 存在多个划分超平面将两类训练样本分开

在样本空间中,划分超平面可通过如下线性方程来描述。

$$w^T x + b = 0 \qquad (14\text{-}2)$$

如图14-1所示,根据支持向量的定义,支持向量到超平面的距离为d,其余点到超平面的距离大于d。

于是我们有这样的一个公式。

$$\begin{cases} \dfrac{w^T x_i + b}{\|w\|} \geq d, y_i = +1 \\ \dfrac{w^T x_i + b}{\|w\|} \leq -d, y_i = -1 \end{cases} \qquad (14\text{-}3)$$

式(14-3)可转化为

$$\begin{cases} \dfrac{w^T x_i + b}{\|w\| d} \geq 1, y_i = +1 \\ \dfrac{w^T x_i + b}{\|w\| d} \leq -1, y_i = -1 \end{cases} \qquad (14\text{-}4)$$

因为$\|w\| d$是整数,为了方便推导,可暂令它为1。

$$\begin{cases} w^T x_i + b \geq +1, y_i = +1 \\ w^T x_i + b \leq -1, y_i = -1 \end{cases} \qquad (14\text{-}5)$$

将两个方程合并可简写为

$$y(w^T x_i + b) \geq 1 \qquad (14\text{-}6)$$

如图14-1所示,分离超平面为$w^T x + b = 0$,如果所有的样本不光可以被超平面分离,还和超平面保持一定的函数距离（图 14-2 函数距离为 d），那么这样的分类超平面比感知机模型的分类超平面更好。这样的超平面只有一个。

其中，距离超平面（见图 14-2）最近的几个样本点使方程中的等号成立。对于和超平面平行且保持一定函数距离的这两个超平面对应的向量，我们定义为支持向量。

两个支持向量之间的距离为

$$(w^T x_1 + b) - (w^T x_2 + b) = 2 \quad (14\text{-}7)$$

可转化为

$$w^T(x_1 - x_2) = 2 \quad (14\text{-}8)$$

$$w^T(x_1 - x_2) = \|w\| \|x_1 - x_2\| \cos\theta = 2 \quad (14\text{-}9)$$

支持向量到划分超平面的距离又可表示为

$$d_1 = d_2 = \frac{\|x_1 - x_2\| \cos\theta}{2} = \frac{\frac{2}{\|w\|}}{2} = \frac{1}{\|w\|} \quad (14\text{-}10)$$

$$d_1 + d_2 = \frac{2}{\|w\|} \quad (14\text{-}11)$$

想要找到具有最大间隔（margin）的划分超平面，也就是最大化 $\|w\|^{-1}$，等价于最小化 $\|w\|$。最终得到最优化问题：

$$\min_{w,b} \frac{1}{2} \|w\|^2 \quad (14\text{-}12)$$

$$\text{s.t.} \quad y^{(i)}(w^T x^{(i)} + b) \geq 1, i = 1, \cdots, n \quad (14\text{-}13)$$

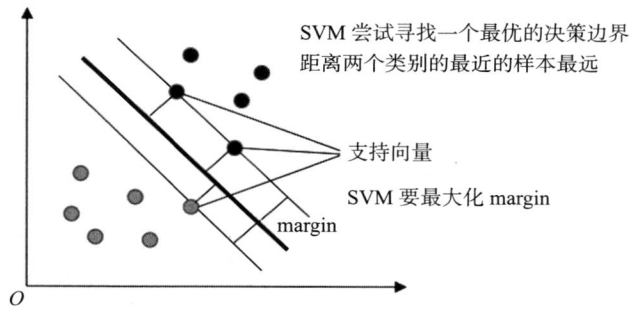

图 14-2 SVM 超平面

14.1.2 对偶问题

在高维数据和数据样本量非常大的时候，我们无法通过简单运算求解，这时候我们可以通过对偶、核技巧等方法求解。在求解之前我们先简单介绍带约束与不带约束的凸优化问题的求解方式。对于不带约束条件的求解是很容易得到的，我们直接通过求导找到最小值就可以了。下面介绍带约束条件的求解。

本科高等数学中学的拉格朗日乘数法是等式约束优化问题。

如给定约束条件 $h(x)=0$，求 $\min f(x)$ 的问题，可以先定义如下拉格朗日函数（λ 为拉格朗日乘子）：$L(x,\lambda)=f(x)+\lambda h(x)$，即将等式的约束条件转为无约束条件了，求解时分别对 x，λ 求导即可。

而我们现在面对的是不等式优化问题，针对这种情况，其主要思想是将不等式约束条件转变为等式约束条件，再通过拉格朗日乘数法求解。

以我们的例子为例：

$$\min f(w) = \min \frac{1}{2}\|w\|^2 \qquad (14\text{-}14)$$

$$\text{s.t. } g_i(w) = 1 - y_i(w^\mathrm{T} x_i + b) \leq 0 \qquad (14\text{-}15)$$

由于目标函数 $\frac{1}{2}\|w\|$ 是凸函数，同时不等式约束条件是仿射的。优化函数转化为

$$L(w,b,\alpha) = \frac{1}{2}\|w\|^2 - \sum_{i=1}^{m} \alpha_i [y_i(w^\mathrm{T} x_i + b) - 1], \alpha_i \geq 0 \qquad (14\text{-}16)$$

由于引入了拉格朗日乘子，我们的优化目标变成：

$$\min_{w,b} \max_{\alpha_i \geq 0} L(w,b,\alpha)$$

和最大熵模型一样，我们的这个优化函数满足 KKT 条件，也就是说，我们可以通过拉格朗日对偶将我们的优化问题转化为等价的对偶问题来求解。

也就是说，现在我们要求的是：

$$\max_{\alpha_i \geq 0} \min_{w,b} L(w,b,\alpha)$$

从上式中，我们可以先求优化函数对于 w 和 b 的极小值。接着再求拉格朗日乘子 α 的极大值。

首先我们来求 w 和 b 的极小值，即

$$\min_{w,b} L(w,b,\alpha)$$

对于这个极值，我们可以通过对 w 和 b 分别求偏导数得到：

$$\frac{\partial L}{\partial w} = 0 \Rightarrow w = \sum_{i=1}^{m} \alpha_i y_i x_i \qquad (14\text{-}17)$$

$$\frac{\partial L}{\partial b} = 0 \Rightarrow \sum_{i=1}^{m} \alpha_i y_i = 0 \qquad (14\text{-}18)$$

从上面的两个式子可以看出，我们已经求得了 w 和 α 的关系，只要我们后面接着能够求出优化函数极大值对应的 α，就可以求出 w 了，至于 b，由于上面的两个式子已经没有 b 了，所以最后的 b 可以有多个。

既然我们已经求出 w 和 α 的关系，就可以代入优化函数 $L(w,b,\alpha)$ 以消除 w 了。我们定义：

$$\psi(\alpha) = \min_{w,b} L(w,b,\alpha) \tag{14-19}$$

现在将 w 替换为 α，优化函数 $\psi(\alpha)$ 的表达式如下所示：

$$\psi(\alpha) = \sum_{i=1}^{m} \alpha_i - \frac{1}{2} \sum_{i=1,j=1}^{m} \alpha_i \alpha_j y_i y_j x_i^T x_j \tag{14-20}$$

从上面可以看出，通过对 w,b 极小化以后，我们的优化函数 $\psi(\alpha)$ 仅仅只有 α 向量做参数。只要我们能够极大化 $\psi(\alpha)$，就可以求出此时对应的 α，进而求出 w,b。

考虑到式（14-18）的约束，对 $\psi(\alpha)$ 求极大值的数学表达式如下所示：

$$\max_{\alpha} \sum_{i=1}^{m} \alpha_i - \frac{1}{2} \sum_{i=1,j=1}^{m} \alpha_i \alpha_j y_i y_j x_i^T x_j \tag{14-21}$$

$$\text{s.t.} \sum_{i=1}^{m} \alpha_i y_i = 0,$$

$$\alpha_i \geq 0, i = 1, 2, \cdots, m$$

对式（14-21）的函数取负号，将其转化为等价的极小值问题，表达式如下：

$$\min_{\alpha} \frac{1}{2} \sum_{i=1,j=1}^{m} \alpha_i \alpha_j y_i y_j x_i^T x_j - \sum_{i=1}^{m} \alpha_i \tag{14-22}$$

$$\text{s.t.} \sum_{i=1}^{m} \alpha_i y_i = 0,$$

$$\alpha_i \geq 0, i = 1, 2, \cdots, m$$

至此，我们只需要求出式（14-22）极小化时对应的 α 向量就可以求出 w 和 b，这里需要用到 SMO 算法。假设通过 SMO 算法，得到了对应的 α 的值 α^*。

我们可以根据 $w = \sum_{i=1}^{m} \alpha_i y_i x_i$，求得 w^* 的值。

$$w^* = \sum_{i=1}^{m} \alpha_i^* y_i x_i \tag{14-23}$$

然后求 b^* 的值，对于任意支持向量 (x_s, y_s)，都有：

$$y_s(w^T x_s + b) = y_s \left(\sum_{i=1}^{s} \alpha_i^* y_i x_i^T x_s + b \right) = 1 \tag{14-24}$$

假设我们有 S 个支持向量，则对应我们求出 S 个 b^*，理论上这些 b^* 都可以作为最终的结果，但是我们一般采用一种更稳健的办法，即求出所有支持向量所对应的 b_s^*，然后将其平均值作为最终的结果。

这样，最终的超平面为 $w^* x + b^* = 0$，最终的决策为 $f(x) = \text{sign}(w^* x + b^*)$。

14.1.3 松弛变量

上面讨论的只是理想情况，绝大多数时候，数据中会包含噪声，难以用一条直线将两类样本完美区分开。此时就需要引入松弛变量的概念。对每个样本点赋予一个松弛变量的值：如果该点落在最大边缘超平面正确的一侧，则松弛变量等于 0；否则，松弛变量的值等于该点到最大边缘超平面的距离。

松弛变量示意图如图 14-3 所示。少数样本点落在分类边界（粗线）对方一侧，这些被错误分类的样本的松弛变量值等于黑（灰）色样本点到粗线的距离；还有部分样本点尽管落在分类边界本方一侧，但距离最大边缘超平面不够远，其松弛变量的值取一个较小的正数。

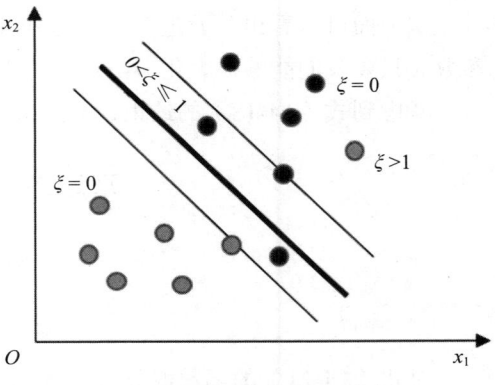

引入松弛变量后的目标函数变为

$$\min_{w,b} \frac{1}{2}\|w\|^2 + C\sum_{i=0}^{n}\xi_i \quad (14\text{-}25)$$

$$\text{s.t.} \quad y^{(i)}(w^T x^{(i)} + b) \geq 1 - \xi_i, i = 1,\cdots,m$$

$$\xi_i \geq 0, i = 1,\cdots,m$$

图 14-3　松弛变量示意图

式（14-25）是不是有点像加入了正则化项的感觉呢？没错，这里是对错误划分样本的惩罚。

当 $\xi_i = 0$ 时，点落在最大间隔边上，点划分正确。

当 $0 < \xi_i < 1$ 时，点落在最大间隔内，点划分正确。

当 $\xi_i = 1$ 时，点落在超平面上，点划分正确。

当 $\xi_i > 1$ 时，点划分错误。

和线性可分 SVM 的优化方式类似，我们首先将软间隔最大化的约束问题用拉格朗日函数转化为无约束问题，相关表达式如下所示。

$$L(w,b,\alpha,\xi,\mu) = \frac{1}{2}\|w\|^2 + C\sum_{i=1}^{m}\xi_i + \sum_{i=1}^{m}\alpha_i[y_i(w^T x_i + b) - 1 + \xi_i] - \sum_{i=1}^{m}u_i\xi_i \quad (14\text{-}26)$$

其中 $u_i \geq 0, \alpha_i \geq 0$ 均为拉格朗日乘子。我们现在的优化目标函数为

$$\min_{w,b,\xi} \max_{\alpha_i \geq 0, u_i \geq 0} L(w,b,\alpha,\xi,\mu)$$

这个优化目标也满足 KKT 条件，也就是说，我们可以通过拉格朗日对偶将我们的优化问题转化为等价的对偶问题来求解，相关表达式如下所示。

$$\max_{\alpha_i \geq 0, u_i \geq 0} \min_{w,b,\xi} L(w,b,\alpha,\xi,\mu)$$

我们可以先求优化函数对于 w, b, ξ 的极小值，接着再求拉格朗日乘子 α 和 μ 的极大值。首先我们来求优化函数对于 w, b, ξ 的极小值，这可以通过求偏导数求得：

$$\frac{\partial L}{\partial w} = 0 \Rightarrow w = \sum_{i=1}^{m}\alpha_i y_i x_i \quad (14\text{-}27)$$

$$\frac{\partial L}{\partial b} = 0 \Rightarrow \sum_{i=1}^{m} \alpha_i y_i = 0 \tag{14-28}$$

$$\frac{\partial L}{\partial \xi} = 0 \Rightarrow C - \alpha_i - u_i = 0 \tag{14-29}$$

利用上面的三个式子代入式（14-26）消除 w 和 b 得到：

$$L(w,b,\alpha,\xi,\mu) = \sum_{i=1}^{m} \alpha_i - \frac{1}{2}\sum_{i,j=1}^{m} \alpha_i \alpha_j y_i y_j x_i^\mathrm{T} x_j \tag{14-30}$$

仔细观察可以发现，式（14-30）和线性可分 SVM 的一样。唯一不一样的是约束条件。现在我们看看我们的优化目标的数学形式：

$$\max_{\alpha} \sum_{i=1}^{m} \alpha_i - \frac{1}{2}\sum_{i,j=1}^{m} \alpha_i \alpha_j y_i y_j x_i^\mathrm{T} x_j \tag{14-31}$$

$$\text{s.t.} \sum_{i=1}^{m} \alpha_i y_i = 0,$$

$$C - \alpha_i - u_i = 0$$

$$\alpha_i \geq 0, i = 1, 2, \cdots, m$$

$$u_i \geq 0, i = 1, 2, \cdots, m$$

对于 $C - \alpha_i - u_i = 0$，$\alpha_i \geq 0$，$u_i \geq 0$ 这三个式子，可以消去 u_i，保留 α_i 也就是 $0 \leq \alpha_i \leq C$。同时将优化目标函数变号，求极小值：

$$\min_{\alpha} \frac{1}{2}\sum_{i,j=1}^{m} \alpha_i \alpha_j y_i y_j x_i^\mathrm{T} x_j - \sum_{i=1}^{m} \alpha_i \tag{14-32}$$

$$\text{s.t.} \sum_{i=1}^{m} \alpha_i y_i = 0,$$

$$0 \leq \alpha_i \leq C$$

这就是软间隔最大化时的线性可分 SVM 的优化目标形式，与硬间隔最大化的线性可分 SVM 相比，仅仅是多了一个约束条件 $0 \leq \alpha_i \leq C$。我们依然可以通过 SMO 算法来求式（14-32）极小化时对应的 α 向量，这样就可以求出 w 和 b 了。

同样利用 SMO 算法得到式（14-32）最小时对应的 α 向量的值 α^*，可得到

$$w^* = \sum_{i=1}^{m} \alpha_i^* y_i x_i \tag{14-33}$$

找出所有的 S 个支持向量，即满足 $0 \leq \alpha_i \leq C$ 对应的样本 (x_s, y_s)，通过 $y_s\left(\sum_{i=1}^{s} \alpha_i y_i x_i^\mathrm{T} x_s + b\right) = 1$ 计算出每个支持向量 (x_s, y_s) 对应的 b_s^*，并计算出所有的 b_s^*，求出平均值。这就是最终的 $b^* = \frac{1}{s}\sum_{i=1}^{s} b_s^*$。

这样，最终的超平面为 $w^* x + b^* = 0$，最终的决策为 $f(x) = \text{sign}(w^* x + b^*)$。

14.1.4 非线性 SVM 分类任务（核函数）

我们刚刚讨论的硬间隔和软间隔都是在说样本的完全线性可分或者大部分样本点的线性可分。

但我们可能会碰到样本点不是线性可分的情况（见图 14-4）。

这种情况的解决方法就是将二维线性不可分样本映射到高维空间中，让样本点在高维空间线性可分（见图 14-5）。

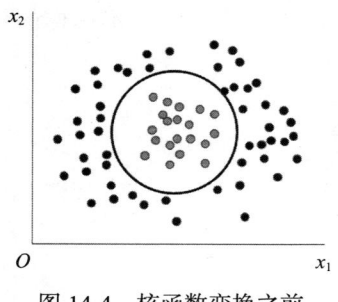
图 14-4 核函数变换之前

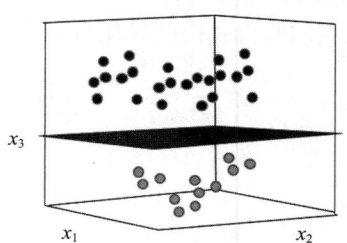
图 14-5 核函数变换之后

对于在有限维度向量空间中线性不可分的样本，我们将其映射到更高维度的向量空间里，再通过间隔最大化的方式，学习得到支持向量机，即非线性 SVM。

我们用 x 表示原来的样本点，用 $\phi(x)$ 表示 x 映射到新的特征空间后的新向量。那么分割超平面可以表示为 $f(x) = w^T \phi(x) + b$。

非线性 SVM 的对偶问题就变成了：

$$\min_{\alpha} \frac{1}{2} \sum_{i=1,j=1}^{m} \alpha_i \alpha_j y_i y_j \phi(x_i^T) \phi(x_j) - \sum_{i=1}^{m} \alpha_i \tag{14-34}$$

$$\text{s.t.} \sum_{i=1}^{m} \alpha_i y_i = 0,$$

$$0 \leq \alpha_i \leq C$$

可以看到与线性 SVM 唯一的不同就是：之前的 $x_i^T x_j$ 变成了 $\phi(x_i^T)\phi(x_j)$。

我们不禁有个疑问：只是做个内积运算就行了，为什么要用核函数呢？

这是因为低维空间映射到高维空间后维度可能会很大，如果将全部样本的点乘全部计算好，这样的计算量就太大了。

但如果我们有这样的一个核函数 $k(x, y) = (\phi(x), \phi(y))$，在特征空间的内积等于它们在原始样本空间中通过函数 $k(x, y)$ 计算的结果，那么我们就不需要计算高维甚至无穷维空间的内积了。

我们遇到线性不可分的样例时，常用的做法是把样例特征映射到高维空间中。但是遇到线性不可分的样例，一律映射到高维空间，那么这个空间的维度会非常高。此时，核函数就体现出它的价值了，核函数的价值在于它虽然也是将特征进行从低维到高维的转换，但核函数能够在低维上进行计算，而将实质上的分类效果（利用了内积）表现在高维上，这样避免了直接在高维空间中的复杂计算，真正解决了 SVM 线性不可分的问题。

常见的核函数有线性核函数、多项式核函数、高斯核函数和 Sigmoid 核函数。

线性核函数，其实就是线性可分的 SVM，表示为

$$K(x,z) = x \cdot z \qquad (14\text{-}35)$$

也就是说，线性可分 SVM 可以和线性不可分 SVM 归为一类，区别仅仅在于线性可分 SVM 用的是线性核函数。

多项式核函数是线性不可分 SVM 常用的核函数之一，表达式为

$$K(x,z) = \exp(\gamma x \cdot z + r)^d \qquad (14\text{-}36)$$

其中，γ, r, d 都需要自己调参定义。

高斯核函数，在 SVM 中也称为径向基核函数（radial basis function，RBF），它是非线性可分 SVM 最主流的核函数。libsvm 默认的核函数就是它。表达式为

$$K(x,z) = (-\gamma \| x - z \|^2) \qquad (14\text{-}37)$$

其中，γ 大于 0，需要自己调参定义。

Sigmoid 核函数也是线性不可分 SVM 常用的核函数之一，表达式为

$$K(x,z) = \tanh(\gamma x \cdot z + r) \qquad (14\text{-}38)$$

其中，γ, r 都需要自己调参。

14.1.5 支持向量回归任务

SVM 分类模型中，我们的目标函数是让 $\frac{1}{2}\|w\|^2$ 最小，同时让各个训练集中的点尽量远离自己类别一边的支持向量，即 $y_i(w \cdot \phi(x_i) + b) \geq 1$。如果是加入一个松弛变量 $\xi_i \geq 0$，目标函数是 $\frac{1}{2}\|w\|^2 + C\sum_{i=1}^{m}\xi_i$，对应的约束条件变成：$y_i(w \cdot \phi(x_i) + b) \geq 1 - \xi_i$。

但是现在是回归模型，优化目标函数可以继续和 SVM 分类模型保持一致，$\min_{w,b} \frac{1}{2}\|w\|$，但是约束条件呢？我们不可能让各个训练集中的点尽量远离自己类别一边的支持向量，因为这是回归模型，没有类别。

对于回归模型，我们的目标是让训练集中的每个点 (x_i, y_i)，尽量拟合到一个线性模型 $y = w\phi(x) + b$。对于一般的回归模型，我们是用均方差作为损失函数，但是 SVM 不是这样定义损失函数的。

SVM 需要我们定义一个常量 $\varepsilon > 0$，对于某一个点 (x_i, y_i)，如果 $|y_i - w \cdot \phi(x_i) - b| \leq \varepsilon$，则完全没有损失，如果 $|y_i - w \cdot \phi(x_i) - b| > \varepsilon$ 则应的损失为 $|y_i - w \cdot \phi(x_i) - b| - \varepsilon$，均方差损失函数不同，如果是均方差，那么只要 $y_i - w \cdot \phi(x_i) - b \neq \varepsilon$，就会有损失。

回归模型损失如图 14-6 所示，在灰色条带里面的点都是没有损失的，但是外面的点的是有损失的，损失大小为竖线的长度。

总结一下，我们的 SVM 回归模型的损失函数度量为

$$\text{loss}(x_i, y_i) = \begin{cases} 0, & |y_i - w\phi(x) + b| \leq \varepsilon \\ |y_i - w\phi(x) + b| - \varepsilon, & |y_i - w\phi(x) + b| > \varepsilon \end{cases} \quad (14\text{-}39)$$

我们的目标函数的定义如下所示。

$$\min \frac{1}{2}\|w\|^2 \text{ s.t. } |y_i - w \cdot \phi(x_i) - b| \leq \varepsilon (i=1,2,\cdots,m) \quad (14\text{-}40)$$

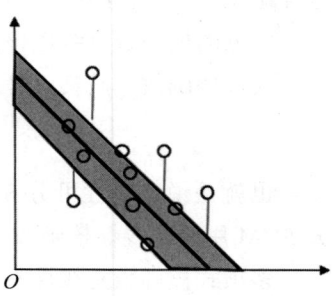

图 14-6　回归模型损失

和 SVM 分类模型相似，回归模型也可以对每个样本 (x_i, y_i) 加入松弛变量 $\xi_i \geq 0$，但是由于我们这里用的是绝对值，实际上是两个不等式，也就是说两边都需要松弛变量，我们定义为 $\xi_i^\wedge, \xi_i^\vee$，则我们 SVM 回归模型的损失函数度量在加入松弛变量之后变为

$$\min_{w,b} \frac{1}{2}\|w\|^2 + C\sum_{i=0}^{m}(\xi_i^\wedge + \xi_i^\vee) \quad (14\text{-}41)$$

$$\text{s.t. } -\varepsilon - \xi_i^\vee \leq y_i - w \cdot \phi(x_i) - b \leq \varepsilon + \xi_i^\wedge$$

$$\xi_i^\wedge \geq 0, \xi_i^\vee \geq 0, i=1,\cdots,m$$

依然和 SVM 分类模型相似，我们可以用拉格朗日函数将目标优化函数变成无约束的形式：

$$\min_{w,b,\xi_i^\wedge,\xi_i^\vee} \max_{\mu^\wedge \geq 0, \mu^\vee \geq 0, \alpha^\wedge \geq 0, \alpha^\vee \geq 0} L(w, b, \alpha^\wedge, \alpha^\vee, \xi_i^\wedge, \xi_i^\vee, \mu^\wedge, \mu^\vee)$$

和 SVM 分类模型一样，这个优化目标也满足 KKT 条件，也就是说，我们可以通过拉格朗日对偶将我们的优化问题转化为等价的对偶问题来求解，相关表达式如下所示。

$$\max_{\mu^\wedge \geq 0, \mu^\vee \geq 0, \alpha^\wedge \geq 0, \alpha^\vee \geq 0} \min_{w,b,\xi_i^\wedge,\xi_i^\vee} L(w, b, \alpha^\wedge, \alpha^\vee, \xi_i^\wedge, \xi_i^\vee, \mu^\wedge, \mu^\vee)$$

我们可以先求优化函数对于 w、b、$\xi_i^\wedge$、$\xi_i^\vee$ 的极小值，接着再求拉格朗日乘子 $\alpha^\wedge$、$\alpha^\vee$、$\mu^\wedge$、$\mu^\vee$ 的极大值。

首先我们来求优化函数对于 w、b、$\xi_i^\wedge$、$\xi_i^\vee$ 的极小值，这个可以通过求偏导数得到。

$$\frac{\partial L}{\partial w} = 0 \Rightarrow w = \sum_{i=1}^{m}(\alpha_i^\wedge - \alpha_i^\vee)\phi(x_i) \quad (14\text{-}42)$$

$$\frac{\partial L}{\partial b} = 0 \Rightarrow \sum_{i=1}^{m}(\alpha_i^\wedge - \alpha_i^\vee) = 0 \quad (14\text{-}43)$$

$$\frac{\partial L}{\partial \xi_i^\vee} = 0 \Rightarrow C - \alpha^\vee - \mu^\vee = 0 \quad (14\text{-}44)$$

$$\frac{\partial L}{\partial \xi_i^\wedge} = 0 \Rightarrow C - \alpha^\wedge - \mu^\wedge = 0 \quad (14\text{-}45)$$

把上面 4 个式子代入 $L(w,b,\alpha^{\wedge},\alpha^{\vee},\xi_i^{\wedge},\xi_i^{\vee},\mu^{\wedge},\mu^{\vee})$，消去 w、b、$\xi_i^{\wedge}$、$\xi_i^{\vee}$。最终得到对偶形式为

$$\max_{\alpha^{\wedge}\geq 0,\alpha^{\vee}\geq 0}\sum_{i=1}^{m}(\xi-y_i)\alpha_i^{\wedge}+(\xi+y_i)\alpha_i^{\vee}-\frac{1}{2}\sum_{i=1,j=1}^{m}(\alpha_i^{\wedge}-\alpha_i^{\vee})(\alpha_j^{\wedge}-\alpha_j^{\vee})K_{ij} \quad (14\text{-}46)$$

$$\text{s.t.} \sum_{i=1}^{m}(\alpha_i^{\wedge}-\alpha_i^{\vee})=0$$

$$0<\alpha_i^{\wedge}<C(i=1,2,\cdots,m)$$

$$0<\alpha_i^{\vee}<C(i=1,2,\cdots,m)$$

对目标函数取负号，求最小值可以得到和 SVM 分类模型类似的求极小值的目标函数如下：

$$\min_{\alpha^{\wedge}\geq 0,\alpha^{\vee}\geq 0}\frac{1}{2}\sum_{i=1,j=1}^{m}(\alpha_i^{\wedge}-\alpha_i^{\vee})(\alpha_j^{\wedge}-\alpha_j^{\vee})K_{ij}-\sum_{i=1}^{m}(\xi-y_i)\alpha_i^{\wedge}+(\xi+y_i)\alpha_i^{\vee} \quad (14\text{-}47)$$

$$\text{s.t.} \sum_{i=1}^{m}(\alpha_i^{\wedge}-\alpha_i^{\vee})=0$$

$$0<\alpha_i^{\wedge}<C(i=1,2,\cdots,m)$$

$$0<\alpha_i^{\vee}<C(i=1,2,\cdots,m)$$

对于这个目标函数，我们依然可以用 SMO 算法来求出对应的 $\alpha^{\wedge}$、$\alpha^{\vee}$，进而求出回归系数 w，b。

14.1.6 SVM 算法小结

SVM 算法是一个很优秀的算法，在集成学习和神经网络之类的算法没有表现出优越性能前，SVM 基本占据了分类模型的统治地位。目前在大数据时代的大样本背景下，由于 SVM 在大样本时超级大的计算量，热度有所下降，但是仍然是一个常用的机器学习算法。

SVM 算法的主要优点有：

- 解决高维特征的分类问题和回归问题很有效，在特征维度大于样本数时依然有很好的效果。
- 仅仅使用一部分支持向量来做超平面的决策，无须依赖全部数据。
- 有大量的核函数可以使用，从而可以很灵活地解决各种非线性的分类回归问题。
- 样本量不是海量数据的时候，分类准确率高，泛化能力强。

SVM 算法的主要缺点有：

- 如果特征维度远远大于样本数，则 SVM 表现一般。
- SVM 在样本量非常大，核函数映射维度非常高时，计算量过大，不太适合使用。
- 非线性问题的核函数的选择没有通用标准，难以选择一个合适的核函数。
- SVM 对缺失数据敏感。

14.2 支持向量机的 Python 代码实现

本节将介绍在 Python 中实现 SVM 的基本步骤。主要讲述 Scikit-Learn 中的 SVM 方法，相关参数的介绍以及参数调整的要点。

14.2.1 SVM 的 Python 实现基本步骤

Python 中的 Scikit-Learn 库已经实现了所有基本机器学习的算法。因此我们首先导入 SVM 模块。

```
from sklearn import svm
```

这里直接使用 sklearn.datasets.make_blobs 生成数据。生成数据的代码如下所示。

```
from sklearn.datasets.samples_generator import make_blobs
X, y = make_blobs(n_samples=50, centers=2, random_state=0, cluster_std=0.6)
```

接下来，我们训练一个基本的 SVM，我们使用 sklearn 的支持向量机，对这些数据训练 SVM 模型。目前我们将使用一个线性核函数并将 C 参数设置为一个默认的数值。相关代码如下所示。

```
from sklearn.svm import SVC  # Support Vector Classifier
model = SVC(kernel='linear')  # 线性核函数
model.fit(X, y)
```

查看支持向量：

```
print(model.support_vectors_)
```

输出结果如下所示。

```
[[0.44359863  3.11530945]
 [2.33812285  3.43116792]
 [2.06156753  1.96918596]]
```

可视化数据样本，我们先编写一个辅助函数。

```
from matplotlib import pyplot as plt
def plot_SVC_decision_function(model, ax=None, plot_support=True):
    """'Plot the decision function for a 2D SVC'''
    if ax is None:
        ax = plt.gca()  #get 子图
    xlim = ax.get_xlim()
    ylim = ax.get_ylim()
    # create grid to evaluate model    创建网格以评估模型
    x = np.linspace(xlim[0], xlim[1], 30)
    y = np.linspace(ylim[0], ylim[1], 30)
    # 生成网格点和坐标矩阵
    Y, X = np.meshgrid(y, x)
    # 堆叠数组
    xy = np.vstack([X.ravel(), Y.ravel()]).T
    P = model.decision_function(xy).reshape(X.shape)
```

```
    # plot decision boundary and margins
    ax.contour(X, Y, P, colors='k', levels=[-1, 0, 1],
               alpha=0.5, linestyles=['--', '-', '--'])   # 生成等高线 --
        # plot support vectors
    if plot_support:
        ax.scatter(model.support_vectors_[:, 0],
                   model.support_vectors_[:, 1],
                   s=300, linewidth=1, facecolors='none')
    ax.set_xlim(xlim)
    ax.set_ylim(ylim)
```

下面绘制决策边界。

```
plt.scatter(X[:, 0], X[:, 1], c=y, s=50, cmap='autumn')
plot_SVC_decision_function(model)
plt.show()
```

绘制结果如图 14-7 所示。

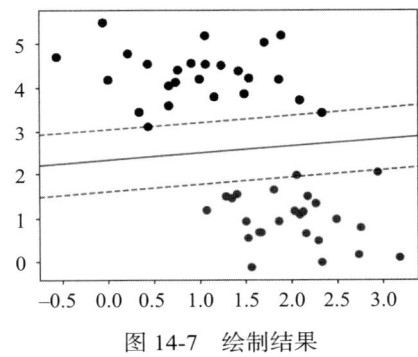

图 14-7　绘制结果

14.2.2　Scikit-Learn 支持向量机算法库小结

Scikit-Learn 中 SVM 的算法库分为两类，一类是分类的算法库，包括 SVC、NuSVC 和 LinearSVC 3 个类。另一类是回归算法库，包括 SVR、NuSVR 和 LinearSVR 3 个类。相关的类都包含在 sklearn.svm 模块中。

对于 SVC、NuSVC 和 LinearSVC，SVC 和 NuSVC 差不多，区别仅仅在于对损失的度量方式不同，而 LinearSVC 从名字就可以看出，它是线性分类，也就是不支持各种低维到高维的核函数，仅仅支持线性核函数，对线性不可分的数据不能使用。

同样地，对于 SVR、NuSVR 和 LinearSVR，SVR 和 NuSVR 差不多，区别也仅仅在于对损失的度量方式不同。LinearSVR 是线性回归，只能使用线性核函数。

我们使用这些类的时候，如果事前知道数据是线性可以拟合的，那么可以使用 LinearSVC 分类或者使用 LinearSVR 回归，它们不需要我们慢慢调参以选择各种核函数以及对应参数，速度也快。如果我们对数据分布没有什么了解，一般使用 SVC 分类或者 SVR 回归，这就需要我们选择核函数以及对核函数调参了。

什么特殊场景需要使用 NuSVC 分类和 NuSVR 回归呢？如果我们对训练集训练的错

误率或者说支持向量的百分比有要求的时候，可以选择 NuSVC 和 NuSVR。它们有一个参数来控制这个百分比。

我们在本节中不过多讲述每种算法的参数，下面展示 SVC 部分参数说明、SVC 函数说明（见表 14-1，表 14-2）以及 SVC 属性说明（见表 14-3）。

SVC 的函数原型如下所示。

```
class sklearn.svm.LinearSVC(self, penalty='l2', loss='squared_hinge',
    dual=True, tol=1e-4,
            C=1.0, multi_class='ovr', fit_intercept=True,
            intercept_scaling=1, class_weight=None, verbose=0,
            random_state=None, max_iter=1000)
```

表 14-1　SVC 部分参数说明

参数	含义	数据类型
C	表示错误项的惩罚系数 C 越大，即对分错样本的惩罚程度越大，因此在训练样本中准确率越高，但是泛化能力降低；相反，减小 C 的话，容许训练样本中有一些分错样本，泛化能力强。对于训练样本带有噪声的情况，一般采用后者，把训练样本中的分错样本作为噪声	Float 参数，默认值为 1.0
tol	SVM 停止训练的误差精度，也称阈值	Float 参数，默认为 1e^-3
class_weight	该参数表示给每个类别分别设置不同的惩罚参数 C，如果没有提供，则会给所有类别都设置 C=1，即前面参数指出的参数 C。如果给定参数"balance"，则使用 y 的值自动调整与输入数据中的类频率成反比的权重	字典类型或者"balance"字符串，默认为 None
random_state	该参数表示在混洗数据时所使用的伪随机数发生器的种子，如果选"Int"，则为随机数生成器种子；如果选"RandomState instance"，则为随机数生成器；如果选"None"，则随机数生成器使用的是 np.random	Int, RandomState instance, None, 默认为 None

表 14-2　SVC 函数说明

函数	作用
svc.decision_function(X)	样本 X 到分离超平面的距离
svc.fit(X, y[, sample_weight])	根据给定的训练数据拟合 SVM 模型
svc.get_params([deep])	获取此估算器的参数并以字典形式储存，默认 deep=True
svc.predict(X)	根据测试数据集进行预测
svc.score(X, y[, sample_weight])	返回给定测试数据和标签的平均精确度
svc.predict_log_proba(X_test), svc.predict_proba(X_test)	当 sklearn.svm.SVC(probability=True) 时，才会有这两个值，分别得到样本的对数概率以及普通概率

表 14-3　SVC 属性说明

属性	含义
svc.coef_[0]	权重
svc.intercept_	偏差

SVR 的函数原型如下所示。

```
sklearn.svm.SVR(kernel ='rbf', degree = 3, gamma ='auto_deprecated', coef0 =
    0.0,
    tol = 0.001, C = 1.0, epsilon = 0.1, shrinking = True, cache_size = 200,
    verbose = False, max_iter = -1 )
```

SVR 部分参数说明如表 14-4 所示。

表 14-4 SVR 部分参数说明

参数	含义	数据类型
kernel	SVC 中指定的核函数类型。可以是："linear""poly""rbf""sigmoid""precomputed"或者自己指定。默认使用"rbf"	字符串
degree	当指定核函数为"poly"时，表示选择的多项式的最高次数，默认为三次多项式。若指定核函数不是"poly"，则忽略，即该参数只对"poly"有作用	整型数
gamma	当 kernel 为"rbf""poly"或"sigmoid"时的核函数系数。如果不设置，默认为"auto"，此时核函数系数设置为 1/n_features	浮点数
coef0	核函数的常数项。只有在核函数为"poly"或"sigmoid"时有效，默认为 0	浮点数
tol	误差项达到指定值时则停止训练，默认为 1e^-3，即 0.001	浮点数
C	误差项的惩罚参数，一般取值为 10 的 n 次幂，如 10 的 -5 次幂，10 的 -4 次幂，10 的 0 次幂，10，在 Python 中可以使用 pow(10,n)，n=-5 ~ inf。C 越大，相当于越希望松弛变量接近 0，即对误分类的惩罚增大，趋向于对训练集全分对的情况，这样会出现训练集测试时准确率很高，但泛化能力弱。C 值小，对误分类的惩罚减小，容错能力增强，泛化能力较强，默认为 1	浮点数
epsilon	它指定了 epsilon-tube，其中训练损失函数中没有惩罚与在实际值的距离 epsilon 内预测的点，默认为 0.1	浮点数

14.2.3 SVM 算法库其他调参要点

上面已经对 Scikit-Learn 中的参数做了总结，下面对其他的调参要点做一个小结。
- 一般推荐在做训练之前对数据进行归一化，当然测试集中的数据也需要归一化。
- 在特征数非常多的情况下，或者样本数远小于特征数的时候，使用线性核函数，并且只需要选择惩罚系数 C 即可。
- 在选择核函数时，如果线性拟合不好，一般推荐使用默认的高斯核函数"rbf"。这时我们需要对惩罚系数 C 和核函数参数 γ 进行艰苦的调参，通过多轮的交叉验证选择合适的惩罚系数 C 和核函数参数 γ。
- 理论上高斯核函数不会比线性核函数差，但是需要花费更多的时间在调参上。所以在实践中，如果能用线性核函数解决问题，我们就尽量使用线性核函数。

14.3 基于 SVM 的个人信贷违约预测

当今社会，个人信贷业务发展迅速，但同时也会暴露较高的信用风险。信息不对称在金融贷款领域是个重要的问题，表现在借款一方对自身的财务状况、还款能力及还款意愿有着较为全面的掌握，而金融机构不能全面获知借款方的风险水平，或在相关信息的掌握上具有明显的滞后性。这种信息劣势，使得金融机构在贷款过程中可能由于风险评估与实际情况的偏离，产生资金损失，直接影响金融机构的利润水平。

如今金融机构可以结合多方数据，提前对客户风险水平进行评估，并做出授信决策。

14.3.1 数据预览及预处理

下面导出用户id，相关代码如下所示。

```
user.T
```

输出结果如图14-8所示。

	0	1	2	3	4	5	6	7	8	9	...	5725	5726	5727	5728	5729	5730	5731	5732	5733	5734
用户id	6965	1265	2583	29165	2443	590	10313	55354	20235	694	...	11532	13999	40491	23264	6949	52736	45989	18855	37530	8917

图14-8 输出结果（一）

查看银行账单表，相关代码如下所示。

```
bank_detail_select = pd.merge(left=df_bank_detail_train,
right=user2,
 how='inner',
on='用户id')
bank_detail_select.head()
```

输出结果如图14-9所示。

	用户id	时间戳	交易类型	交易金额	工资收入标记
0	6965	5894316387	0	13.756664	0
1	6965	5894321388	1	13.756664	0
2	6965	5897553564	0	14.449810	0
3	6965	5897563463	1	10.527763	0
4	6965	5897564598	1	13.651303	0

图14-9 输出结果（二）

统计用户进账单数，求和，相关代码如下所示。

```
b1=bank_detail_select[(bank_detail_select['交易类型']==0)].groupby(['用户
    id'], as_index=False)
c1=b1['交易金额'].agg({'进账单数':'count','进账金额':'sum'})  # 统计用户进账单数，
    求和
c1.head()
```

输出结果如图14-10所示。

统计用户支出单数，求和，相关代码如下所示。

```
b2=bank_detail_select[(bank_detail_select['交易类型']==1)].groupby(['用户
    id'], as_index=False)
c2=b2['交易金额'].agg({'支出单数':'count','支出金额':'sum'})  # 统计用户支出单数，
    求和
c2.head()
```

输出结果如图14-11所示。

统计用户工资收入计数，求和，相关代码如下所示。

```
b3=bank_detail_select[(bank_detail_select['工资收入标记']==1)].groupby(['用户
    id'], as_index=False)
c3=b3['交易金额'].agg({'工资笔数':'count','工资收入':'sum'})  # 统计用户工资收入
    计数，求和
c3.head()
```

	用户id	进账单数	进账金额
0	3	172	2278.873446
1	4	96	1164.342384
2	10	141	1793.642133
3	14	521	6856.993313
4	16	35	478.264186

图 14-10　输出结果（三）

	用户id	支出单数	支出金额
0	3	507	4985.957607
1	4	195	2129.425722
2	10	183	2250.292530
3	14	729	7960.811363
4	16	75	935.201357

图 14-11　输出结果（四）

统计上述 5735 名用户的银行记录信息表，相关代码如下所示。

```
bank_train=d1.merge(d2)
bank_train=bank_train.merge(d3)
ank_train.head()
```

查看浏览表，先剔除以上 5735 名用户以外的数据，再统计每个用户的浏览记录（count），相关代码如下所示。

```
browse_history_select=pd.merge(left=user2, right=df_BrowseHistory_train,
    how='left', on='用户id')
g1=browse_history_select.groupby(['用户id'], as_index=False)
g1.head()
h1=g1['浏览行为数据'].agg({'浏览行为数据':'count'})
browse_train=pd.merge(left=user2, right=h1, how='inner', on='用户id')
browse_train.head()
```

输出结果如图 14-12 所示。

查看账单表，去掉了时间、银行 id、还款状态这几个变量，按用户 id 分组后对每个字段均值化处理。相关代码如下所示。

```
bill_select=pd.merge(left=user2, right=df_BillDetail_
    train, how='right', on='用户id')
bill_select.drop(['账单时间戳','银行id','还款状态'],
    axis=1, inplace=True)
e1=bill_select.groupby(['用户id'], as_index=False)
f1=e1['上期账单金额', '上期还款金额', '信用卡额度', '本期
    账单余额','本期账单最低还款额', '消费笔数', '本期账单金额', '调整金额', '循环
    利息', '可用金额','预借现金额度'].agg(np.mean)
bill_train = pd.merge(left=user2, right=f1, how='left', on='用户id')
bill_train.head()
```

	用户id	浏览行为数据
0	6965	1710
1	1265	420
2	2583	702
3	29165	783
4	2443	671

图 14-12　输出结果（五）

输出结果如图 14-13 所示。

查看逾期表，相关代码如下所示。

```
overdue_train=pd.merge(left=df_overdue_train,right=user2, how='right', on='
    用户id')
```

```
overdue_train.head()
```

	用户id	上期账单金额	上期还款金额	信用卡额度	本期账单余额	本期账单最低还款额	消费笔数	本期账单金额	调整金额	循环利息	可用金额	预借现金额度
0	6965	10.002659	12.733206	19.971271	19.957631	17.220095	10.750000	18.825107	0.000000	15.520681	0.0	19.624697
1	1265	17.715686	14.191595	19.973385	19.909123	17.866453	1.444444	19.007284	0.000000	5.175483	0.0	9.702118
2	2583	15.192264	15.265601	18.307126	17.736937	10.292788	1.791667	17.199134	0.000000	6.478271	0.0	11.014650
3	29165	-6.973236	12.852082	19.740221	17.921520	15.902257	0.000000	12.969975	0.000000	0.000000	0.0	6.001719
4	2443	16.759482	4.151986	17.309158	19.397134	18.206423	2.251572	15.892834	0.229931	4.082358	0.0	10.873986

图 14-13 输出结果（六）

输出结果如图 14-14 所示。

查看用户表，相关代码如下所示。

```
user_train=pd.merge(left=user2, right=df_UserInfo_train, how='left', on='用
    户id')
user_train.head()
```

输出结果如图 14-15 所示。

	用户id	样本标签
0	6965	0
1	1265	0
2	2583	0
3	29165	0
4	2443	0

图 14-14 输出结果（七）

	用户id	性别	职业	教育程度	婚姻状态	户口类型
0	6965	1	2	4	3	2
1	1265	1	3	4	3	1
2	2583	2	2	2	1	1
3	29165	1	2	4	4	4
4	2443	1	4	4	3	1

图 14-15 输出结果（八）

合并五张表，将筛选后的五个表进行合并，得到 25 个字段。

```
df_train=user_train.merge(bank_train)
df_train=df_train.merge(bill_train)
df_train=df_train.merge(browse_train)
df_train=df_train.merge(overdue_train)
df_train.head()
```

输出结果如图 14-16 所示。

	用户id	性别	职业	教育程度	婚姻状态	户口类型	进账笔数	进账金额	支出笔数	支出金额	...	本期账单余额	本期账单最低还款额	消费笔数	本期账单金额	调整金额	循环利息	可用金额	预借现金额度	浏览行为数据
0	6965	1	2	4	3	2	75.0	972.850228	289.0	3234.531975	...	19.957631	17.220095	10.750000	18.825107	0.000000	15.520681	0.0	19.624697	1710
1	1265	1	3	4	3	1	125.0	1708.206195	294.0	3662.457063	...	19.909123	17.866453	1.444444	19.007284	0.000000	5.175483	0.0	9.702118	420
2	2583	2	2	2	1	1	213.0	2736.475318	618.0	7064.310678	...	17.736937	10.292788	1.791667	17.199134	0.000000	6.478271	0.0	11.014650	702
3	29165	1	2	4	4	4	189.0	2277.607807	473.0	5099.861165	...	17.921520	15.902257	0.000000	12.969975	0.000000	0.000000	0.0	6.001719	783
4	2443	1	4	4	3	1	252.0	3020.288782	341.0	3762.790364	...	19.397134	18.206423	2.251572	15.892834	0.229931	4.082358	0.0	10.873986	671

图 14-16 输出结果（九）

```
df_train.columns
```

输出结果如图 14-17 所示。

```
df_train.info()
```

输出结果如图 14-18 所示。

```
Index(['用户id', '性别', '职业', '教育程度', '婚姻状态', '户口类型', '进账单数', '进账金额', '支出单数',
       '支出金额', '工资笔数', '工资收入', '上期账单金额', '上期还款金额', '信用卡额度', '本期账单余额',
       '本期账单最低还款额', '消费笔数', '本期账单金额', '调整金额', '循环利息', '可用金额', '预借现金额度',
       '浏览行为数据', '样本标签'],
      dtype='object')
```

图 14-17 输出结果（十）

```
<class 'pandas.core.frame.DataFrame'>
Int64Index: 5735 entries, 0 to 5734
Data columns (total 25 columns):
 #   Column        Non-Null Count  Dtype
---  ------        --------------  -----
 0   用户id          5735 non-null   int64
 1   性别            5735 non-null   int64
 2   职业            5735 non-null   int64
 3   教育程度          5735 non-null   int64
 4   婚姻状态          5735 non-null   int64
 5   户口类型          5735 non-null   int64
 6   进账单数          5735 non-null   float64
 7   进账金额          5735 non-null   float64
 8   支出单数          5735 non-null   float64
 9   支出金额          5735 non-null   float64
 10  工资笔数          5735 non-null   float64
 11  工资收入          5735 non-null   float64
 12  上期账单金额        5735 non-null   float64
 13  上期还款金额        5735 non-null   float64
 14  信用卡额度         5735 non-null   float64
 15  本期账单余额        5735 non-null   float64
 16  本期账单最低还款额    5735 non-null   float64
 17  消费笔数          5735 non-null   float64
 18  本期账单金额        5735 non-null   float64
 19  调整金额          5735 non-null   float64
 20  循环利息          5735 non-null   float64
 21  可用金额          5735 non-null   float64
 22  预借现金额度        5735 non-null   float64
 23  浏览行为数据        5735 non-null   int64
 24  样本标签          5735 non-null   int64
dtypes: float64(17), int64(8)
memory usage: 1.1 MB
```

图 14-18 输出结果（十一）

14.3.2 特征工程

（1）银行流水记录特征相关性分析

```
import matplotlib.pyplot as plt
internal_chars=['进账单数','进账金额','支出单数','支出金额','工资笔数','工资收入']
corrmat=bank_train[internal_chars].corr()    # 相关性结果数据表
plt.subplots(figsize=(10,10))
sns.heatmap(corrmat, square=True, linewidths=.5, annot=True);  # 热力图
```

热力图输出结果如图 14-19 所示。

从热力图中，我们可以看出以下信息。

- "进账单数"与"进账金额"的相关性很高，相关系数为 0.99。
- "支出单数"与"进账单数"和"进账金额"的相关性较高，相关系数分别为 0.82、0.81。
- "进账金额"与"支出单数""支出金额"的相关性较高，相关系数分别为 0.81、0.85。
- "支出单数"与"支出金额"的相关性很高，相关系数为 0.99。

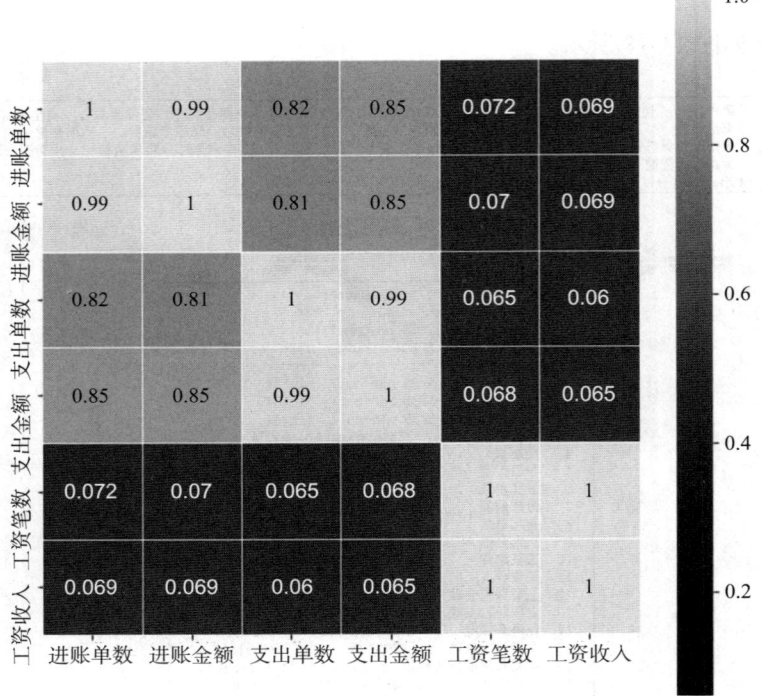

图 14-19 输出结果（十二）

- "工资笔数"与"工资收入"的相关系数为 1。
- 收入、支出、工资三个指标的金额跟笔数是线性关系，那么后续将构建一个新的特征：笔均＝金额 / 笔数，取工资笔均；而且收入、支出是强相关（0.82），所以只取一个即可，支出笔均。
- 后续将用"进账金额 / 进账单数""支出金额 / 支出单数""工资收入 / 工资笔数"得到"进账笔均""支出笔均""工资笔均"。

（2）总表相关性分析

```
internal_chars=['上期账单金额','上期还款金额','信用卡额度','本期账单余额',
                '本期账单最低还款额','消费笔数','本期账单金额','调整金额',
                '循环利息','可用金额','预借现金额度']
corrmat=df_train[internal_chars].corr()    # 相关性结果数据表
plt.subplots(figsize=(10,8))
plt.xticks(rotation='0')
sns.heatmap(corrmat, square=False, linewidths=.5, annot=True);  # 热力图
```

热力图输出结果如图 14-20 所示。

从热力图中，我们可以看出以下信息。

- "本期账单余额"与"本期账单最低还款额"的相关系数为 0.85。
- "上期账单金额"与"上期还款金额"的相关系数为 0.75。
- "本期账单金额"与"上期还款金额"的相关系数为 0.64。

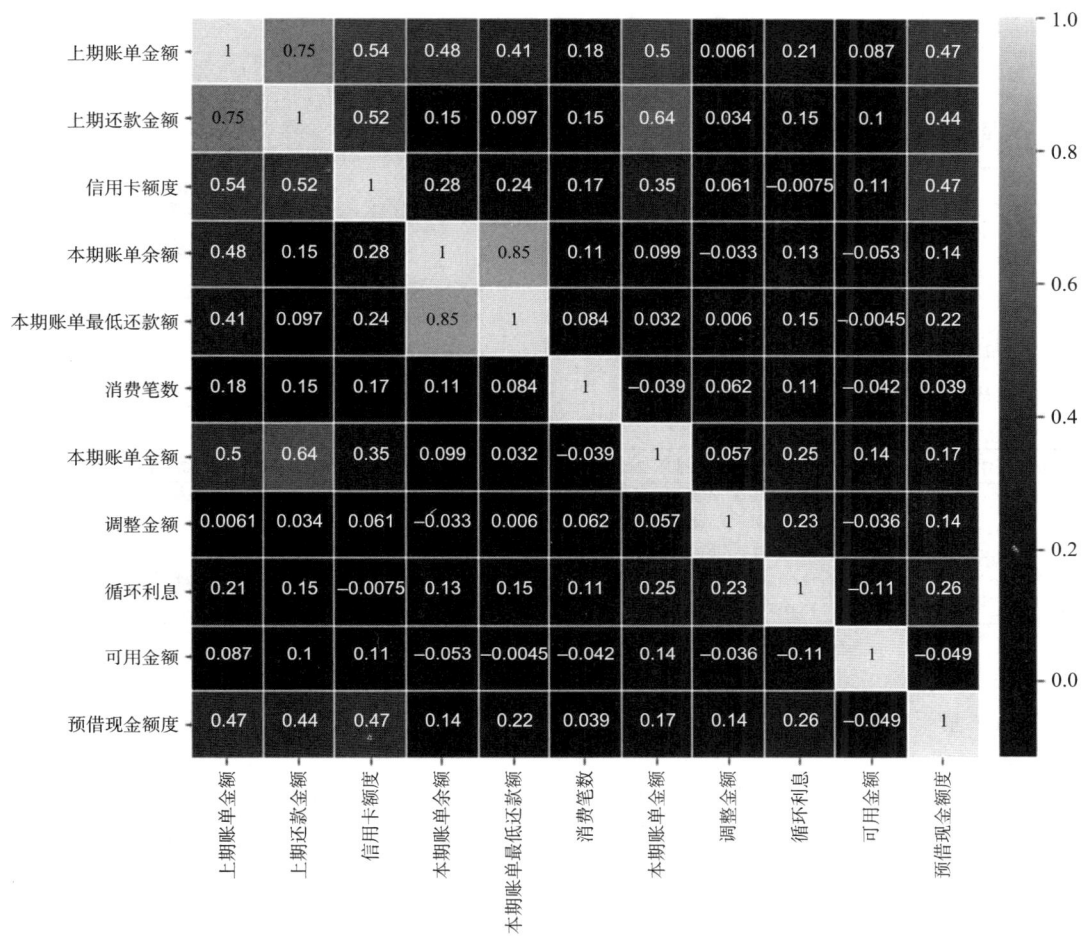

图 14-20 输出结果（十三）

- "信用卡额度"与"上期账单金额"和"上期还款金额"的相关系数分别为 0.54 和 0.52。
- "本期账单金额"与"上期账单金额"的相关系数为 0.5。

（3）生产衍射变量

上期还款差额＝上期账单金额－上期还款金额，上期还款差额还会直接影响用户的信用额度以及本期的账单金额。

调整金额和循环利息是跟"上期的还款差额"有关的。

- 还款差额 >0，需要计算循环利息，调整金额不计。
- 还款差额 <0，需要计算调整金额，循环利息不计。

我们可以将还款差额进行"特征二值化"来代替这两个特征。

预借现金额度，是指持卡人使用信用卡通过 ATM 等自助终端提取现金的最高额度，取现额度包含在信用额度内，一般是信用额度的 50% 左右，所以可以不用这个特征，选择信用额度即可。

```
df_train['平均支出']=df_train.apply(lambda x:x.支出金额/x.支出单数, axis=1) #
    apply() 当函数的参数存在于字典或元组中时
# df_train['平均进账']=df_train.apply(lambda x:x.进账金额/x.进账单数, axis=1)
df_train['平均工资收入']=df_train.apply(lambda x:x.工资收入/x.工资笔数,
    axis=1)
df_train['上期还款差额']=df_train.apply(lambda x:x.上期账单金额-x.上期还款金额,
    axis=1)
df_select=df_train.loc[:,['用户id','性别','教育程度','婚姻状态','平均支
    出','平均工资收入','上期还款差额','信用卡额度','本期账单余额','本期账单最
    低还款额','消费笔数','浏览行为数据','样本标签']].fillna(0)
df_select.head()
```

输出结果如图 14-21 所示。

	用户id	性别	教育程度	婚姻状态	平均支出	平均工资收入	上期还款差额	信用卡额度	本期账单余额	本期账单最低还款额	消费笔数	浏览行为数据	样本标签
0	6965	1	4	3	11.192152	0.000000	-2.730547	19.971271	19.957631	17.220095	10.750000	1710	0
1	1265	1	4	3	12.457337	0.000000	3.524092	19.973385	19.909123	17.866453	1.444444	420	0
2	2583	2	2	1	11.430923	0.000000	-0.073337	18.307126	17.736937	10.292788	1.791667	702	0
3	29165	1	4	3	10.781947	14.473609	-19.825318	19.740221	17.921520	15.902257	0.000000	783	0
4	2443	1	4	3	11.034576	0.000000	12.607495	17.309158	19.397134	18.206423	2.251572	671	0

图 14-21 输出结果（十四）

（4）基于机器学习的筛选

```
# 将上期还款差额二值化
from sklearn.preprocessing import Binarizer
X=df_select['上期还款差额'].values.reshape(-1,1)
transformer = Binarizer(threshold=0).fit_transform(X)
df_select['上期还款差额标签']=transformer
```

（5）方差过滤法

过滤那些不带有信息的变量，默认参数为 0，即过滤方差为 0 的那些变量，只保留对模型有贡献的那些信息。

```
x=df_select.drop(['用户id','上期还款差额','样本标签'],axis=1)
from sklearn.feature_selection import VarianceThreshold
VTS = VarianceThreshold()    # 实例化，不清楚参数默认方差为 0
x_01=VTS.fit_transform(x)
```

（6）相关性过滤——互信息法

互信息法是用来捕捉每个特征与标签之间的任意关系（包括线性和非线性关系）的过滤方法。

和 F 检验相似，它既可以做回归也可以做分类，并且包含两个类 mutual_info_classif（互信息分类）和 mutual_info_regression（互信息回归）。

这两个类的用法和参数都和 F 检验一模一样，不过互信息法比 F 检验更加强大，F 检验只能够找出线性关系，而互信息法可以找出任意关系。

```
from sklearn.feature_selection import mutual_info_classif as MIC
result = MIC(x,y)
x1=x.drop(['婚姻状态','本期账单余额','上期还款差额标签'], axis=1)
```

用 filter 法的互信息法得到以下变量和逾期情况相关：性别、教育程度、平均支出、平均工资收入、信用卡额度、本期账单最低还款额、消费笔数、浏览行为数据。去除"婚姻状态""本期账单余额""上期还款差额标签"三个属性。

（7）样本不均衡

通过观察，正负样本比例为 836 ∶ 4899，属于样本不均衡范畴，可采用上采样的 SMOTE 算法对其进行样本不均衡处理。

```
from imblearn.over_sampling import SMOTE
over_samples = SMOTE(random_state=111)
over_samples_x1, over_samples_y = over_samples.fit_
    resample(x1,y)
over_samples_x, over_samples_y = over_samples.fit_
    resample(x,y)
over_samples_y.value_counts()
```

样本标签
0   4899
1   4899
Name: count, dtype: int64

输出结果如图 14-22 所示。

图 14-22　输出结果（十五）

14.3.3　模型建立与参数调整

划分训练集、测试集。

```
from sklearn import svm
from sklearn.model_selection import train_test_split
x_train,x_test,y_train,y_test=train_test_split(over_samples_x, over_
    samples_y,test_size=0.3,random_state=11)
```

模型训练。

```
from sklearn.metrics import accuracy_score
clf = svm.SVC(kernel='rbf',C=10)
clf.fit(x_train, y_train)
y_hat = clf.predict(x_test)
acc = accuracy_score(y_test, y_hat)
```

不同核函数设置的 SVM 预测结果如表 14-5 所示。

表 14-5　SVM 预测结果

核函数	评价指标
linear	0.628 5
rbf	0.545 2
sigmoid	0.493 8
poly	0.491 8

14.4　使用基于合页损失函数的 SVM 进行情感分类

下面将介绍基于合页损失函数（hinge loss function）视角来求解线性支持向量机的最优超平面，并使用基于合页损失函数的支持向量机对情感文本进行分类。主要参考资料是第 7 章里关于支持向量机的内容（李航，2012）。由于前面已经介绍了 SVM 的基本原理，所以在此主要介绍合页损失函数。

14.4.1 合页损失函数基本概念介绍

线性支持向量机的学习还有另外一种解释,就是最小化以下目标函数。

$$\sum_{i=1}^{N}[1-y_i(w\cdot x_i+b)]_+ + \lambda\|w\|^2 \quad (14\text{-}48)$$

目标函数的第一项就是经验损失函数。

$$L[y_i(w\cdot x_i+b)]=[1-y_i(w\cdot x_i+b)]_+ \quad (14\text{-}49)$$

该函数称为合页损失函数。下标"+"表示以下取正值的函数:

$$[z]_+ = \begin{cases} z, & z>0 \\ 0, & x\leq 0 \end{cases} \quad (14\text{-}50)$$

该损失函数表示当样本点被正确分类,函数间隔(确信度):$y_i(w\cdot x_i+b)$ 大于 1 时,损失是 0。否则,损失是 $1-y_i(w\cdot x_i+b)$。目标函数的第二项是系数为 λ 的 w 的 L_2 范数(防止超平面过拟合的问题),即各个系数的平方和。

下面我们用图 14-23 来展示合页损失函数。分类错误-惩罚,分类正确-不惩罚,下标"+"表示以下取正值的函数:

$$[1-y_i(w\cdot x_i+b)]_+ = \begin{cases} 1-y_i(w\cdot x_i+b), & y_i(w\cdot x_i+b)<1 \\ 0, & y_i(w\cdot x_i+b)\geq 1 \end{cases} \quad (14\text{-}51)$$

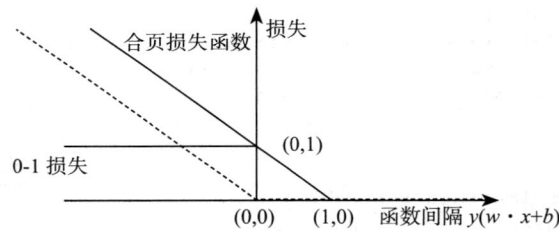

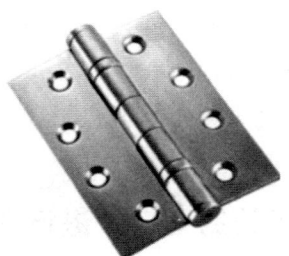

图 14-23　合页损失函数

式(14-52)解释了线性支持向量机最优化问题(原始最优化问题)。

$$\min_{w,b} \frac{1}{2}\|w\|^2 + C\sum_{i=1}^{N}\varepsilon_i \quad (14\text{-}52)$$

s.t.

$$y_i(w \cdot x_i + b) \geq 1 - \varepsilon_i, i = 1, 2, \cdots, N$$
$$\varepsilon_i \geq 0, i = 1, 2, \cdots, N$$

等价于最优化问题：

$$\min_{w,b} \sum_{i=1}^{N}[1 - y_i(w \cdot x_i + b)]_+ + \lambda \|w\|^2 \qquad (14\text{-}53)$$

令 $[1 - y_i(w \cdot x_i + b)]_+ = \varepsilon_i$，则 $\varepsilon_i \geq 0$，这满足原始最优化问题的第二项约束条件。

由 $[1 - y_i(w \cdot x_i + b)]_+ = \varepsilon_i$，可知：当 $1 - y_i(w \cdot x_i + b) > 0$ 时，有 $[1 - y_i(w \cdot x_i + b)]_+ = 1 - y_i(w \cdot x_i + b) = \varepsilon_i$，因此 $y_i(w \cdot x_i + b) = 1 - \varepsilon_i$；当 $1 - y_i(w \cdot x_i + b) \leq 0$ 时，有 $[1 - y_i(w \cdot x_i + b)]_+ = 0 = \varepsilon_i$，即 $\varepsilon_i = 0$，此时 $y_i(w \cdot x_i + b) \geq 1 - \varepsilon_i$。

综合上述两种情况 $(1 - y_i(w \cdot x_i + b) > 0$ 和 $1 - y_i(w \cdot x_i + b) \leq 0)$，都有 $y_i(w \cdot x_i + b) \geq 1 - \varepsilon_i$，这满足原始最优化问题的第一个约束条件。

从上面证明带有合页损失函数的最优化问题：

$$\min_{w,b} \sum_{i=1}^{N}[1 - y_i(w \cdot x_i + b)]_+ + \lambda \|w\|^2 \qquad (14\text{-}54)$$

现在已经满足原始问题的两个约束调价。

由于我们令 $[1 - y_i(w \cdot x_i + b)]_+ = \varepsilon_i$，此时我们把 $\min_{w,b} \sum_{i=1}^{N}[1 - y_i(w \cdot x_i + b)]_+ + \lambda \|w\|^2$，改写如下：$\min_{w,b} \sum_{i=1}^{N} \varepsilon_i + \lambda \|w\|^2$，若取 $\lambda = \frac{1}{2C}$，则上述最优化函数进一步改写为（式（14-55）括号里面的就是原始问题的目标函数）：

$$\min_{w,b} \frac{1}{C} \left(\frac{1}{2} \|w\|^2 + C \sum_{i=1}^{N} \varepsilon_i \right) \qquad (14\text{-}55)$$

从括号内函数看，该目标函数已经等价于原始最优化的目标函数：

$$\min_{w,b} \frac{1}{2} \|w\|^2 + C \sum_{i=1}^{N} \varepsilon_i \qquad (14\text{-}56)$$

到这里，我们已经证明了最优化问题的求解。

$$\min_{w,b} \sum_{i=1}^{N}[1 - y_i(w.x_i + b)]_+ + \lambda \|w\|^2 \qquad (14\text{-}57)$$

这就可以得到线性支持向量机的超平面 (w, b)。

在没有约束的前提下，我们可以使用梯度下降，这要求找到线性支持向量机的超平面，也就是要找到使带有合页损失函数的经验损失最小的参数 w 和 b，假设我们要求的参数是 θ，在线性支持向量机中，θ 就是 w 和 b。

了解了合页损失函数的原理后，接下来我们介绍相关的 Python 代码。

14.4.2 导入数据

```python
import pandas as pd
labeled_comments = pd.read_csv("labeled_reviews.csv",
                    index_col=False,
                    usecols= ["comment","sentiment_label"],encoding = "gbk")
# 去掉 labeled_comments 中含有 "光线传媒:" 的评论
drop_index = labeled_comments[labeled_comments.comment.str.contains("光线传媒:")].index
labeled_comments.drop(drop_index,inplace=True,axis=0)
# 去掉 labeled_comments 中评论字数超过 1000 的评论
drop_index = labeled_comments[labeled_comments.comment.str.len()>1000].index
labeled_comments.drop(drop_index,inplace=True,axis=0)
```

接下来做一些必要的准备工作。

```python
import jieba
jieba.load_userdict("userdict.txt")
def cut_comment(comment_text):
    """
    对一段文本切词,并返回空格拼接后的字符串
    参数:
        comment_text: 要被切词的股评文本
    返回:
        使用空格拼接后的字符串
    """
    r = jieba.lcut(comment_text)
    joined_text = "".join(r)
    return joined_text
labeled_comments["cutted_comment"] = labeled_comments.comment.apply(cut_comment)
from sklearn.model_selection import train_test_split
# 训练集与测试集划分
X_train, X_test, y_train, y_test = train_test_split(labeled_comments.cutted_comment,
                                                    labeled_comments.sentiment_label,
                                                    test_size = 0.1,
                                                    random_state = 42)
def detect_encoding(file):
    # 获取文件最可能的编码格式
    import chardet
    with open(file, "rb") as f:
        r = f.read()
    e = chardet.detect(r)
    encoding = e.get("encoding")
    return encoding
def get_Chinese_stopwords(stop_words_file):
    """
    读取中文停用词
    参数:
        中文停用词文件
    返回:
        中文停用词列表
    """
    encoding = detect_encoding(stop_words_file)
    with open(stop_words_file,encoding = encoding) as f:
```

```
        stopwords = f.read()
    stopwords_list = stopwords.split('\n')
    custom_stopwords_list = [i for i in stopwords_list]
return custom_stopwords_list
```

14.4.3　使用合页损失函数

接下来，我们可以使用合页损失函数了。

```
from sklearn.linear_model import SGDClassifier
# loss: The loss function to be used. Defaults to 'hinge', which gives a
    linear SVM.
# penalty: Defaults to 'l2' which is the standard regularizer for linear
    SVM models.
# random_state: The seed of the pseudo random number generator to use when
    shuffling the data.
# max_iter: The maximum number of passes over the training data (i.e.
    epochs)
sgd_clf = SGDClassifier(loss = "hinge",    # 使用合页损失函数
                        penalty = "L2",
                        random_state=42,
                        max_iter=50)# epoch 的次数
from sklearn.feature_extraction.text import CountVectorizer # 构造词袋
counter = CountVectorizer(token_pattern ='\w+')
from sklearn.feature_extraction.text import TfidfTransformer ## TF-IDF
tf_idf = TfidfTransformer()
from sklearn.pipeline import Pipeline # 组成管道
#sgd_pipe = make_pipeline(counter,tf_idf,sgd_clf)
sgd_pipe = Pipeline([('count', counter), ("tf_idf",tf_idf),('clf', sgd_clf)])
sgd_pipe.set_params(count__stop_words=stop_words,count__ngram_range=(1,2))
# 输入数据 X_train.tokenized_comment, y_train 训练模型
sgd_pipe.fit(X_train, y_train)
```

14.4.4　使用测试数据做预测

```
from sklearn.metrics import accuracy_score
y_pred = sgd_pipe.predict(X_test)
# 画出 confusion_matrix
accuracy_score(y_test, y_pred)
```

输出结果为

```
0.883453237410072
```

14.5　扩展阅读

ChatGPT 视角下的支持向量机

我们让 ChatGPT 为我们编写一个 SVM 模型（见图 14-24）。

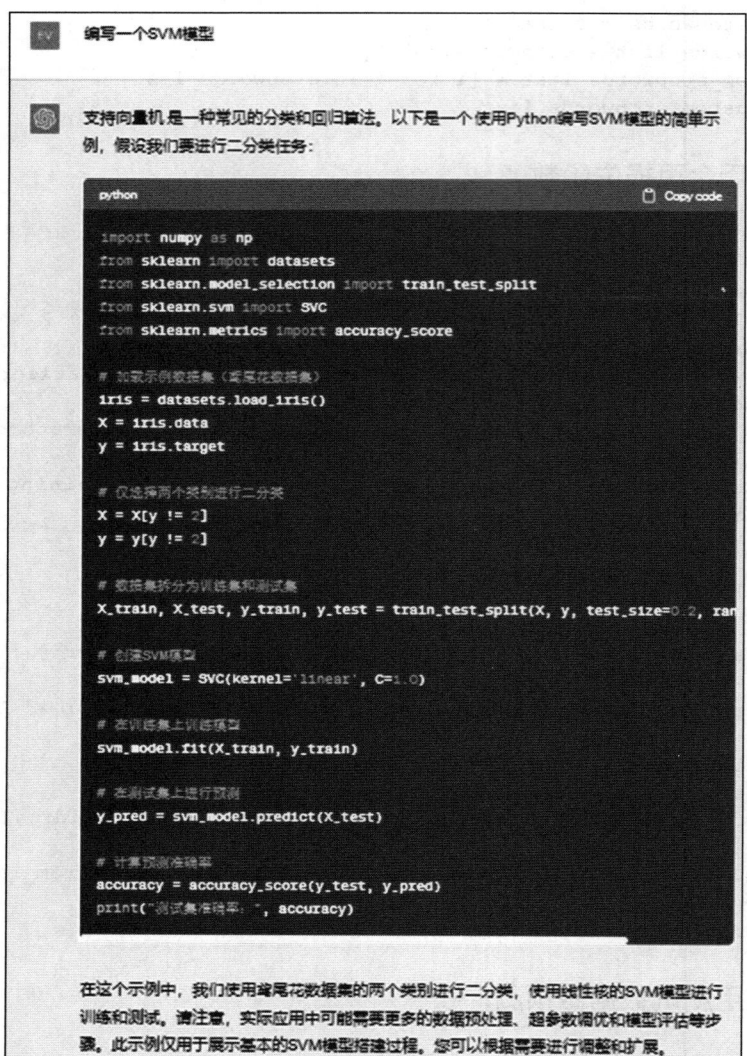

图 14-24　ChatGPT 回复结果

CHAPTER 15

第 15 章

随机森林的应用

在第 15 章中，我们将使用决策树和随机森林模型。决策树（decision tree）模型是指在已知各种情况发生概率的基础上，通过构成决策树来求净现值的期望值大于等于零的概率，评价项目风险，判断其可行性的决策分析方法，是直观运用概率分析的一种图解法。由于这种决策分支画成图形很像一棵树的枝干，故称决策树。在机器学习中，决策树是一个预测模型，它代表的是对象属性与对象值之间的一种映射关系。决策树模型会生成类似 if-then 的规则集合，主要优点是模型的可解释性高、分类速度快。在机器学习中，随机森林是一个包含多个决策树的分类器，并且其输出的类别是由个别树输出的类别的众数而定。随机森林模型有其独特的优点，能够处理很高维度的数据，并且不用做特征选择，模型泛化能力强。本章主要内容如下：

- 决策树与随机森林
- 情感指标的获取与生成
- 数据拼接
- 用随机森林做金融市场价格波动预测
- 基于量化投资的模型评估指标
- 信用评分

15.1 决策树与随机森林

15.1.1 决策树

决策树属于经典的十大数据挖掘算法之一，是一种类似流程图的树结构，其规则就是 if-then 的思想，可以用于数值型因变量的预测和离散型因变量的分类。该算法简单直观、通俗易懂，不需要掌握任何领域的专业知识或复杂的数学推理，而且算法的结果输出具有很强的解释性。通常情况下，将决策树用作分类器会有很好的预测准确率，目前决策树在金融行业得到了很广泛的应用，比如金融领域的风险评估等。

决策树由节点和边组成，节点有两种类型，内部节点和叶子节点。内部节点表示一个特征或属性，叶子节点表示一个类。我们用如图 15-1 所示的房屋购买决策来展示决策树的形状。

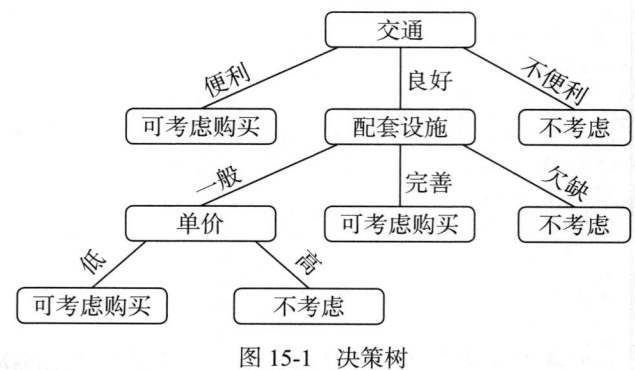

图 15-1　决策树

决策树是对给定特征空间的划分，树上每一条从根节点到叶节点的路径将特征空间划分成互不相交的一个区域。下面部分借鉴一些学者的研究成果来讲解决策树的相关内容。

图 15-2 中的特征有年龄、是否有工作、是否有自己的房子、信贷情况、类别。那么，我们可以选择"年龄"来划分，也可以选择"是否有工作"来划分，如图 15-3 所示。

ID	年龄	是否有工作	是否有自己的房子	信贷情况	类别
1	青年	否	否	一般	否
2	青年	否	否	好	否
3	青年	是	否	好	是
4	青年	是	是	一般	是
5	青年	否	否	一般	否
6	中年	否	否	一般	否
7	中年	否	否	好	否
8	中年	是	是	好	是
9	中年	否	是	非常好	是
10	中年	否	是	非常好	是
11	老年	否	是	非常好	是
12	老年	否	是	好	是
13	老年	是	否	好	是
14	老年	是	否	非常好	是
15	老年	否	否	一般	否

图 15-2　特征图表

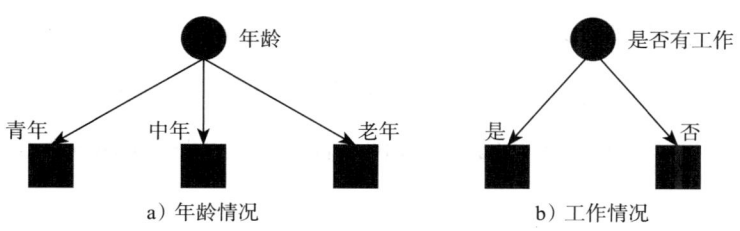

图 15-3 基于不同特征的决策树

这样的决策树可以有多种，但是哪一种是最好的呢？一个好的决策树，分类完成后在叶节点中的样本的类别相比全部训练样本应该更加纯。比如在前面的例子中，所有样本中"类别"为"是"和"否"的分布占比为60%和40%，如果我们用"是否有工作"来进行分类，那分类完成后，有工作的样本类别"是"和"否"的分布占比为100%和0%，没工作的样本类别"是"和"否"分布占比为40%和60%。可以看出，用"是否有工作"来进行样本的分类比原样本是有提升的。

直观上，如果一个特征具有更好的分类能力，或者说，按照这一特征将训练数据集分割成子集，使得各个子集在当前条件下有最好的分类，那么就更应该选择这个特征。信息增益就能够很好地表示这一直观的准则。

信息增益是指在划分数据集之前与之后信息发生的变化，我们可以计算每个特征值划分数据集获得的信息增益，获得信息增益最高的特征就是最好的选择。

数学上用熵⊖来表示随机变量的混乱度，设有一个随机变量 X，其概率分布为 $P(X=x_i)=p_i$，则其熵可以定义为 $H(X)=-\sum_{i=1}^{n}p_i\log(p_i)$。由于这个式子与 X 无关，只与概率分布相关，因此可以修改为

$$H(p)=-\sum_{i=1}^{k}p_i\log(p_i) \qquad (15\text{-}1)$$

为什么使用负对数和概率 p_i 相乘呢？p_i 相当于权重，表示大概率的结果对熵的贡献比小概率的结果大。$(\log p_i)^{-1}=-\log p_i$，这样 p_i 越大，$-\log p_i$ 就越小。

熵越大则表明随机变量的混乱度越高，假设随机变量只有两个取值 x_1 和 x_2，则其概率分布的取值为 p 和 $1-p$，此时的熵为

$$H(p)=-p\log_2 p-(1-p)\log_2(1-p) \qquad (15\text{-}2)$$

这时熵 $H(p)$ 随 p 变化的图像如图 15-4 所示，可以看到当 $p=0.5$ 时，也就是随机变量完全均匀时，熵取最大值。

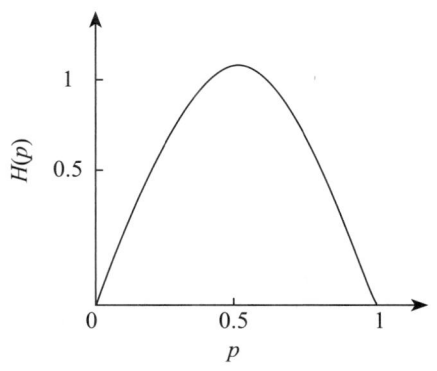

图 15-4 熵变化过程

⊖ 可以把熵理解为：如果你从集合中随机抽取一个元素并猜测其结果，那么其结果的不确定性是多少？

设有随机变量 (X, Y)，其联合概率分布为

$$P(X = x_i, Y = y_j) = p_{ij} \quad i = 1, 2, \cdots, n; j = 1, 2, \cdots, m \tag{15-3}$$

条件熵 $H(Y|X)$ 表示在已知随机变量 X 的条件下随机变量 Y 的不确定性，条件熵的表示如下：

$$H(Y|X) = \sum_{i=1}^{n} p_i H(Y|X = x_i), \quad 其中 x_i = P(X = p_i), i = 1, 2, \cdots, n \tag{15-4}$$

当熵和条件熵的概率由数据估计得到时，所对应的熵称为经验熵，对应的条件熵称为经验条件熵。什么叫由数据估计？比如有 10 个数据，一共有两个类别，A 类和 B 类。其中有 7 个数据属于 A 类，则 A 类的概率可以估计为 7/10。其中有 3 个数据属于 B 类，则 B 类的概率为 3/10。浅显的解释就是，概率是我们根据数据数出来的。

信息增益表示得知特征 X 的信息而使得 Y 的信息的不确定性减少的程度。下面定义特征 A 对训练数据集 D 的信息增益 $g(D, A)$，即集合 D 的经验熵 $H(D)$ 与特征 A 给定条件下 D 的经验条件熵 $H(D|A)$ 之差，即

$$g(D, A) = H(D) - H(D|A) \tag{15-5}$$

我们定义贷款申请样本数据表中的数据为训练数据集 D，则训练数据集 D 的经验熵为 $H(D)$，$|D|$ 表示其样本容量及样本个数。设有 K 个类 C_k，$k = 1, 2, 3, \cdots, K$，$|C_k|$ 为属于类 C_k 的样本个数，经验熵公式可以写为

$$H(D) = -\sum_{k=1}^{K} \frac{|C_k|}{|D|} \log_2 \frac{|C_k|}{|D|} \tag{15-6}$$

在我们的样本 D 中有 6 个不贷款，9 个贷款，那么经验熵为

$$H(D) = -\frac{9}{15} \log_2 \frac{9}{15} - \frac{6}{15} \log_2 \frac{6}{15} = 0.971 \tag{15-7}$$

特征 A 将 D 分为 n 个子集，每个子集的样本个数是 D_i，那么特征 A 对数据集 D 的经验条件熵为

$$H(D|A) = -\sum_{i=1}^{n} \frac{|D_i|}{|D|} \sum_{k=1}^{K} \frac{|D_{ik}|}{|D_i|} \log_2 \frac{|D_{ik}|}{|D_i|} \tag{15-8}$$

计算了 $H(D)$ 和 $H(D|A)$，我们就可以得到 $g(D, A) = H(D) - H(D|A)$。

如果我们用 A_1，A_2，A_3，A_4 分别表示年龄、有工作、有自己的房子、信贷情况 4 个特征。以 A_1（年龄）为例，用 D_1，D_2，D_3 分别表示 D 中 A_1（年龄）取值为青年、中年和老年的样本子集，那么信息增益的计算为

$$g(D, A_1) = H(D) - \left[\frac{5}{15} H(D_1) + \frac{5}{15} H(D_2) + \frac{5}{15} H(D_3) \right] = 0.083$$

按照相似的逻辑，我们可以计算出 $g(D, A_2) = 0.324$，$g(D, A_3) = 0.420$。

可以思考一下,我们已经计算出 A_1, A_2, A_3 特征对样本的信息增益,请你接下来计算特征 A_4(信贷情况)对样本的信息增益,并从 A_1、A_2、A_3、A_4 中选取信息增益最大的特征作为最优特征来分支。

ID3 算法的核心是在决策树的各个节点上利用信息增益来选取特征,递归构建决策树。

具体方法为:从根节点开始,对其包含的所有样本的所有特征计算信息增益,选取增益最大的特征作为节点特征(这样我们可以构建较浅的树),建立叶子节点,再对叶子节点递归进行以上操作,直到没有再能够分类的特征,或分类后信息增益小于某个阈值,或者数据集中所有实例都具有相同的类别标签,停止递归构建树。

这里要强调一下叶子节点的分类输出:叶子节点样本中数目最多的样本对应的类 C_k 作为该节点的类标签。

上面的计算说明,有无房子这个特征的信息增益是最大的,因此首先利用这个特征来构建树的根节点,将样本分为两个子集 D_1(A_3 取值为"是"),D_2(A_3 取值为"否")。

D_1 中所有样本类别均为"是",因此不必再对 D_1 继续分类。

接着针对 D_2 从 A_1、A_2、A_4 中选择特征,我们发现 $g(D, A_4)$ 最大,因此我们选择是否有工作作为最优的分支特征。分类完成后,有工作的样本类别都标记为"是",没工作的样本类别都标记为"否"。样本不必再分类了。

回归树:预测连续目标的任务称为回归任务,回归树叶子节点的输出是训练集中该节点中,实例目标特征值的平均值。因此,我们可以使用方差作为对纯度的度量,即采用的原则是最小均方差,对于任意划分特征 A,对应的任意划分点 s 两边划分成的数据集 D_1 和 D_2,求出使 D_1 和 D_2 各自集合的均方差最小,同时求出 D_1 和 D_2 的最小均方差对应的特征和特征值划分点。

我们根据叶子节点的均值进行预测,因此随机森林预测是所有树的预测值的平均值。

15.1.2 随机森林

假设随机问很多人一个复杂的问题,然后把他们的答案合并起来,通常情况下得到的答案比专家的答案更好,这就叫群体智慧。同理,如果合并一组分类器的预测,会得到比单一分类器更好的预测结果。这一组分类器就叫作集成学习。

集成学习(ensemble learning)通过构建并结合多个学习器来完成学习任务,有时也被称为多分类器系统。有两种创建集成的标准方法:提升法(boosting)和袋装法(bagging)。这里我们介绍 Bagging。Bagging 采用的是随机有放回的抽样训练数据构造分类器,最后组合,袋装法如图 15-5 所示。

采用有放回的抽样的主要目的是,使得采样样本每次都不同,因此训练出来的模型也是不同的。

决策树算法特别适合袋装法,因为决策树对数据集的改变非常敏感,数据集的微小改变可能导致算法选择不同的特征来生成节点。

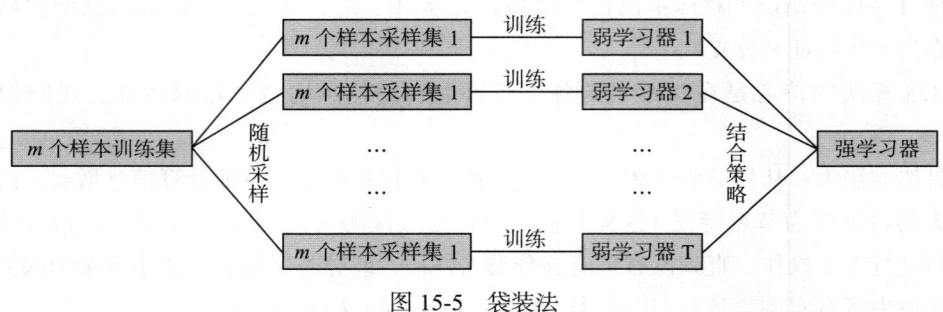

图 15-5　袋装法

随机森林是袋装法中的一种方法。随机森林构造很多棵决策树，形成一个森林，然后用这些决策树共同决策输出类别是什么。在随机森林算法的运行过程中，有以下两个随机的操作。

- 特征选取随机选择：每棵决策树所需的特征是从整体的特征集中随机选取的，这也称为子空间采样。
- 输入数据随机选择：从全部训练样本（样本数为 N）中选取一个可能有重复的，大小同样为 N 的数据集进行训练（即 Bootstrap 取样）。袋装法、子空间采样和决策树的结合，形成了随机森林。

随机森林算法的具体实现过程如下。

步骤 A：随机且有放回地从训练集中抽取 N 个训练样本。

步骤 B：选取输入训练数据后，构建决策树。其方法为：每一个分裂节点从整体的特征集 M 中选取 m 个特征构建，一般情况下 m 远小于 M，通常是 $\log_2 M$ 或者 sqrt(M)。从这 m 个属性中根据某种策略（如信息增益）确定分支属性。

步骤 C：重复 B 步骤，直到不能分裂或达到我们设定的阈值（如叶子节点或树的深度），此时我们建立了一个决策树。

重复上面的 A、B、C 步骤，直到生成了预定数量的决策树。

随机森林中每个决策树被训练出来后，如何做组合策略呢？

我们可以使用投票方式，投票多的分类作为最终的分类。

对于连续目标的回归任务，我们鼓励使用中位数，而不是平均值，因为平均值受离群点的影响更大。

15.2　情感指标的获取与生成

为了将前面所介绍的知识点应用到实际的金融分析中，接下来我们会进行随机森林的实例学习，首先要做的是情感指标的获取与生成，下面将使用的预测指标主要是情感指标。

15.2.1 获取每日情感分数

第一，读取评论，这里只读取日期和情感分数，此后我们不再关注评论文本，相关代码如下所示。

```
import pandas as pd
comments = pd.read_csv("cleaned_300251_comments_sentiment.csv",
        index_col=False,
        parse_dates = ["modified_date"],
        usecols = ['modified_date','sentiment',"sentiment_dict_
            based","sentiment_MultinomialNB_clf","sentiment_sgd_clf"],
        encoding = "gbk")
```

第二，判断一条评论是正面评论还是负面评论，生成两列数据，即"positive"和"negative"。此处我们使用 sentiment（即投票所得的情感分数），后续大家也可以用其他情感标签做实验，相关代码如下所示。

```
sentiment_label = "sentiment"
comments["positive"] = comments[sentiment_label].apply(lambda x: 1 if x==1
    else 0)
comments["negative"] = comments[sentiment_label].apply(lambda x: 1 if x==-1
    else 0)
```

第三，通过 groupby 将日期进行分组，然后通过 agg 函数实现分组后情感分数列的求和，生成每天的情感分数：sentiment 和 ln_sentiment。特别提示，sentiment_day 是每天评论的情感分数汇总。

$$\text{ln\_sentiment} = np.\log\frac{1+\text{sentiment\_day["positive"]}}{1+\text{sentiment\_day["negative"]}} \quad (15\text{-}9)$$

相关代码如下所示。

```
import numpy as np
group_by_date = comments[["sentiment","positive","negative","modified_
    date"]].groupby(["modified_date"])   # groupby 的对象
sentiment_day = group_by_date.agg(np.sum) # 汇总每天的值
sentiment_day["ln_sentiment"] =np.log((1+sentiment_day["positive"])/
    ((1+sentiment_day["negative"])))
```

15.2.2 获取每日股评数量及意见分歧指数

金融市场中交易的主要行为是由交易者对信息的不同理解所造成的，投资者不同的看法会引起交易量和价格的变化，为了测量投资者之间的意见分歧度，我们构建如下意见分歧指数。

$$\text{disagreement} = \left|1-\left|\frac{p-n}{p+n}\right|\right| \quad (15\text{-}10)$$

式中，n 是每天的负面情感评论数，p 是每天的正面情感评论数。

计算每天股评数量。

```
sentiment_day["comments_count"] = sentiment_day["positive"] + sentiment_
    day["negative"]
```

计算意见分歧指数。

```
disagreement = abs(1-abs((sentiment_day.positive-sentiment_day.negative)
                /(sentiment_day.positive+sentiment_day.negative)))
sentiment_day["disagreement"] = disagreement  # 生成意见分歧的列
```

15.2.3　填充缺失值

由于某些天可能没有任何评论，那么对应的评论情感分数就不存在，这不是特别合理，我们认为可以用前一天的情感数据填补。例如，我们查看 sentiment_day[155 ∶ 165]，发现 2011 年 12 月 24 日没有任何评论。

"D"表示每天，以天为单位重采样，如果有缺失的天，则会引入缺失值。我们使用函数 ffill() 将前一天的数值填充到缺失值上，相关代码如下所示。

```
sentiment_day = sentiment_day.resample("D").ffill()
```

15.2.4　生成累积滞后分数

我们首先学习一下 rolling 函数（向前滚动），用来汇总历史数据，例如，移动平均值、移动求和等。rolling 函数示例如图 15-6 所示。

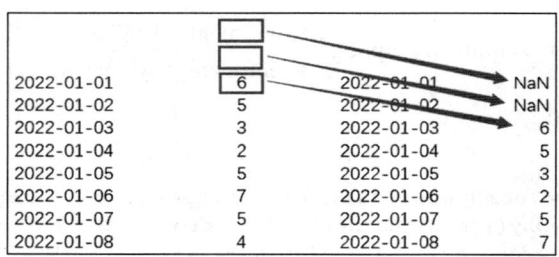

图 15-6　rolling 函数示例

rolling 函数相关代码如下所示。

```
df = pd.DataFrame({'A': [10, 20, 15, 30, 45],
                   'B': [13, 23, 18, 33, 48],
                   'C': [17, 27, 22, 37, 52]})

df["moving_average_A"] = df.A.rolling(window = 2).mean()
```

输出结果如图 15-7 所示。

shift 函数把数据向前或向后移动生成新的列，相关代码如下所示。

```
df["shift_1_A"] = df.A.shift(1)
```

输出结果如图 15-8 所示。

	A	B	C	moving_average_A
0	10	13	17	NaN
1	20	23	27	15.0
2	15	18	22	17.5
3	30	33	37	22.5
4	45	48	52	37.5

图 15-7 输出结果（一）

	A	B	C	moving_average_A	shift_1_A
0	10	13	17	NaN	NaN
1	20	23	27	15.0	10.0
2	15	18	22	17.5	20.0
3	30	33	37	22.5	15.0
4	45	48	52	37.5	30.0

图 15-8 输出结果（二）

生成滞后的评论个数，可以分为以下几步。

第一，使用 shift 函数生成滞后（过去）1～6 天的正面评论个数。

```
for i in range(1,7):
    c = "positive_shift_{}".format(i)
    sentiment_day[c] = sentiment_day.positive.shift(i)
```

第二，使用 rolling 函数生成累积 1～6 天的正面评论个数与负面评论个数。

累积 1～6 天的正面评论个数（包含当天，共 2～7 天）代码如下所示。

```
for i in range(1,7):
    c = "commulative_positive_lagged_{}".format(i)
    sentiment_day[c] = sentiment_day.positive.rolling(window = i+1).sum()
```

累积 1～6 天的负面评论个数（包含当天，共 2～7 天）代码如下所示。

```
for i in range(1,7):
    c = "commulative_negative_lagged_{}".format(i)
    sentiment_day[c] = sentiment_day.negative.rolling(window = i+1).sum()
```

得出了累积评论的数量，我们还需要继续计算出累积情感分数。

第一，计算"lagged_days = 1:6"的情感（= 累积正面情感分数 − 累积负面情感分数）。

```
for i in range(1,7):
    c = 'commulative_sentiment_score_lagged_{}'.format(i)
    p_c = 'commulative_positive_lagged_{}'.format(i)
    n_c = 'commulative_negative_lagged_{}'.format(i)
    sentiment_day[c] = sentiment_day[p_c] - sentiment_day[n_c]
```

第二，计算"lagged_days = 1:6"的情感分数（ln）

$$\text{ln.sentiment} = \ln\frac{1+p}{1+n} \quad (15\text{-}11)$$

式中，n 是每天的负面情感评论数，p 是每天的正面情感评论数。

```
for i in range(1,7):
    c = 'ln_commulative_sentiment_lagged_{}'.format(i)
    p_c = 'commulative_positive_lagged_{}'.format(i)
    n_c = 'commulative_negative_lagged_{}'.format(i)
    sentiment_day[c] = np.log((1+sentiment_day[p_c])/((1+sentiment_day[n_
        c])))
```

第三，计算累积滞后意见分歧指数，公式如下：

$$\text{disagreement} = \left|1 - \left|\frac{p-n}{p+n}\right|\right| \qquad (15\text{-}12)$$

```python
for i in range(1,7):
    c = 'commulative_disagreement_lagged_{}'.format(i)
    p_c = 'commulative_positive_lagged_{}'.format(i)
    n_c = 'commulative_negative_lagged_{}'.format(i)
    disagreement = abs(1-abs((sentiment_day[p_c]-sentiment_day[n_c])/
        (sentiment_day[p_c]+sentiment_day[n_c])))
    sentiment_day[c] = disagreement
```

接下来我们就可以计算情感变动指标了，有时情感变动量的预测价值会较高，因此在特征工程中，我们尝试引入情感与意见分歧指数变动量。

```python
cols = ['sentiment','positive','negative','ln_sentiment','comments_count',
    'disagreement','commulative_positive_lagged_1',
        'commulative_positive_lagged_2','commulative_positive_
            lagged_3','commulative_positive_lagged_4','commulative_positive_
            lagged_5','commulative_positive_lagged_6','commulative_negative_
            lagged_1',
        'commulative_negative_lagged_2','commulative_negative_
            lagged_3','commulative_negative_lagged_4','commulative_negative_
            lagged_5','commulative_negative_lagged_6','commulative_
            sentiment_score_lagged_1','commulative_sentiment_score_
            lagged_2','commulative_sentiment_score_lagged_3',
        'commulative_sentiment_score_lagged_4','commulative_sentiment_score_
            lagged_5',
        'commulative_sentiment_score_lagged_6','ln_commulative_sentiment_
            lagged_1','ln_commulative_sentiment_lagged_2','ln_commulative_
            sentiment_lagged_3','ln_commulative_sentiment_lagged_4',
        'ln_commulative_sentiment_lagged_5','ln_commulative_sentiment_
            lagged_6','commulative_disaggreement_lagged_1','commulative_
            disaggreement_lagged_2','commulative_disaggreement_lagged_3',
        'commulative_disaggreement_lagged_4','commulative_disaggreement_
            lagged_5','commulative_disaggreement_lagged_6']
for c in cols:
    delta_col = "delta_"+c
    sentiment_day[delta_col] = sentiment_day[c] - sentiment_day[c].shift(1)
```

学习到这里，我们可以试着思考一下三个情感累积变量的分布。

"positive" "commulative_positive_lagged_1" "commulative_positive_lagged_6" 的输出结果如图 15-9 所示，我们通过 describe 函数对比了三者的特征。

```python
columns=["positive","commulative_positive_lagged_1","commulative_positive_
    lagged_6"]
sentiment_day[columns].plot(subplots=True)

sentiment_day[columns].describe()
```

输出结果如图 15-10 所示。

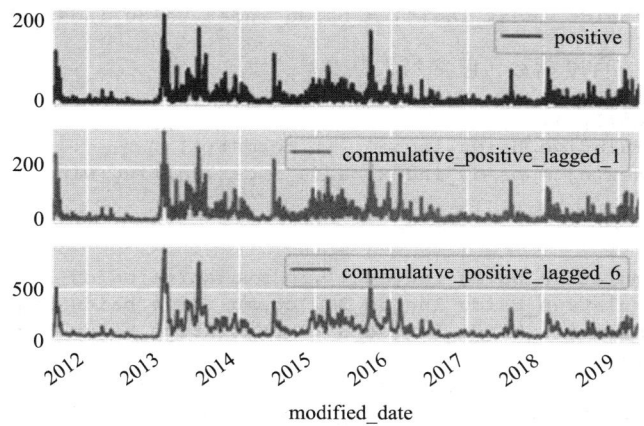

图 15-9　输出结果（三）

图 15-10　输出结果（四）

15.3　数据拼接

除了情感指标，我们还需要引入百度指数和股票市场数据。百度指数代表人们对企业的注意力，而通过股票市场数据，我们可以计算收益率和涨跌信息。本节的一个重点内容是学习合并不同来源的数据。

15.3.1　百度指数

大家在买卖股票时更需要搜索网络数据，我们以百度"光线传媒"搜索指数为例进行学习。

读取百度指数。

```
import pandas as pd
baidu_index = pd.read_excel("baidu_guangxian.xlsx",index_col="Date",parse_
    dates = ["Date"])
```

生成滞后 1 天的百度指数。

```
baidu_index["baidu_index_lag1"] = baidu_index.baidu_index.shift(1)
```

累积 1～6 天的百度指数（包含当天共 2～7 天）。

```
for i in range(1,7):
    c = "commulative_baidu_lagged_{}".format(i)
    baidu_index[c] = baidu_index.baidu_index.rolling(window = i+1).sum()
```

生成指数变动。

```
cols = ['commulative_baidu_lagged_1','commulative_baidu_lagged_2',
        'commulative_baidu_lagged_3','commulative_baidu_lagged_4',
        'commulative_baidu_lagged_5','commulative_baidu_lagged_6']
for c in cols:
    delta_col = "baidu_delta_"+c
    baidu_index[delta_col] = baidu_index[c].pct_change()
```

15.3.2 获取股票市场数据

首先，读取上证综指（trade_sh）和光线传媒（trade）的价格信息。然后，我们计算波动率和波动率的滞后 1 期的数值。怎么测量波动率呢？我们可以用当天的最高价格和最低价格之差除以开盘价和收盘价的平均值来衡量日内波动率。

$$\text{volatility} = \frac{\text{trade["High"]} - \text{trade["Low"]}}{\frac{\text{trade["Open"]} + \text{trade["Close"]}}{2}} \quad (15\text{-}13)$$

读取数据。

```
trade_sh = pd.read_csv("000001_trade.csv",index_col= "Date",parse_dates =
    ["Date"])
trade = pd.read_csv("300251_trade.csv",index_col = "Date",parse_dates =
    ["Date"])
trade.head()
```

获得滞后一天的收盘价。

```
trade["close_lag1"] = trade['Close'].shift(1)
trade_sh["close_lag1"] = trade_sh['Close'].shift(1)
```

计算波动率变动。

```
trade["delta_volatility"] = trade["volatility"] - trade["volatility_lag1"]
trade_sh["delta_volatility"] = trade_sh["volatility"] - trade_
    sh["volatility_lag1"]
```

计算收益率：收盘价的变动百分比。

```
trade['return'] = trade.Close.pct_change()
trade_sh['return'] = trade_sh.Close.pct_change()
```

计算上一天收盘价的收益率。

```
trade["return_lag1"] = trade['return'].shift(1)
trade_sh["return_lag1"] = trade_sh['return'].shift(1)
```

生成收盘价的绝对变动数量。

```
trade["delta_close"] = trade["Close"] - trade['Close'].shift(1)
trade_sh["delta_close"] = trade_sh["Close"] - trade_sh['Close'].shift(1)
```

计算 up_down，如果当天收盘价大于前一天收盘价，我们标记为涨 =1，否则跌 =0。

```
trade["up_down"] = (trade['delta_close']>0).astype("int")
trade_sh["up_down"] = (trade_sh['delta_close']>0).astype("int")
```

我们也尝试预测后续几天的收盘价波动，下面生成接下来 5 天的股价涨跌。

```
for i in range(1,6):
    trade["up_down-{}".format(i)] = trade.up_down.shift(-i)
```

注意：shift(-i) 是负号，表示向前移动。

15.3.3 合并数据集

首先读取处理后的每天的情感数据集。

```
sentiment_daily = pd.read_csv("sentiment_day.csv",
        index_col="modified_date",
        parse_dates = ["modified_date"],
        encoding = "gbk")
sentiment_daily.head()
```

输出结果如图 15-11 所示。

modified_date	sentiment	positive	negative	in_sentiment	comments_count	disaggreement	positive_shift_1	positive_shift_2	positive_shift_3	positive_shift_4
2011-07-15	-4	2	6	-0.847298	8	0.5	NaN	NaN	NaN	NaN
2011-07-16	-1	0	1	-0.693147	1	0.0	2.0	NaN	NaN	NaN
2011-07-17	-1	0	1	-0.693147	1	0.0	0.0	2.0	NaN	NaN
2011-07-18	0	1	1	0.000000	2	1.0	0.0	0.0	2.0	NaN
2011-07-19	-2	1	3	-0.693147	4	0.5	1.0	0.0	0.0	2.0

5 rows × 84 columns

图 15-11 输出结果（五）

我们使用 merge 函数合并数据集。下面我们合并 trade 和 trade_sh，由于这两个数据集有很多相同的变量，这里使用后缀，如 "_GX" 代表光线传媒，"_SH" 代表上证指数。相关代码如下所示。

```
trade_merged = pd.merge(left=trade,  # 先合并两个交易数据
            right=trade_sh,
            left_index = True,  # 按照索引，进行合并
            right_index = True,
            suffixes = ("_GX","_SH"),
            how="left")  # 只保留 left 的数据
trade_merged.columns
```

合并情感指标、交易数据和百度指数。

```
        sentiment_trade_merged = pd.merge(left=trade_merged,
                right=sentiment_daily,
                left_index = True,
                right_index = True,
                how="left")
        sentiment_trade_baidu_merged = pd.merge(left=sentiment_trade_merged,
                right=baidu_index,
                left_index = True,
                right_index = True,
                how="left")
        sentiment_trade_baidu_merged.to_csv("console.csv")
```

通过对本小节的学习，请完成以下任务：提取合适的特征有助于提升预测市场涨跌的效果，根据你的经验或查阅相关文献资料，结合现有的数据，生成一项新的特征，并尝试编程实现。

15.4 用随机森林做金融市场价格波动预测

前期我们准备了大量的特征数据，同时也学习了决策树和随机森林，我们将在第 15.4 节构建决策树和随机森林模型并引入 AUC 模型评价指标，比较情感指标、百度指数和市场数据的市场预测效果。

15.4.1 数据准备

选择 X 的列和 y 的列。

```
import pandas as pd
def load_data_set(X_columns,Y_colum):
    sentiment_trade_baidu = pd.read_csv("preprocessed_300251_comments_
        sentiment_trade_baidu.csv",
                        index_col ="Date",
                        parse_dates =["Date"])
    st = sentiment_trade_baidu.copy()
    st.dropna(axis = 0,inplace = True)
    X = st[X_columns].copy()
    y = st[Y_colum].copy()
    y = y[Y_colum]
    return X,y
```

获取数据集和训练集（用前 1500 个样本做训练）。

```
X,y = load_data_set(X_columns,Y_colum)
up = (y[:]==1).sum()
up/len(y[:])
```

测试集样本数为 365 个，测试集中上涨的样本数为 906 个。

15.4.2 可视化混淆矩阵

```
import seaborn as sns
import matplotlib.pyplot as plt
```

```python
from sklearn.metrics import confusion_matrix
from sklearn.metrics import accuracy_score
def plot_confusion_matrix(y_test, y_pred,xticklabels=[-1,1],yticklabels =
    [-1,1]):
    """
    可视化混淆矩阵
    参数:
        y_test: 真实的测试标签数据
        y_pred: 预测的标签数据
        xticklabels = [-1,1], -1 表示下跌, 1 表示上涨, yticklabels 的含义类似
    返回:
        可视化混淆矩阵, 并返回 accuracy_score
    """
    sns.set()
    mat = confusion_matrix(y_test, y_pred)
    sns.heatmap(mat.T, square=True, annot=True, fmt='d', cbar=False,
                xticklabels=xticklabels, yticklabels = yticklabels)
    plt.xlabel('true label')
    plt.ylabel('predicted label')
    print("accuracy_score: ",accuracy_score(y_test,y_pred))
```

15.4.3 训练决策树模型

准备数据。

```
X_columns = columns_baidu + columns_market + columns_sentiment
X,y = load_data_set(X_columns,Y_colum)
```

训练并测试模型。

```python
from sklearn.tree import DecisionTreeClassifier
clf = DecisionTreeClassifier()
# 输入数据 X[:1500], y[:1500]
clf.fit(X[:1500], y[:1500].values.ravel()) # ravel 把数据拉成 1 维的数组
# 使用测试数据做预测
y_pred = clf.predict(X[1500:])
# 画出混淆矩阵 confusion_matrix
plot_confusion_matrix(y_test=y[1500:], y_pred=y_pred)
```

预测结果的准确率约为 0.526 027,其中正确预测上涨和下跌的数据大约有 200 个。

15.4.4 训练随机森林模型

准备数据。

```
X_columns = columns_baidu + columns_market + columns_sentiment
X,y = load_data_set(X_columns,Y_colum)
```

训练并测试模型。

我们可以通过 GridSearchCV 寻找合适的参数,寻找最优参数需要较高的运算量(方法:进行不同的组合),这里我们人工尝试了一些参数,选择 n_estimators=200, max_depth=5。参考网址为 https://scikit-learn.org/stable/modules/generated/sklearn.model_selection.

GridSearchCV.html。

```
from sklearn.ensemble import RandomForestClassifier
clf = RandomForestClassifier(n_estimators=200, max_depth=5,random_state=0) #
       参数：树的个数；树的深度；随机种子
# 输入数据 X[:1500], y[:1500]
clf.fit(X[:1500], y[:1500].values.ravel())
# 使用测试数据做预测
y_pred = clf.predict(X[1500:])
# 画出 confusion_matrix
plot_confusion_matrix(y_test=y[1500:], y_pred=y_pred)
```

结果中，正确预测上涨和下跌的数据分别有 109 个和 94 个，准确率为 0.556 916 4 左右。这表明随机森林的预测效果比决策树好。

15.4.5　对比不同训练集的模型度量指标 AUC

这里我们再介绍一种模型度量指标 AUC（area under curve）。AUC 被定义为 ROC 曲线下与坐标轴围成的面积，这种指标在非平衡样本中（例如正样本比例很小）是优秀的度量指标。在弄清楚 AUC 之前，我们要了解什么是 ROC 曲线，这里介绍两个概念真阳性率和假阳性率（两个指标相互权衡、制约）。

真阳性率也称为召回率。

$$\text{tp}_{\text{rate}} = \frac{\text{被正确分类的正样本数}}{\text{正样本总数}} \tag{15-14}$$

假阳性率也称为误报率。

$$\text{fp}_{\text{rate}} = \frac{\text{被错误分类的负样本数}}{\text{负样本总数}} \tag{15-15}$$

ROC 图是二维图，其中 tp_rate 绘制在 Y 轴上，fp_rate 绘制在 X 轴上。ROC 图描述了收益（真阳性）和成本（假阳性）之间的相对权衡。图 15-12 是 5 个分类器的 ROC 图。这里有一个权衡：召回率越高，分类器产生的误报就越多。ROC 中的一个点代表一个分类器，每个分类器产生一个 (fp_rate, tp_rate) 对，对应于 ROC 空间中的一个点。我们可以通过调整阈值（例如预测的概率阈值 80%、50%、30%）来生成不同的分类器。

这里（0, 0）和（1, 1）点代表什么意思呢？（0, 0）点表示阈值非常高，所有的正例都没检测出来。（1, 1）表示阈值非常低，所有的正例都检测出来了，但是所有的负例也都错误地检测出来了。（最好分布在左上方）。

好的分类器会尽可能地远离对角线（一般是朝向左上角）。比较分类器的一种方法是测量曲线下的面积（AUC）。一个完美的分类器的 AUC 等于 1。

ROC 曲线对角线 $y = x$ 表示随机猜测的策略。

例如，如果一个分类器，在一半的时间里随机猜测是正例，它可以正确猜中正例和负例中的一半，这将在 ROC 空间中产生点（0.5, 0.5）。

如果 90% 的时间猜测是正例，则可以猜中 90% 的正例，但是假阳性率也会增加到

90%（把 90% 的负例也猜成正例了），在 ROC 空间中产生（0.9, 0.9）。

ROC 曲线如图 15-13 所示。

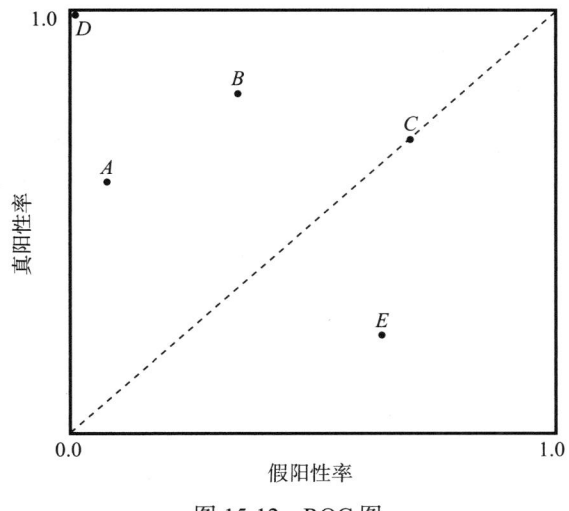

图 15-12　ROC 图

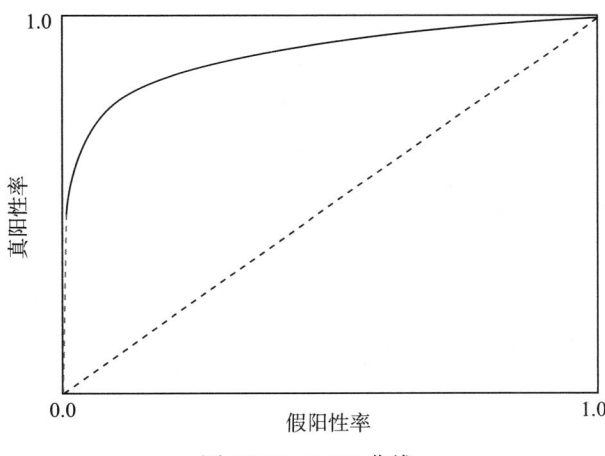

图 15-13　ROC 曲线

使用市场数据建模的 AUC 值。

```
from sklearn.metrics import roc_auc_score
from sklearn.metrics import roc_curve
clf = RandomForestClassifier(n_estimators=200, max_depth=5,random_state=0)
X_columns = columns_market
X,y = load_data_set(X_columns,Y_colum)
clf.fit(X[:1500], y[:1500].values.ravel())
y_pred = clf.predict(X[1500:])
y_scores = clf.predict_proba(X[1500:]) # 预测上涨和下跌的概率
y_scores = y_scores[:,1] # 属于正例（1）的概率
fpr_trade, tpr_trade, thresholds = roc_curve(y[1500:], y_scores)
```

```
print("AUC:",roc_auc_score(y[1500:], y_scores))
plot_roc_curve(fpr_trade,tpr_trade)
```

输出结果如图 15-14 所示。

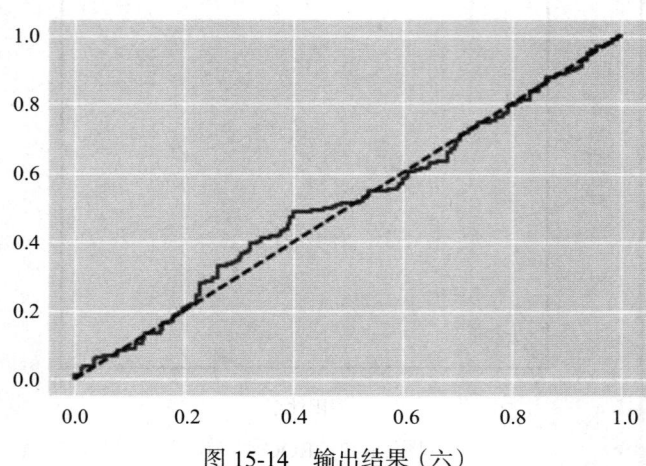

图 15-14　输出结果（六）

使用百度指数建模的 AUC 值。

```
X_columns = columns_baidu + columns_market
X,y = load_data_set(X_columns,Y_colum)
# 输入数据 X[:1500], y[:1500]
clf.fit(X[:1500], y[:1500].values.ravel())
# 使用测试数据做预测
y_pred = clf.predict(X[1500:])
y_scores = clf.predict_proba(X[1500:]) # 预测上涨和下跌的概率
y_scores = y_scores[:,1] # 属于正例（1）的概率
fpr_trade_baidu, tpr_trade_baidu, thresholds = roc_curve(y[1500:], y_scores)
print("AUC:",roc_auc_score(y[1500:], y_scores))
plot_roc_curve(fpr_trade_baidu,tpr_trade_baidu)
# print("AUC:",roc_auc_score(y[1500:], abs(y_scores-1)))
```

输出结果如图 15-15 所示。

融合市场数据、情感指标和百度指数建模的 AUC 值。

```
X_columns = columns_baidu + columns_market + columns_sentiment
X,y = load_data_set(X_columns,Y_colum)
# 输入数据 X[:1500], y[:1500]
clf.fit(X[:1500], y[:1500].values.ravel())
# 使用测试数据做预测
y_pred = clf.predict(X[1500:])
y_scores = clf.predict_proba(X[1500:]) # 预测上涨和下跌的概率 # 阈值设置
y_scores = y_scores[:,1] # 属于正例（1）的概率
fpr_full, tpr_full, thresholds = roc_curve(y[1500:], y_scores)
print("AUC:",roc_auc_score(y[1500:], y_scores))
plot_roc_curve(fpr_full,tpr_full)
```

输出结果如图 15-16 所示。

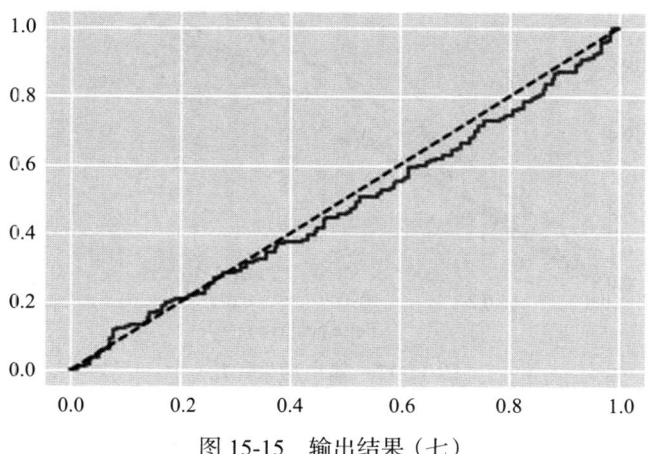

图 15-15 输出结果（七）

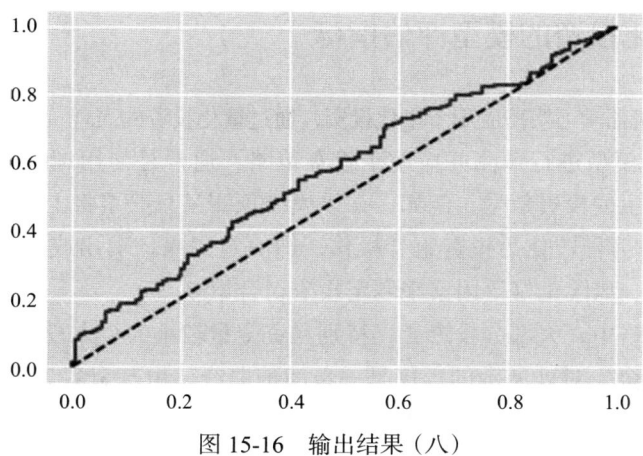

图 15-16 输出结果（八）

不同训练集模型 AUC 值的对比。

```
splt.plot(fpr_full,tpr_full,linewidth = 2, label ="sentiment+baidu_
    index+trade")
plt.plot(fpr_trade_baidu,tpr_trade_baidu,linewidth = 2, label ="baidu_
    index+trade")
plt.plot(fpr_trade,tpr_trade,linewidth = 2, label = "trade")
plt.plot([0,1],[0,1],"k--")
plt.axis([0,1,0,1])
plt.legend()
plt.xlabel("False positive rate")
plt.ylabel("True positive rate")
```

输出结果如图 15-17 所示。

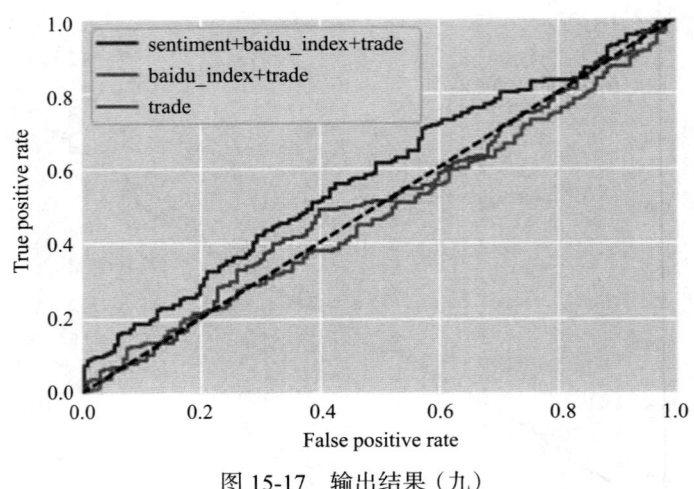

图 15-17　输出结果（九）

请思考：如果使用随机森林模型预测第三天、第五天的价格涨跌情况，会得到什么样的效果？

15.5　基于量化投资的模型评估指标

我们还可以将机器学习模型应用于量化投资，通过量化投资的表现，间接地评估模型效果。

使用机器学习模型进行预测并应用于投资策略，通常是使用训练好的模型在未来的数据上进行预测，生成投资信号。例如，如果模型预测某只股票将上涨，那么信号可以是"买入"。将生成的信号转化为投资组合操作，即决定买入、卖出或持有资产的比例，可以根据信号的强度、风险偏好等因素来制定投资组合策略。

在量化交易策略中，大部分投资者，特别是资金量较小的个人投资者，往往只关注收益率。大部公募基金，对外展示的也仅是一条净值曲线，由基金每天的净值组成。其实，除了收益率这个维度，我们应该多角度评价一个策略，比如稳定性、胜率、风险，这样才能全面衡量一个策略。以下是一些基本的衡量指标。

1. Alpha

如何评价一个策略的有效性？人们常常以一个策略某段时间的收益率来孤立地评价它，这明显是片面的。比如，在 2014—2015 年牛市以某一策略购买股票，该策略实现了 20% 的收益，但该收益真的跟量化策略有关吗？显然是不一定的。就像茫茫大海中迷失的一叶小舟，船夫努力且虔诚地向着太阳划去，两天两夜，太阳在哪个方位，他就划向哪个方位，12 点太阳在正上方就停止休息，最后拼死划到岸边。他坚信是靠自己的努力，但其实只是大海的波浪把他带到岸边而已。所以，评价一个策略或者一个指标的有效性，需要引入一个相对于收益的概念——Alpha。

Alpha 是衡量投资组合或资产相对于其预期风险所获得的超额收益的指标。它是一种风险调整后的表现度量，即考虑了投资的风险水平。Alpha 可以为正数、负数或零，具体取决于投资组合或资产的实际表现是否超过或低于预期收益。Alpha 的计算涉及两个关键方面：资产的实际收益和资产的预期收益。通常，预期收益是基于市场基准的表现以及资产特定的风险因素来计算的。Alpha 的计算式为：实际收益 −（与风险无关的预期收益 + 风险调整因子）。如果 Alpha 为正数，意味着投资组合或资产的实际收益超过了预期收益，投资者可能会认为这是一个良好的信号，因为它显示了对市场基准的超额表现。如果 Alpha 为负数，表示投资组合或资产的实际收益低于预期收益，可能表明投资者未能获得预期的收益，可能需要重新评估投资策略。Alpha 为零意味着投资组合或资产的实际收益与预期收益相符，没有超过或低于预期。在金融投资领域，Alpha 指标是一把独特的尺子，用来测量投资组合或资产管理的优越性。它突破了单纯的收益率分析，通过将市场风险与预期收益相结合，为投资者提供了更深入的洞察力。

2. 夏普比率

夏普比率用于度量承受单位风险所获得的超额报酬（相对无风险资产）。这里的风险不仅仅指亏损的风险，而是指不稳定上涨与下跌的综合，可以理解为最高点越高，最低点越低，风险越大，衡量的指标便是标准差。注意，夏普比率更多是衡量每承受一单位风险所得到的超额收益，是一个相对概念，这样不同策略之间就可以横向比较。举例而言，假如国债的收益率是 4%，而策略的投资组合预期收益率是 16%，策略的投资组合的标准差是 6%。那么用 16%−4% 可以得出 12%（代表策略超出无风险投资的收益率），再用 12%÷6%=2，代表投资者风险每增长 1%，换来的是 2% 的超额收益。

计算公式如下：

$$夏普比率 = \frac{R_p - R_f}{\sigma_p} \tag{15-16}$$

式中，R_p 为投资组合预期收益率；R_f 为无风险投资收益率；σ_p 为投资组合收益率的标准差。

3. 策略波动率

策略波动率用来测量策略的风险性。

计算公式如下：

$$策略波动率 = \sigma_p = \sqrt{\frac{250}{n} \sum_{i=1}^{n}(r_p - \bar{r}_p)^2} \tag{15-17}$$

式中，r_p 为策略每日收益率；$\bar{r}_p$ 为策略每日收益率的平均值 $\left(\frac{1}{n}\sum_{i=1}^{n} r_p\right)$；$n$ 为策略执行天数。

（1）信息比率

信息比率衡量单位超额风险带来的超额收益（相对基准收益率）。

$$信息比率 = \frac{R_p - R_m}{\sigma_t} \tag{15-18}$$

式中，R_p 为策略年化收益率，R_m 为基准年化收益率，σ_t 为策略与基准每日收益率差值的年化标准差。

（2）最大回撤

最大回撤描述了策略可能出现的最糟糕的情况。

$$最大回撤 = \text{Max}(P_x - P_y)/P_x \qquad (15\text{-}19)$$

式中，P_x、P_y 为策略某日股票和现金的总价值，$y > x$。

15.6 信用评分

15.6.1 背景

信用评分是金融行业中常见的风险控制方法。它利用信贷申请人提交的个人信息和数据，预测未来的信贷违约风险。银行可以决定是否向申请人发放贷款。信用评分可以客观地量化风险的大小。

一般来说，信用评分是基于历史数据的。一旦遇到大的经济波动。过去的模型可能会失去最初的预测能力。目前，随着机器学习算法的发展，更多的预测方法，如Boosting、随机森林和支持向量机已经被引入信贷违约风险的判断中。

15.6.2 目标

我们的目的是建立一个随机森林模型来预测一个信贷申请人是"好"的还是"坏"的客户，根据信贷申请人的数据信息预测其是否有违约的可能，以此判断是否通过此项贷款。

15.6.3 数据准备

本实验使用到的数据来源于 Kaggle 网站的数据集 application_record.csv、credit_record.csv，网址：https://www.kaggle.com/rikdifos/credit-card-approval-prediction。数据的详细说明如表 15-1 和表 15-2 所示。

表 15-1 数据详细说明（application_record.csv）

特征名称	含义	备注
ID	客户 id	
CODE_GENDER	性别	
FLAG_OWN_CAR	是否有车	
FLAG_OWN_PROPERTY	是否有资产	
CNT_CHILDREN	小孩个数	
AMT_INCOME_TOTAL	年收入	
NAME_INCOME_TYPE	收入类别	
NAME_EDUCATION_TYPE	教育水平	

（续）

特征名称	含义	备注
NAME_FAMILY_STATUS	婚姻状况	
NAME_HOUSING_TYPE	居住地类型	
DAYS_BIRTH	生日	0表示当天，-1表示昨天
DAYS_EMPLOYED	开始就业的日期	0表示当前日期。如果为正数，表示该人目前失业
FLAG_MOBIL	是否有移动电话	
FLAG_WORK_PHONE	是否有工作电话	
FLAG_PHONE	是否有电话	
FLAG_EMAIL	是否有邮箱	
OCCUPATION_TYPE	职业类型	
CNT_FAM_MEMBERS	家庭成员数	

表15-2 数据详细说明（credit_record.csv）

特征名称	含义	备注
ID	客户id	
MONTHS_BALANCE	记录月份	提取数据的月份是起点，向后倒退，0表示当前月，-1表示上个月，以此类推
STATUS	状态	0：逾期1～29天；1：逾期30～59天；2：逾期60～89天；3：逾期90～119天；4：逾期120～149天；5：逾期或坏账、核销超过150天；C：当月已还清；X：当月无贷款

由于原始数据较为复杂，我们预先进行一部分数据处理工作，处理后的数据合并为data.csv，后续案例直接从预处理过的数据开始讲解。

1. 读取数据与缺失值处理

```
import pandas as pd
import numpy as np
data=pd.read_csv("data.csv")
print('data shape:', data.shape)
data.head()
```

输出结果如图15-18所示。

```
data shape: (36457, 20)
   ID       Gender Own_car Own_property Work_phone Phone Email Unemployed Num_children Num_family Account_length Total_income Age
0  5008804  1      1       1            1          0     0     0          0            2          15             427500.0     32.868574
1  5008805  1      1       1            1          0     0     0          0            2          14             427500.0     32.868574
2  5008806  1      1       1            0          0     0     0          0            2          29             112500.0     58.793815
3  5008808  0      0       1            0          1     1     0          0            1          4              270000.0     52.321403
4  5008809  0      0       1            0          1     1     0          0            1          26             270000.0     52.321403
```

图15-18 输出结果（十）

2. 查看是否有缺失值

```
data.isnull().sum()
```

```
ID                  0
Gender              0
Own_car             0
Own_property        0
Work_phone          0
Phone               0
Email               0
Unemployed          0
Num_children        0
Num_family          0
Account_length      0
Total_income        0
Age                 0
Years_employed      0
Income_type         0
Education_type      0
Family_status       0
Housing_type        0
Occupation_type 11323
Target              0
dtype: int64
```

从结果看，只有 Occupation_type 出现了损失值，其他特征均缺失。下面做缺失值处理。

```
# Fill missing values
data['Occupation_type'].fillna(value='Other', inplace=True)
```

3. 数据预处理及获取数据集和训练集

我们处理好了缺失的值，但构建机器学习模型之前，仍然需要做其他数据预处理。我们将把剩下的预处理步骤分成两个主要任务。

首先将非数值数据转换为数值数据，相关代码如下所示。

```
from sklearn.preprocessing import LabelEncoder
# 实例化 LabelEncoder
le=LabelEncoder()
# 遍历每列的所有值并提取其 dtypes
for col in data.columns.values:
    # 判断其类型是不是 object
    if data[col].dtype=='object':
        data[col]=le.fit_transform(data[col])
```

接下来我们将数据分解成训练集和测试集，要完成这一步，首先需要划分 X 和 y 的集合。

```
y=data.iloc[:,-1]
X=data.iloc[:,:-1]
from sklearn.model_selection import train_test_split
X_train, X_test, y_train, y_test = train_test_split(X,y,test_size=0.33,random_state=42)
```

现在数据被分成两个独立的集：训练集和测试集，接下来我们可以进行模型的训练了。

15.6.4 训练决策树模型

训练并测试模型。

```
from sklearn.tree import DecisionTreeClassifier
clf = DecisionTreeClassifier()
clf.fit(X_train,y_train)
```

定义混淆矩阵函数。

```
import seaborn as sns
import matplotlib.pyplot as plt
from sklearn.metrics import confusion_matrix
from sklearn.metrics import accuracy_score
def plot_confusion_matrix(y_test, y_pred,xticklabels=[-1,1],yticklabels =
    [-1,1]):
    sns.set()
    mat = confusion_matrix(y_test, y_pred)
    sns.heatmap(mat.T, square=True, annot=True, fmt='d', cbar=False,
                xticklabels=xticklabels, yticklabels = yticklabels)
    plt.xlabel('true label')
    plt.ylabel('predicted label')
    print("accuracy_score:",accuracy_score(y_test,y_pred))
```

得到模型结果。

```
# 使用测试数据做预测
y_pred = clf.predict(rescaledX_test)
# 画出 confusion_matrix
plot_confusion_matrix(y_test, y_pred=y_pred)
```

从结果混淆矩阵来看，正确预测的数据分别有 9 453 个和 466 个，准确率约为 0.824 453 495。

15.6.5 训练随机森林模型

```
from sklearn.ensemble import RandomForestClassifier
clf = RandomForestClassifier(n_estimators=200, max_depth=5,random_state=0) #
    参数：树的个数；树的深度；随机种子
clf.fit(rescaledX_train,y_train)
```

查看随机森林模型预测的准确率。

```
# 使用测试数据做预测
y_pred = clf.predict(rescaledX_train)
print("Accuracy : ", clf.score(X_test, y_test))
```

输出结果如下：

```
Accuracy: 0.08785637104147619
```

以上结果表明，使用随机森林预测信贷违约风险的准确率效果较好，优于决策树模型，该模型对于客户信用评分情况的预测具有实际意义。

15.7 拓展阅读

15.7.1 机器学习模型的公平性

机器学习模型已经融入我们的生活和工作，例如，简历筛选、候选人排序、贷款风险评估等（Fu et al.，2021），其评估和决策的公平性和我们的个人利益息息相关。我们知道，人类的判断和决策存在不公平现象，例如，以貌取人、重男轻女等。常用的机器学习模型是从训练样本中学习的，这和人的大脑观念模型形成过程有一定的相似性。数据会影响模型训练结果，机器的预测可能会存在偏见。例如，企业招聘、学校招生和银行贷款过程中，模型可能更偏向在特定人群中挑选候选人[①]。

造成模型偏差的一个常见原因是模型训练过程中使用了敏感变量，例如，性别、民族、宗教信仰等。即使模型不使用敏感变量，也会存在偏见。即使不使用性别和种族信息，发放贷款决策的学习模型在性别和种族方面仍然是有偏见的，因为使用的变量与性别、种族存在相关性（Fu et al.，2021）。Caton、Hass（2020）对敏感变量及其相关变量做了综述，如图 15-19 所示。

评估模型的公平性的最常见方法是对比不同分组上的模型性能（model performance）和被选中的比率（selection rate）。模型性能包括准确率（accuracy）、精度（precision）、召回率（recall）、错误率（error rate）、均方误差。被选中的比率是指不同组别之间在被推荐、被拒绝方面的概率。

敏感变量	相关变量
性别	教育水平、收入、工作、犯罪记录、大学学校、工件时长
婚姻状况	教育水平、收入
种族	犯罪记录、邮政编码
残疾状况	人格测试数据

图 15-19 敏感变量及其相关变量综述

以贷款为例，被选中的比率有：男性（A1）和女性（A0）获批贷款的概率、最终还款的男性和女性获批贷款的概率（true positive rate）、最终未还款的男性和女性获批贷款的概率（false positive rate）。公平的机器学习模型，在上述评估指标方面应该没有显著差异（Fu et al.，2021）。

目前相关学者开发了多种方法来提升模型的公平性（Caton and Hass，2020）。禁止使用敏感变量是常见的要求，同时也需要考虑去除训练数据和敏感变量的相关性（更多详情参考网址：https://learn.microsoft.com/en-us/azure/machine-learning/concept-fairness-ml），尽可能使训练数据独立于敏感变量（Fu et al.，2021）。此外，我们也可以从模型出发，对输出结果进一步调整或约束，来提升公平性指标。我们可以尝试使用 Fairlearn 这个开源工具来提升模型的公平性。Fairlearn 算法只解决了其中的一些问题，即那些可以被我们量化的公平性指标问题。然而，要评估新模型是否更公平，不仅要考虑公平性指标，还要考虑模型应用的社会和技术背景。关于更多模型公平性指标的相关问题和解答，我们可以通过浏览 Fairlearn 网站上的问答页面和用户手册学习。

[①] 详情可参见网址：https://learn.microsoft.com/en-us/azure/machine-learning/concept-fairness-ml。

15.7.2 ChatGPT 视角下的随机森林

我们首先让 ChatGPT 为我们介绍随机森林的应用场景（见图 15-20）。

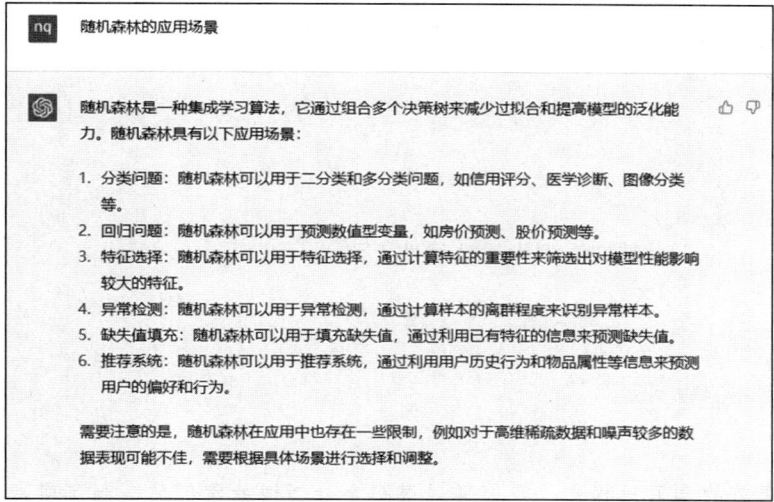

图 15-20　ChatGPT 回复结果（一）

接着让它介绍什么是集成学习和经典的集成学习方法（见图 15-21）。

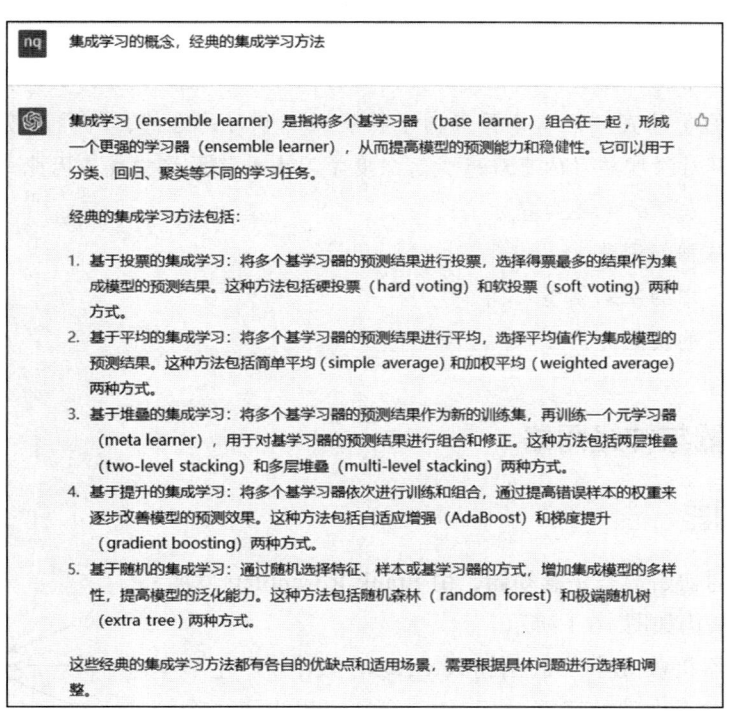

图 15-21　ChatGPT 回复结果（二）

CHAPTER 16

第 16 章

深度学习

在前面章节的学习过程中，我们通过很多金融领域的案例体会到了机器学习的魅力，也能直观感受到，手工选取特征是一件非常费力、启发式（需要专业知识）的方法，能不能选取好的特征很大程度上靠经验和运气，而且需要花费大量的时间。既然手工选取特征不太好，那么能不能自动地学习一些特征呢？答案是能！深度学习可以解决这一问题。在本章中，我们将进一步学习机器学习领域中一个新的研究方向——深度学习，通过深度学习基本模型的介绍和与金融领域相关的案例分析，加深对深度学习的认识和理解。相较于对定义和概念的平铺直叙，本章更偏向于扩展深度学习的思想，解释深度学习产生的原因，并构筑读者对深度学习的直观感受。深度学习由神经网络构成，因此本章首先介绍神经网络的概念。本章的主要内容如下：

- 感知器与神经网络
- 深度学习中的基本模型
- 深度学习的发展方向

16.1 感知器与神经网络

16.1.1 感知器

神经网络的初始形态是**感知器**，由 Frank Rosenblatt 发明，感知器的一般结构如图 16-1 所示。

一个感知器接收几个二进制输入 $x_1, x_2, x_3, \cdots, x_j$ 并产生一个二进制输出。对于中间的运算过程，Rosenblatt 提出了一个简单的规则：引入权重 $w_1, w_2, w_3, \cdots, w_j$ 赋给每个输入以表示每个

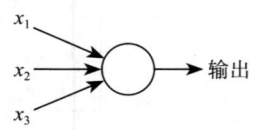

图 16-1 感知器的一般结构

输入的重要性。输出 0 或者 1 由分配权重后的总和 $\sum_j w_j x_j$ 小于或者大于一些阈值决定，和权重一样，阈值是一个实数。对输出用更精确的代数形式表示：

$$\text{输出} = \begin{cases} 0, \text{if} \sum_j w_j x_j \leq \text{阈值} \\ 1, \text{if} \sum_j w_j x_j > \text{阈值} \end{cases} \tag{16-1}$$

这是基本的数学模型。你可以将感知器看作依据权重来做出决定的一个装置。举个简单的例子，一只股票明天是涨还是跌，可能受到以下因素的影响。

- 这只股票今天的走势如何？
- 有关这只股票的新闻报道是正面的多还是负面的多？
- 今天大盘指数的整体情况如何？

把这三个因素对应地用二进制变量 x_1, x_2, x_3 来表示。例如，今天该股票涨，则令 $x_1=1$，如果跌，$x_1=0$。类似地，如果今天的正面新闻多，则 $x_2=1$，否则 $x_2=0$。x_3 也同样可以表示大盘指数的涨跌情况。对于权重 w_1, w_2, w_3，可以根据经验赋值，比如笔者认为新闻报道的影响很大，而其他两者的影响相对较低，那么可以令 $w_2=2$，$w_1=w_3=1$，给新闻报道赋予较大的权重。最后，将阈值设置为 2，感知器就实现了期望的决策模型，预测涨就输出 1，预测跌则输出 0，随着权重和阈值的变化，我们可以得到不同的决策模型。

让我们简化感知器的数学描述，将 if 条件中冗长的 $\sum_j w_j x_j$ 替换为矩阵点乘：$\boldsymbol{w} \cdot \boldsymbol{x} = \sum_j w_j x_j$，再将阈值左移，令 b 等于阈值的负数，那么感知器的规则可以重写为：

$$\text{输出} = \begin{cases} 0, \text{if } \boldsymbol{w} \cdot \boldsymbol{x} + b \leq 0 \\ 1, \text{if } \boldsymbol{w} \cdot \boldsymbol{x} + b > 0 \end{cases} \tag{16-2}$$

将多个这样的感知器堆叠，我们就可以得到感知器网络，结构如图 16-2 所示。

但到此为止，所有规则都是人为事先定义的，模型并没有"学习"的能力。我们将在下一节中详细讨论令模型具有学习能力的算法。

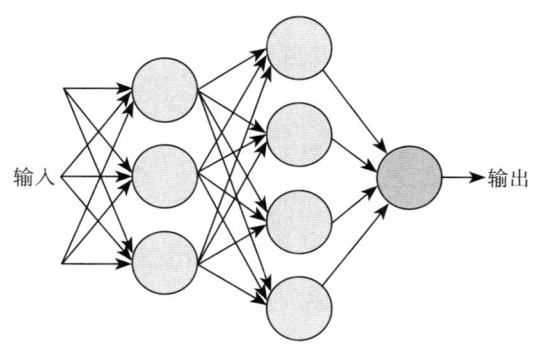

图 16-2　感知器网络结构

16.1.2　神经网络

我们可以注意到感知器自身的学习能力还很弱。感知器本身是一个线性函数，就算堆叠成很多层，所构成的依旧是线性函数，无法学习到数据间的高维关系。因此，我们在感知器网络的每一层后加入激活函数（activation function），让模型能够解决非线性问题，这很大程度提高了模型的学习能力。

常用的激活函数包括 Sigmoid 函数、tanh 函数、ReLU 函数等。Sigmoid 函数是最常见的激活函数，也称为 S 型生长曲线。在信息科学中，由于其单增以及反函数单增等性质，Sigmoid 函数常被用作神经网络的阈值函数，将变量映射到 0 和 1 之间；tanh 函数是双曲正切函数，在数学中，它是由基本双曲函数双曲正弦和双曲余弦推导而来的；ReLU 函数，常用于隐层神经元输出。三者的公式和图像如图 16-3 所示。

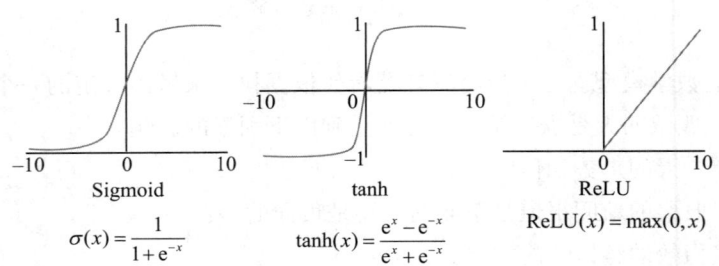

图 16-3　常用的激活函数

激活函数给神经元引入了非线性因素，使得神经网络可以任意逼近任何非线性函数，这样神经网络就可以应用到众多的非线性模型中。在提高了模型自身的学习能力后，还需要设计学习算法，自动更新调整感知器中的权重和偏置，这种调整可以响应外部的刺激，而不需要程序员的直接干预。

学习算法听上去非常棒。但是我们怎样实现呢？可以借助反向传播算法更新参数。说起更新，我们自然会想起梯度下降，实际上，梯度下降正是反向传播的经典算法之一，现实中的神经网络大多采用的都是梯度下降算法。在引入激活函数和反向传播算法后，我们就将感知器网络改造成了神经网络。下一小节将以 BP 神经网络为例，给出更加严谨的公式描述和证明。

16.1.3　BP 神经网络

神经网络中最经典的网络当数 BP 神经网络。传统 BP 神经网络模型是由三层或者多层的网络机构组成，包含多层网络结构并且是单向传播的。BP 神经网络由输入层、输出层和隐藏层组成。其中隐藏层包含一层或多层。图 16-4 是一个简单的 BP 神经网络模型。

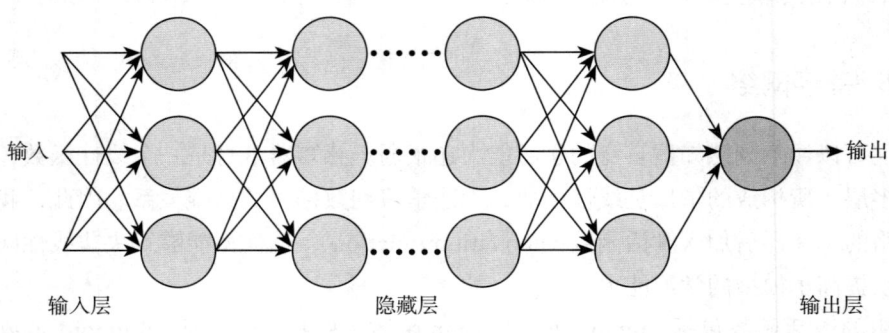

图 16-4　BP 神经网络模型

数据从输入层输入，然后通过层与层之间的全连接向隐藏层传递下去，最后传导到输出层。相邻的上下两层的每个神经元都能实现全连接，并且每一层包含一个或多个神经元，两层神经元之间如果具有间隔则没有直接反馈，但是可以通过一层层反馈传递修正权值从而调整整个神经网络。

下面通过公式推导来演示 BP 神经网络内部的计算过程。

以一层神经网络为例，首先是正向传播，通过第一个全连接层，输入向量 $\boldsymbol{X}=\{x_i\}$，权重 $\boldsymbol{W}=\{w_{ij}\}$，偏置 $\boldsymbol{B}=\{b_{ij}\}$，计算结果代入激活函数 $f(\cdot)$ 中得到神经元的表示 $\boldsymbol{Z}=\{z_j\}$：

$$z_j = f\left(\sum_{i=1}^{n} w_{ij} x_i + b_{ij}\right) \tag{16-3}$$

接着通过第二个全连接层，通过隐藏层的神经元表示 $\boldsymbol{Z}$、权重 $\boldsymbol{W}=\{w_{jk}\}$，偏置 $\boldsymbol{B}=\{b_{jk}\}$ 计算后代入激活函数 $g(\cdot)$ 中得到输出层的表示 $\hat{Y}=\{\hat{Y}_k\}$：

$$\hat{y}_k = g\left(\sum_{j=1}^{n} w_{jk} z_j + b_{jk}\right) \tag{16-4}$$

根据预测值 $\hat{Y}=\{\hat{y}_0,\hat{y}_1,\cdots,\hat{y}_K\}$ 和真实值 $Y=\{y_0,y_1,\cdots,y_K\}$ 之间的误差，来进行反向传播，更新权重和偏置。下面以 Sigmoid 激活函数 $\sigma(x)$ 和均方误差 MSE、损失函数 L 为例推导梯度下降法的反向传播过程，Sigmoid 激活函数公式如下所示。

$$\sigma(x) = \frac{1}{1+\mathrm{e}^{-x}} \tag{16-5}$$

其导数为 $\sigma(1-\sigma)$。均方误差公式为

$$L = \frac{1}{2}\sum_{k=1}^{K}(y_k - \hat{y}_k)^2 \tag{16-6}$$

均方误差对预测值的导数可以推导为

$$\frac{\partial L}{\partial \hat{y}_k} = (\hat{y}_k - y_k) \tag{16-7}$$

以节点 w_{j1} 为例，考虑损失函数 L 对其偏导数：

$$\frac{\partial L}{\partial w_{j1}} = \frac{\partial L}{\partial \hat{y}_1} \cdot \frac{\partial \hat{y}_1}{\partial w_{j1}} = (\hat{y}_1 - y_1) \cdot \hat{y}_1(1-\hat{y}_1)z_j \tag{16-8}$$

隐藏层 z_j 对输入值 x_i 的公式推导同理。这一公式表示权重相对于误差需要偏移的方向，损失越大说明预测值和真实值的误差越大，权重需要往更大的方向做改变。那么，需要改变多少呢？这和学习率（learning rate）相关，以 η 表示学习率，则最终 w_{j1} 更新公式如下所示。

$$w'_{j1} = w_{j1} - \eta \frac{\partial L}{\partial w_{j1}} \tag{16-9}$$

最初的 w_{j1} 一般通过随机得到。在对训练集中的数据进行 n 次迭代之后得到最终符合数据特征的、带有权重和偏置的神经网络。由于股票市场的实时波动极其复杂并且影响

因素极多，因此，传统的统计学方法和计量经济学方法并不适合处理如此大数据量、类随机和非线性的数据，难以运用这些方法得到较为合理的数学模型。而神经网络具有的非线性、抽象、自组织、自学习等优点，使其在金融市场分析上一直很受重视。一般的 BP 神经网络预测模型的基本流程如图 16-5 所示。

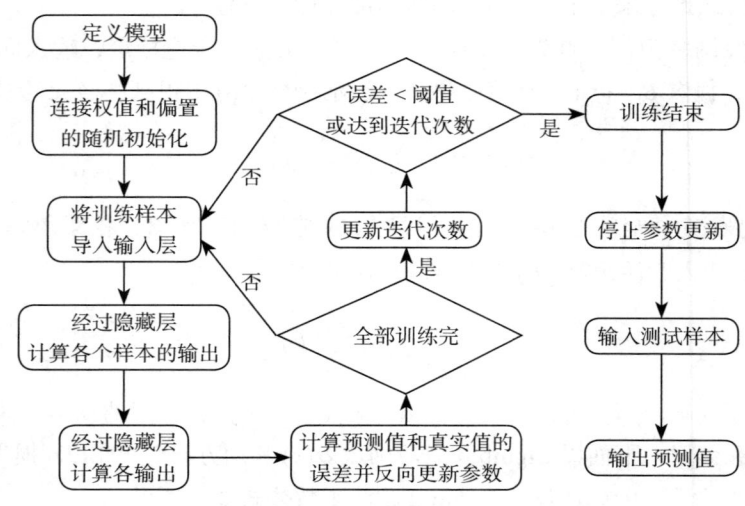

图 16-5　BP 神经网络预测模型的基本流程

然而，随着 BP 神经网络研究的深入，其自身具有的一些缺陷也逐步暴露出来，具体到金融市场方面，主要有以下问题。

首先，BP 神经网络的中间隐藏层可以自己设定，目前的研究以 3 到 5 层为主。每一层神经元可以自己设定，一般以自变量个数为参考依据。比如一组 30 条的数据只能一条一条输入不能多条同时输入，输入后各层从左向右传递训练，并根据输出层输出数据与原始数据的误差函数的结果来反向逐层反馈。但训练的过程中并未体现先后时序关系，所以每次神经元权值的修正都只是基于单条数据的特殊影响，没有时序概念。这在处理股票价格预测等任务时理论上具有极大缺陷。

其次，传统的 BP 神经网络不具备自己调整输入输出结构的可能，固定的学习率以及冲量很有可能使输出层得到误差函数以后的反馈收敛过程并陷入局部极小值。所以这种老式神经网络的模型结构极不灵活，且不具备合理的梯度下降方式，并不能完全使误差收敛到最小。因此，我们需要对 BP 神经网络的结构和理论加以改进更新，使其更加符合金融市场的数据特点。

16.2　深度学习中的基本模型

随着大数据时代的来临，浅层的神经网络越来越难以发掘样本数据的内在规律和表示层次，因此人们试着增加神经元个数以及神经网络的层数，通过对网络的重新设计，形成了深度神经网络。深度学习模型在学习的过程中获得的信息对诸如文字、图像和声音等数据的解释有很大的帮助。它的最终目标是让机器能够像人一样具有分析学习能力，能够识别文字、图像和声音等数据。深度学习是一个复杂的机器学习算法，在语音和图像识别方面取得的效果，远远超过了先前相关技术。

深度学习中的基本模型可以大致分为三类：卷积神经网络、递归神经网络、深度神经网络。其优缺点都很明显，简单来讲，卷积神经网络对空间结构相关性的探索比较强，递归神经网络对时间相关性的探索（时间序列）较强，深度神经网络对全局相关性的探索较强。模型的具体细节将在下面详细阐述。

16.2.1 卷积神经网络

1. 卷积神经网络介绍

卷积神经网络（CNN）是一种深度神经网络，基本结构由输入层、卷积层（convolutional layer）、池化层（pooling layer，也称为取样层）、全连接层及输出层构成。其中卷积层主要是通过卷积核对样本进行卷积运算得到下一层的输入，池化层是 CNN 的重要组成部分，通过减少卷积层之间的连接，降低运算复杂程度。

卷积层和池化层一般会取若干个，采用卷积层和池化层交替设置，即一个卷积层连接一个池化层，池化层后再连接一个卷积层，依此类推。由于卷积层中输出特征面的每个神经元与其输入进行局部连接，并通过对应的连接权值与局部输入进行加权求和再加上偏置值，得到该神经元输入值，该过程等同于卷积过程，CNN 也由此而得名。CNN 的结构如图 16-6 所示。

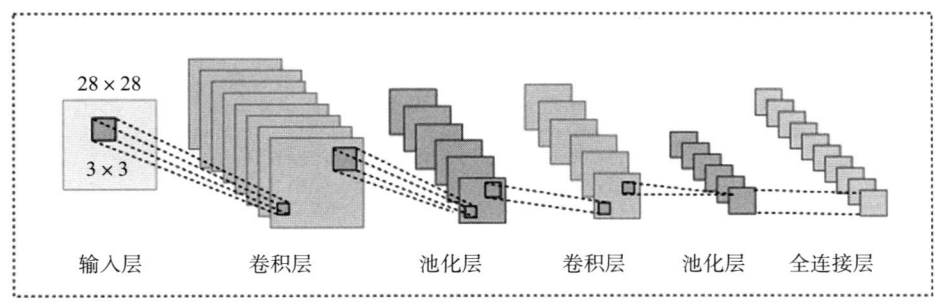

图 16-6 CNN 结构

卷积运算是卷积神经网络的核心，它主要通过稀疏交互、参数共享和等变表示这三个重要思想来改进机器学习过程。传统的神经网络使用矩阵乘法来建立输入与输出的连接关系。其中，参数矩阵的每一个独立的参数都描述了每一个输入单元与每一个输出单元间的交互。这意味着每一个输出单元与每一个输入单元都产生交互。然而，卷积神经网络具有稀疏交互的特征，这通过使核的规模远小于输入的规模来实现。参数共享是指在一个模型的多个函数中使用相同的参数。在传统的神经网络中，当计算一层的输出时，权值矩阵的每一个元素只使用一次，当它乘以输入的一个元素后就再也不会用到了。在卷积神经网络中，核的每一个元素都作用在输入的每一位置上（除了一些可能的边界像素，取决于对于边界的决策设计）。卷积运算中的参数共享保证了只需要学习一个参数集合，而不是对于每一位置都需要学习一个单独的参数集合。这虽然没有改变前向传播的时间（仍然是 $k \times n$），但它显著地把模型的存储需求降低至 k 个参数，并且 k 通常是远小于 m 的数。因为 m 和 n 通常规模很接近，k 在实际中相对于 $m \times n$ 是很小的，所以，卷积在存储需求和统计效率方面极大地优于稠密矩阵的乘法运算。对于卷积，参数共享的特殊形式使得神经网络层具有针对平移等变（equivariance）的性质。如果一个函数满足输入改变，输出也以同样的方式改变这一性质，就说它是等变的。

金融时间序列的某个时刻的值受到它之前若干时刻的值的影响，而 CNN 的卷积核能够很好地适配这种特性，通过窗口截取一定范围的历史数据，作为模型输入，输出值为预测值。目前也有许多研究将 CNN 应用到金融市场分析中。

2. CNN 案例

本章的 CNN 案例基于 MNIST 手写数字数据集，对数据集中的手写数字图片进行分类处理。

```python
import torch
import torchvision
from torch.utils.data import DataLoader
from torch import nn
class SimpleCNN(nn.Module):
    def __init__(self):
        super(SimpleCNN, self).__init__()
        self.layer1 = nn.Sequential(
                    nn.Conv2d(1,16,kernel_size=3) ,
            # in_channel, out_channel,kennel_size  # 灰度 通道选择1；16 经验设置；
                    3 经验设置
                    nn.BatchNorm2d(16) , # 标准化处理
                    nn.ReLU(inplace=True))   # 激活函数
        self.layer2 = nn.Sequential(
                    nn.Conv2d(16,32,kernel_size=3) ,
                    nn.BatchNorm2d(32) ,
                    nn.ReLU(inplace=True) ,
                    nn.MaxPool2d(kernel_size=2 , stride=2))   # 池化处理
        self.layer3 = nn.Sequential(
                    nn.Conv2d(32,64,kernel_size=3) ,
                    nn.BatchNorm2d(64) ,
                    nn.ReLU(inplace=True))
        self.layer4 = nn.Sequential(
                    nn.Conv2d(64,128,kernel_size=3) ,
                    nn.BatchNorm2d(128) ,
                    nn.ReLU(inplace=True) ,
                    nn.MaxPool2d(kernel_size=2 , stride=2))
        self.fc = nn.Sequential(nn.Linear(128*4*4,1024) , #全连接线性模型；28*28
                    通过卷积4*4  #先验经验变成1024维度向量
                    nn.ReLU(inplace=True) ,
                    nn.Linear(1024,128) ,
                    nn.ReLU(inplace=True) ,
```

```python
                        nn.Linear(128,10) )  # 变成10类
    def forward( self , x): # 前向传播
        x = self.layer1(x)
        x = self.layer2(x)
        x = self.layer3(x)
        x = self.layer4(x)
        # x = x.view(x.size(0) , -1)
        x = x.reshape(x.size(0) , -1)   # 输入全连接层之前，进行展开处理
        fc_out = self.fc(x)
            return fc_out
import torch
from torch import nn , optim
from torchvision import datasets
from torchvision import transforms
from torch.autograd import Variable
from torch.utils.data import DataLoader
# 定义超参数
learning_rate = 1e-2        # 学习率
batch_size    = 128         # 批的大小
epoches_num   = 20          # 遍历训练集的次数
# 下载训练集 MNIST 手写数字训练集
train_dataset = datasets.MNIST( root='./data', train=True,
    transform=transforms.ToTensor(), download=True )
train_loader  = DataLoader( train_dataset, batch_size=batch_size,
    shuffle=True )
# 定义model 、loss 、optimizer
model = SimpleCNN()
criterion = nn.CrossEntropyLoss()
optimizer = optim.SGD( model.parameters(), lr=learning_rate )
if torch.cuda.is_available():
    print("CUDA is enable!")
    model = model.cuda()
    model.train()
# 开始训练
for epoch in range(epoches_num):
    print('*' * 40) # 分界线
    train_loss = 0.0
    train_acc  = 0.0
    # 训练
    for i, data in enumerate(train_loader, 1 ):   # batch, channel , height
        , width
        img, label = data
        if torch.cuda.is_available():
            img   = Variable(img).cuda()
            label = Variable(label).cuda()
        else:
            img   = Variable(img)
            label = Variable(label)
        # 前向传播
        optimizer.zero_grad()
        out  = model(img)
        loss = criterion(out, label)
        # 反向传播
        loss.backward()
        optimizer.step()
        # 损失/准确率计算
        train_loss += loss.item() * label.size(0)
```

```
            _ , pred     = out.max(1)
            num_correct = pred.eq(label).sum()
            accuracy    = pred.eq(label).float().mean()
            train_acc   += num_correct.item()
    print('Finish    {}    Loss: {:.6f}, Acc: {:.6f}'.format( epoch+1 , train_
        loss / len(train_dataset), train_acc / len(train_dataset) ))
# 保存模型
torch.save(model, 'cnn.pt')
```

输出结果如图 16-7 所示，最终能达到 0.99 左右的准确率，损失控制在 0.01 左右。

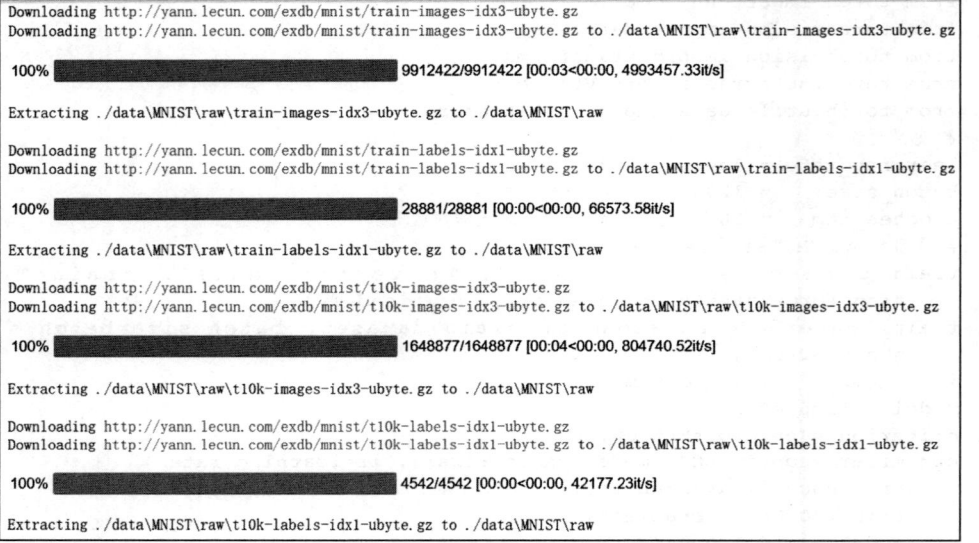

图 16-7　输出结果

```
# 定义超参数
batch_size  = 128           # 批的大小
# 下载训练集 MNIST 手写数字测试集
test_dataset = datasets.MNIST( root='./data', train=False,
    transform=transforms.ToTensor())
test_loader  = DataLoader(test_dataset , batch_size=batch_size,
    shuffle=False)
# 加载 Train 模型
model = torch.load('cnn.pt')
criterion = nn.CrossEntropyLoss()
model.eval()
eval_acc  = 0
eval_loss = 0
# 测试
for data in test_loader:
    img, label = data
    if torch.cuda.is_available():
        img   = Variable(img  ).cuda()
        label = Variable(label).cuda()
    else:
        img   = Variable(img  )
        label = Variable(label)
```

```
        out  = model(img)
        loss = criterion(out, label)
        eval_loss += loss.item() * label.size(0)
        _ , pred = torch.max(out,1)
        num_correct = (pred==label).sum()
        eval_acc += num_correct.item()
print('Test Loss: {:.6f}   ,   Acc: {:.6f}'.format( eval_loss/(len(test_
    dataset)), eval_acc/(len(test_dataset)) ))
```

输出结果如下：

Test Loss: 0.021344，Acc: 0.992900

16.2.2 循环神经网络

循环神经网络（RNN）和传统的多层感知器不同的就是其内部具有了时序的概念，下一时间步（理解为 step）会受本时间步的影响。将网络按照时序展开可以更好地说明 RNN，在此通过多个时间步来展开这个网络，将连接以无环的形式具象化。注意权重（从输入到隐藏和隐藏到输出）在每个时间步是相同的。递归网络有时也被称作深度网络，其深度除了体现在输入和输出之间，还体现在跨时间步上，每个时间步可以被看作是一个层。结构如图 16-8 所示。

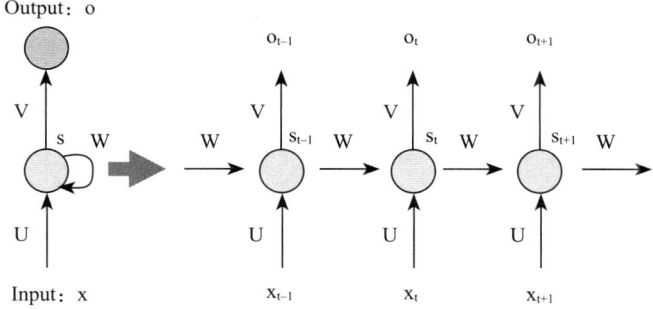

图 16-8　RNN 结构

将 RNN 展开之后，能够清晰地看到 RNN 的具体结构，前向传播（forward propagation）就是依次按照时间的顺序加以计算，反向传播（back propagation）就是从最后一个时间步将累积的残差传递回来并修正权值，这种神经网络可以使用反向传播，进行端到端的训练。这种跨时间步的反向传播扩展，被称为沿时间反向传播（backpropagation through time）。

RNN 最大的优势是它将时序的概念引入了神经网络之中，能够做到上一个输入的时间数据对本次的时间数据产生直接的影响。可以根据时间点设置相应的输入输出层，数据可以多条输入。中间隐藏层的个数也与时间节点相同，每层的神经元为自变量个数。并且，中间隐藏层会自我循环递归反馈。第一条数据输入第一层，然后影响第二层，第二条数据输入第二层，然后影响第三层，输入影响是从左到右的，最后输出反馈是从右往左进行权值修改的。从右往左权值修改是根据输出数据与原始数据的误差函数确定的，为使误差函数达到最小,则需要求多元自变量的偏微分,求偏微分时从后往前,先从最后一层开始,然后倒数第二层的权值修改依赖于最后一层,求导的结果可能在最后几层就为零了,这也叫梯度下降到零或梯度爆炸。所以很可能前面的几层均未得到权值的修改。每次训练的数据不可能达到完全收敛,但换一批数据又只是修改这最后的几层,从整体数据分布来看,前面的层由于未得到修正,并没有完全收敛,误差并没有完全被消除,因此基于 RNN 的改进模型如长短期记忆(LSTM)神经网络被提出。

16.2.3 长短期记忆神经网络

LSTM 神经网络是建立在 RNN 上的一种新型深度学习神经网络,在输入、反馈与防止梯度爆炸之间建立了一个长时间的时滞。这个架构强制其在特殊记忆单元中的内部状态保持一个持续误差流。这样,梯度既不会爆炸也不会消失。在这个模型中,LSTM 单元包含一个尝试将信息储存较久的存储单元。这个记忆单元的入口被一些特殊的门控制,被控制的功能包括保存、写入和读取操作。这些门都是逻辑单元,它们不会将自己的行为作为输入值发送给其他神经元,而是负责在神经网络的其他部分与记忆单元连接的边缘处设定权值。这个记忆单元是一个线型的神经元。具体来说就是其在每一个神经元内部加入了三个门,分别是输入门、输出门和忘记门。当忘记门被打开时,连接权值为 1,记忆单元将内容写入自身。当忘记门输出为 0 时,记忆单元会清除之前的内容。输出门允许在输出值为 1 的时候,神经网络的其他部分将内容记入记忆单元,而输入门则允许在输出值为 1 的时候,神经网络的其他部分读取记忆单元。LSTM 结构如图 16-9 所示。

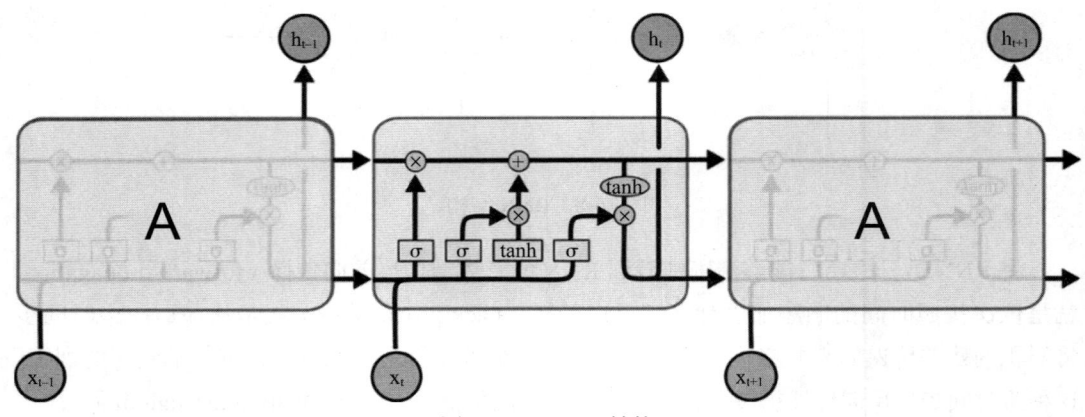

图 16-9　LSTM 结构

在该模型中,对于每个存储单元,三套权重从输入训练而得,包括先前时间步中完整的隐藏状态。第一个带入到输入门,在图 16-9 的底部。第二个带入到忘记门,在图 16-9 最右侧显示。第三个带入到输出门,在图 16-9 顶部最左侧显示。每个黑色节点与一个激活函数相关联,典型的激活函数为 Sigmoid 函数。单元中最中央的节点即内部状态,并且以数量 1 为权重来跨越时间步,再反馈到本身。内部状态的自连接边,被称为恒定误差传送带(CEC)。

16.3 深度学习的发展方向

由于 LSTM 神经网络具有优良的时间序列预测应用性，它已经成为金融研究的首选模型。因此只要金融数据的时变性依旧存在，LSTM 神经网络及相关衍生模型仍将是热门的模型。最近两年，CNN 也逐渐流行起来。CNN 更适合非时变或静态数据，而大多数金融数据随时间而变化，因此研究者创新性地将具有时变性的金融数据转换为二维的数据，从而将 CNN 应用到分类问题上。深度强化学习（deep reinforcement learning，DRL）日渐热门，算法交易是其应用的热门领域，同时在其他领域，它也展现出不俗的实力。

此外，深度学习目前最热门的话题是 Transformer、大语言模型如 ChatGPT。Transformer 是一种深度学习架构，引入了自注意力机制，旨在解决序列数据处理问题，特别是在自然语言处理领域中取得了巨大成功。ChatGPT 是由 OpenAI 开发的一系列自然语言处理模型，设计灵感来自 Transformer 模型架构。ChatGPT 是大语言模型的代表之一，因为它们拥有庞大的参数量，从而能够在大规模文本数据上进行训练，以获取对语言的深刻理解。

深度学习依赖庞大的训练数据集，但在金融领域，绝大部分数据集没有先验知识，我们不知道样本的特征区分好不好，有时通过长期的积累可能会知道一些特定领域的先验知识。比如信用方面，一个人总是不还款就有问题，这可能是一个比较好的先验知识，但是这样的知识非常少，无法发掘。同样地，我们无法伪造数据，如对宏观经济走势或股票指数的预测，我们无法把股票指数造出来，我们不知道成交量与股票指数的点数到底有何关系。深度学习要解决的问题是可解释性和如何选择模型。

在大多数研究中，混合模型比单一模型性能更好。但混合模型不容易构建。虽然很难量化深度学习相比机器学习的改进情况，但不得不说深度学习模型比机器学习模型性能更优异。这凸显在基于趋势预测的算法交易实现和文本挖掘研究中。

基于趋势预测的算法交易和文本挖掘一直是深度学习应用的热门领域。这也得益于网络技术的日益发达。沈艳等人（2019）对文本数据分析在金融学和经济学中的应用做了综述，总结了方法实现原理和技术特点，梳理了方法论和数据来源及实证结果，为金融学带来了新的研究视角。金融新闻、推文、公告、博客等媒体信息为研究提供了数据素材，而研究往往是将文本挖掘与情感分析结合起来。未来的热门研究方向将会包括加密货币，区块链研究。这类研究主题比较新，且研究的投入产出比是可观的，会有更多的研究出现。

16.4 扩展阅读

16.4.1 人机融合预测系统

机器学习模型能够识别数据中的模式来做预测，人类同样能够应用自己的大脑（特别是大脑皮质）对世界的运行规律进行建模，并不断地对未来做预测（霍金斯，2022）。目前，越来越多的预测和决策是由人类和人工智能模型组成的混合系统来做出的。人机互补是人机融合预测的关键。相对于机器学习，人类的一个强项是从厚数据（thick data）中发现规律。厚数据是指样本量较少，但是属性数目更丰富的数据，这样的数据一般是描述性的、定性的，例如代表性案例分析文本。基于厚数据的预测更有可能预测到不连续或突然的跳跃，因为人类可能拥有一种预测临界点的心理模型，在这个临界点上，单个属性的价值会导致结果的重大变化（Lamberson and Page, 2012）。人类基于厚数据，例如非典型的案例（atypical case）做推理，具有较高的适应性，这种适应性可以为人机融合预测系统增加价值（Hong et al., 2021）。

按照知识合并方向，人机融合主要有三种方式：人机聚合决策、从人到机器的序贯决策和从机器到人的序贯决策（Shrestha et al., 2019）。第一种，人机聚合决策（aggregated human-AI decision making），即对人和机器的输出直接进行聚合。第二种，从人到机器的序贯决策（human to AI sequential decision making），也称人在回路中（human-in-the-loop）。第三种，从机器到人的序贯决策（AI to human sequential decision making），也称机器在回路中（machine-in-the-loop）。此外，机器学习也可以参考人类的认知模式来建模，这种方式称为认知计算（cognitive computing）（Zheng et al., 2017）。

除了上述人机融合方式，还有基于市场的人机融合方式。价格系统被视作一种交流信息或沟通信息的机制。哈耶克于1945年提出，市场价格机制的奇迹之处在于能够通过聚合分散的偏好和信息，获取比专家和机构更多的信息（Hayek, 1945）。哈耶克在文章中提到，"从根本上讲，在一个事实相关的知识由众多分散的个体掌握的系统中，价格机制可以协助不同个体协调彼此的行动"。应用市场机制做预测的系统称为预测市场，典型代表是艾奥瓦电子市场。

应用市场机制融合人机预测的方式称为人机融合预测市场。在预测市场中，参与人和机器交易与未来事件相关的合约，合约价格代表人和机器对不确定性事件的预期。预测非常不准确的参与人可以回答民意问卷调查中的问题，但是不能在预测市场中长时间交易。人机融合预测市场可以实现参与人多样性与精确性的平衡：不准确的模型或者一些参与人被驱逐出去了，那么精确性提高，同时损失一些多样性。此外，市场也鼓励多样性：当大多数参与人预测错误的时候，如果你能做出正确预测，那么回报是巨大的。目前，西南财经大学教师郑海超的研究小组，开发了人机融合预测市场嗨皮诸葛系统[⊖]，该系统的核心使命是做财经领域高水平的人机融合预测平台。

16.4.2　ChatGPT 视角下的深度学习

我们首先让 ChatGPT 为我们介绍深度学习相较于机器学习的优势（见图 16-10）。我们接着让它介绍现阶段常用的深度学习框架（见图 16-11）。

⊖ 嗨皮诸葛系统相关介绍资料网址：https://www.imzhuge.com。

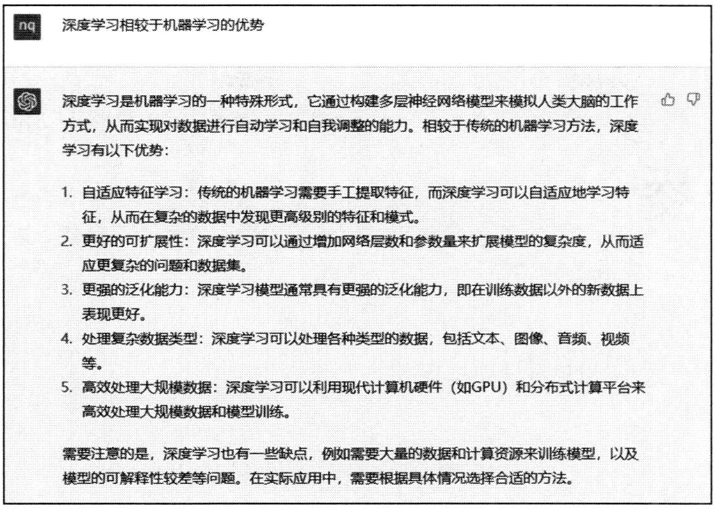

> **nq** 深度学习相较于机器学习的优势

> 深度学习是机器学习的一种特殊形式，它通过构建多层神经网络模型来模拟人类大脑的工作方式，从而实现对数据进行自动学习和自我调整的能力。相较于传统的机器学习方法，深度学习有以下优势：
>
> 1. 自适应特征学习：传统的机器学习需要手工提取特征，而深度学习可以自适应地学习特征，从而在复杂的数据中发现更高级别的特征和模式。
> 2. 更好的可扩展性：深度学习可以通过增加网络层数和参数量来扩展模型的复杂度，从而适应更复杂的问题和数据集。
> 3. 更强的泛化能力：深度学习模型通常具有更强的泛化能力，即在训练数据以外的新数据上表现更好。
> 4. 处理复杂数据类型：深度学习可以处理各种类型的数据，包括文本、图像、音频、视频等。
> 5. 高效处理大规模数据：深度学习可以利用现代计算机硬件（如GPU）和分布式计算平台来高效处理大规模数据和模型训练。
>
> 需要注意的是，深度学习也有一些缺点，例如需要大量的数据和计算资源来训练模型，以及模型的可解释性较差等问题。在实际应用中，需要根据具体情况选择合适的方法。

图 16-10　ChatGPT 输出结果（一）

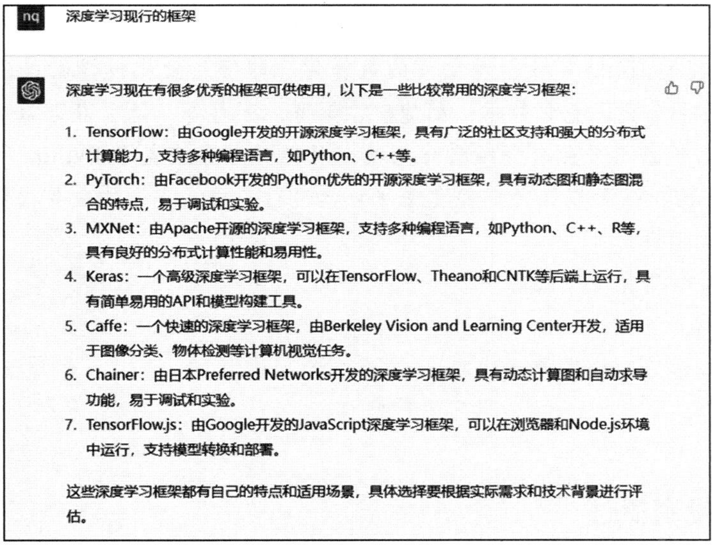

> **nq** 深度学习现行的框架

> 深度学习现在有很多优秀的框架可供使用，以下是一些比较常用的深度学习框架：
>
> 1. TensorFlow：由Google开发的开源深度学习框架，具有广泛的社区支持和强大的分布式计算能力，支持多种编程语言，如Python、C++等。
> 2. PyTorch：由Facebook开发的Python优先的开源深度学习框架，具有动态图和静态图混合的特点，易于调试和实验。
> 3. MXNet：由Apache开源的深度学习框架，支持多种编程语言，如Python、C++、R等，具有良好的分布式计算性能和易用性。
> 4. Keras：一个高级深度学习框架，可以在TensorFlow、Theano和CNTK等后端上运行，具有简单易用的API和模型构建工具。
> 5. Caffe：一个快速的深度学习框架，由Berkeley Vision and Learning Center开发，适用于图像分类、物体检测等计算机视觉任务。
> 6. Chainer：由日本Preferred Networks开发的深度学习框架，具有动态计算图和自动求导功能，易于调试和实验。
> 7. TensorFlow.js：由Google开发的JavaScript深度学习框架，可以在浏览器和Node.js环境中运行，支持模型转换和部署。
>
> 这些深度学习框架都有自己的特点和适用场景，具体选择要根据实际需求和技术背景进行评估。

图 16-11　ChatGPT 输出结果（二）

CHAPTER 17

第 17 章

量化投资

在本章中，我们将使用同花顺量化金融实验室来获取金融数据。许多业内公司会选择购买 Wind、同花顺 IfinD 等数据提供商的数据库。即使是量化投资新手，也可以通过众多的第三方策略平台获取免费数据，如优矿、聚宽、米筐等。除了获取数据外，本章的后几节将利用同花顺回测平台来介绍量化策略，虽然并非完全基于 Python 环境，但其核心研究思路是通用的，并可以在优矿等免费平台上进行应用。本章的主要内容如下：

- 什么是量化投资
- 股息率策略研究与实践
- PEG 策略
- 结合机器学习的投资策略构建
- 智能投顾

17.1 量化投资概述

17.1.1 什么是量化投资以及量化策略开发流程

1971 年，世界上第一只被动量化指数基金由巴克莱国际投资管理公司发行。1977 年，巴克莱国际投资管理公司再次发行了世界上第一只主动量化基金，其发行规模达到了 70 亿美元，这标志着美国量化投资的开端。这是量化投资的第一阶段。

第二阶段是从 1977 年到 1995 年，受到多种因素影响，量化投资在海外经历了一个缓慢的发展阶段，然后，随着信息技术和计算机技术的巨大进步，量化投资迎来了高速发展的时代。

从 1995 年至今，量化投资技术逐渐趋于成熟，并得到了人们广泛的接受。在所有的投资中，量化投资占比大约为 60%，其中指数类投资几乎全部采用量化策略，而主动投资中约有 20%～30% 采用了量化策略。

考虑到中国证券市场中投机性散户数量庞大，其投资理念尚未成熟，中国证券市场的阿尔法潜力和发展空间非常大。因此，我们有理由相信，在未来较长的一段时间内，量化投资将在中国证券市场中快速发展。量化策略开发类似化学实验设计，有一套科学的流程，如图 17-1 所示。

前期工作 ➡ 策略开发 ➡ 回测分析 ➡ 仿真研究 ➡ 实盘交易

图 17-1 量化策略开发流程

前期工作：精心策划策略内容，包括明确交易标的的选择标准、设定开平仓的具体条件、确定资金量、划分主交易级别和次交易级别、深入分析风险点以及制定全面的风险管理措施。所有这些要素都必须以严谨、明确的语言表达，不允许有任何模糊或不明确的概念。

策略开发：根据策略的具体定义，开发相应的程序来精确执行策略。这一步的重点在于验证程序逻辑与策略逻辑是否完全一致，确保在实际操作中能够按照预期执行。

回测分析：在完成前两步后，策略的初步框架已经形成。为了判断其是否适合实战应用，需要进行回测分析。重要的是确保回测分析覆盖的时间范围足够广泛，至少应包括最近 5 年的数据。每次回测都应详细记录，以便于后续分析。此外，回测分析也是对程序逻辑与策略逻辑一致性的一次重要验证。

仿真研究：仿真阶段是在最接近实际交易环境的条件下对策略进行最后的验证。通过仿真研究，可以模拟实际交易环境，进一步检验策略的有效性和可靠性。

实盘交易：当策略经过前四个阶段的验证和优化后，便可以进入实盘交易阶段。这意味着策略将开始在实际市场中使用真实资金进行交易。虽然新手可能认为实盘交易是策略开发的终点，但实际上它仅是一个新的起点。在实盘交易阶段，需要对所有策略交易行为进行深入分析，并判断当前市场环境是否符合策略所适应的条件。这样，策略才能不断适应市场变化，实现持续的优化和改进。

17.1.2 量化投资必备的基础金融理论

1. 系统性风险与非系统性风险

金融市场层面的风险往往包括系统性风险和非系统性风险。系统性风险也被称为市场风险，市场的整体性行为造成所有参与市场的交易者都要面对的风险。单个金融资产特有的风险是非系统性风险，它是区别于其他资产可能会面临较大损失或者超额收益的原因，这是由单个金融资产的独特属性决定的。这一切都可以由资本资产定价模型（CAPM）来进行描述，模型公式如下：

$$E(R_i) = R_f + \beta_i \times (E(R_m) - R_f) + \alpha_i \quad (17\text{-}1)$$

模型中的阿尔法（α）反映非系统性风险，贝塔（β）反映系统性风险，也表示一种弹性，换句话说，就是资产的收益对市场波动的敏感度。α 主要反映超额收益水平，当 α 为正时即为正常超越，α 为负时即为反向超越。因此，我们常见的 α 和 β 的数学基础均是由 CAPM 计算出来的。同理，股票的收益可分为两部分，α 收益和 β 收益，也就是个股的超额收益和市场收益。例如一只股票上涨，可能来自两方面，一方面是这只股票的经营、概念以及未来前景等各方面都很不错，经常能跑赢市场，而跑赢市场的这部分收益可以理解为个股的超额收益。而另一方面，就是来自市场的影响。市场涨了，单只股票也跟着涨，这就是我们通常所说的 β 收益。

2. 有效市场假说

有效市场假说（Efficient Market Hypothesis，EMH）是现代金融学的基石，也是新古典经济学最有价值的理论之一。不理解有效市场假说，对于金融的理解就无从谈起，也很难说是掌握了经济学。

1964 年，奥斯本提出了"随机漫步理论"，该理论指出股票价格的变化类似于化学中的分子"布朗运动"，即悬浮在液体或气体中的微粒所做的永不休止、无秩序的运动。这意味着股票价格的变动路径是不可预期的。1970 年，法玛也持类似观点，他认为股票价格收益率序列在统计上不具有"记忆性"，因此投资者无法根据历史价格来预测其未来走势。这一结论让许多从事股价分析的人感到沮丧，因为他们致力于研究各家公司的会计报表与未来前景以评估其价值，并试图在此基础上做出明智的金融决策。

然而，这并不意味着股价是完全随机的，也不意味着金融市场没有经济学的规律可循。萨缪尔森认为，金融市场实际上是一个有效率的市场，其运作方式符合经济规律。这意味着在有效的金融市场中，股票价格反映了所有可用信息，并且市场参与者无法通过分析这些信息来获得超额收益。

"有效市场假说"包含以下几个要点：

第一，市场上的每个人都是理性的经济人，金融市场上每只股票所代表的各家公司都处于这些理性人的严格监视之下。他们每天都在进行基本面分析，以公司未来的获利性来评价公司的股票价格，把未来价值折算成今天的现值，并谨慎地在风险与收益之间进行权衡取舍。

第二，股票的价格反映了这些理性人的供求平衡，即想买的人正好等于想卖的人。换言之，认为股价被高估的人与认为股价被低估的人数量相等。假如有人发现这两者数量不等，即存在套利机会的话，他们会立即通过买进或卖出股票的方式，使股价迅速变动到能够使二者数量相等为止。

第三，股票的价格也能充分反映该资产的所有可获得的信息，即"信息有效"。当信息发生变动时，股票的价格就一定会随之变动。一个利好消息或利空消息刚刚传出时，股票的价格就开始异动。当这个消息已经广为人知时，股票的价格也已经涨或跌到适当的价位了。

量化交易在某种程度上确实可以视为将市场由无效推向有效的过程。在市场初期，历史价格数据可能确实能够预测未来商品价格的走势，例如著名的日本蜡烛图技术曾经能够预测大米的走势。然而，当更多的投资者开始使用这些统计历史数据来制定交易策略时，市场会逐渐从无效状态转变为弱效状态。在这个阶段，任何一个量化策略都可能会经历失效的过程。这是因为随着市场的不断变化，历史数据的有效性可能会降低，导致基于这些数据的策略无法继续产生稳定的收益。当市场达到有效状态时，所有的策略都可能失效，这意味着在不考虑交易成本的情况下，策略的收益率将等于指数收益率。在这种情况下，投资者可能只需要投资指数基金就可以获得与市场整体相当的收益。

17.2 股息率选股策略

本节中，我们将详细地介绍什么是股息率，以及如何使用股息率选股策略，最后使用该策略做真实的模拟投资。

17.2.1 "一鸟在手胜过双鸟在林"

$$股票投资收益 = \frac{卖出价 - 买入价}{买入价} + 股息 \quad (17\text{-}2)$$

在不考虑各种税费和手续费的情况下，股票投资的收益可以用上述公式来表示，它被分为两部分：第一部分是股票价格变动带来的收益，第二部分则是所投资的企业从利润中分配给我们的股息。"一鸟在手胜过双鸟在林"这句谚语通常用来形容人们更倾向于实际的、确定的收益，而不是可能的、不确定的收益。公司金融理论从投资者的心理状态角度出发，指出我们对股价上涨和股息的期待是不同的。

在公司金融理论看来，通过股票价格变动获利相比起股息显然具有更高的不确定性。因此，投资者通常会更加偏好股息，即更在乎确定性的收益。这就是所谓的"一鸟在手"。这也意味着投资者往往更青睐于那些高股息的股票，因为这些股票往往预示着未来股价的上涨。

股息率，全称为股息收益率，是股息与股票价格之间的比率。其计算公式为：股息率＝股息/股票价格。如果一只股票连续多年的股息率超过1年期银行存款利率，则这只股票被视为收益型股票。股息率越高，对投资者来说越具有吸引力。此外，股息是上市公司给予投资者的收益。通常，一家公司的股息率越高，一定程度上说明企业的获利能力越强。投资高股息率的股票，可以为投资者提供足够高的安全边际，在一般市场行情下也能获得不错的收益。

17.2.2 股息率策略研究与实践

研究思路：先测试股息率选股模型，选取股息率排名前30%的股票作为组合。结合各个指标，判断该策略的优劣。

这里使用 Python 进行量化选股。值得注意的是，许多回测平台，如同花顺量化金融实验室的策略研究模块、通联数据回测平台等，都是把某些操作（如印花税扣除、收益率的计算等）进行了一个封装。在回测平台上，操作者无须考虑市场常规的具体代码实现，只需专注于量化策略的研究。本小节将融合前几章关于 Python 的知识对股息率选股策略进行量化分析，便于读者理解回测平台上的策略实现。

我们研究股息率指标，并结合 PEG 成长性选股指标，构建股息率选股模型。

第一步就是前几章所涉及的 Python 库的导入，这里不详细展开。

```python
import pandas as pd
import numpy as np
import seaborn as sns
import matplotlib.pyplot as plt
import time
import matplotlib
from sklearn import linear_model
import statsmodels.api as sm
# 解决负号 '-' 显示为方块的问题
matplotlib.rcParams['axes.unicode_minus'] = False
plt.style.use("seaborn")
```

第二步确定研究的参数，设定沪深 300 成分股作为初始的股票池、设定 2014-01-01 作为开始时间，设定当前时间作为结束时间。需要注意的是，获取的函数通常为 get_xxx，在普通 Python 环境是运行不了的，需要在同花顺量化实验室的平台使用。其他的量化平台均有类似函数，如优矿平台。使用 time 函数转换时间格式。

```python
# 获取交易日日期列表的函数
def get_trade_days(start, end):
    # 生成日期范围
    date_range = pd.date_range(start=start, end=end, freq='B')  # 'B' 表示工作日（商业日历）
    # 将日期格式转换为字符串
    date_list = date_range.strftime('%Y%m%d').tolist()
    return date_list
# 标的代码
indexcode = '000300.SH'
# 指数开始时间
start = '2014-01-01'
# 结束时间为当前时间
end = time.strftime('%Y%m%d')
# 获取月度日期
datelist = list(get_trade_days(start,end))
quarter_list = []
for s in range(1,len(datelist)):
    if datelist[s-1][4:6] != datelist[s][4:6]:
        quarter_list.append(datelist[s])
```

17.2.3 获取月度交易日

股息率是月度指标，每天变动不大，一般是按照月进行更新。因此在获取股票股息率之前需要获取所有的每个月的月初的交易日。首先获取全部交易日，再遍历交易日，在当前时间点的月份（datelist[s-1]）与下一个时间的点（datelist[s]）月份不一致（列表第 4 到 5 位）的时候，可以把其摘出来，输出结果如图 17-2 所示。

```
['20140203',
 '20140303',
 '20140401',
 '20140501',
 '20140602',
 '20140701',
 '20140801',
 '20140901',
 '20141001',
 '20141103',
 '20141201',
 '20150101',
 '20150202',
 '20150302',
 '20150401',
 '20150501',
 '20150601',
 '20150701',
```

图 17-2　输出结果（一）

这么做的目的在于每个月月初再获取一次股票的股息率，重新计算前 30% 的股票。因为股票的股息率是变动的，若仅仅以 2014 年为基准一次性获取了股票池，不再变动的话，策略的实用意义就不大了，我们应该不断进行调仓。这里既可以按月来调仓，也可以按照季度来调仓，但不能按照日来调仓。为什么？下面会讲到交易成本的问题。

交易成本研究

假设每天交易（一共有 250 个交易日），扣除税费（1‰）+ 佣金（2.5 ‱），股票价格每天不涨不跌，账户净值走势如何？我们依然可以使用前几章所学的 Pandas 库进行研究，并且使用 Matplotlib 进行可视化。

```
def get_cost_net_value(cost=1/1000+2.5/10000*2,step=250):
    '''
    输出成本、周期
    输出净值与序列
    '''
    # 绘图库
    import matplotlib.pyplot as plt
    # seaborn 库
    plt.style.use("seaborn")
    # 创建空的 df
    df=pd.DataFrame()
    # 输入成本
    df["cost"]=[cost]*step
    # 计算净值
    df["net_value"]=(1-df["cost"]).cumprod()
    # 绘图
    df.plot(secondary_y = ["cost"])
    # 标题
    plt.title("cost({}%)and net({})".format(cost*100,step),fontsize=15)
    return df.net_value.iloc[-1],df
value,df=get_cost_net_value(1/1000+2.5/10000*2,250)
df
```

可视化输出结果如图 17-3 所示。

此时，Value 值为 0.6870958123982142，意味着年化收益率需要达到约 32.3%，才能弥补税费、佣金等交易成本。1 月投入 10 000 元，每天交易，无任何波动的情况下只剩约 6 870 元。所以每天交易是不可取的。下面修改函数 get_cost_net_value() 的第 2 个位置的参数，修改为 50。一年粗略估计为 250 个交易日或 50 周。

```
# 调用
value,df = get_cost_net_value(1/1000+2.5/10000*2,50)
value
```

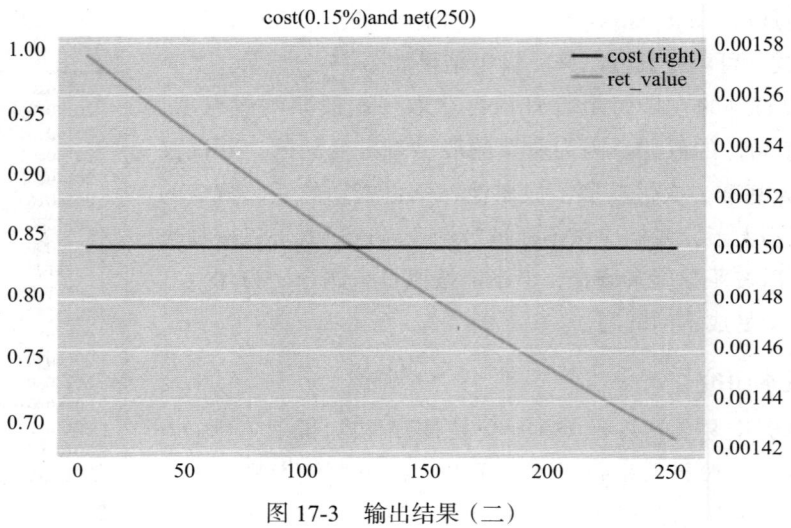

图 17-3　输出结果（二）

把 250 改为 50，得到的 Value 值为 0.9276912499837306，可视化输出结果如图 17-4 所示。

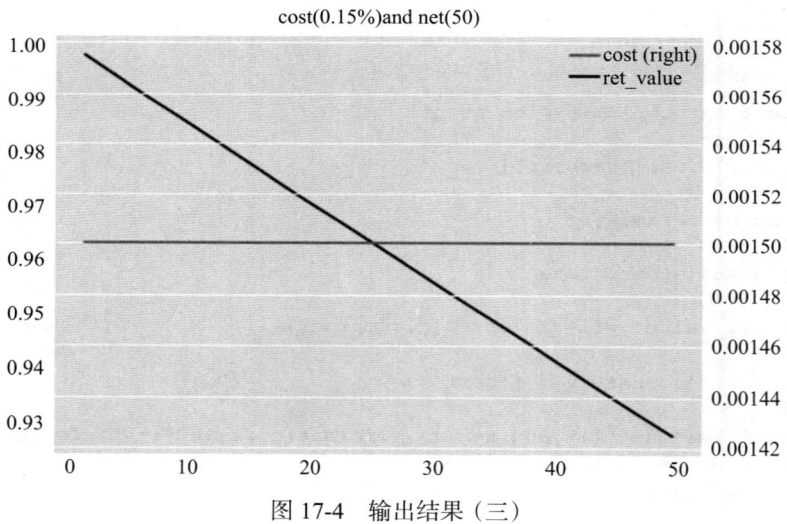

图 17-4　输出结果（三）

每周交易一次，其净值在 0.92 左右。但是沪深 300 指数的年化收益率也就 10% 左右。这意味着每周交易的策略收益率需要达到 20% 左右才能勉强达到指数的收益率水平，如果策略的收益率低于 20%，那么不如直接购买沪深 300 指数基金。这说明频繁交易的手续费是比较高的。下面我们把函数的第 2 个位置参数改为 12。

```
# 调用
value,df = get_cost_net_value(1/1000+2.5/10000*2,12)
value
```

得到的 Value 值为 0.9821477599999344，可视化输出结果如图 17-5 所示。

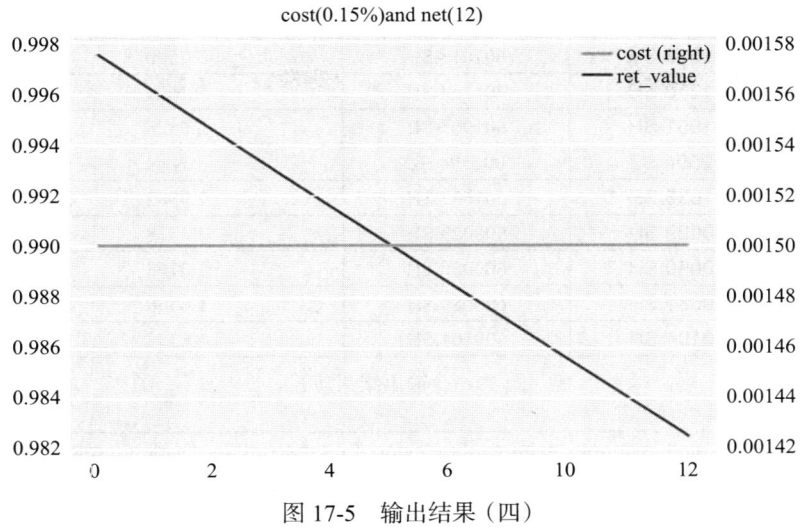

图 17-5 输出结果（四）

每月交易成本约为 2%，1 万元资金的每月交易成本为 200 元。成本是可承受的。每月调仓一次比每天调仓一次要好。这部分内容讲得较为详细且多次强调，其目的在于让读者理解量化交易的现实约束。任何策略必须考虑这些现实约束，否则策略是没有实际意义的。

17.2.4 获取股息率

在同花顺接口下，获取沪深 300 成分股的股票池。调用 get_fundamentals(query_object, date, statDate) 获取公司的财务数据（例如市盈率、市净率、净利润增长率等）。以下代码能够获取沪深 300 成分股在"t1"时刻（2014 年 2 月 7 日）的股息率。

```
t1,t2 = quarter_list[0],quarter_list[1]
# 获取成分股
stockpool= get_index_stocks(indexcode,t1)
# 获取股息率
q=query(asharevalue.symbol,
        asharevalue.dividend_rate_ttm).filter(asharevalue.symbol.in_
        (stockpool))
df = get_fundamentals(q,t1)
df
```

输出结果如图 17-6 所示。

可以看到其结果存在空值 NaN（该股票在 2014 年 2 月 7 日没有股息率）。接下来使用 Pandas 的相关知识（df.index=df["asharevalue_symbol"]）更换一下 index，使其变为股票代码，便于后续操作。

输出结果如图 17-7 所示。

接下来通过下列公式获取股票收益率。

$$r_{i,t+1} = \frac{p_{i,t} - p_{i,t+1}}{p_{i,t}} \qquad (17\text{-}3)$$

asharevalue_symbol	asharevalue_symbol	asharevalue_dividend_rate_ttm
601018.SH	601018.SH	3.7500
601258.SH	601258.SH	NaN
601901.SH	601901.SH	0.6526
002594.SZ	002594.SZ	NaN
601633.SH	601633.SH	2.3882
600029.SH	600029.SH	2.6578
600050.SH	600050.SH	1.3168
600089.SH	600089.SH	1.0560
600104.SH	600104.SH	4.6332

图 17-6　输出结果（五）

asharevalue_symbol	asharevalue_symbol	asharevalue_dividend_rate_ttm
601018.SH	601018.SH	3.7500
601258.SH	601258.SH	NaN
601901.SH	601901.SH	0.6526
002594.SZ	002594.SZ	NaN
601633.SH	601633.SH	2.3882
...	...	...
000961.SZ	000961.SZ	1.2407

图 17-7　输出结果（六）

式中，$r_{i,t+1}$ 代表第 i 只股票在第 $t+1$（下个月）时刻的收益率，$p_{i,t}$ 代表第 i 只股票在第 t 时刻的价格，$p_{i,t+1}$ 代表第 i 支股票在第 $t+1$ 时刻（次月月初）的价格。下面的代码能够获取股票的收益率。

```
# 获取收盘价
close = get_price(list(df["asharevalue_symbo
    l"]),t1,t2,"1d",["close"],False,"pre",is_
    panel=1)["close"]
Rdf = pd.DataFrame(close.iloc[-1]/close.iloc[0]-
    1,columns=["next quarter R"])
Rdf
```

	next quarter R
601018.SH	−0.025862
601258.SH	0.012072
601901.SH	0.028219
002594.SZ	0.443038
601633.SH	−0.149419
...	...
000961.SZ	−0.156328
000970.SZ	0.099328
002299.SZ	−0.013514
002422.SZ	−0.039444
002431.SZ	0.007642

图 17-8　输出结果（七）

输出结果如图 17-8 所示。

接下来我们继续利用前面章节所学的知识，使用 Pandas 库的 concat 函数把两个数据框连接起来。相关代码如下所示。

```
rundf=pd.concat([df,Rdf],axis=1)
```

输出结果如图 17-9 所示。

asharevalue_dividend_rate_ttm 为 t1 时间点的股息率，同时也可以看见 t2 时间点（t1 时间点的次月）的收益率。以此类推，利用 for 循环把从 2014 年 2 月到现在所有时间点的相关信息都获取一遍。此步骤运行比较慢，因此使用 print 函数输出。最后获取到 96 张类似图 17-9 的表，并把这些数据框存入 Python 的数据字典中。

```python
# 创建数据字典
data_dividend_rate_ttm_dict = {}
# 获取本次研究所需要的股息率数据
for s in range(len(quarter_list)-1):
    # 当前初始
    quarter = quarter_list[s]
    # 下期截止
    quarter_next = quarter_list[s+1]
    # 动态进度
    print('\r 当前: {} / 总量: {}'.format(quarter,quarter_list[-1]),end='')
    # 获取成分股
    stockpool = get_index_stocks(indexcode,quarter)
    # 获取股息率
    q = query(asharevalue.symbol,
              asharevalue.dividend_rate_ttm).filter(asharevalue.symbol.in_
              (stockpool))
    df = get_fundamentals(q,quarter)
    # 更换 index
    df.index = df['asharevalue_symbol']
    # 获取收盘价
    close = get_price(list(df['asharevalue_symbol']),quarter,quarter_next,'
        1d',['close'],False,'pre',is_panel=1)['close']
    # 计算下期收益率
    retdf = pd.DataFrame(close.iloc[-1]/close.iloc[0]-1,columns = ['next
        quarter ret'])
    rundf = pd.concat([df,retdf],axis=1)
    rundf = rundf.dropna()
```

输出结果如图 17-10 所示。

	asharevalue_symbol	asharevalue_dividend_rate_ttm	naxt quarter R
601018.SH	601018.SH	3.7500	−0.025862
601258.SH	601258.SH	NaN	0.012072
601901.SH	601901.SH	0.6526	0.028219
002594.SZ	002594.SZ	NaN	0.443038
601633.SH	601633.SH	2.3882	−0.149419
...	...	...	...
000961.SZ	000961.SZ	1.2407	−0.156328
000970.SZ	000970.SZ	0.7468	0.099328
002299.SZ	002299.SZ	NaN	−0.013514
002422.SZ	002422.SZ	0.5605	−0.037444
002431.SZ	002431.SZ	0.2274	0.007642

图 17-9　输出结果（八）

```
[20]: ▶ len(data_dividend_rate_ttm_dict)
Out[20]: 96
```

图 17-10　输出结果（九）

17.2.5 筛选前 30% 的股票作为组合

我们尝试对 t1 交易日的 asharevalue_dividend_rate_ttm 字段从小到大排序,并取股息率最高的 30 只股票。

```
data_dividend_rate_ttm_dict[t1].sort_values(by="asharevalue_dividend_rate_ttm")
```

输出结果如图 17-11 所示。

	asharevalue_symbol	asharevalue_dividend_rate_ttm	naxt quarter ret
600150.SH	600150.SH	0.0417	−0.094245
600316.SH	600316.SH	0.0507	−0.108916
601106.SH	601106.SH	0.0647	−0.024876
000793.SZ	000793.SZ	0.1045	−0.056738
600637.SH	600637.SH	0.1183	−0.133933
...	...	...	...
601088.SH	601088.SH	8.2940	−0.024355
601398.SH	601398.SH	9.2888	−0.020588
601988.SH	601988.SH	10.0228	0.004016
000568.SZ	000568.SZ	11.0818	0.028325
601328.SH	601328.SH	12.0446	−0.002653

图 17-11 输出结果(十)

排序之后自动剔除了股息率为 NaN 的股票,只剩下 273 只股票。我们需要 81 只股票(273×0.3)。利用前面所讲的 Python 基础知识和 Pandas 索引技巧可以获得这些股票。需要注意的是,这里使用的 Pandas 版本为最新版本,从索引中获取具有特定标签的行(或列)不再是 ix,这里需要改为 iloc。代码如下:

```
data_dividend_rate_ttm_dict[t1].sort_values(by="asharevalue_dividend_rate_
    ttm").iloc[int(len(data_dividend_rate_ttm_dict[t1])*0.3):]
```

输出结果如图 17-12 所示。

	asharevalue_symbol	asharevalue_dividend_rate_ttm	next quarter ret
000012.SZ	000012.SZ	2.9348	−0.004950
600170.SH	600170.SH	2.9362	0.053691
600048.SH	600048.SH	2.9592	−0.151786
000402.SZ	000402.SZ	3.0364	−0.072874
600970.SH	600970.SH	3.0568	0.112082
...	...	...	...
601088.SH	601088.SH	8.2940	−0.024355
601398.SH	601398.SH	9.2888	−0.020588
601988.SH	601988.SH	10.0228	0.004016
000568.SZ	000568.SZ	11.0818	0.028325
601328.SH	601328.SH	12.0446	−0.002653

图 17-12 输出结果(十一)

然后我们可以求均值。

```
data_dividend_rate_ttm_dict[t1].sort_values(by="asharevalue_dividend_rate_
    ttm").iloc[-int(len(data_dividend_rate_ttm_dict[t1])*0.3):].mean()
```

输出结果如图 17-13 所示。

```
asharevalue_dividend_rate_ttm    5.083630
next quarter ret                 0.004915
dtype: float64
```

图 17-13　输出结果（十二）

可以看见其平均收益率为 0.004915，是正收益率。同前面一样，我们以此类推，把 96 张表做筛选处理并求均值。

```
# 创建 df
data_dividend_rate_ttm_ret_df = pd.DataFrame(columns = ['Dividend yield 
    stock selection'])
# 初始为 0
data_dividend_rate_ttm_ret_df.loc[quarter_list[0]] = 0
# 循环全周期
for s in range(len(quarter_list)-1):
    # 当期初始
    quarter = quarter_list[s]
    # 下期截上
    quarter_next = quarter_list[s+1]
    # 复制数据表
    lsdf = data_dividend_rate_ttm_dict[quarter].copy()
    # 筛选前 30% 的股票
    lsdf = lsdf.sort_values(by='asharevalue_dividend_rate_ttm',ascending =
        False).iloc[:int(len(lsdf)*0.3)]
    # 计算收益率均值
    data_dividend_rate_ttm_ret_df.loc[quarter_next] = lsdf.mean()['next
        quarter ret']
```

输出结果如图 17-14 所示。

	Dividend yield stock selection
20140207	0
20140303	0.004915
20140401	0.015223
20140505	−0.012971
20140603	0.004126
...	...
20211008	0.026114
20211101	−0.044928
20211201	−0.006425
20220104	0.051671
20220207	−0.000989

a）平均收益率（一）

	Dividend yield stock selection
20140207	1
20140303	1.004915
20140401	1.020213
20140505	1.00698
20140603	1.011135
...	...
20211008	3.162564
20211101	3.020476
20211201	3.001068
20220104	3.156136
20220207	3.153016

b）平均收益率（二）

图 17-14　输出结果（十三）

图 17-14a 中数据框的第二栏数据就是我们之前计算的平均收益率，把整个表加 1 再累乘得到净值，如图 17-14b 所示，相关指令为 (data_dividend_rate_ttm_ret_df+1).cumprod()。总收益率约为 315%。理论上做到这里，一个传统的在 Python 环境下基于历史数据的量化分析已完成。但有两点需要注意，一是该模型还没有扣除手续费，二是截至目前，我们还没有和整个市场进行比较。也许仅仅靠持有沪深 300 指数中的 300 只股票在几年内也可以达到这个收益率。

17.2.6 绩效可视化

获取基准收益率，再计算净值。

```
# 获取基准收益率
close = get_price([indexcode],start,end,'1d',['close'],False,'pre',is_
    panel=1)['close']
close.index = [s.strftime('%Y%m%d') for s in list(close.index)]
indexclose = close.loc[list(quarter_list)]
indexclose = indexclose.pct_change().fillna(0)
data_dividend_rate_ttm_ret_df[indexcode] = indexclose[indexcode]
(data_dividend_rate_ttm_ret_df+1).cumprod()
```

输出结果如图 17-15 所示。

	Dividend yield stock selection	000300.SH
20140207	1	1.000000
20140303	1.004915	0.990005
20140401	1.020213	0.977687
20140505	1.00698	0.974683
20140603	1.011135	0.971722
...	...	...
20211008	3.162564	2.228239
20211101	3.020476	2.210496
20211201	3.001068	2.189328
20220104	3.156136	2.222736
20220207	3.153016	2.094520

图 17-15　输出结果（十四）

股息率策略的总收益率约为 315%，持有沪深 300 指数的收益率约为 209%，按月调仓的手续费约为 16%（=2%×8），策略的最终收益率为 315%-16%=299%，这也远远大于持有沪深 300 指数的收益率。那么这个时候又有一个新问题——会不会在某年（例如 2015 年），策略的超额收益率效应已经结束，后续的策略收益率跟持有沪深 300 指数的收益率同步甚至收益率更低？要判断这个事情，就需要绩效可视化。

这里先设置图片大小，再以折线图的形式表现出来。这里绘制了两条折线。一条是之前股息率策略收益率的累计净值，另一条是沪深 300 的指数收益率。把两者绘制在一起，进行对比，输出结果如图 17-16 所示。

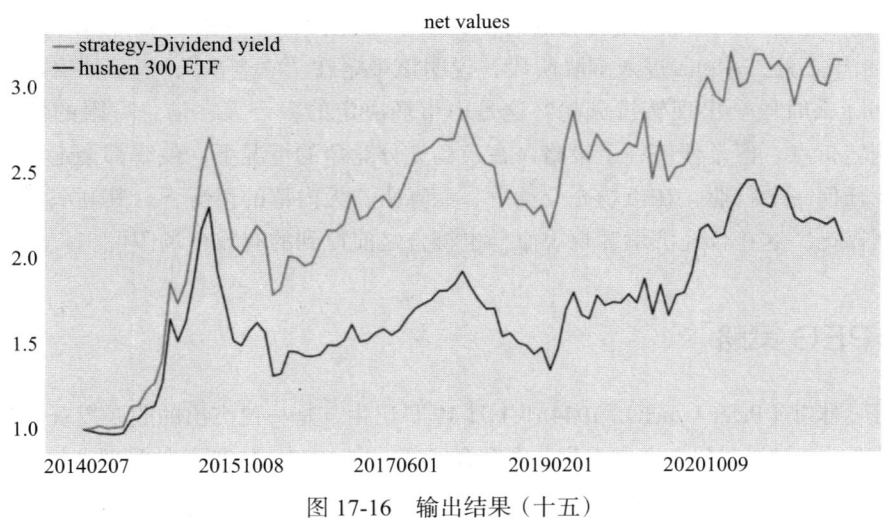

图 17-16　输出结果（十五）

起点相同的情况下，股息率策略明显比"躺平"持有沪深 300 指数的收益率要高。绩效可视化输出的图形帮助我们对比两个收益率，但是我们仍然无法得出股息率策略执行到中后期是否会失效。这个时候就可以使用 Alpha 指标（股息率策略收益率／沪深 300 指数收益率），相关代码如下所示。

```
net_value_df=net_value_df["Dividend yield stock selection"]/net_value_
    df["000300.SH"]
net_value_df.plot(kind='line',secondary_y=['alpha'],figsize =
    figsize,fontsize=fontsize)
```

输出结果如图 17-17 所示。

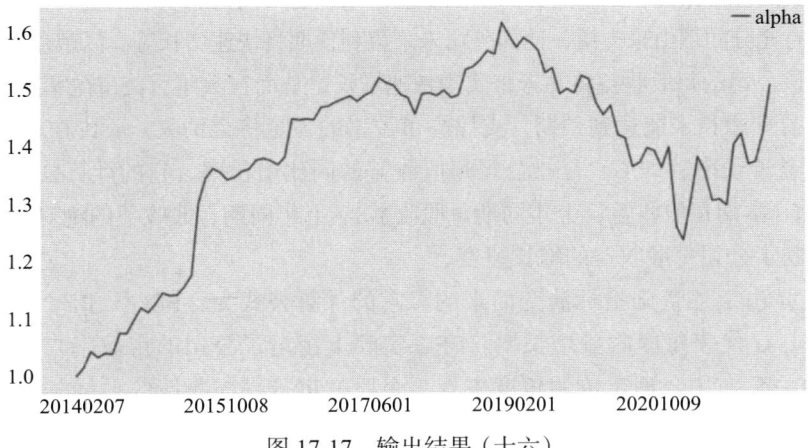

图 17-17　输出结果（十六）

2014 年 2 月到 2019 年 2 月，股息率策略持续产生 Alpha。Alpha 的意义是比较深刻的。在产生 Alpha 的时候，股息率策略是有效的。Alpha 上升阶段，说明该策略比持有沪深 300 指数的收益率高。这意味着，沪深 300 指数下跌的情况下，该策略可能比沪深 300

指数下跌得少。沪深 300 指数上涨的时候，该策略比沪深 300 指数涨得多。而转折点就是在 2019 年 2 月，Alpha 进入下降阶段，说明该策略在"吃老本"，还不如直接持有指数基金。那什么时候会出现转折点呢？这是由市场决定的，个人在信息有限的情况下基本无法预测转折点。但是任何一个策略，在市场充分竞争的情况下，最终都会走向 Alpha 衰败。就像任何一个行业，在市场充分竞争、无寡头、无内幕的情况下，其利润都会向市场平均利润靠拢。这符合经济学客观规律，也符合之前提到的有效市场假说。

17.3 PEG 策略

彼得·林奇（Peter Lynch），1944 年 1 月 19 日出生，是一位杰出的股票投资家和证券投资基金经理，曾被《时代》杂志誉为首席基金经理。在 1977—1990 年他管理麦哲伦基金的时间里，基金规模实现了惊人的增长，从 2 000 万美元飙升至 140 亿美元。他对共同基金的贡献堪比迈克尔·乔丹对篮球和伊莎多拉·邓肯对现代舞蹈的贡献，为整个行业树立了新的标杆，将投资提升为一种艺术。彼得·林奇以其卓越的选股能力而闻名于世，他坚信：只要普通投资者对股票稍做研究，他们也能像华尔街的专家一样，在选股方面取得出色的成绩。

围绕林奇的这一著名论断，我们来深入探讨 PEG 指标。他认为，如果一家公司的股票定价合理，其市盈率应该与每股收益增长率相等。在了解 PEG 指标之前，我们需要先掌握几个基础指标：每股收益、市盈率和每股收益增长率。

每股收益，即 EPS，是税后利润与股本总数的比率。它的计算公式为：每股收益 = 税后利润 / 股本总数。这一指标反映了公司每股股票所能创造的收益。

市盈率，即 PE，是当前股价与每股收益的比值。市盈率对于个股、同类股以及市场来说都是非常重要的参考指标。如果一只股票的市盈率大幅超出同类股票或市场的平均水平，那么这通常需要有充分的理由来支撑，比如公司未来盈利预期将快速增长等。高市盈率意味着投资者普遍相信该公司的每股收益将在未来实现快速增长，从而在数年后使市盈率降至合理水平。然而，如果盈利增长未能达到预期，支撑高市盈率的力量将会消失，股价往往会遭受重创。

每股收益增长率，即 G，是指公司每股收益的同比增长率。它的计算公式为：每股收益增长率 = [（本期每股收益 – 上年同期每股收益）/ 上年同期每股收益的绝对值] × 100%。这一指标反映了公司每股收益的增长速度。

PEG 正是由上述基础指标演变而来的，它的计算公式为：PEG = PE / G。其中，PE 代表市盈率，G 代表每股收益增长率。PEG 实际上衡量了公司的市盈率与其每股收益增长率之间的关系。从合理定价的角度来看，个股的市盈率与每股收益增长率应该保持相等，即 PEG 等于 1。如果 PEG 小于 1，说明股价偏低，具有投资价值；反之，如果 PEG 大于 1，则说明股价偏高，可能存在泡沫。

因此，在选股过程中，投资者可以运用 PEG 指标来辅助判断股票的投资价值。当然，任何投资指标都不是万能的，投资者还需要结合公司的基本面、行业前景以及市场环境等多方面因素进行综合考量。

17.3.1 PEG 策略实现

我们使用 Excel 观测 PEG 的数据，如图 17-18 所示。

A	B	C	D	E	F	G	H	I
ashar	evalue_s	_divide	quarter	evalue_s	value_hi	evalue_s	value_his_peg	
601607.SH	601607.SH	2.3064	-0.08385	601607.SH	1.5403	601607.SH	1.5403	
601933.SH	601933.SH	1.0669	-0.06707	601933.SH	3.6537	601933.SH	3.6537	
601992.SH	601992.SH	1.8461	0.236295					
601555.SH	601555.SH	0.6748	-0.02834					
600008.SH	600008.SH	2.095	-0.06983					
600011.SH	600011.SH	5.702	0.036511	600011.SH	1.1432	600011.SH	1.1432	
600062.SH	600062.SH	1.6305	-0.01767					
600068.SH	600068.SH	3.4439	-0.0102					
600143.SH	600143.SH	3.8043	-0.04991	600143.SH	1.7443	600143.SH	1.7443	
600170.SH	600170.SH	2.7866	-0.01592					
600266.SH	600266.SH	4.474	0.191052					
600332.SH	600332.SH	0.2678	-0.0263	600332.SH	5.2402	600332.SH	5.2402	
600383.SH	600383.SH	1.3289	0.146179	600383.SH	1.1308	600383.SH	1.1308	
600497.SH	600497.SH	1.6593	-0.00774					
600518.SH	600518.SH	1.1561	-0.04682					
600839.SH	600839.SH	0.2786	-0.04735					
600875.SH	600875.SH	1.0886	0.036154					
600893.SH	600893.SH	0.3416	-0.10586	600893.SH	5.9271	600893.SH	5.9271	
601001.SH	601001.SH	0.2685	-0.03132					
601106.SH	601106.SH	0.0663	0.015306					
601139.SH	601139.SH	1.8428	-0.01491					
601166.SH	601166.SH	4.1896	0.034179	601166.SH	0.8886	601166.SH	0.8886	
601328.SH	601328.SH	12.0766	0.005319	601328.SH	0.6833	601328.SH	0.6833	
601601.SH	601601.SH	3.1571	-0.00688	601601.SH	1.4361	601601.SH	1.4361	
601766.SH	601766.SH	2.4874	0.080189	601766.SH	1.7065	601766.SH	1.7065	
601898.SH	601898.SH	7.0587	0.027842	601898.SH	0.6552	601898.SH	0.6552	
601988.SH	601988.SH	9.9827	0.036	601988.SH	0.7854	601988.SH	0.7854	
601991.SH	601991.SH	3.3715	-0.0557					
000002.SZ	000002.SZ	3.0729	0.216867	000002.SZ	1.0714	000002.SZ	1.0714	
000338.SZ	000338.SZ	2.5418	-0.01983	000338.SZ	1.2647	000338.SZ	1.2647	
000536.SZ	000536.SZ	1.7033	-0.01076					
000581.SZ	000581.SZ	0.952	-0.07753					
000596.SZ	000596.SZ	3.4117	-0.05198	000596.SZ	2.6907	000596.SZ	2.6907	
000686.SZ	000686.SZ	1.3633	0.076346					
000758.SZ	000758.SZ	0.9823	-0.02849					
000776.SZ	000776.SZ	1.434	-0.04493	000776.SZ	1.8045	000776.SZ	1.8045	
000839.SZ	000839.SZ	1.355	-0.07588					
000983.SZ	000983.SZ	0.6606	-0.0367					
002024.SZ	002024.SZ	0.5417	-0.21993	002024.SZ	2.376	002024.SZ	2.376	
002051.SZ	002051.SZ	1.5789	-0.04316					
002450.SZ	002450.SZ	0.2399	-0.02953					
601377.SH	601377.SH	1.189	0.015222	601377.SH	1.7191	601377.SH	1.7191	
601098.SH	601098.SH	1.2649	-0.05762					
601118.SH	601118.SH	0.6545	-0.10864					
002673.SZ	002673.SZ	0.5973	-0.0273					
600019.SH	600019.SH	3.7485	0.062331	600019.SH	0.5546	600019.SH	0.5546	
600028.SH	600028.SH	5.8025	-0.0632	600028.SH	1.1267	600028.SH	1.1267	

20140207 | 20140303 | 20140401 | 20140505 | 20140603 | 20140701 | 201

图 17-18 数据示例

导入 PEGdata.xlsx 数据，对该数据以日为单位进行遍历，剔除 PEG 大于 4 的股票，理论上 PEG 越低越好，但是不能选得太低，太低的话可能导致股票池的股票太少，一个策略的股票池股票太少会导致前面所提到的非系统性风险增加，个股非策略效应干扰过大，违背策略初衷。故 PEG 的最大值选择 4 比较合理，这里是可以调整的。再筛选前 30% 股息率的股票作为组合。代码如下：

```
data_dividend_rate_ttm_ret_df2 = pd.DataFrame(columns = ['PEG & Dividend
    yield stock selection'])
data_dividend_rate_ttm_ret_df2.loc[quarter_list[0]] = 0
for s in range(len(quarter_list)-1):
    quarter = quarter_list[s]
    quarter_next = quarter_list[s+1]
```

```
lsdf = data_dividend_rate_ttm_dict[quarter].copy()
lsdf = lsdf.dropna()
# 剔除 PEG 大于 4 的股票
lsdf = lsdf[lsdf['asharevalue_his_peg']<=40]
# 再筛选前 30% 股息率的股票作为组合
lsdf = lsdf.sort_values(by='asharevalue_dividend_rate_ttm',ascending =
    False).iloc[:int(len(lsdf)*0.3)]
data_dividend_rate_ttm_ret_df2.loc[quarter_next] = lsdf.mean()['next
    quarter ret']
```

17.3.2 策略可视化

我们利用之前所了解的知识,把指数收益率、股息率策略收益率、PEG 策略收益率做一个纵向对比,代码如下所示:

```
# 图片尺寸及字体大小
figsize,fontsize = (15,8),15
close=pd.read_csv("基准收益data.csv",index_col=0)
close.index = [datetime.strptime(s,'%Y-%m-%d') for s in list(close.index)]
close.index=close.index.strftime('%Y%m%d')
indexclose = close.loc[list(quarter_list)]
indexclose = indexclose.pct_change().fillna(0)
data_dividend_rate_ttm_ret_df2[indexcode] = indexclose[indexcode]
data_dividend_rate_ttm_ret_df2 = (data_dividend_rate_ttm_ret_df2+1).
    cumprod().copy()
net_value_df['PEG & Dividend yield stock selection'] = data_dividend_rate_
    ttm_ret_df2['PEG & Dividend yield stock selection']
net_value_df.plot(kind='line',secondary_y=['alpha'],figsize =
    figsize,fontsize=fontsize)
plt.title('net values',fontsize=fontsize)
plt.legend(['strategy-Dividend yield','hushen 300 ETF','strategy-PEG &
    Dividend yield'])
```

输出结果如图 17-19 所示。

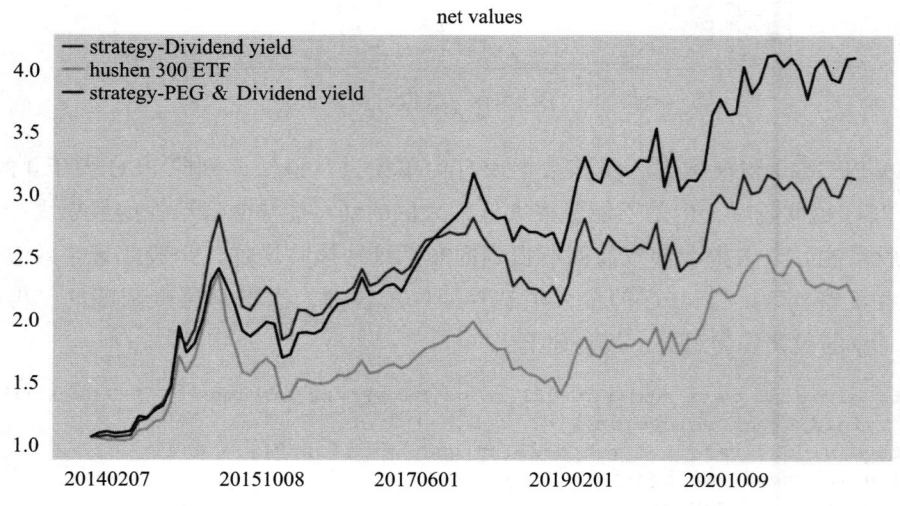

图 17-19 输出结果(十七)

可以看到，PEG策略收益率是最高的。除了PEG外，还有KDJ等各种各样的指标，它们的回测原理基本相同。

17.4　股息率策略的回测平台代码实践

```
import pandas as pd
import numpy as np
# 指数
index = '000300.SH'
stocknum_buy = 0.3
# 初始化函数，全局只运行一次
def init(context):
    # 设置基准收益：沪深300指数
    set_benchmark(index)
    # 打印日志
    log.info('策略开始运行,初始化函数全局只运行一次')
    # 设置股票每笔交易的手续费为万分之2.5
    set_commission(PerShare(type='stock',cost=0.0002))
    # 设置股票交易滑点0.5%，表示买入价为实际价格乘1.005，卖出价为实际价格乘0.995
    set_slippage(PriceSlippage(0.0002))
    # 设置日级最大成交比例25%，分钟级最大成交比例50%
    set_volume_limit(0.25,0.5)
    # 每月运行
    run_monthly(trade,1)
def trade(context,bar_dict):
    # 获取时间
    date = get_last_datetime().strftime('%Y-%m-%d')
    # 获取股票
    stockpool = get_index_stocks(index,date)
    # 剔除ST 停牌 涨跌停
    stockpool = [ s for s in stockpool if bar_dict[s].is_st == False]
    stockpool = [ s for s in stockpool if bar_dict[s].is_paused == 0]
    stockpool = [ s for s in stockpool if bar_dict[s].high_limit !=
        bar_dict[s].close]
    stockpool = [ s for s in stockpool if bar_dict[s].low_limit != bar_
        dict[s].close]
    # 获取因子值和股票市值
    q = query(asharevalue.symbol,
              asharevalue.his_peg,#PEG
              asharevalue.dividend_rate_ttm,#.股息率TTM
              ).filter(
              asharevalue.symbol.in_(stockpool))
    df = get_fundamentals(q,date)
    # 筛选PEG
    df = df[df['asharevalue_his_peg']<4]
    # 筛选前30%股息率
    df = df.sort_values(by='asharevalue_dividend_rate_ttm',ascending =
        False)
    df = df.iloc[:int(len(df)*stocknum_buy)]
    # 获取股票池
    buystock = list(df['asharevalue_symbol'])
```

```python
# 筛选前30%股息率
        df = df.sort_values(by='asharevalue_dividend_rate_ttm',ascending = False)
        df = df.iloc[:int(len(df)*stocknum_buy)]
        # 获取股票池
        buystock = list(df['asharevalue_symbol'])
        # 获取当前持股
        holdstock = list(context.portfolio.stock_account.positions.keys())
        # 交易执行
        for s in holdstock:
            if s not in buystock:
                order_target(s,0)
        for s in buystock:
            if s not in holdstock:
                order_target_percent(s,1/len(buystock))
# 收盘后运行函数，用于储存自定义参数、全局变量，执行盘后选股等
def after_trading(context):
        # 绘制仓位百分比
        pct = context.portfolio.stock_account.market_value/context.
           portfolio.stock_account.total_value * 100
        # 绘制股票持仓数
        stocknum = len(list(context.portfolio.stock_account.positions.
           keys()))
        record(stocknum = stocknum, pct = pct)
```

本代码的结构框架比较完善。我们无须过多考虑基准收益率，基准收益率在底层就可以自动运行。我们也无须过多考虑数据结构，只需要考虑每天的调仓操作。

17.5　扩展阅读A

有时候投资者不想处理如此烦琐的细节，仅想验证心仪的策略，那么就可以使用回测平台。回测平台封装了大量需要程序员处理的细节，极大节约了投资者的时间。下面将介绍同花顺回测平台。

17.5.1　回测环境

回测引擎基于Python3.5运行，所以我们使用Python3.5来实现策略逻辑。
同花顺回测支持所有的Python标准库和部分常用第三方库。
此外，同花顺回测支持自定义Python库，只需将.py文件存放于"我的研究"根目录，即可在回测中直接调用。

17.5.2　编译运行

策略必须在init和handle_bar函数框架下实现。
init为初始化函数，用于初始化一些全局变量，在整个回测过程的最开始执行一次。

handle_bar 为时间驱动函数，用于设置买卖条件等，每个回测时间频率（每日或每分钟）调用一次。

（1）完成策略编写后，选定回测开始日期和结束日期，选择初始资金、运行频率（每日或每分钟）等参数。

（2）单击"编译运行"按钮，操作展示如图 17-20 所示。

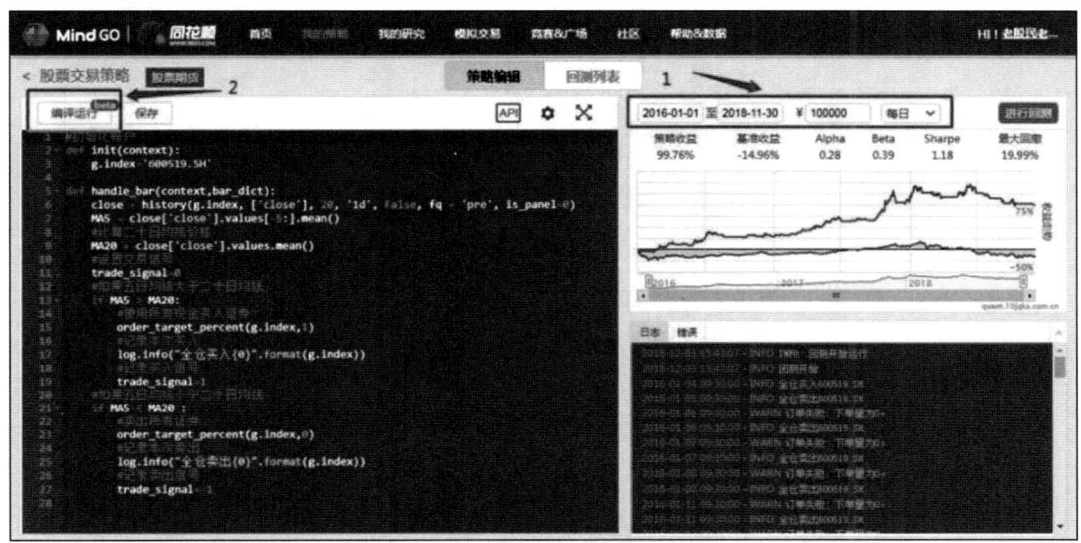

图 17-20　编译运行

（3）回测引擎根据选择的运行频率调用 handle_bar 函数，也就是执行该函数下的代码。回测引擎会实时显示策略当前时间的数据，如收益、风险指标、持仓等信息，输出结果如图 17-21 所示。

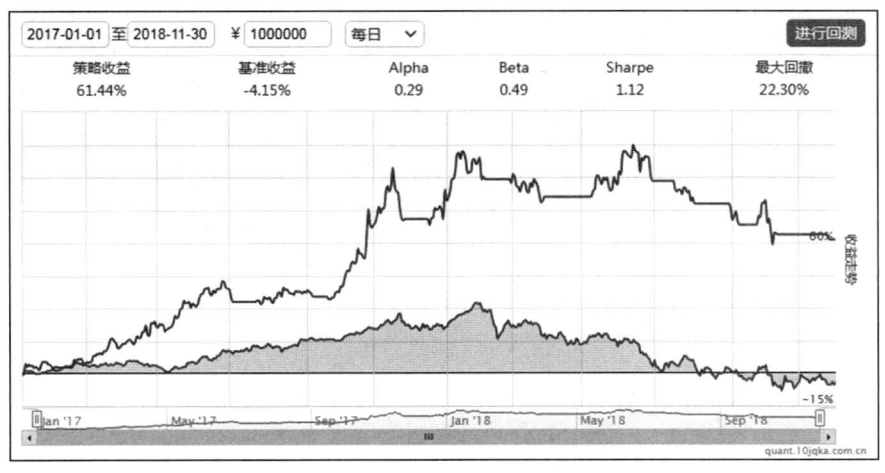

图 17-21　输出结果（十八）

（4）回测引擎会根据所使用的下单方式进行下单，并根据后续实际成交情况进行订单处理。

（5）同花顺回测系统可以在任何时候调用 log.info 函数来输出日志；通过 record 函数输出自定义图形，如图 17-22 所示。

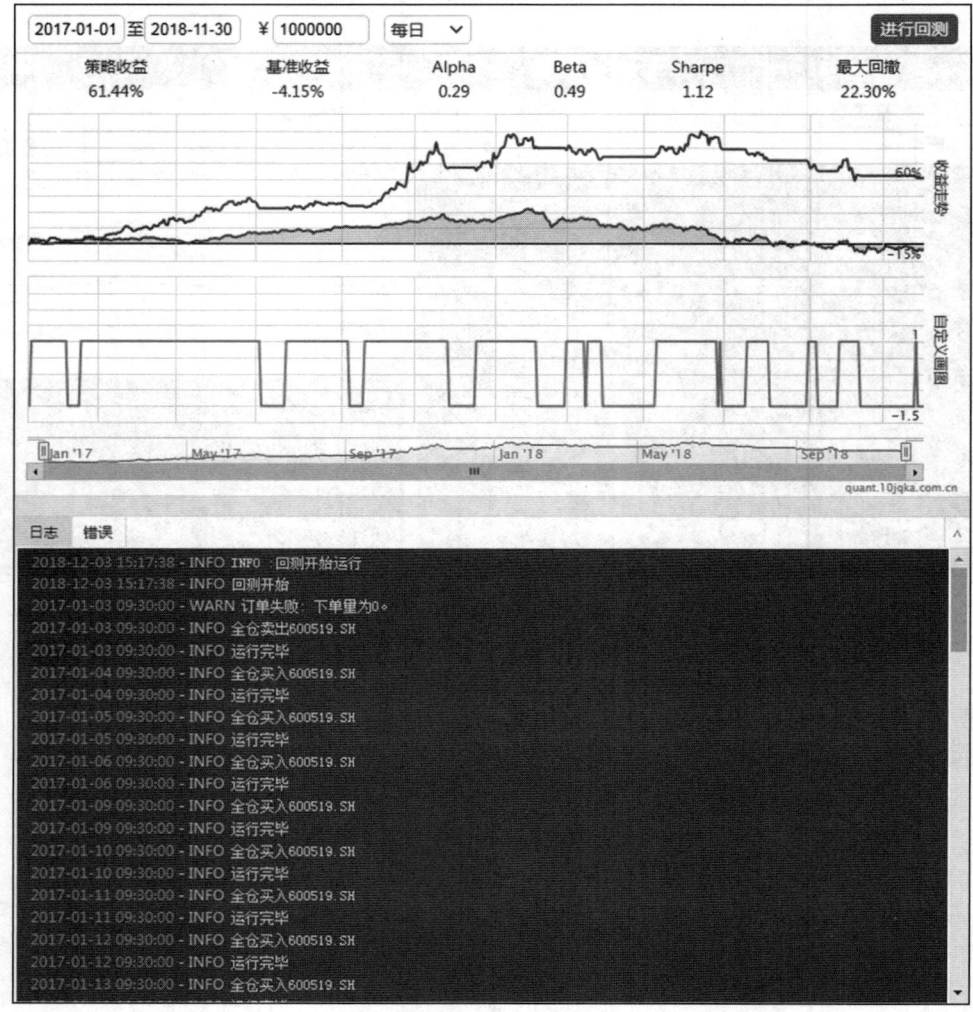

图 17-22　自定义图形和输出日志

添加 log.info 函数与 record 函数后的代码如下所示。

```
# 初始化账户
def init(context):
    g.index='600519.SH'
def handle_bar(context,bar_dict):
    close = history(g.index, ['close'], 20, '1d', False, fq = 'pre', is_panel=0)
    MA5 = close['close'].values[-5:].mean()
```

```
# 计算二十日均线价格
MA20 = close['close'].values.mean()
# 设置交易信号
trade_signal=0
# 如果五日均线大于二十日均线
if MA5 > MA20:
    # 使用所有现金买入证券
    order_target_percent(g.index,1)
    # 记录本次买入
    log.info(" 全仓买入 {0}".format(g.index))
    # 记录买入信号
    trade_signal=1
# 如果五日均线小于二十日均线
if MA5 < MA20 :
    # 卖出所有证券
    order_target_percent(g.index,0)
    # 记录本次卖出
    log.info(" 全仓卖出 {0}".format(g.index))
    # 记录卖出信号
    trade_signal=-1
log.info(trade_signal)
record(trade_signal=trade_signal)
```

17.5.3 策略回测

如果策略能成功完成编译运行，则说明策略代码在指定历史区间是可运行的。

一般而言，策略回测是将可运行的策略代码进行历史区间回测，并获取策略回测详情报告：交易明细、历史持仓、收益和风险指标分析、组合归因等。

步骤1：将可运行的策略代码进行回测，单击"进行回测"按钮，如图17-23所示。

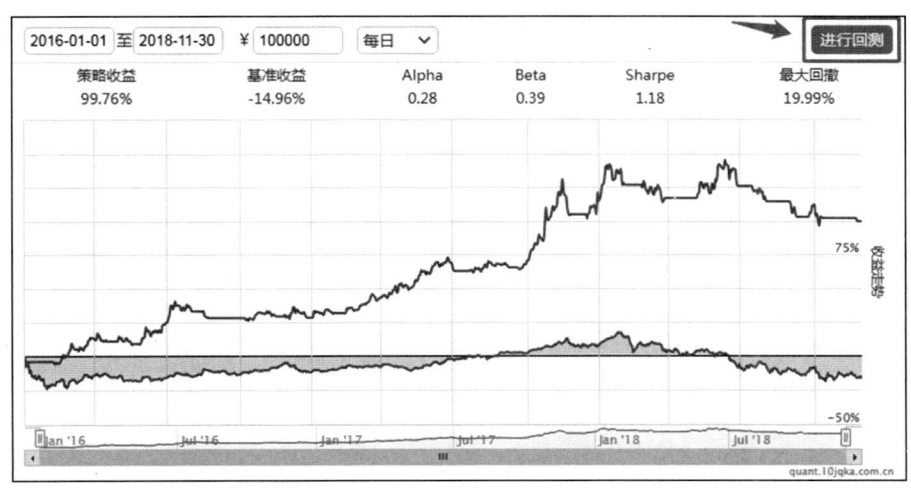

图 17-23　策略回测

步骤2：在策略详情页面，查看收益概览、交易明细、历史持仓等内容，如图17-24所示。

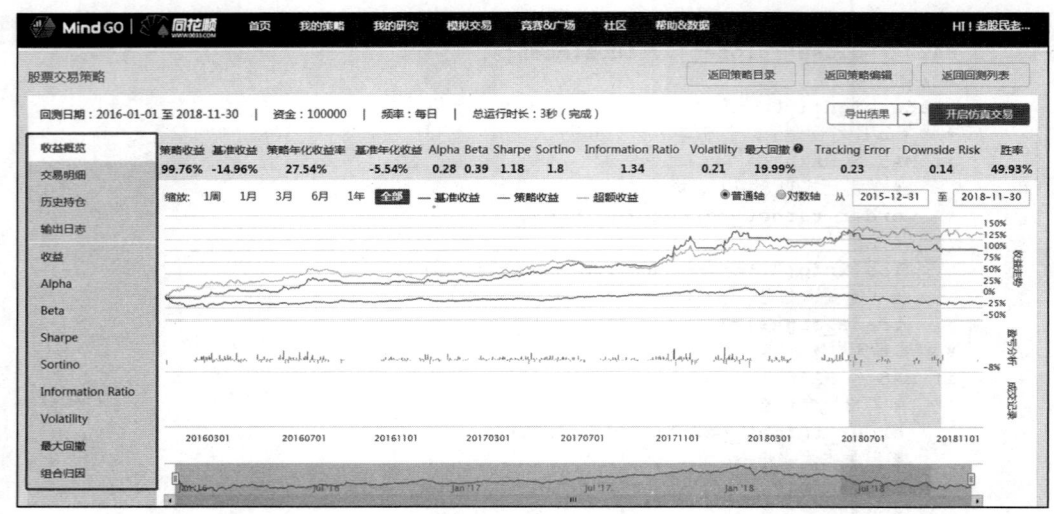

图 17-24　查看相关分析结果

17.5.4　模拟交易

顺利完成回测的策略，在回测详情页面，单击"开启仿真交易"按钮，即绑定模拟交易，如图 17-25 所示。

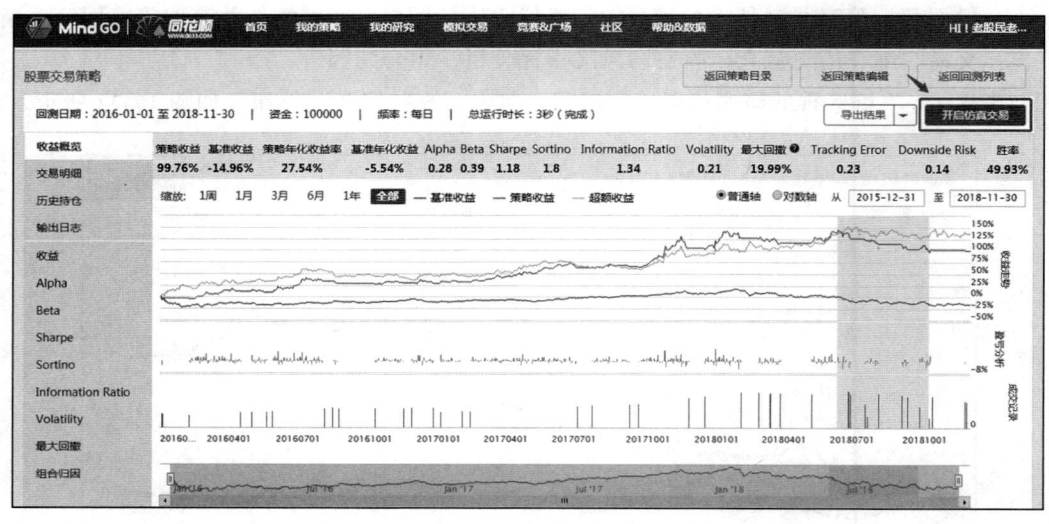

图 17-25　模拟交易

17.5.5　数据

MindGo 提供海量优质的金融数据，以便同花顺回测系统能实现策略逻辑。金融数据包括：股票数据、指数数据、基金数据、行情数据、财务数据、因子数据、行业数据、概念数据、商品期货数据、股指期货数据、外汇数据等。

17.5.6 运行频率

在回测界面左侧下拉列表框中选择运行频率参数,参数分为"每日"和"分钟"两种。选择"每日",则系统按"日回测"进行回测,即每个交易日 9:30 运行一次。选择"分钟",则系统按"分钟回测"进行回测,即每个交易日内每分钟都会运行一次。

17.5.7 运行时间

(1) 开盘前 (9:00) 运行:
before_trading 函数
(2) 盘中运行:
handle_bar 函数
- 日回测 (9:31) 运行一次
- 分钟回测 (9:31-11:30,13:01-15:00),每分钟运行一次
- tick 回测 (9:30:03-11:30:00,13:00:03-15:00:00),每 3 秒钟运行一次

(3) 收盘后 (15:30) 运行:
after_trading 函数

17.5.8 佣金与印花税

券商佣金默认值为 0.025%,最少 5 元,双边收费。
印花税默认值为 0.1%,卖出时收费。
同花顺回测系统还可以通过 set_commission 来设置具体的佣金与印花税参数。

17.5.9 滑点

在实战交易中,往往最终成交价格和预期价格有一定偏差,因此同花顺回测系统提供两种滑点模式来帮助策略更好地模拟真实市场的表现。

设置固定滑点,即最终成交价格和委托价格之差为固定值。

设置可变滑点,即最终成交价格和预期价格之比为固定百分比。默认为可变滑点 0.2%,即买入成交价格为委托价格上浮 0.1%,卖出成交价格为委托价格下调 0.1%。

默认无滑点,不过可通过 set_slippage 函数来设置回测具体的滑点参数。

17.5.10 拆分、合并与分红

当股票发生拆分、合并与分红时,股价会出现跳空缺口,为了消除这种价格变化对回测结果的影响,同花顺回测系统会根据个股除权除息信息对账户中的现金或持股数量进行

相应的调整修正，并自动更新到策略的信息中。

为了使回测结果更加准确，更加贴近实盘场景，同花顺回测系统做了如下处理。

回测所用价格数据与下单所用价格数据是独立的，即在回测过程中，策略可采用前复权价格、不复权价格或后复权价格来计算交易下单信号，回测引擎均采用真实价格（即不复权价格）下单。

回测引擎会在除权除息当日，调用 before_trading_start 函数之前，自动处理并更新策略的账户信息。

前复权数据采用动态复权模式，即在回测过程中，循环至某个股除权除息日，则按除权除息后的价格对之前的价格数据进行调整。

对于策略在某个单位时间下的订单，同花顺回测系统做了如下处理。

1. 按天回测

交易价格：

- 市价单：开盘价格 + 滑点。
- 限价单：委托价格。

最大成交量：

- 默认为下单当日总成交量的 25%，该比例可通过市场参与度函数 set_volume_limit 进行调整。
- 若下单量低于最大成交量，则按下单量成交；若下单量大于最大成交量，则按最大成交量成交。

撮合方式：

- 市价单：开盘下单，一次性撮合，不成交或未成交部分不再撮合。
- 限价单：开盘下单，一次性撮合，不成交或未成交部分不再撮合。

2. 按分钟回测

交易价格：

- 市价单：当前分钟起始价格 + 滑点。
- 限价单：委托价格。

最大成交量：

- 默认为下单当前分钟总成交量的 25%，该比例可通过市场参与度函数 set_volume_limit 进行调整。
- 若下单量低于最大成交量，则按下单量成交；若下单量大于最大成交量，则按最大成交量成交。

撮合方式：

- 市价单：分钟起始点下单，一次性撮合，不成交或未成交部分即刻取消委托。
- 限价单：分钟起始点下单，之后每分钟均按分钟价格和成交量撮合一次，未成交部分顺延至下一分钟进行撮合，直到完全成交或者当天收盘为止。

3. 注意事项

- 一天结束后，所有未完成的订单会被取消。
- 每次订单完成（完全成交）或者取消后同花顺回测系统会根据成交量计算佣金与交易费用（参见 set_commission），减少策略的现金余额。

17.6 扩展阅读 B

智能投顾

智能投顾（robo-advisor）利用现代资产组合理论（modern portfolio theory，MPT），为客户提供自动化、算法驱动的财务规划服务。2008 年金融危机后，乔恩·斯坦恩于 2009 年推出了 Betterment。至 2015 年底，智能投顾市场上有四个主导者：Vanguard、Schwab Intelligent Portfolios、Betterment 和 Wealthfront。目前，美国是世界上智能投顾管理资产最多的国家，2022 年达到了 11 640 亿美元。与传统投顾相比，智能投顾通常价格更亲民，大多数智能投顾的年固定费用占比低于 0.5%，远低于传统投顾通常的 1%～2% 的费用占比。

在我国，与智能投顾相关的法规是证监会 2012 年出台的《关于加强对利用"荐股软件"从事证券投资咨询业务监管的暂行规定》（简称《暂行规定》）。根据《暂行规定》第二条，向投资者销售或者提供"荐股软件"，并直接或者间接获取经济利益的，属于从事证券投资咨询业务，应当经中国证监会许可，取得证券投资咨询业务资格。

智能投顾的基础工具是 MPT。该理论由哈里·马科维茨（Harry Markowitz）于 1952 年在《投资组合选择》一文中首次提出，他因此荣获诺贝尔经济学奖。马科维茨的研究表明，通过"投资组合化"可以提高投资组合的收益并降低整体风险，即所谓的"不要把所有的鸡蛋放在一个篮子里"（马科维茨，1999）。马科维茨明确了投资者面临的权衡：风险与预期收益。投资决策不仅仅是选择哪些证券，更重要的是如何在证券之间分配投资者的财富。简而言之，MPT 指导我们如何分配投资资金以购买各种股票、债券和其他资产（Hayes，2020）。

基于 MPT，智能投顾会在客户的风险偏好水平下创建一个收益最大化的多元化投资组合。智能投顾通常使用交易所交易基金（ETF）来构建符合客户风险偏好的投资组合。基本的输入是资产的收益及其方差-协方差矩阵。然后，通过算法优化风险与收益的平衡（Ge et al.，2021）。大多数智能投顾使用基于均值-方差分析的资产配置算法。这些算法假设在投资期间，风险与收益之间的平衡系数是恒定的，并会根据客户风险状况的变化重新优化投资组合（Capponi et al.，2022）。

客户对智能投顾的过度干预确实可能降低其效率，因为智能投顾的设计初衷是实现风险和收益的长期组合优化，这需要一个长期平均值的考量。在此过程中，智能投顾的某些失败投资可能只是长期平均值中的小波动。如果客户过于频繁或大幅度地手动调整智能投顾的配置，可能会无意中削弱其性能，导致收益率下降（Ge et al., 2021）。因此，如何优化客户与智能投顾之间的交互频率成为一个关键的研究议题。客户的风险偏好会随着市场收益、经济状况以及特殊事件而发生变化，而智能投顾的投资绩效标准也需要动态地适应这些变化。客户与智能投顾之间的交互频率决定了投资组合的个性化程度，这主要依赖于智能投顾对客户风险状况跟踪的准确性。Capponi 等学者已经证明存在一个最佳的交互频率，这个频率能够在减少客户行为偏差和及时接收用户信息之间达到平衡，从而最大化投资组合的长期优化能力（Capponi et al., 2022）。通过寻找并维持这一最佳交互频率，客户可以在保持对投资组合控制的同时，确保智能投顾能够充分发挥其长期优化能力。

参 考 文 献

[1] GINSBERG J, MOHEBBI M H, PATEL R S, et al. Detecting influenza epidemics using search engine query data[J]. Nature, 2009, 457(7232): 1012-1014.

[2] SHMUELI G, KOPPIUS O R. Predictive analytics in information systems research[J]. MIS Quarterly, 2011, 35(3): 553-572.

[3] 陈国青, 曾大军, 卫强, 等. 大数据环境下的决策范式转变与使能创新[J]. 管理世界, 2020, (2): 95-105.

[4] GEVA T, OESTREICHER-SINGER G, EFRON N, et al. Using forum and search data for sales prediction of high-involvement projects[J]. MIS Quarterly, 2017, 41(1): 65-82.

[5] SIMON H A. The new science of management decision[M]. New York: Harper&Brothers, 1960.

[6] 霍金斯. 千脑智能[M]. 廖璐, 熊宇轩, 马雷, 译. 杭州: 浙江教育出版社, 2022.

[7] RAHWAN I, CEBRIAN M, OBRADOVICH N, et al. Machine behaviour[J]. Nature, 2019, 568(7753): 477-486.

[8] YUAN L Y, GAO X F, ZHENG Z L, et al. In situ bidirectional human-robot value alignment[J]. Science Robotics, 2022, 7(68).

[9] KRISHNA R, LEE D, LI F F, et al. Socially situated artificial intelligence enables learning from human interaction[J]. Proceedings of the national academy of sciences, 2022, 119(39).

[10] 方思然, 郭明君, 魏云捷. 加入舆情信息是否可以有效提高汇率预测效果[J]. 计量经济学报, 2023, 3(2): 464-486.

[11] 吴军. 数学之美[M].3 版. 北京: 人民邮电出版社, 2020.

[12] VASWANI A, SHAZEER N, PARMAR T V, et al. Attention is all you need[J]. Neural information processing systems, 2017: 6000-6010.

[13] GOLDER S A, MACY M W. Diurnal and seasonal mood vary with work, sleep, and daylength across diverse cultures[J]. Science, 2011, 333(6051): 1878-1881.

[14] 姚加权, 冯绪, 王赞钧, 等. 语调、情绪及市场影响: 基于金融情绪词典[J]. 管理科学学报, 2021, 24(5): 21.

[15] MIKOLOV T, SUTSKEVER I, CHEN K, et al. Distributed representations of words and phrases and their compositionality[J]. Advances in neural information processing systems, 2013, 26: 3111-3119.

[16] MIKOLOV T，CHEN K，CORRADO G，et al. Efficient estimation of word representations in vector space[C].Scottsdale: International conference on learning representations，2013.

[17] 张耀杰，王玉东. 原油价格预测：近 30 年研究回顾和未来展望 [J]. 系统管理学报，2022，31(6):1169-1189.

[18] 孙慧，王慧. 政府补贴、研发投入与企业创新绩效：基于创业板高新技术企业的实证研究 [J]. 科技管理研究，2017，37(12): 111-116.

[19] LOS B，VERSPAGEN B R. R&D spillovers and productivity: evidence from U.S. manufacturing microdata[J]. Empirical economics，2000，1: 127-148.

[20] 冯文娜. 高新技术企业研发投入与创新产出的关系研究：基于山东省高新技术企业的实证 [J]. 经济问题，2010，9:5.

[21] 曹勇，赵莉，张阳，等. 高新技术企业专利管理与技术创新绩效关联的实证研究 [J]. 管理世界，2012(6):182-183.

[22] DAS S R，CHEN M Y. Yahoo! for Amazon: sentiment extraction from small talk on the web[J]. Management science，2007，53(9): 1375-1388.

[23] 李航. 统计学习方法 [M]. 2 版. 北京：清华大学出版社，2019.

[24] FU R S，HUANG Y，SINGH P V. Crowds，lending，machine，and bias[J]. Information systems research，2021，32(1): 72-92.

[25] CATON S，HAAS C. Fairness in machine learning: a survey[J]. ACM computing surveys，2020，56(7):1-38.

[26] 沈艳，陈赞，黄卓. 文本大数据分析在经济学和金融学中的应用：一个文献综述 [J]. 经济学，2019，18 (4): 1153-1186.

[27] LAMBERSON P，PAGE S. Tipping points[J]. Quarterly journal of political science，2012，7(2): 175-208.

[28] HONG L，LAMBERSON P，PAGE S. Hybrid predictive ensembles: synergies between human and computational forecasts[J]. Journal of social computing，2021，2(2)：89-102.

[29] SHRESTHA Y R，BEN-MENAHEM S M，KROGH G. Organizational decision-making structures in the age of artificial intelligence[J]. California management review，2019，61(4)：66-83.

[30] ZHENG N N，LIU Z Y，REN P J，et al. Hybrid-augmented intelligence:collaboration and cognition[J]. Frontiers of information technology & electronic engineering，2017，18(2)：153-179.

[31] HAYEK F A. The use of knowledge in society[J]. The American economic review，1945，35(4)：529-530.